2009 上海房地产年鉴

上海复旦大学房地产研究中心
《上海房地产年鉴》编辑部　编

华东师范大学东方房地产学院
上海市土地学会　协办

线装书局

图书在版编目（CIP）数据

上海房地产年鉴. 2009/上海复旦大学房地产研究中心 《上海房地产年鉴》编辑部编. --北京：线装书局，2010.2
ISBN 978-7-5120-0089-6

Ⅰ. ①上… Ⅱ. ①上… Ⅲ. ①房地产业-上海市-2009-年鉴 Ⅳ. ①F299.275.1-54

中国版本图书馆CIP数据核字(2010)第023591号

上海房地产年鉴（2009）

编 著 者：上海复旦大学房地产研究中心
《上海房地产年鉴》编辑部
主　　编：华　伟
责任编辑：高晓彬
出版发行：线装书局
地　址：北京西城区鼓楼西大街41号(100009)
电　话：010-64045283
网　址：www.xzhhc.com
经　　销：新华书店
印　　刷：昆山市亭林印刷有限责任公司
开　　本：890×1240 1/16
印　　张：22.5
字　　数：700千字
版　　次：2010年2月第1版 2010年2月第1次印刷
印　　数：0-3000册
广告许可登记号：京西工商广字第8011号（1-1）

定　　价：280.00元

《上海房地产年鉴》编辑委员会

顾　　问：陈华文（上海市规划和国土资源管理局副局长）
　　　　　王洪卫（上海财经大学副校长）

主　　任：尹伯成（复旦大学房地产研究中心主任）

执行主任：华　伟（华东师范大学房地产系主任）

副 主 任：金桂明　徐列文　全　平

编　　委：（姓氏按汉语拼音顺序）

陈　猛　陈志华　陈耀铨　屠梅珍　杜治中
侯抗胜　胡曜平　华　伟　龚国祥　季宝红
季为国　金桂明　刘诗洋　倪建达　施建刚
孙继伟　许秋沧　是明芳　唐　豪　唐晓雨
裴建群　全　平　王家泉　汪　亮　徐列文
许建良　夏晓民　相启龙　尹伯成　朱林兴
朱德林　张文华　张永岳

《上海房地产年鉴》编辑部

主　　编：华　伟

常务主编：金桂明

副 主 编：徐列文

主　　任：李　理

编　　辑：刘以霞　何燕玲　周秋蓉　赵　明　顾俊杰
倪　萍　王莉莉　唐海涛　项金宇　张家国
高　科　张建民　邱国锋　刘伟民　牛　春
陈　凯　马　燕　陈小兰　顾　珏　黄泽宪
李　斌　沈　珺

统　　筹：金桂明

封面设计：有唯文化

上海市规划和国土资源管理局机构领导

冯经明　上海市规划和国土资源管理局党组书记、局长
韩　强　上海市规划和国土资源管理局党组副书记、纪检组长
胡　俊　上海市规划和国土资源管理局副局长
陈华文　上海市规划和国土资源管理局副局长
徐毅松　上海市规划和国土资源管理局副局长
史家明　上海市规划和国土资源管理局副局长
俞斯佳　上海市规划和国土资源管理局总工程师

上海市住房保障和房屋管理局机构领导

刘海生　上海市住房保障和房屋管理局党组书记、局长
陶校兴　上海市住房保障和房屋管理局副局长
庞　元　上海市住房保障和房屋管理局副局长
顾弟根　上海市住房保障和房屋管理局纪检组长、副局长
黄永平　上海市住房保障和房屋管理局副局长

上海实用房产指南

厉无畏

全国政协副主席 厉无畏

蓝天绿水楼市旺
安居乐业奔小康

庄晓天
二〇〇四年六月

上海市原副市长 庄晓天

上海市房地产经济学会原会长 桑荣林

规范房地产市场
造福于人民群众

陈正兴
2004.7

上海市政协原副主席　陈正兴

中国知识资源总库
中国年鉴全文数据库（CYFD）

收录证书

经《中国知识资源总库》编辑委员会审核同意，《上海房地产年鉴》为"中国年鉴全文数据库(China Yearbook Full text Database)"全文收录年鉴，特发此证。

编号：(Z)
发证时间：2007年2月

《中国知识资源总库》编辑委员会

《上海房地产年鉴》被收录进"中国知识资源总库"

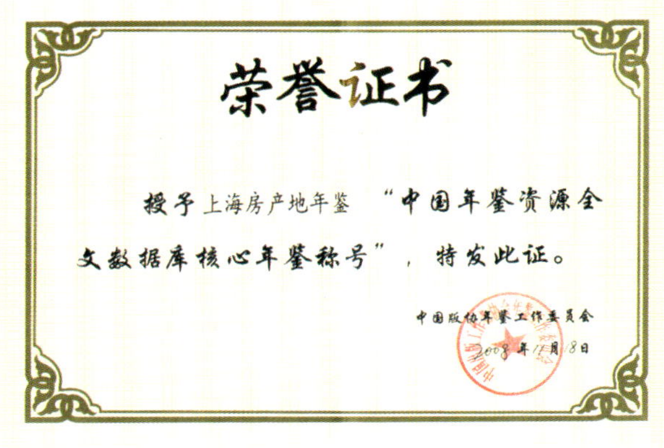

荣誉证书

授予上海房产地年鉴 "中国年鉴资源全文数据库核心年鉴称号"，特发此证。

中国版协年鉴工作委员会
2008年11月18日

《上海房地产年鉴》被中国版协年鉴工作委员会
授予"中国年鉴全文数据库核心年鉴称号"

1 2008年11月26日，市长韩正分别前往杨浦区鞍山四村旧住房成套改造基地、浦东三林经济适用房基地，实地调研本市旧住房改造和经济适用房建设情况。副市长沈骏、市政府秘书长姜平、市政府副秘书长周波陪同调研。

由复旦大学房地产研究中心、华东师范大学东方房地产学院、《上海房地产年鉴》编辑部共同举办的“2009复旦——东方房地产高端论坛”在复旦大学举行，60多位房地产企业家、专家、领导齐聚一堂，《解放日报》等多家媒体进行了跟踪报道。

1 2008年11月4日，市住房保障和房屋管理局与市民政局联合召开扩大廉租住房受益面推进大会，部署廉租准入标准调整工作和实物配租新机制试行工作，全市各区县房地局、民政局、住房保障中心负责人参加了会议。

2 2009年9月28日上午，本市又一个经济适用住房市级项目——宝山区共康北二块正式开工。

1 4月15日上午，市住房保障和房屋管理局、市文明办、市妇联在闸北区临汾路街道举行了“迎世博，建和谐家园，创文明小区”主题活动的启动仪式。

2 来自徐汇区斜土、田林、长桥等四个试点街道范围内的21户申请家庭参加了本次摇号活动。

3 2009年4月28日，本市召开2009年上海市推进创建“四高”优秀小区工作会议，总结2008年工作，部署2009全市创建“四高”优秀小区、推进节能省地型住宅发展等工作。

数字房地产

上海市主要年份六大支柱产业增加值

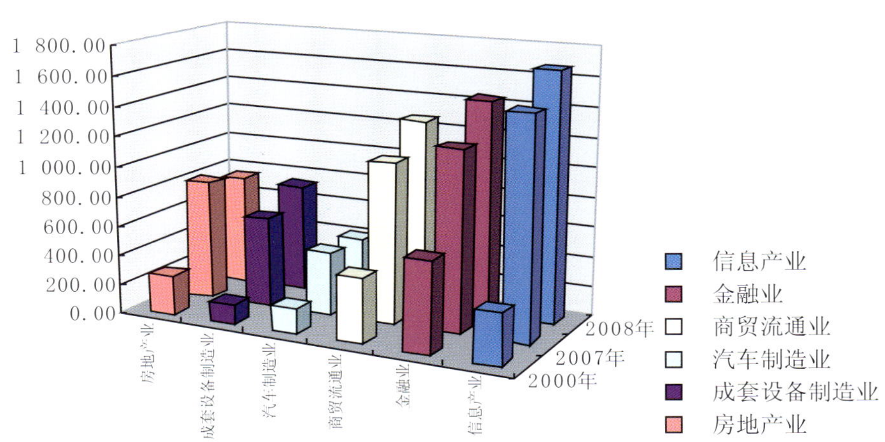

1978～2008年上海住宅竣工建筑面积

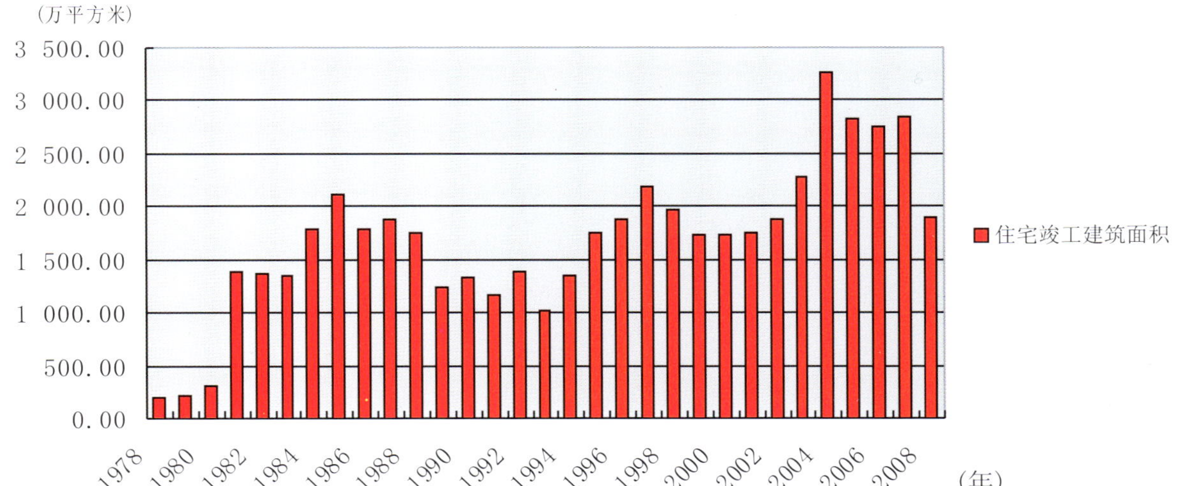

上海三盛房地产（集团）有限责任公司

上海三盛房地产（集团）有限责任公司成立于2000年，注册资本6000万元人民币，是一家横跨房地产、物业管理、文化传媒、建筑规划设计等诸多领域的集团型民营企业。公司自成立以来，先后在上海九亭、泗泾和松江新城成功地开发了以“颐景园”为小区品牌的精品楼盘（即九亭颐景园、泗泾颐景园和松江新区泰晤士小镇F区），九亭颐景园项目占地面积530亩，泗泾颐景园项目共583亩，为高档纯园林别墅住宅小区，松江新城的泰晤士小镇F区主打英式风貌，中欧结合。

三盛颐景园开创了现代家居园林之先河，并全力打造和谐社会小区，体现人与自然、人与人、人与社会的和谐共处。三盛颐景园的环境以中国古典园林为基本格局，借鉴苏州园林、珍园，用园林艺术营造人居生态环境，用欧式建筑文化元素提升人文精神，把中国江南园林与西式的欧洲建筑相结合，独特的园林规划凸现出“颐景园”在园林地产领域的重要地位。三盛颐景园建筑以欧式多层为主，兼有低层别墅和富有节奏感的多层、小高层，整个社区的空间形态井然有序，同时将传统中国居家理想和现代生活方式有机的结合。而且在“水”上做文章，形成“水的世界”、“水的住宅”，汲取苏州园林之精华，依势造山，顺水成湖，把淀浦河、万荣河天然河道引入小区，让每个景点和建筑映衬在水波和绿色之中，体现出中国园林艺术的灵动和欧式景点的大气。真正实现了这样一个苏州园林式的大家园，为购房者营造了“颐和人生、景盛家园”的居住空间。真正实现人们在自己的家园中可居、可观、可游的田园生活。三盛颐景园相继被评为“上海十大生态园林住宅小区”等诸多奖项之后，在2006年被国务院发展研究中心评为全国50强、中国唯一的园林地产领先品牌。颐景园园林地产品牌融和了中西建筑文化之精粹，

公司秉承“以人为本”的开发理念，在规划设计上，充分体现人与自然的和谐统一，把欧陆建筑风格与东方园林完美结合：环境设计上，博采众长，精心设计，充分体现了“园林深处有人家”的主题。 公司在“追求卓越”的企业精神指导下，凝聚了一批具有丰富管理经验和专业知识的人才，建立了一整套适合企业发展的管理体系和制度，提炼了具有深厚文化内涵的房产品牌理念，初步铸就了企业精神和企业文化，形成了独特的风格和鲜明的个性。公司认为：不变的核心理念+强大的应变能力=基业长青。 从优秀到卓越，诚邀各路菁英加盟，共创美好未来。

不容错过！

东下一个国际社区

心区核心项目 6号线洲海路站300米直达

合成效果图

崇尚 NewTown（新市镇）生活：坐享浦东外高桥新市镇，国际规划，绿色海港城。 **崇尚绿色居住**：都市罕见绿洲—5.74平方公里森兰绿地。 **崇尚便捷出行**：距离轨道交通6号线仅300米，翔殷路隧道直达五角场。 **崇尚一站式SHOPPING（购物）**：洲海路行政金融商业街、地铁商城、社区1万平方米商业配套，高端商圈层层环伺。 **崇尚优质教育**：上海第六师范附小、上海浦东南门幼儿园，2大名校提升区域基础教育品质。 **崇尚人文社区**：文化艺术中心、休闲体育公园、高尔夫练习场、潜水俱乐部，高雅文化、优雅运动，分享欢乐。 **崇尚宽景人生**：60米超大栋距，都市罕见宽景公寓。 **崇尚居家养生**："三山五园"造园设计，宅间约2米高坡地，五大主题园林，以居所养生。 **崇尚经典建筑**：新古典主义建筑风格，三段式外立面构成，更具立体感与包容度。 **崇尚实用居家**：$90m^2$实用两房，空间利用率高，特有全南通透房型。$160m^2$三房，收纳全家人的幸福。

接待会馆：启帆路309号（轨道6号线洲海路站）

尚城之声：58678855

预售证号：浦东新区房地(2009)预字0000094号 本广告仅供参考，广告中具体确定的内容可作为购房合同附件

投资商：MCC上海宝冶建设有限公司 中国冶金科工集团公司 发展商：上海中冶新域置业有限公司 全程营销：TOSPUR同策咨询

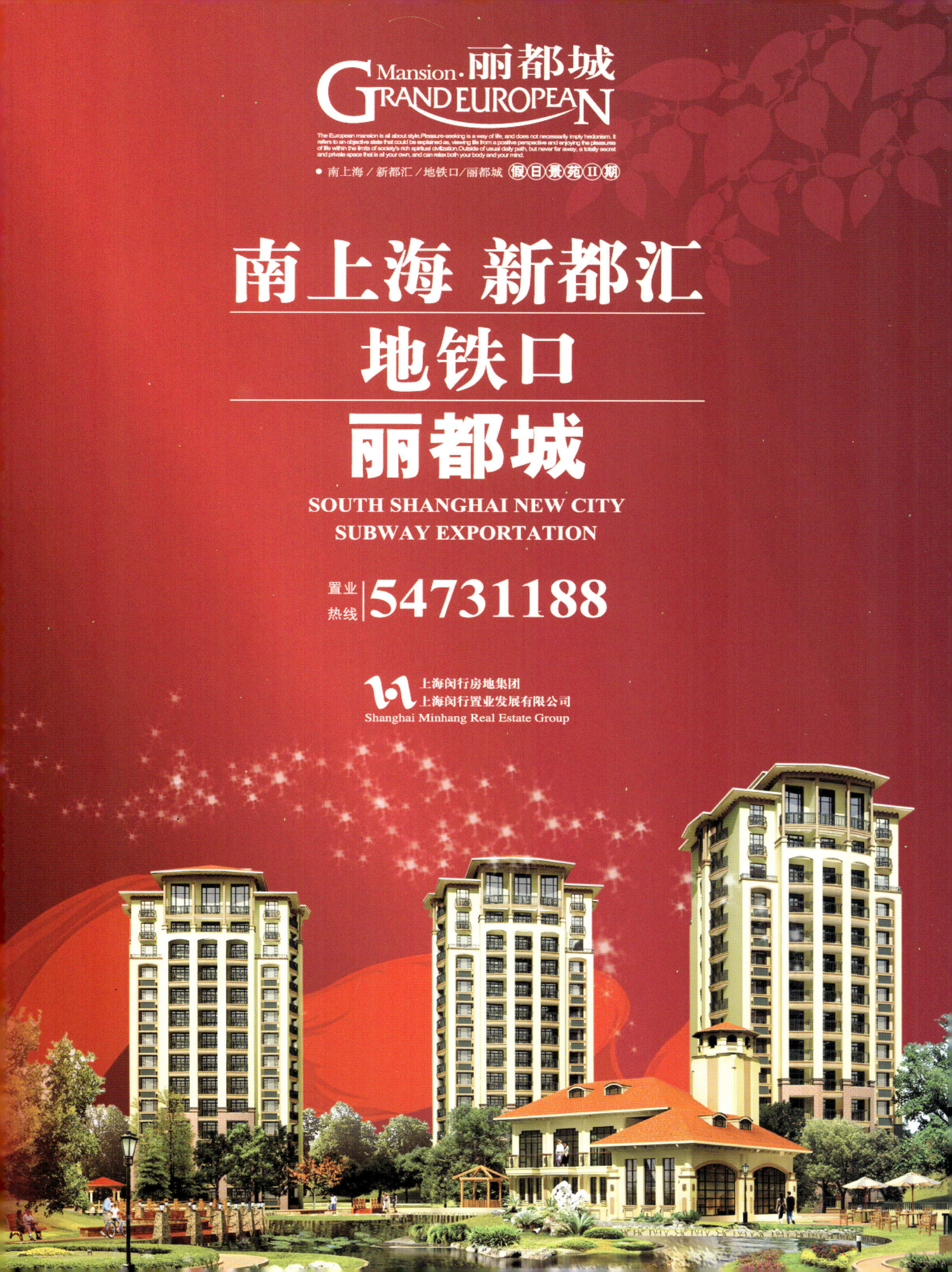

Mansion·丽都城
GRAND EUROPEAN
The European mansion is all about style.Pleasure-seeking is a way of life, and does not necessarily imply hedonism. It refers to an objective state that could be explained as, viewing life from a positive perspective and enjoying the pleasures of life within the limits of society's rich spiritual civilization.Outside of usual daily path, but never far away, a totally secret and private space that is all your own, and can relax both your body and your mind.
南上海/新都汇/地铁口/丽都城 假日景苑II期
南上海 新都汇
地铁口
丽都城
SOUTH SHANGHAI NEW CITY
SUBWAY EXPORTATION
置业热线 54731188
上海闵行房地集团
上海闵行置业发展有限公司
Shanghai Minhang Real Estate Group

明丰环湖花园

世外桃源 湖畔花园别墅

建在丘陵坡地上/临汾湖“西湖苏堤”边/湖畔花园别墅

每幢别墅拥有：私家游艇码头、私家花园、私家电梯

◇世外桃源的梦想领地

坐落吴江汾湖经济开发区行政中心区域，南靠城司路（将改为人民路商业街），西面紧依汾湖“西湖苏堤”－香堤路，北临（80万平方米水域）洋砂荡湖。占地60004平方米，建有独栋别墅60幢，双联体别墅12幢，2幢小高层住宅，一幢综合楼和一座地下汽车库，总建筑面积约为53920平方米。

◇优势区位 便捷交通

明丰环湖花园与著名的江南水乡古镇同里、周庄、西塘近在咫尺，与上海延安路高架相连的A9高速公路汾湖出口相距约仅2.1公里，与上海人民广场相距仅69公里，到虹桥候机楼52.9公里。

誉为“上天入地”的上海虹桥交通枢纽港与在建的明丰环湖花园一体相连，迄今为止国内最大的综合交通枢纽——虹桥枢纽港将在建的京沪高铁、沪宁城铁、上海五条地铁线交换站、磁悬浮与机场融为一体，整个虹桥交通枢纽规划占地面积约为26平方公里，在建的2号城际快速干线从上海浦东机场经人民广场到虹桥机场直向朱家角，在2010年至虹桥机场段通车。

◇经典景观地区唯一性

小区依托80万平方米天然湖水和自然生态环境，湖水引入河道，形成内河蜿蜒，使每幢别墅依水而建。小区波峰起伏，别墅或造在坡峰，或建在谷底，开阔了每户别墅的景观视野。园区外湖光水色，如同西湖苏堤般的香堤路横卧于湖中，园区内绿树成荫，步移景异，建筑小品布置得当，整个小区达到树常青、地常绿、花常开、水常流的境界

小区拥有：游泳馆、网球场、乒乓馆、沙滩、钓鱼亭、湖心亭茶庄、儿童乐园、烧烤场地等。

☆别墅花园面积：双联（2户）每户约200m²；独幢（户）约300m²—400m²

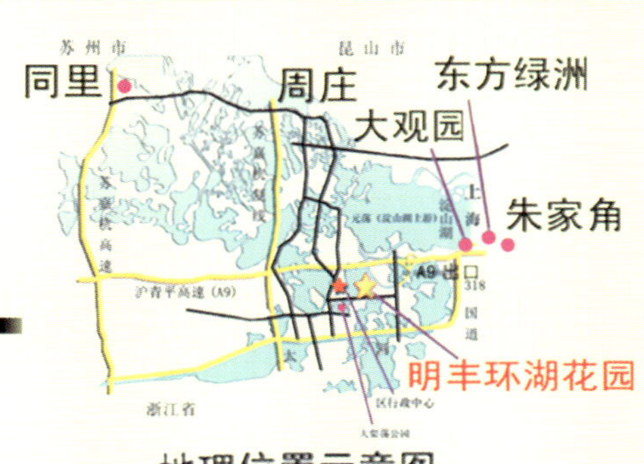

地理位置示意图

农工商房产
NGS RealEstate

开 发 商：吴江明乐房地产开发有限公司

现场售楼：吴江汾湖镇城司路666号

售房热线：0512—63262188　021—50857185

积极服务宅基地置换 建设一流农民家园——华亭佳苑

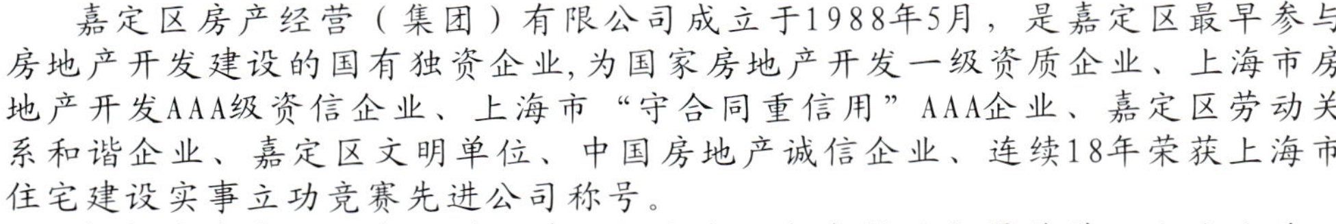

嘉定区房产经营（集团）有限公司成立于1988年5月，是嘉定区最早参与房地产开发建设的国有独资企业,为国家房地产开发一级资质企业、上海市房地产开发AAA级资信企业、上海市“守合同重信用”AAA企业、嘉定区劳动关系和谐企业、嘉定区文明单位、中国房地产诚信企业、连续18年荣获上海市住宅建设实事立功竞赛先进公司称号。

根据党中央、国务院关于建设社会主义新农村的部署精神，上海市委、市政府、嘉定区委、区政府以华亭镇联华村“华亭佳苑”宅基地置换项目为试点突破口，由本集团公司开发建设，加快推进农村“三个集中”建设，让农民共享改革发展成果，稳步推进社会主义现代化新农村建设。“华亭佳苑”小区规划占地面积177688平方米，居住用地151876平方米，总建筑面积161666平方米，其中住宅面积130852平方米，公建配套用房12047平方米，小区绿化率40%，集中绿地率20%，容积率为0.97,地下车库农具间18768平方米，建造多层住宅45幢，可入住居民1110户。

“华亭佳苑”于2006年8月31日正式开工，至2007年12月30日正式交付使用，经质监部门检验交付合格率达到100%，结构优良率100%。先后荣获上海市第五届优秀住宅评选活动中节能环保奖、规划建筑奖，荣获“2008年度上海市节能省地型‘四高’优秀小区”称号、2008年中国房地产诚信建设品牌楼盘综合金奖、“嘉定杯”优质工程等诸多荣誉称号。“华亭佳苑”的成功规划建设不仅盘活农村集体非建设用地，为上海市节约储备可耕地44.31公顷，有效促进了土地资源的集约和可持续利用；同时，它的建设对促进农村人口居住集中，实现农民居住布局从自然形态向规划形态的转变，改善当地农村的居住环境和生态环境，带动华亭地区周边的商业人气和经济发展有着积极和深远的现实意义。

如今，“华亭佳苑”宛如一颗璀璨的明珠，闪耀在广袤的新农村建设田野上，成为以一流的质量服务于农民，精心打造社会主义新农村项目的成功典范。

上海浚浦置业管理有限公司

航科大厦地处浦东新区源深路浦东大道口，总建筑面积22000平方米，现由招商银行信用卡中心承租（2010年5月31日租期届满）

上海浚浦置业管理有限公司为中交上海航道局有限公司子公司，经营管理着局内所有房产和部分社会物业，包括高档写字楼及商业物业、商品住宅、酒店式公寓、企业办公楼和工业厂房等物业。2004年5月获得了ISO9001：2000质量管理体系认证证书。具有国家二级物业资质。2008年获市“三优一满意”优胜单位称号。

宁东大厦地处延安路隧道出口处黄金地段，交通便利。14-21层为本公司负责租赁，面积为6672平方米。

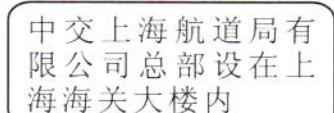

中交上海航道局有限公司总部设在上海海关大楼内

车辆服务

专业保洁

餐饮服务

会务服务

公司法人：徐一华
公司地址：上海市黄浦区江西中路452号三楼
公司电话（传真）：63232938　租赁电话：63230899

上海市工业系统房地产联合总公司

地址：长安路1001号长安大厦1号楼19层　邮编：200070　电话：63175907

上海市工业系统房地产联合总公司是具有独立进行住宅成片开发能力的房地产综合开发公司。公司成立于一九八八年，注册资金6000万元，隶属于上海工业投资（集团）有限公司，具有房地产综合开发二级资质。

公司建房质量优良，信誉卓著，先后获得白玉兰工程奖15项、并获得全国样板工程和国家安居工程优秀小区、上海十大国有房地产企业的称号，连续7年被评为上海市重点工程实事立功竞赛优秀公司，多次获得上海市优秀房地产公司荣誉称号。

公司致力于满足大众需求的优质住宅开发，曾先后建设了梅陇新村一期、二期、国和新村、古美新村等十多个大型新村、街坊，为中低收入家庭解决住房困难和改善住房条件提供了大批房源；同时还建造了锦汇苑、锦兰苑、锦梅苑、锦绣园等一批环境优美、房型舒适、质量上乘的中高档商品房。历年建造房屋总建筑面积达300万平方米。

公司遵循“服务社会，造福百姓”的宗旨，坚持“以人为本，营造健康自然的新生活模式”的居住理念，把满足市场顾客需求，以质取胜，作为永恒的追求。

上海哥德堡建筑安装工程有限公司

上海哥德堡建筑安装工程有限公司于1994年改制组建成立，系房屋建筑施工总承包一级企业，具有建筑装饰、钢结构、消防设施、地基与基础等专业承包资质。下属二个分公司，九个项目部，现有在册职工1800余人，拥有各类经济、工程技术职称人员300余人，其中高中级专业技术人员180余人，一、二及项目经理30余人。

公司崇尚“打造经典工程，创造一流品牌”的企业精神，坚持“科学管理理念，质量为本方针，诚信经营原则，客户至上态度”的宗旨；“注重信誉，守法经营，恪守合同，服务社会”的传统；大力弘扬“质量出精品，管理曾效益，技术求先进，服务创一流”的企业文化。

公司承建过高层住宅、工业厂房、医院、学校、高档写字楼等各类项目百余种。先后获得上海市建设部门颁发的“浦江杯”、“杨浦杯”、“明珠杯”、“白玉兰奖”等建设工程荣誉奖几十项。连续多年荣获上海市“重合同、守信用”单位的荣誉称号。与此同时，还通过了ISO-9001质量体系的认证。

展望未来，公司将一如既往的遵循“诚信、奉献、开拓、奋进”的敬业理念，愿以优异的质量品牌、一流的管理水平和最佳的合作伙伴形象，竭诚为上海乃至全国的基本建设努力奉献。

上海外滩投资开发

为贯彻落实建设上海国际金融中心的国家战略，根据上海市委、市政府关于上海国际金融中心建设重点在“一城一带”（即陆家嘴金融城和外滩金融集聚带）的规划，黄浦区政府决定组建外滩金融集聚带建设实体公司。2009年10月28日，上海外滩投资开发（集团）有限公司挂牌成立。

上海外滩投资开发（集团）有限公司注册资本金10.1亿元人民币，现有上海新黄浦（集团）有限责任公司、黄浦区土地发展公司、外滩一体化公司等全资子公司。

公司属政府性投资公司，以建设外滩金融集聚带为使命，以总体发展商的身份，对外滩金融集聚带范围内的城区进行功能性再开发，通过土地储备、综合配套、老大楼置换、房地产开发和融资等手段，为外滩金融业发展提供优质载体和良好服务，营造最佳的金融业发展生态环境，吸纳聚集金融机构，力争用10年时间，把外滩金融集聚带建设成为具有国际影响力的资本运营中心、资产管理中心和金融服务中心。

公司法人治理结构

董事会

董 事 长：周海鹰
董　　事：周科轩
外部董事：李红一　张　莉　林晓东
职工董事：蒋祖荣

监事会

主　　席：方之明
外派监事：杜　彝
监　　事：冯　岚
职工监事：章　毅　杨　雷

经营班子

总　　裁：周科轩
副 总 裁：庞毓方　孙志国
财务总监：孙志国（兼）

2009年10月26日，公司第一届董（监）事会第一次会议召开

2009年10月28日，公司在上海半岛酒店隆重举行成立仪式

成立仪式上，中国工商银行上海市分行、国家开发银行上海分行分别向上海外滩投资开发(集团)有限公司提供100亿元(合计200亿元)人民币的融资支持用于外滩金融集聚带建设

集团）有限公司成立

地址：上海市四川中路276号新黄浦大厦
邮编：200002
总机：（86 21）63233111
传真：（86 21）63210659
邮箱：zcb@sh-big.cn

欢迎光临公司网站www.sh-big.cn

外滩金融集聚带

外滩金融集聚带北起苏州河南岸，南至陆家浜路——外马路，东临黄浦江，西到河南南路——人民路——中华路——桑园街所围合的区域，滨江岸线长约4.8公里，总用地面积2.6平方公里。

外滩历来是对外贸易、埠际贸易、批发贸易等商贸活动集中之地，是上海城市近代化的起点，也是中国现代金融的发源地，曾经被誉为"远东华尔街"，具有悠久的金融发展历史和深厚的金融文化底蕴，区域内中外资金融机构有较大的集聚规模。这里的汇率利率、银根松紧、汇价涨落对全国都有辐射影响，当年即成为全国的金融中心和远东的金融中心之一。

目前，外滩金融集聚带内已建商办楼（1949年～2008年）123万平方米，现有老大楼118万平方米（其中保留约95万平方米），在建、待建商办楼约40万平方米（含老大楼改造18万平方米），土地储备项目可建楼宇面积132万平方米，其他尚可开发土地规划建筑面积约70万平方米，拟新建住宅约80万平方米。

外滩金融集聚带积极吸引银行、保险等各类金融机构，热情欢迎证券公司、基金管理公司、资产管理公司、货币经纪公司、投资银行、企业集团财务公司，股权投资企业（基金）、创业投资企业（基金）、金融租赁、融资租赁公司，以及国内外优秀信用评级、资产评估、融资担保、投资咨询、会计、审计、法律服务等与金融核心业务密切相关的各类专业服务机构入驻，搭建航运物流企业和金融机构的专业互动平台。

从苏州河口南望外滩金融集聚带（局部效果图）

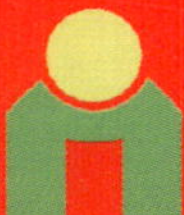

上海现代房地产实业有限公司

上海现代房地产实业有限公司自一九九零年成立以来，始终把探研房地产市场经济与社会公益事业相结合解决大不同收入人群的住房问题为己任。公司相继投入8000多万科研经费，组织各方面专家研究适合中国国情的高层建筑产业现代化技术——MB轻型房屋钢结构建筑体系，多年来获得中央和地方各级政府认可，并多次获得各类大奖。

近年来，公司始终把创新放在首位，积极推行MB技术成果，节约、集约土地资源，大力提高社会生产力，大大提高城市规划的利用率。公司依靠科技进步结合金融管理创新和消费资本化理论，建立了住房与养老一体化社会保障体系，实践证明只有把经济效益和社会效益相结合，才能解决大多数百姓住有所居、老有所养和农民进城购房的难题。

1992年2月 MB轻型房屋钢结构建筑体系列为建设部85—02大开间灵活隔断重点科技攻关项目。

1992年7月 上海建委批复MB轻型房屋钢结构建筑体系用于住宅小区试点。

1993年2月 八层试点建筑通过上海建委组织专家评审。

1994年3月 MB轻型房屋钢结构建筑体系列为上海建委18个重点科技攻关项目。

1994年5月 MB轻型房屋钢结构建筑体系列为国家级星火项目。

1995年8月 成立MB轻型房屋钢结构建筑体系生产共同体组织。

1996年3月 MB轻型房屋钢结构建筑体系列为上海市十大重点科技产业化项目。

1997年5月 MB轻型房屋钢结构建筑体系列为国家火炬项目。

1998年10月 MB轻型房屋钢结构建筑体系样板房在北京展览，国家领导参观上报朱总理并作了批示：“还可以去四川试点，四川稻草成灾正合综合利用”。

1998年12月 上海人民政府办公厅督查室上报督查报告一种值得扶持的经济型住宅房市领导批示促其做大。

1999年4月 曾培炎副总理邀请到江西在列车上讨论MB轻型房屋钢结构建筑体系用于灾后重建并送四十幢农民小住宅给灾民，得到中央好评。

1999年6月 建设部召开全国住宅工作会议MB轻型房屋钢结构建筑体系作为住宅产业化样板房展示。

1999年7月 MB轻型房屋钢结构建筑体系列为国家重点技术创新项目。

2000年3月 MB轻型房屋钢结构建筑体系可行性报告通过建设部组织专家认证鉴定。

2000年5月 MB轻型房屋钢结构建筑体系获得国家发明专利证书。

2000年5月 公司得到国家环保总局农业部科技部共青团中央奖状被评为秸杆禁烧和综合利用。

2001年8月 MB轻型房屋钢结构建筑体系正式编人国家重点技术攻关项目——《小康住宅建筑结构体系成套技术指南》。

2001年9月 MB轻型房屋钢结构建筑体系列为上海市高新技术成果转化项目。

2002年2月 建设部办公厅发文要求编写MB轻型房屋钢结构建筑体系技术培训教材。

2003年3月 MB轻型房屋钢结构建筑体系列编入全国民用建筑工程设计技术措施唯一个建筑体系。

2003年2月 曾培炎副总理上书给朱总理再次批示给建设部上海市领导要求加大力度推扩。

2004年8月 MB轻型房屋钢结构建筑体系的主体结构矩型钢管混凝土技术规程批准为国家标准。

2005年3月 MB轻型房屋钢结构建筑体系作为建设行业专业技术人员继续教育培训教材正式出版。

2005年1月 建设部推荐MB轻型房屋钢结构建筑体系获得绿色建筑科技进步奖。

2006年4月 MB轻型房屋钢结构建筑体系的钢结构设计标准图作为国家标准。

2007年1月 MB房地产新经济模式载入《上海房地产年鉴》，MB建筑体系正式进入实施阶段。

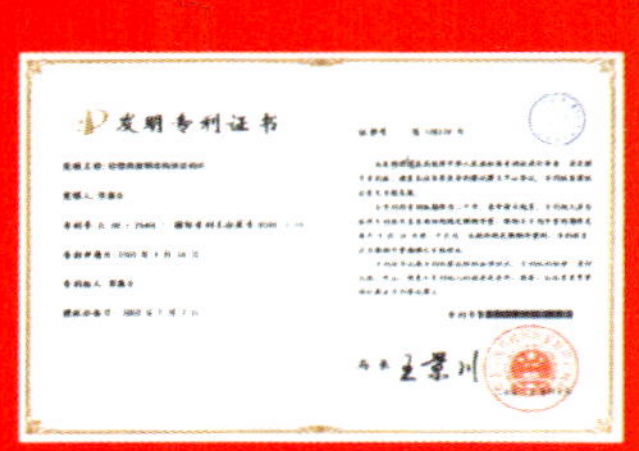

地址：上海市浦东新区高科西路2600号
电话：021-64450099
传真：021-58911596
网址：www.buildingmb.com

目　　录

第一篇　专论

第二篇 环境

第三篇 行业

第四篇　类型

第五篇 区域

第六篇 附录

第一篇

专论

ALMANAC OF
SHANGHAI REAL ESTAT

第一章 2008 年上海房地产市场回顾

2008 年，上海房地产市场跌宕起伏、波澜壮阔，广受各方关注。在经历了 2005 年调控和 2006 的平稳发展、2007 年的爆发式增长后，2008 年上海房地产市场由于受蔓延全球的金融危机和国家宏观调控的影响，居民购房意愿走低，全年住宅交易明显回落，较 2007 年下降 4 成多，为近年来最低，并且呈逐季加速下滑之势，房屋价格上半年保持相对稳定，但下半年各种明折暗扣不断，降价成为普遍趋势。

一、房地产业增加值占全市 GDP 分析

2008 年，上海房地产业增加值 59.34 亿元，比上年增长 4.5%，占全市 GDP 的 2%，比重同比下降 4.5 个百分点。

二、房地产开发投资状况分析

2008 年，全市房地产开发完成投资总额 1366．87 亿元，比上年增长 4．5%，增幅上升 2 个百分点，占同期全社会固定资产投资的 28．3%，比上年回落 1 个百分点。其中，住宅建设投资为 843．63 亿元，比上年增长 0．7%，增幅上升 0．5 个百分点。

2008年各月累计投资增幅呈“V”字型走势，4月和5月全市房地产累计开发投资增幅仅为0.9%和 2．05%，为增幅最低点。虽然上海市房地产开发投资额的绝对量依然保持在高位，但是同比增幅大大低于“十五”期间年均 13．1%的水平（如 2003 年上海房地产开发完成投资总额增幅达到了 20．3%、2004 年为 30．4%）。不过，连续三年的小幅增长，也说明上海的房地产开发投资规模正趋向稳定。

与房地产开发投资规模日趋稳定相对应的是，其占同期全社会固定资产投资比重也在逐年回调。本市房地产投资占全社会固定资产投资的比重， 2005 年为 35．2%，2006 为 32．5%，2007 年为 29．3%， 2008 年为 28．3%。与此同时，住宅建设投资占全社会固定资产投资的比重同样也是逐年下降，2005 年为 26．4%，2006 年为 21．8%，2007 年为 19．1%，2008 年为 18．0%（见表 1-1）。

表 1-1 2006 — 2008 年上海房地产开发投资结构及增长 单位：%

指 标	2006 年		2007 年		2008 年	
	比重	增长	比重	增长	比重	增长
房地产开发投资	100	2.3	100	2.5	100	4.5
商品住宅	65.5	-9.3	64.1	0.2	61.7	-3.7
办公楼	9.7	21.6	12.0	26.7	13.6	13.3
商业用房	12.2	51.1	12.2	2.5	12.6	3.3
其他用房	12.6	32.5	11.7	-4.4	12.1	3.4

三、上海房地产市场交易状况分析

2008 年，商品房（含动迁房配套房）成交面积 1930.9 万平方米，同比减少 39.8%；成交金额 1953.3 亿元，同比减少 33.6%。如果扣除动迁配套房，成交面积为 1272.5 万平方米，同比减少 51.2%。2008 年新增供应面积（网上房地产新增挂牌面积）2647.8 万平方米，比成交面积多 37%，大部分新增供应面积都超出成交面积（见表 1-2）。

表 1-2 2008 年上海各区县商品房成交情况　　单位：元/平方米，亿元，万平方米

各区县	本段(2008.1.1－2008.12.31)成交信息				本段(2008.1.1－2008.12.31)新增信息		成交与新增对比
	均价	套数	成交金额	成交面积	新增总面积	新增住宅面积	供应消化简述
静安	24332	2034	48.8	20.1	32.3	18.8	成交量<新增量 1:1.61
卢湾	46013	651	30.1	6.5	15.2	10.6	成交量<新增量 1:2.33
长宁	24865	3642	90.0	36.2	57.4	46.8	成交量<新增量 1:1.58
宝山	8491	25198	192.9	227.1	256.4	212.4	成交量<新增量 1:1.13
松江	10063	15983	174.6	173.5	255.4	201.7	成交量<新增量 1:1.47
浦东	12844	25395	336.4	261.9	398.0	308.6	成交量<新增量 1:1.52
奉贤	6926	9431	64.7	93.4	150.9	75.6	成交量<新增量 1:1.62
南汇	5361	23295	116.2	216.8	476.3	410.9	成交量<新增量 1:2.20
青浦	7795	8140	71.3	91.4	113.9	99.5	成交量<新增量 1:1.25
闸北	13258	3930	54.9	41.4	58.4	39.1	成交量<新增量 1:1.41
杨浦	13403	5031	59.3	44.2	64.1	35.6	成交量<新增量 1:1.45
虹口	21612	3672	77.5	35.9	62.8	15.7	成交量<新增量 1:1.75
普陀	15148	5876	104.4	68.9	100.7	48.4	成交量<新增量 1:1.46
黄浦	25576	1436	36.7	14.4	19.9	13.6	成交量<新增量 1:1.38
徐汇	18666	5679	114.0	61.1	58.4	38.5	成交量>新增量
闵行	8783	23376	203.3	231.5	233.1	183.4	成交量<新增量 1:1.01
嘉定	7068	18315	120.7	170.7	168.6	128.7	成交量>新增量
金山	4448	10500	47.6	106.9	88.8	62.8	成交量>新增量
崇明	3430	2959	9.9	28.8	37.4	33.6	成交量<新增量 1:1.30
合计	278082	194543	1953.3	1930.7	2648.0	1984.3	成交量<新增量 1:1.37

2008 年，供应量也明显超出需求量，商品房新增开工面积为 2586.57 万平方米，同比增长 14.9%，其中住宅新增开工面积 1762.01 万平方米，同比增长 7.8%。施工面积 10390.67 万平方米，同比减少 3.5%，其中住宅施工面积 6872.1 万平方米，同比减少 10.1%。竣工面积为 2475.04 万平方米，同比减少 26.8%，其中住宅竣工面积为 1763.33 万平方米，同比减少 35.9%（见表 1-3）。

表 1-3　2008 年上海房地产建设情况　　单位：万平方米，亿元，%

指标	2008 年	同比增长	指标	2008 年	同比增长
新开工面积	2586.57	14.9	销售面积	2296.12	-37.9
住宅	1762.01	7.8	住宅	1965.86	-40.1
施工面积	10390.67	-3.5	销售额	1895.45	-38.6
住宅	6872.1	-10.1	住宅	1608.47	-40.6
竣工面积	2475.04	-26.8			
住宅	1763.33	-35.9			

供求同时缩量但需求萎缩更加明显，2008 年新建商品房销售面积为 2296 万平方米，同比减少 37.9%，其中住宅 1965.86 万平方米，同比减少 40.1%。存量房交易面积为 1413 万平方米，同比下降 29.1%。

从四个季度成交面积和新增面积的对比看，第一、第二季度的成交面积：新增面积为 1：1.08 和 1：1.15，而第三季度为 1：1.98，第四季度为 1：1.54，供给量在下半年明显超出需求量（见图 1-1）。

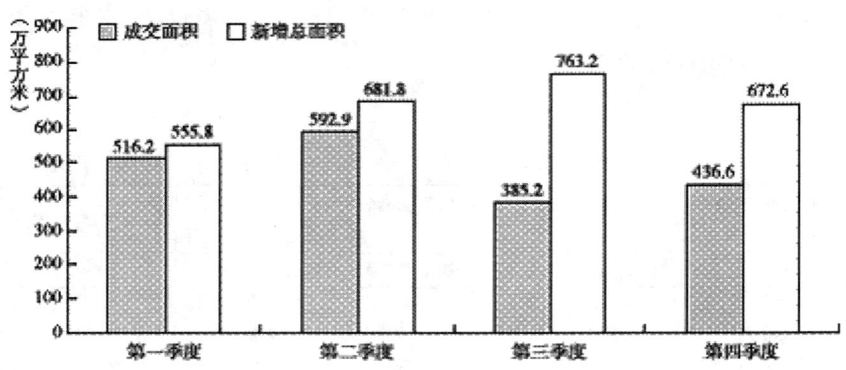

图 1-1　2008 年上海市供求面积

商品房空置面积在年末达到 1 091.18 万平方米，其中住宅空置 499.53 万平方米，同比上升 82.3%，商品房空置面积升至历史高位。

四、商品房价格分析

2008 年上海房屋销售价格水平同比上涨 5.9%，涨幅低于全国 70 城市 0.6 个百分点（70 城市为 6.5%）；全年累计环比下跌 1.7%，跌幅低于 70 城市 1.5 个百分点（70 城市为 -0.2%）。1 月～6 月处于上涨期间，累计环比上涨 0.5%，7 月开始逐月下跌，累计跌幅达到 2.2%。同时可以看到，上海环比指数下跌早于全国，全国环比指数下跌始于 8 月（见图 1-2）。

其中，新建商品住房价格水平同比上涨 5.7%；全年累计环比下跌 1.9%，跌幅低于全国 70 城市 1.2 个百分比（70 城市为 -0.7%）。上半年累计环比上涨 0.3%，7 月开始逐月下跌，累计跌幅达到 2. 2%。

二手住房价格水平同比上涨 6.7%；全年累计环比下跌 1.9%，跌幅低于全国 70 城市 1.7 个百分点（70 城市为 -0.2%）。每月环比的走势基本与房屋销售价格指数环比走势相似，1 月～6 月累计环比上涨 0.7%，7 月开始逐月下跌，累计跌幅达到 2.6%。

2008 年，全市商品住房平均销售价格为每平方米 8 182 元，比上年下降 0.9%，增幅回落 18.1 个百分点。

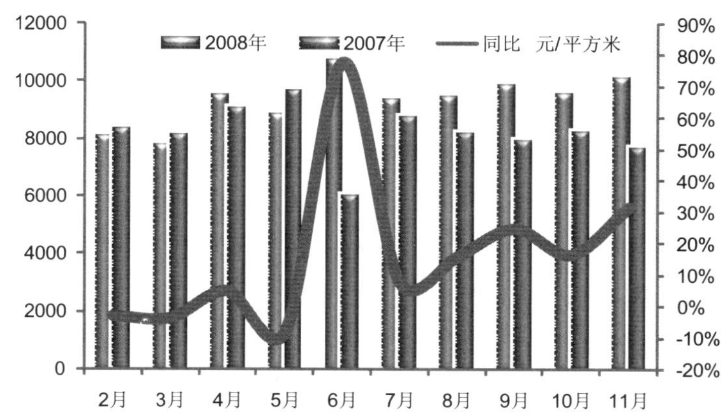

图 1-2　2008 年上海分月住宅价格情况

上海社会科学院商品房价格指数显示，2008 年 12 月上海市新建商品住宅同质价格指数为 1295.2 点，比 2007 年同期上升 5.2%（见图 1-2）。但是，最高点出现在 2008 年 6 月为 1321.4，2008 年 12 月与之相比，下降了 1.3%。从各区间来看，上海的商品房处于盘整阶段。

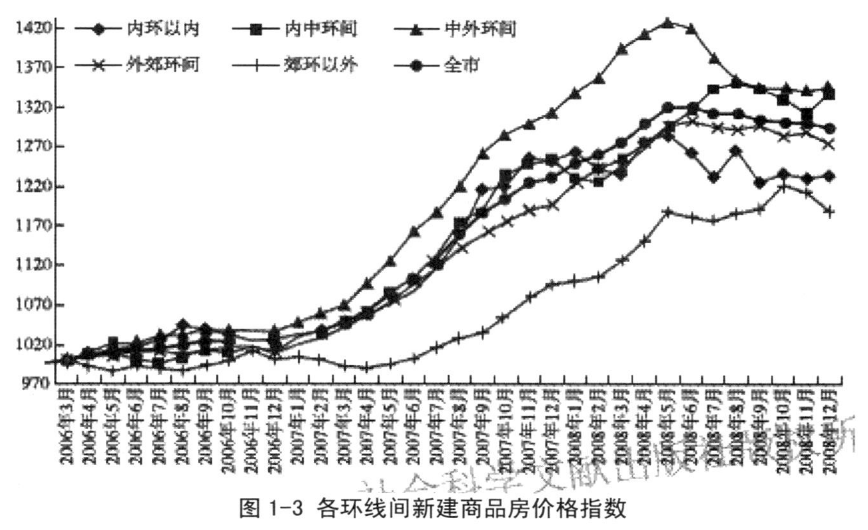

图 1-3 各环线间新建商品房价格指数

五、国内贷款占本年资金来源分析

2008 年末，全市中外资银行商业性房地产贷款余额 5 935.6 亿元，比年初增加 193.21 亿元，同比少增 386.95 亿元；其中个人住房贷款余额 3 107.69 亿元，同比少增 345.99 亿元。

2008 年末，全市中资金融机构房地产贷款余额 5 504.36 亿元，比上年末增长 7.28%，增幅回落 3.4 个百分点。其中，个人住房贷款余额 2 915. 48 亿元，比上年末增长 1.94%，增幅回落 13.2 个百分点；房地产开发贷款余额 2 001.66 亿元，比上年末减少 0.16%，增幅回落 7.3 个百分点。

受房地产调控政策和市场交易量变化的影响，中资金融机构个人住房贷款各月增量波动较大，且呈“W”走势。2008 年前 4 个月，房贷市场低迷，2 月份房贷增量仅为 3.88 亿元，但进入第二季度，个人房贷出现“V 形反转”，随后几个月，房贷再次陷入低迷，直到 12 月份，房贷数据再次“由负转正”，个人住房贷款增加 8.5 亿元，其中二手房贷款增加 7.9 亿元。

六、土地供应分析

自2006年以来，上海市土地出让面积呈持续减少趋势。2007年土地出让面积较2006年减少65．2%。 2008年土地出让面积比2007年减少7．3%。其中，住宅用地的土地出让面积也随之减少。2006年上海出让住宅用地1 110．97公顷，比上年减少53.4%；2007年出让住宅用地668.78公顷，比上年减少39.8%； 2008年出让住宅用地699公顷，与2007年基本持平。从2004年开始，上海紧缩地根，采取“控增逼存”的土地调控措施，一方面严格控制增量土地供应，另一方面加大闲置土地的处理力度，逼迫开发企业尽快开发存量土地，因此2008年上海住宅新开工面积比上年增长了7.8%，为1 762.01万平方米（见图1-4）。

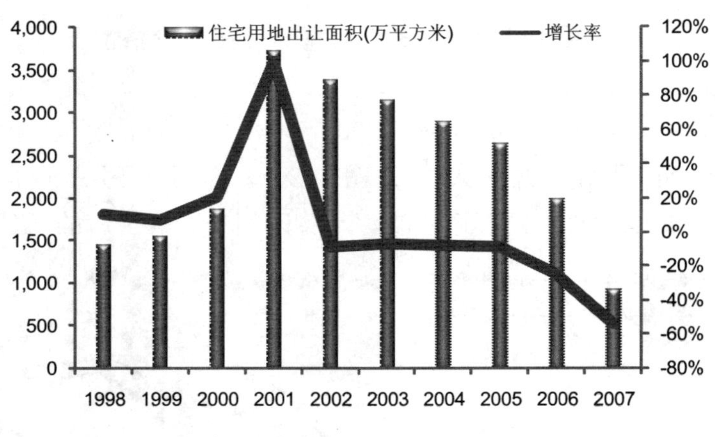

图1-4 上海历年土地出让情况

从出让的土地类型来看，工业用地是上海土地市场的主角。2008年工业用地出让面积的比重占到了出让总量的58.0%，住宅用地占28.2%，商办综合用地占13.0%，其它用地占0.8%。

从土地成交价格来看，商品房市场的萎靡直接导致2008年的商品房用地流标或是底价成交现象较多，“退地”事件也时有发生，土地不再像往年那样引来开发企业的热烈追捧4月份，志成房地产开发公司向普陀区房地部门提出，由于其自身原因，申请终止履行长风地块的合约。普陀区房地部门根据有关规定，同意上述申请并收回该地块。6月此风波曝光后，对购房者的心理预期冲击非常大，标志着土地市场地价下降。8月苏宁环球集团向上海房地局提出申请，以轨道交通10号线站点未按期配套为由，要求退还黄浦区南京东路163地块的土地款。这块拍卖总价44亿元、楼板价以6.7万元／平方米创下全国之最的天价土地在一年之后终于也陷入退地的尴尬境地，对市场冲击也非常大。据相关统计数据显示，2008年本市土地每亩成交均价被腰斩。2007年土地市场涌现了很多“地王”，土地价格水涨船高，每亩土地均价达到了253万元／亩，但2008年，土地均价急速下滑，只有122万元／亩。由于2008年土地市场工业用地比重很大，因此如果去除工业用地之后，商品房用地的均价只有387万元亩，较2007年商品房用地690万元／亩的均价下跌近44%。

七、外资进出上海房地产情况分析

2008年上海房地产外资收购交易量为163亿元，较2007年的280亿元下跌26%，也明显低于2006年185亿元的水平。且物业收购主要集中在前三个季度，第四季度末出现任何外资收购案。2008年较大的几个收购案有亚太置地花费 6.43亿美元收购世纪商贸广场；黑石集团以5.367亿元人民币收购长寿商业广场项目公司95%股权，以 45亿元人民币购入仲盛世界商城等；美国凯雷斥资 19.9亿元收购济南路8号酒店式公寓；高富诺集团12亿元人民币收购华山夏都酒店式公寓，又收购了上海古北的维也纳广场和新天地附近的翠湖天地御苑6、7号楼；韩国基金未来资产斥资11亿元人民币收购了位于上海人民广场的华旭国际广场，接着又收购了翠湖天地御苑18号楼，总价9.63亿元；世邦魏理仕以9.5亿元的总价（单价1.9万元／平方米）购得位于上海的广州发展银行大厦等。这些收购几乎都是采用整体物业收购。

2008年9月以后，受美国次贷危机影响，有些外资出售所购物业，如摩根士丹利计划出售茂行世纪公园、华山夏都、锦麟天地等；花旗也酝酿将闵行漕河景苑中两幢高层小户型公寓出手；雷曼兄弟准备出售四川北路的福海商厦；美国国际集团出售南京西路的上海商城等物业。

股权投资与合作开发。尽管境外机构对中国楼市唱空言论不断，但外资机构对国内房地产市场的投资并没有停止。众多外资房地产投资基金，如 UBS、ING、HI、摩根士丹利、凯德置地、澳大利亚麦格理等也纷纷出现在国内开发商的合作名单中，参与股权投资和合作开发。2008年2月，瑞银集团与金地集团签订协议，在境外共同发起成立房地产投资合伙企业，预计将募集3亿美元资金。不久前雅居乐地产控股有限公司出售旗下冠金公司30%股权，获得买方摩根士丹利52.8亿元人民币的转让款；上半年恒大地产通过私募股权的方式得到了5.06亿美元，投资方正是香港新世界发展有限公司、德意志银行、美林等5家机构。

第二章 2008年国民经济和社会发展统计公报

2008年，全国各族人民在党中央、国务院的领导下，以邓小平理论和“三个代表”重要思想为指导，深入贯彻落实科学发展观，万众一心，顽强拼搏，努力克服历史罕见的特大自然灾害和国际金融危机冲击的不利影响，国民经济保持较快发展，各项社会事业取得新的进步。

一、综合

初步核算，全年国内生产总值300 670亿元，比上年增长9.0%。分产业看，第一产业增加值34 000亿元，增长5.5%；第二产业增加值146 183亿元，增长9.3%；第三产业增加值120 487亿元，增长9.5%。第一产业增加值占国内生产总值的比重为11.3%，比上年上升0.2个百分点；第二产业增加值比重为48.6%，上升0.1个百分点；第三产业增加值比重为40.1%，下降0.3个百分点。

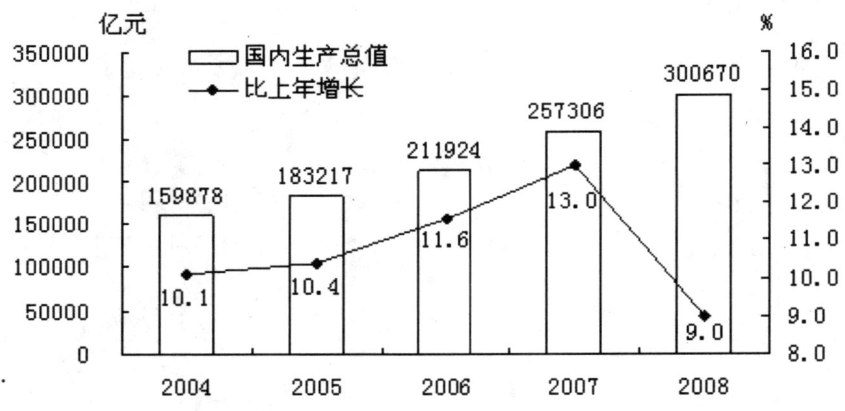

图2-1 2004-2008年国内生产总值及其增长速度

居民消费价格比上年上涨5.9%，其中食品价格上涨14.3%。固定资产投资价格上涨8.9%。工业品出厂价格上涨6.9%，其中生产资料价格上涨7.7%，生活资料价格上涨4.1%。原材料、燃料、动力购进价格上涨10.5%。农产品生产价格上涨14.1%。农业生产资料价格上涨20.3%。70个大中城市房屋销售价格上涨6.5%，其中新建住宅价格上涨7.1%，二手住宅价格上涨6.2%；房屋租赁价格上涨1.4%。

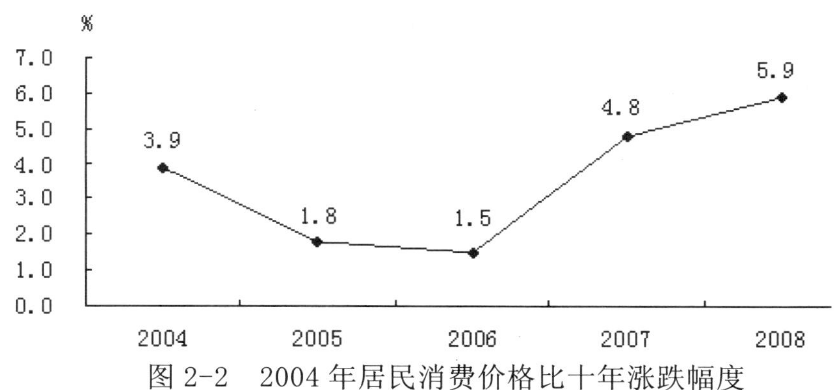

图 2-2　2004 年居民消费价格比十年涨跌幅度

表 2-1　2008 年居民消费价格比上年涨跌幅度　单位：%

指　标	全　国	城　市	农　村
居民消费价格	5.9	5.6	6.5
食　品	14.3	14.5	14.0
其中：粮食	7.0	7.2	6.7
肉禽及其制品	21.7	22.6	20.0
油脂	25.4	24.9	25.9
鲜蛋	3.7	3.8	3.6
鲜菜	10.7	10.5	11.3
鲜果	9.0	8.9	9.3
烟酒及用品	2.9	3.1	2.6
衣　着	-1.5	-1.8	-0.6
家庭设备用品及服务	2.8	3.0	2.4
医疗保健及个人用品	2.9	2.8	3.2
交通和通信	-0.9	-1.6	0.7
娱乐教育文化用品及服务	-0.7	-0.9	-0.1
居　住	5.5	4.3	8.2

年末全国就业人员 77 480 万人，比上年末增加 490 万人。其中城镇就业人员 30 210 万人，净增加 860 万人，新增加 1 113 万人。年末城镇登记失业率为 4.2%，比上年末上升 0.2 个百分点。

年末国家外汇储备 19 460 亿美元，比上年末增加 4 178 亿美元。年末人民币汇率为 1 美元兑 6.834 6 元人民币，比上年末升值 6.9%（见图 2-3）。

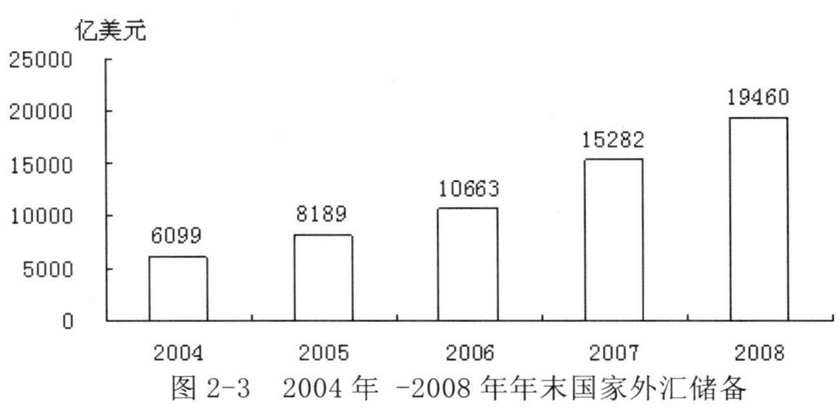

图 2-3　2004 年 -2008 年年末国家外汇储备

全年税收收入57 862亿元（不包括关税、耕地占用税和契税），比上年增加8 413亿元，增长17.0%（见图2-4）。

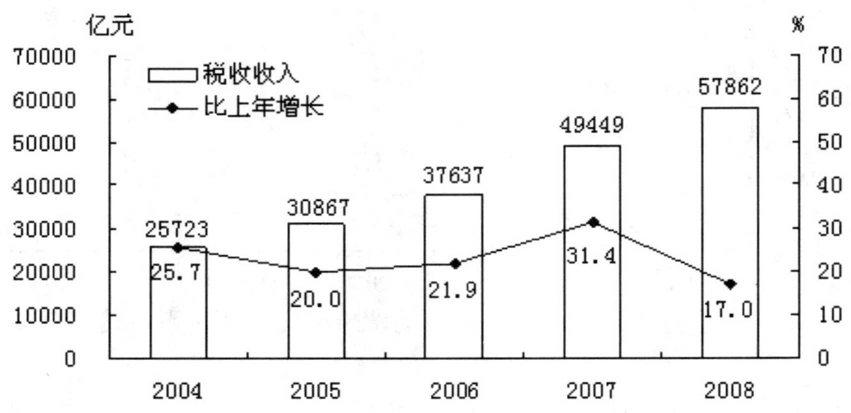

图2-4 2004年～2008年税收收入及其增长速度

二、农业

全年粮食种植面积10 670万公顷，比上年增加106万公顷；棉花种植面积576万公顷，减少17万公顷；油料种植面积1271万公顷，增加139万公顷；糖料种植面积193万公顷，增加13万公顷。

全年粮食产量52 850万吨，比上年增加2 690万吨，增产5.4%。其中，夏粮产量12 041万吨，增产2.6%；早稻产量3 158万吨，与上年基本持平；秋粮产量37 651万吨，增产6.7%。

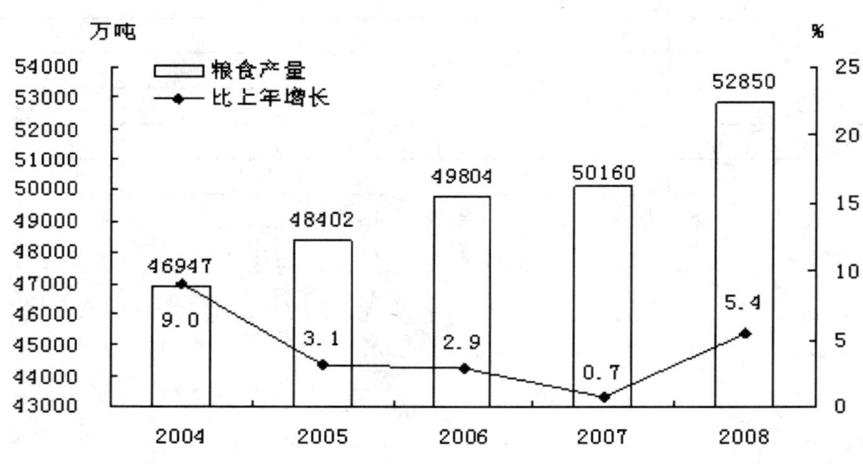

图2-5 2004年～2008年税粮食产量及其增长速度

全年棉花产量750万吨，比上年减产1.6%。油料产量2 950万吨，增产14.8%。糖料产量13 000万吨，增产6.7%。烤烟产量260万吨，增产19.6%。茶叶产量124万吨，增产6.4%。

全年肉类总产量7 269万吨，比上年增长5.9%。其中，猪肉产量4 615万吨，增长7.6%；牛肉产量610万吨，下降0.5%；羊肉产量376万吨，下降1.8%。生猪年末存栏46 264万头，增长5.2%；生猪出栏60 960万头，增长7.9%。牛奶产量3 651万吨，增长3.6%；禽蛋产量2 638万吨，增长4.3%。

全年水产品产量4 895万吨，增长3.1%。其中，养殖水产品产量3 426万吨，增长4.5%；捕捞水产品产量1 469万吨，与上年持平。

全年木材产量7 894万立方米，增长13.2%。

全年新增有效灌溉面积117.9万公顷，新增节水灌溉面积139.0万公顷。

三、工业和建筑业

全年全部工业增加值129 112亿元，比上年增长9.5%。规模以上工业增加值增长12.9%，其中国有及国有控股企业增长9.1%；集体企业增长8.1%，股份制企业增长15.0%，外商及港澳台商投资企业增长9.9%；私营企业增长20.4%。分轻重工业看，轻工业增长12.3%，重工业增长13.2%。

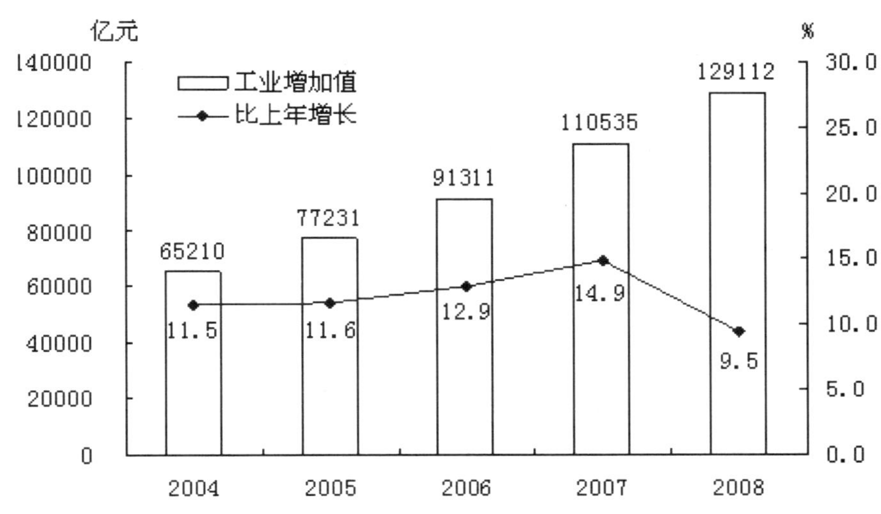

图2-6 2004年 -2008年工业增加值及其增长速度

全年规模以上工业中，煤炭开采和洗选业增加值比上年增长19.1%，石油和天然气开采业增长6.1%，文教体育用品制造业增长18.2%，燃气生产和供应业增长26.8%，农副食品加工业增长15.0%，通用设备制造业增长16.9%，交通运输设备制造业增长15.2%，通信设备、计算机及其他电子设备制造业增长12.0%，电气机械及器材制造业增长18.1%，化学纤维制造业增长2.2%。6大高耗能行业比上年增长10.0%，其中，非金属矿物制品业增长16.9%，黑色金属冶炼及压延加工业增长8.2%，化学原料及化学制品制造业增长10.0%，有色金属冶炼及压延加工业增长12.3%，电力热力的生产和供应业增长8.6%，石油加工炼焦及核燃料加工业增长4.3%。高技术制造业增加值比上年增长14.0%。

表2-2 2008年主要工业产品产量及其增长速度

产品名称	单 位	产 量	比上年增长%
纱	万吨	2148.9	3.9
布	亿米	710.0	5.1
化学纤维	万吨	2415.0	0.1
成品糖	万吨	1449.5	14.0

续

卷 烟	亿支	22 198.8	3.5
彩色电视机	万台	9 033.1	6.5
家用电冰箱	万台	4 756.9	8.2
房间空气调节器	万台	8 230.9	2.7
一次能源生产总量	亿吨标准煤	26.0	5.2
原 煤	亿吨	27.93	4.1
原 油	亿吨	1.90	2.2
天然气	亿立方米	760.8	9.9
发电量	亿千瓦小时	34 668.8	5.6
其中：火电	亿千瓦小时	27 900.8	2.5
水电	亿千瓦小时	5 851.9	20.6
粗 钢	万吨	50 091.5	2.4
钢 材	万吨	58 488.1	3.4
十种有色金属	万吨	2 520.3	5.9
其中：精炼铜（铜）	万吨	378.9	10.1
电解铝	万吨	1 317.6	6.8
氧化铝	万吨	2 278.2	17.0
水 泥	亿吨	14.0	2.9
硫 酸	万吨	5 132.7	-5.2
纯 碱	万吨	1 881.3	6.6
烧 碱	万吨	1 852.1	5.3
乙 烯	万吨	998.3	-2.9
化 肥（折 100%）	万吨	6 012.7	3.2
发电设备	万千瓦	13 319.4	2.5
汽 车	万辆	934.55	5.1
其中：轿车	万辆	503.7	5.0
大中型拖拉机	万台	21.7	6.9
集成电路	亿块	417.1	1.3
程控交换机	万线	4 584.0	-14.9
移动通信手持机	万台	55 964.0	2.0
微型电子计算机	万台	13 666.6	13.2

1～11月全国规模以上工业企业累计实现利润24 066亿元，比上年同期增长4.9%。

表2-3 2008年1～11月规模以上工业企业实现利润及其增长速度 单位：亿元

指 标	利润总额	比上年同期增长%
规模以上工业	24 066	4.9
其中：国有及国有控股企业	7 985	-14.5
其中：集体企业	687	29.5
股份制企业	13 467	11.4
外商及港澳台商投资企业	6 374	-3.1
其中：私营企业	5 495	36.6

全年全社会建筑业实现增加值17 071亿元，比上年增长7.1%。全国具有资质等级的总承包和专业承包建筑业企业实现利润1 756亿元，增长12.5%，其中国有及国有控股企业509亿

元，增长 21.8%；上缴税金 2 058 亿元，增长 20.0%，其中国有及国有控股企业 771 亿元，增长 24.7%。

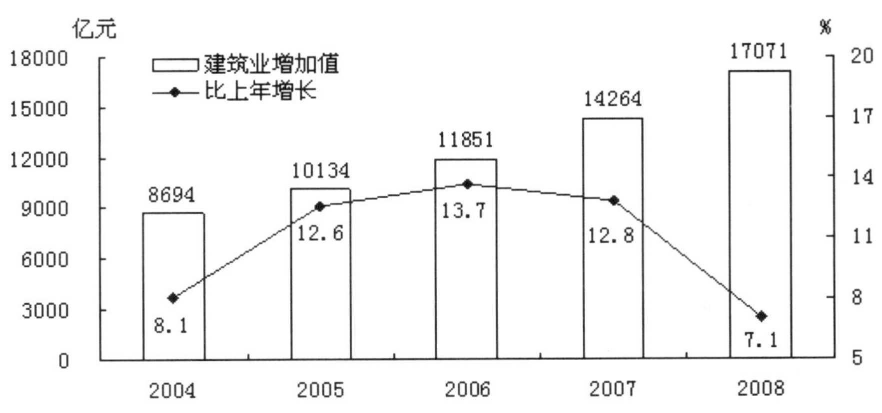

图 2-7 2004 年～ 2008 年建筑业增加值及其增长速度

四、固定资产投资

全年全社会固定资产投资 172 291 亿元，比上年增长 25.5%。分城乡看，城镇投资 148 167 亿元，增长 26.1%；农村投资 24 124 亿元，增长 21.5%。分地区看，东部地区投资 87 412 亿元，比上年增长 20.9%；中部地区投资 45 384 亿元，增长 32.6%；西部地区投资 35 839 亿元，增长 26.9%。

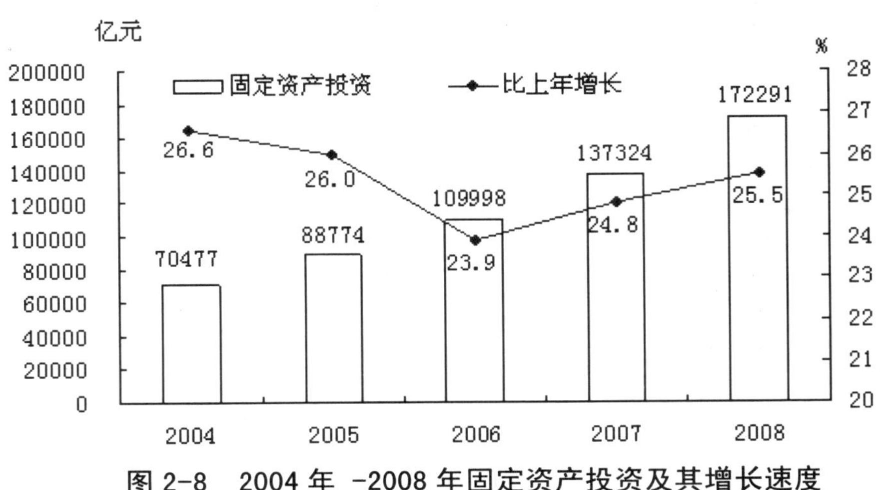

图 2-8 2004 年 -2008 年固定资产投资及其增长速度

在城镇投资中，第一产业投资 2 256 亿元，比上年增长 54.5%；第二产业投资 65 036 亿元，增长 28.0%；第三产业投资 80 875 亿元，增长 24.1%。

表 2-4 2008 年分行业城镇固定资产投资及其增长速度 单位：亿元

行　　业	投资额	比上年增长 %
总　　计	148 167	26.1
农、林、牧、渔业	2 256	54.5

续

采矿业	6 913	31.5
其中：煤炭开采及洗选业	2 411	33.6
石油和天然气开采业	2 715	22.0
制造业	46 345	30.6
其中：农副食品加工业	2 058	25.7
食品制造业	1 137	17.8
纺织业	1 534	1.3
纺织服装、鞋、帽制造业	896	19.0
石油加工、炼焦及核燃料加工业	1 832	29.4
化学原料及化学制品制造业	4 787	35.5
非金属矿物制品业	4 113	46.6
黑色金属冶炼及压延加工业	3 240	23.8
有色金属冶炼及压延加工业	1 854	43.1
金属制品业	2 189	38.5
通用设备制造业	3 224	38.3
专用设备制造业	2 265	34.1
交通运输设备制造业	3 787	39.1
电气机械及器材制造业	2 334	45.1
通信设备、计算机及其他电子设备制造业	2 463	17.6
电力、燃气及水的生产和供应业	10 484	15.4
其中：电力、热力的生产与供应业	9 045	14.4
建筑业	1 294	30.4
交通运输、仓储和邮政业	15 552	19.7
信息传输、计算机服务和软件业	2 130	17.1
批发和零售业	3 166	29.2
住宿和餐饮业	1 735	30.5
金融业	247	62.6
房地产业	35 215	23.0
租赁和商务服务业	1 296	50.6
科学研究、技术服务和地质勘查业	708	35.9
水利、环境和公共设施管理业	12 262	32.2
居民服务和其他服务业	316	34.2
教育	2 355	6.0
卫生、社会保障和社会福利业	1 057	30.6
文化、体育和娱乐业	1 423	26.0
公共管理和社会组织	3 411	23.2

表 2-5 2008 年固定资产投资新增主要生产能力

指标	单位	绝对数
新增发电机组容量	万千瓦	9 051
22 万伏及以上变电设备	万千伏安	23 222
新建铁路投产里程	公里	1 719
增建铁路复线投产里程	公里	1 935
电气化铁路投产里程	公里	1 955
新建公路	公里	99 851
其中：高速公路	公里	6 433
港口万吨级码头泊位新增吞吐能力	万吨	33 099

续

新增光缆线路长度	万公里	99
新增数字蜂窝移动电话交换机容量	万户	28 855

全年房地产开发投资30 580亿元，比上年增长20.9%。其中，东部地区18 325亿元，增长17.1%；中部地区6 287亿元，增长31.7%；西部地区5 967亿元，增长22.7%。按工程用途分，商品住宅投资22 081亿元，增长22.6%；办公楼投资1 112亿元，增长7.4%；商业营业用房投资3 200亿元，增长14.9%。

表2-6 2008年房地产开发和销售主要指标完成情况

指 标	单 位	绝对数	比上年增长%
投资完成额	亿元	30 580	20.9
其中：住宅	亿元	22 081	22.6
其中：90平方米以下住宅	亿元	6 416	50.7
其中：经济适用房	亿元	983	19.7
房屋施工面积	万平方米	274 149	16.0
其中：住宅	万平方米	216 671	16.0
房屋新开工面积	万平方米	97 574	2.3
其中：住宅	万平方米	79 889	1.4
房屋竣工面积	万平方米	58 502	-3.5
其中：住宅	万平方米	47 750	-4.2
商品房销售面积	万平方米	62 089	-19.7
其中：住宅	万平方米	55 886	-20.3
本年资金来源	亿元	38 146	1.8
其中：国内贷款	亿元	7 257	3.4
其中：个人按揭贷款	亿元	3 573	-29.7
本年购置土地面积	万平方米	36 785	-8.6
完成开发土地面积	万平方米	26 033	-5.6
土地购置费	亿元	5 795	10.9

五、国内贸易

全年社会消费品零售总额108 488亿元，比上年增长21.6%。分地域看，城市消费品零售额73 735亿元，增长22.1%；县及县以下消费品零售额34 753亿元，增长20.7%。分行业看，批发和零售业零售额91 199亿元，增长21.5%；住宿和餐饮业零售额15 404亿元，增长24.7%；其他行业零售额1 885亿元，增长3.7%。

在限额以上批发和零售业零售额中，粮油类零售额比上年增长22.7%，肉禽蛋类增长22.3%，服装类增长25.9%，汽车类增长25.3%，石油及制品类增长39.9%，日用品类增长17.1%，文化办公用品类增长17.9%，通讯器材类增长1.4%，家用电器和音像器材类增长14.2%，建筑及装潢材料类下降12.0%，家具类增长22.6%，化妆品类增长22.1%，金银珠宝类增长38.6%，中西药品类增长14.8%。

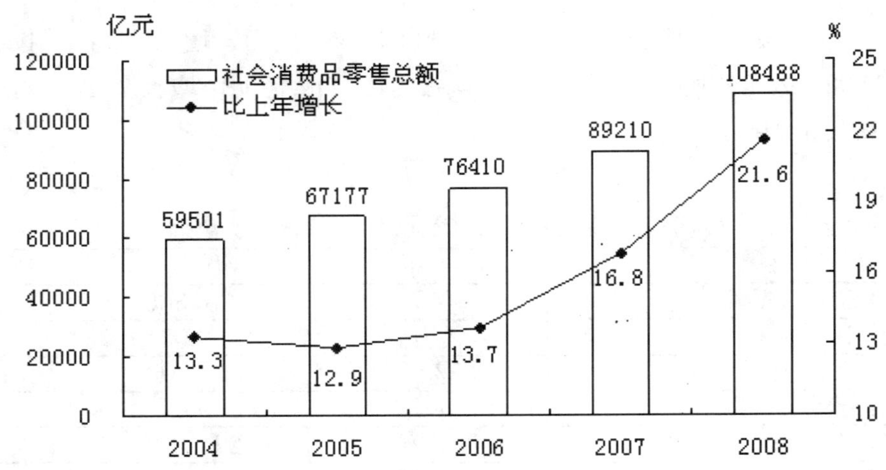

图 2-9 2004 年～ 2008 年社会消费零售总额及其增长 gky 速度

六、对外经济

全年货物进出口总额 25 616 亿美元，比上年增长 17.8%。其中，货物出口 14 285 亿美元，增长 17.2%；货物进口 11 331 亿美元，增长 18.5%。进出口差额（出口减进口）2 955 亿美元，比上年增加 328 亿美元（见表 2-7、表 2-8、表 2-9、表 2-10）。

表 2-7 2008 年货物进出口总额及其增长速度 单位：亿美元

指 标	绝对数	比上年增长 %
货物进出口总额	25 616	17.8
货物出口额	14 285	17.2
其中：一般贸易	6 626	22.9
加工贸易	6 752	9.3
其中：机电产品	8 229	17.3
高新技术产品	4 156	13.1
其中：国有企业	2 572	14.4
外商投资企业	7 906	13.6
其他企业	3 807	27.9
货物进口额	11 331	18.5
其中：一般贸易	5 727	33.6
加工贸易	3 784	2.7
其中：机电产品	5 387	7.9
高新技术产品	3 419	4.3
其中：国有企业	3 538	31.1
外商投资企业	6 200	10.8
其他企业	1 593	25.7
进出口差额（出口减进口）	2 955	—

表 2-8 2008 年主要商品出口数量、金额及其增长速度

商品名称	单位	数量	比上年增长％	金额（亿美元）	比上年增长％
煤	万吨	4 543	-14.6	52	58.9
钢 材	万吨	5 923	-5.5	634	43.8
纺织纱线、织物及制品	——	—	—	654	16.6
服装及衣着附件	——	—	—	1 198	4.1
鞋 类	——	—	—	297	17.2
家具及其零件	——	—	—	269	21.5
自动数据处理设备及其部件	万台	143 236	-1.2	1 350	9.1
手持或车载无线电话	万台	53 284	10.2	385	8.2
集装箱	万个	303	-3.3	91	3.6
集成电路	百万个	48 477	19.1	243	3.3
液晶显示板	万个	202 666	7.8	224	13.9
汽车（包括整套散件）	万辆	64	9.4	89	32.5

表 2-9 2008 年主要商品进口数量、金额及其增长速度

商品名称	数量（万吨）	比上年增长％	金额（亿美元）	比上年增长％
谷物及谷物粉	154	-1.0	7	37.0
大豆	3 744	21.5	218	90.1
食用植物油	816	-2.6	90	44.0
天然橡胶（包括胶乳）	168	2.0	43	32.0
合成橡胶（包括胶乳）	120	-15.0	33	17.5
铁矿砂及其精矿	44 356	15.9	605	79.1
氧化铝	459	-10.5	18	-9.7
原油	17 888	9.6	1293	62.0
成品油	3 885	15.0	300	82.7
初级形状的塑料	1 771	-6.7	341	5.3
纸浆	952	12.4	67	20.9
钢材	1 543	-8.6	234	14.0
未锻造的铜及铜材	264	-5.1	192	-2.3

表 2-10 2008 年对主要国家和地区货物进出口额及其增长速度 单位：亿美元

国家和地区	货物出口额	比上年增长％	货物进口额	比上年增长％
欧盟	2 929	19.5	1 327	19.6
美国	2 523	8.4	814	17.4
中国香港	1 907	3.4	129	0.9
日本	1 161	13.8	1 507	12.5
东盟	1 141	20.7	1 170	7.9
韩国	740	31.0	1 122	8.1
俄罗斯	330	15.9	238	21.0
印度	315	31.2	203	38.7
中国台湾	259	10.3	1 033	2.3

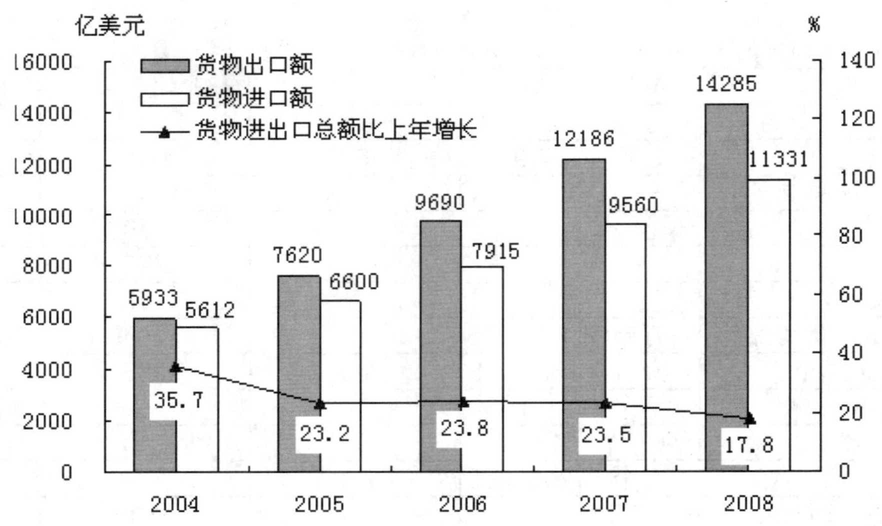

图 2-10 2004 年～ 2008 年货物进出口总额及其增长速度

全年非金融领域新批外商直接投资企业 27 514 家，比上年减少 27.3%。实际使用外商直接投资金额 924 亿美元，增长 23.6%。其中，制造业占 54.0%；房地产业占 20.1%；租赁和商务服务业占 5.5%；批发和零售业占 4.8%；交通运输、仓储和邮政业占 3.1%。

表 2-11 2008 年分行业外商直接投资及其增长速度

行　业	企业数（家）	比上年增长 %	实际使用金额（亿美元）	比上年增长 %
总　计		-27.3	924.0	23.6
农、林、牧、渔业	917	-12.5	11.9	28.9
采矿业	149	-36.3	5.7	17.0
制造业	11 568	-39.7	498.9	22.1
电力、燃气及水的生产和供应业	320	-9.1	17.0	58.1
建筑业	262	-14.9	10.9	151.6
交通运输、仓储和邮政业	523	-20.5	28.5	42.1
信息传输、计算机服务和软件业	1 286	-7.6	27.7	86.8
批发和零售业	5 854	-7.6	44.3	65.6
住宿和餐饮业	633	-32.5	9.4	-9.9
金融业	25	-51.0	5.7	122.5
房地产业	452	-68.7	185.9	8.8
租赁和商务服务业	3 138	-11.3	50.6	25.9
科学研究、技术服务和地质勘查业	1 839	7.2	15.1	64.2
水利、环境和公共设施管理业	138	-10.4	3.4	24.7
居民服务和其他服务业	205	-24.1	5.7	-21.1
教　育	24	60.0	0.4	12.2
卫生、社会保障和社会福利业	10	-23.1	0.2	63.1
文化、体育和娱乐业	170	-17.9	2.6	-42.8
公共管理和社会组织	1	—	0.0	—
国际组织	—	—	6.0	—

全年非金融领域对外直接投资额407亿美元，比上年增长63.6%。

全年对外承包工程完成营业额566亿美元，比上年增长39.4%；对外劳务合作完成营业额81亿美元，增长19.1%。

七、交通、邮电和旅游

全年交通运输、仓储和邮政业增加值16 590亿元，比上年增长7.6%。

表2-12　2008年各种运输方式完成货物运输量及其增长速度

指　　标	单　　位	绝对数	比上年增长%
货物运输总量	亿　　吨	249.0	9.4
铁路	亿　　吨	33.1	4.7
公路	亿　　吨	181.7	10.9
水运	亿　　吨	29.7	5.7
民航	万　　吨	407.6	1.4
管道	亿　　吨	4.5	15.4
货物运输周转量	亿吨公里	105512.9	3.8
铁路	亿吨公里	25111.8	3.7
公路	亿吨公里	12998.5	14.5
水运	亿吨公里	65218.2	1.5
民航	亿吨公里	119.6	2.8
管道	亿吨公里	2064.7	19.5

表2-13　2008年各种运输方式完成旅客运输量及其增长速度

指　　标	单　　位	绝对数	比上年增长%
旅客运输总量	亿　　人	239.7	7.8
铁路	亿　　人	14.6	11.0
公路	亿　　人	220.7	7.6
水运	亿　　人	2.4	6.0
民航	亿　　人	1.9	3.6
旅客运输周转量	亿人公里	23372.2	8.2
铁路	亿人公里	7778.6	7.8
公路	亿人公里	12636.0	9.8
水运	亿人公里	74.8	-3.8
民航	亿人公里	2882.8	3.3

全年规模以上港口完成货物吞吐量58.7亿吨，比上年增长11.5%，其中外贸货物吞吐量19.2亿吨，增长7.0%。港口集装箱吞吐量12 835万标准箱，增长12.2%。

年末全国民用汽车保有量达到6 467万辆（包括三轮汽车和低速货车1 492万辆），比上年末增长13.5%，其中私人汽车保有量4 173万辆，增长18.1%。民用轿车保有量2 438万辆，增长24.5%，其中私人轿车1 947万辆，增长28.0%。

全年完成邮电业务总量23 841亿元，比上年增长20.7%。其中，邮政业务总量1 402亿元，增长15.5%；电信业务总量22 440亿元，增长21.0%。全年减少局用交换机156万门，总容量5.1亿门。固定电话年末用户34 081万户。其中，城市电话用户23 200万户，农村电话用户10 881万户。新增移动电话用户9 392万户，年末达到64 123万户。年末全国固定及移动电话用户总数达到98 204万户，比上年末增加6 909万户。电话普及率达到74.3部/百人。互联网上网人数3.0亿人，其中宽带上网人数2.7亿人。

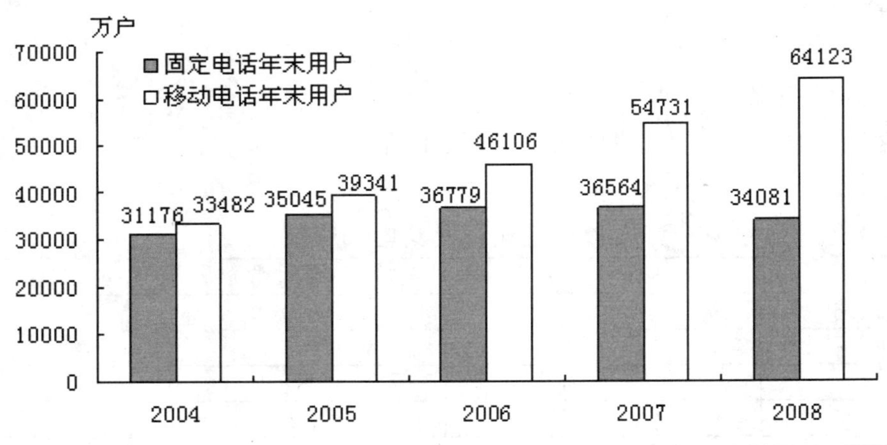

图2-11 2004年～2008年年末电话用户数

全年入境旅游人数13 003万人次，比上年下降1.4%。其中，外国人2 433万人次，下降6.8%；香港、澳门和台湾同胞10 570万人次，下降0.1%。在入境旅游者中，过夜旅游者5 305万人次，下降3.1%。国际旅游外汇收入408亿美元，下降2.6%。国内居民出境人数达4 584万人次，增长11.9%。其中因私出境4 013万人次，增长14.9%，占出境人数的87.5%。国内出游人数达17.1亿人次，增长6.3%；国内旅游收入8749亿元，增长12.6%。

八、金融

年末广义货币供应量（M2）余额为47.5万亿元，比上年末增长17.8%；狭义货币供应量（M1）余额为16.6万亿元，增长9.1%；流通中现金（M0）余额为3.4万亿元，增长12.7%。年末全部金融机构本外币各项存款余额47.8万亿元，增长19.3%；全部金融机构本外币各项贷款余额32.0万亿元，增长17.9%。

表2-14 2008年全部金融机构本外币存贷款及其增长速度　　单位：亿元

指　　标	年末数	比上年末增长%
各项存款余额	478 444	19.3
其中：企业存款	164 386	13.5
城乡居民储蓄存款	221 503	25.7
其中：人民币	217 885	26.3
各项贷款余额	320 049	17.9
其中：短期贷款	128 571	12.3
中长期贷款	164 160	20.2

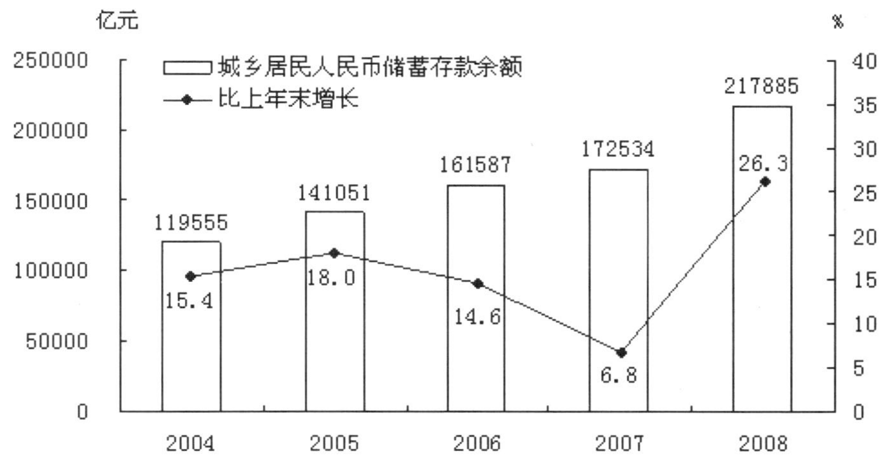

图 2-12　2004 年 -2008 年城乡居民人民币储蓄存款 wtpt 余额及其增长速度

全年农村金融合作机构（农村信用社、农村合作银行、农村商业银行）人民币贷款余额 3.7 万亿元，比年初增加 5 908 亿元。全部金融机构人民币消费贷款余额 3.7 万亿元，增加 4 609 亿元。其中个人短期消费贷款余额 0.4 万亿元，增加 1 035 亿元；个人中长期消费贷款余额 3.3 万亿元，增加 3 575 亿元。

全年上市公司通过境内市场累计筹资 3 396 亿元，比上年减少 3 947 亿元。其中，首次公开发行 A 股 75 只，筹资 1 066 亿元，减少 3 487 亿元；A 股再筹资（包括配股、公开增发、非公开增发、认股权证）筹资 1 332 亿元，减少 1 046 亿元；上市公司通过发行可转债、可分离债、公司债筹资 998 亿元，增加 587 亿元。

全年企业共发行债券 2 0520 亿元，比上年增加 3 437 亿元。其中，金融债券 11 797 亿元，减少 116 亿元；企业（公司）债券 2 655 亿元，增加 834 亿元；短期融资券 4 332 亿元，增加 982 亿元；中期票据 1 737 亿元，增加 1 737 亿元。

全年保险公司原保险保费收入 9 784 亿元，比上年增长 39.1%，其中寿险业务原保险保费收入 6 658 亿元；健康险和意外伤害险业务原保险保费收入 789 亿元；财产险业务原保险保费收入 2 337 亿元。支付各类赔款及给付 2 971 亿元，其中寿险业务给付 1 315 亿元；健康险和意外伤害险赔款及给付 238 亿元；财产险业务赔款 1 418 亿元。

九、教育和科学技术

全年研究生教育招生 44.6 万人，在学研究生 128.3 万人，毕业生 34.5 万人。普通高等教育招生 607.7 万人，在校生 2 021.0 万人，毕业生 512.0 万人。各类中等职业教育招生 810.0 万人，在校生 2 056.3 万人，毕业生 570.6 万人。全国普通高中招生 837.0 万人，在校生 2 476.3 万人，毕业生 836.1 万人。全国初中招生 1 856.2 万人，在校生 5 574.2 万人，毕业生 1 862.9 万人。普通小学招生 1 695.7 万人，在校生 10 331.5 万人，毕业生 1 865.0 万人。特殊教育招生 6.2 万人，在校生 41.7 万人。幼儿园在园幼儿 2 475.0 万人。

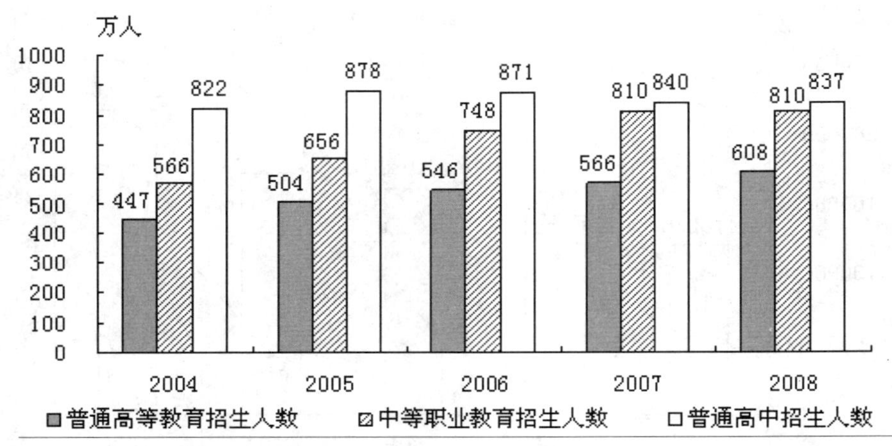

图 2-13 2004 年 -2008 年各类教育招生人数

全年研究与试验发展(R&D)经费支出4 570亿元,比上年增长23.2%,占国内生产总值的1.52%,其中基础研究经费 200 亿元。全年国家安排了 922 项科技支撑计划课题，1 205 项“863”计划课题。新建国家工程研究中心 7 个，国家工程实验室 51 个。国家认定企业技术中心达到 575 家。省级企业技术中心达到 4886 家。全年受理国内外专利申请 82.8 万件，其中国内申请 71.7 万件，占 86.6%。受理国内外发明专利申请 29.0 万件，其中国内申请 19.5 万件，占 67.1%。全年授予专利权 41.2 万件，其中国内授权 35.2 万件，占 85.5%。授予发明专利权 9.4 万件，其中国内授权 4.7 万件，占 49.7%。截至 2008 年底，有效专利 119.5 万件，其中国内有效专利 92.5 万件，占 77.4%；有效发明专利 33.7 万件，其中国内有效发明专利 12.8 万件，占 37.9%。全年共签订技术合同22.6万项，技术合同成交金额2 665亿元，比上年增长19.7%。全年成功发射卫星11次，“神舟七号”载人航天飞行圆满成功。

年末全国共有产品检测实验室 24 300 个，其中国家检测中心 376 个。全国现有产品质量、体系认证机构 170 个，已累计完成对 3.8 万个企业的产品认证。全国共有法定计量技术机构 3701 个，全年强制检定计量器具 4 190 万台（件）。全年制定、修订国家标准 6 373 项，其中新制定 2 714 项。全国共有地震台站 1 314 个，地震遥测台网 31 个。全国共有海洋观测站 67 个、海洋监测站位 9 200 多个。测绘部门公开出版地图 1 834 种，测绘图书 309 种。

十、文化、卫生和体育

年末全国共有艺术表演团体2 575个，文化馆3 171个，公共图书馆2 825个，博物馆1 798个。广播电台 257 座，电视台 277 座，广播电视台 2 069 座，教育台 45 个。有线电视用户 16 342 万户，有线数字电视用户 4 503 万户。年末广播节目综合人口覆盖率为 96.0%；电视节目综合人口覆盖率为 97.0%。全年生产故事影片 406 部，科教、纪录、动画和特种影片 73 部。出版各类报纸 445 亿份，各类期刊 30 亿册，图书 69 亿册（张）。年末全国共有档案馆 3 987 个，已开放各类档案 7 267 万卷（件）。

年末全国共有卫生机构 30.0 万个，其中医院、卫生院 6.0 万个，社区卫生服务中心（站）2.8 万个，妇幼保健院（所、站）3 020 个，专科疾病防治院（所、站）1 344 个，疾病预防控制中心（防疫站）3 560 个，卫生监督所（中心）2 591 个。卫生技术人员 492 万人，其中执业医师和执业助理医师 205 万人，注册护士 162 万人。医院和卫生院床位 369 万张。乡镇卫生院 3.9 万个，床位 82 万张，卫生技术人员 87.4 万人。全年甲、乙类法定报告传染病发病人数 354.1 万例，报告死亡 12 433 人；报告传染病发病率 268.01/10 万，死亡率 0.94/10 万。

全年运动健儿在 24 个项目中共获得了 120 个世界冠军，11 人 2 队 16 次创 16 项世界纪录。在北京奥运会上，我国运动员共获得 51 枚金牌，21 枚银牌，28 枚铜牌，奖牌总数 100 枚，位列奥运会金牌榜第一，奖牌榜第二。在北京残奥会上，我国运动员共获得 89 枚金牌，70 枚银牌，52 枚铜牌，蝉联金牌榜和奖牌榜的第一位。群众体育运动蓬勃开展。

十一、人口、人民生活和社会保障

年末全国总人口为 132 802 万人，比上年末增加 673 万人。全年出生人口 1 608 万人，出生率为 12.14‰；死亡人口 935 万人，死亡率为 7.06‰；自然增长率为 5.08‰。出生人口性别比为 120.56。

表 2-15　2008 年人口数及其构成　单位：万人

指　标	年末数	比重 %
全国总人口	132 802	100.0
其中：城镇	60 667	45.7
乡村	72 135	54.3
其中：男性	68 357	51.5
女性	64 445	48.5
其中：0-14 岁	25 166	19.0
15-59 岁	91 647	69.0
60 岁及以上	15 989	12.0
其中：65 岁及以上	10 956	8.3

全年农村居民人均纯收入 4 761 元，扣除价格上涨因素，比上年实际增长 8.0%；城镇居民人均可支配收入 15 781 元，实际增长 8.4%。农村居民家庭食品消费支出占家庭消费总支出的比重为 43.7%，城镇居民家庭为 37.9%。按 2008 年农村贫困标准 1 196 元测算，年末农村贫困人口为 4 007 万人。

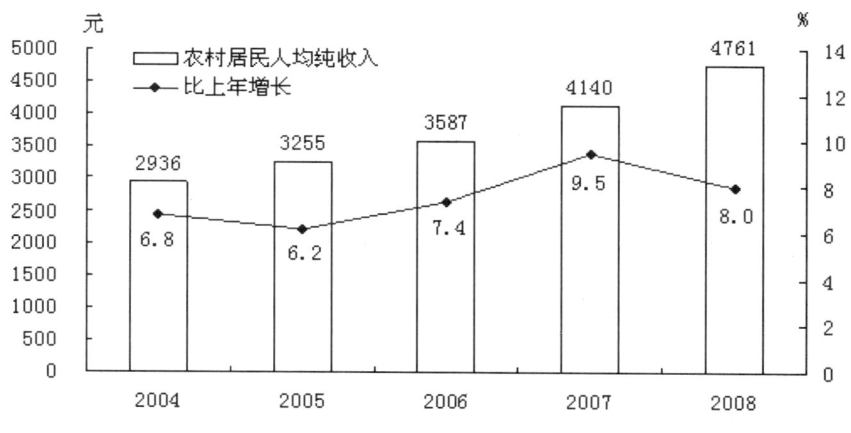

图 2-14　2004 年～2008 年农村居民人均纯收入及其增长速度

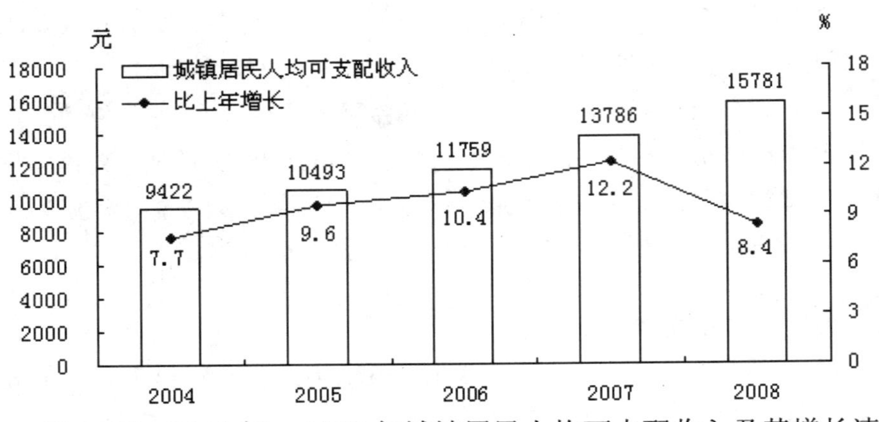

图 2-15 2004 年～2008 年城镇居民人均可支配收入及其增长速度

年末全国参加城镇基本养老保险人数为 21 890 万人，比上年末增加 1 753 万人。其中参保职工 16 597 万人，参保离退休人员 5 293 万人。参加城镇基本医疗保险的人数 31 698 万人，增加 9 387 万人。其中，参加城镇职工基本医疗保险人数 20 048 万人，参加城镇居民基本医疗保险人数 11 650 万人。参加城镇医疗保险的农民工 4 249 万人，增加 1 118 万人。参加失业保险的人数 12 400 万人，增加 755 万人。参加工伤保险的人数 13 810 万人，增加 1 637 万人。其中参加工伤保险农民工 4 976 万人，增加 996 万人。参加生育保险的人数 9 181 万人，增加 1 406 万人。2 729 个县（市、区）开展了新型农村合作医疗工作，新型农村合作医疗参合率 91.5%。新型农村合作医疗基金累计支出总额为 429 亿元，累积受益 3.7 亿人次。全年城市医疗救助 513 万人次，比上年增长 16.0%。农村医疗救助 936 万人次，增长 148.0%。民政部门资助农村合作医疗的人数达 2 780 万人次。

年末全国领取失业保险金人数为 261 万人。全年 2 334 万城市居民得到政府最低生活保障，比上年增加 62 万人；4 291 万农村居民得到政府最低生活保障，增加 725 万人。

年末全国各类收养性社会福利单位床位 235 万张，收养各类人员 189 万人。城镇建立各种社区服务设施 10.9 万个，社区服务中心 9 871 个。全年销售社会福利彩票 604 亿元，筹集福利彩票公益金 211 亿元，直接接收社会捐赠款 482 亿元。

十二、资源、环境和安全生产

全年建设占用耕地 19.16 万公顷。灾毁耕地 2.48 万公顷。生态退耕 0.76 万公顷。因农业结构调整减少耕地 2.49 万公顷。土地整理复垦开发补充耕地 22.96 万公顷。当年净减少耕地 1.93 万公顷。

全年水资源总量 27 127 亿立方米，比上年增加 7.4%；人均水资源 2 048 立方米，增加 6.9%。全年平均降水量 659 毫米，增加 8.0%。年末全国大型水库蓄水总量 1 962 亿立方米，比上年末多蓄水 93 亿立方米。全年总用水量 5 840 亿立方米，比上年增长 0.4%。其中，生活用水增长 0.6%，工业用水增长 1.8%，农业用水减少 0.2%，生态补水减少 0.7%。万元国内生产总值用水量 231.8 立方米，比上年下降 7.9%。万元工业增加值用水量 130.3 立方米，下降 7.0%。人均用水量 440.9 立方米，下降 0.1%。

国土资源调查及地质勘查新发现大中型矿产地209处，其中，能源矿产地38处，金属矿产地90处，非金属矿产地79处，水气矿产地2处。有57种矿产新增查明资源储量，其中，石油13.4亿吨，天然气6 472亿立方米，原煤231.1亿吨。

全年完成造林面积477万公顷，其中人工造林329万公顷。林业重点工程完成造林面积312万公顷，占全部造林面积的65.4%。全民义务植树23.1亿株。截至2008年底，自然保护区达到2 538个，其中国家级自然保护区303个。新增综合治理水土流失面积4.7万平方公里，新增实施水土流失地区封育保护面积2.6万平方公里。

初步测算，全年能源消费总量28.5亿吨标准煤，比上年增长4.0%。煤炭消费量27.4亿吨，增长3.0%；原油消费量3.6亿吨，增长5.1%；天然气消费量807亿立方米，增长10.1%；电力消费量34 502亿千瓦小时，增长5.6%。全国万元国内生产总值能耗下降4.59%。主要原材料消费中，钢材消费量5.4亿吨，增长4.2%；精炼铜消费量538万吨，增长6.9%；电解铝消费量1260万吨，增长4.3%；乙烯消费量998万吨，下降2.9%；水泥消费量13.7亿吨，增长3.5%。

七大水系的409个水质监测断面中，Ⅰ～Ⅲ类水质断面比例占55.0%，比上年提高5.1个百分点；劣Ⅴ类水质断面比例占20.8%，比上年下降2.8个百分点。七大水系水质总体上持续好转，部分流域污染仍然严重。

近岸海域301个海水水质监测点中，达到国家一、二类海水水质标准的监测点占70.4%，比上年上升7.6个百分点；三类海水占11.3%，下降0.5个百分点；四类、劣四类海水占18.3%，下降7.0个百分点。全国海域未达到清洁海域水质标准的海域面积13.7万平方公里，比上年减少0.8万平方公里，其中，严重污染海域面积为2.5万平方公里。渤海严重污染海域面积0.3万平方公里。

在监测的519个城市中，有399个城市空气质量达到二级以上（含二级）标准，占监测城市数的76.9%；有113个城市为三级，占21.8%；有7个城市为劣三级，占1.3%。在监测的392个城市中，城市区域声环境质量好的城市占7.9%，较好的占63.8%，轻度污染的占27.0%，中度污染的占1.3%。

全年平均气温为9.6℃，比上年低0.5℃。全年共有10个台风在我国登陆，增加2个。

年末城市污水处理厂日处理能力达8295万立方米，比上年末增长16.1%；城市污水处理率达到65.3%，提高2.4个百分点；集中供热面积32.1亿平方米，增长6.6%；建成区绿地率达到31.6%，提高0.3个百分点。

全年各类自然灾害造成直接经济损失11 752亿元，比上年增加4.0倍。全年农作物受灾面积3 999万公顷，下降18.4%。其中，绝收403万公顷，下降29.8%。全年共发生森林火灾1.3万起，上升45.2%。全年因洪涝灾害造成直接经济损失635亿元，下降23.1%；死亡686人，下降41.3%。全年因旱灾造成直接经济损失307亿元，下降60.9%。全年因海洋灾害造成直接经济损失206亿元，增加1.3倍。全年累计发生赤潮面积13 738平方公里，增加18.3%。全年低温冷冻和雪灾造成直接经济损失1 595亿元，死亡162人。全年实际发生各类地质灾害2.7万起，直接经济损失183.7亿元，死亡656人。全年大陆地区共发生5级以上地震87次，成灾17次，造成直接经济损失8 523亿元，死亡近7万人。其中，四川汶川地震震级达8.0级，造成直接经济损失8 451亿元。

全年生产安全事故死亡91 172人，比上年下降10.2%。亿元国内生产总值生产安全事故死亡人数为0.312人，下降24.5%；工矿商贸企业就业人员10万人生产安全事故死亡人数为2.82人，下降7.5%；煤矿百万吨死亡人数为1.182人，下降20.4%。全年共发生道路交通事故26.5万起，造成7.3万人死亡，30.5万人受伤，直接财产损失10.1亿元；道路交通万车死亡人数为4.3人，减少0.8人。

注：

1. 本公报中数据均为初步统计数。

2. 各项统计数据均未包括香港特别行政区、澳门特别行政区和台湾省。

3. 部分数据因四舍五入的原因，存在着与分项合计不等的情况。

4. 国内生产总值、各产业增加值绝对数按现价计算，增长速度按不变价格计算。

5. 6大高耗能行业分别为：化学原料及化学制品制造业、非金属矿物制品业、黑色金属冶炼及压延加工业、有色金属冶炼及压延加工业、石油加工炼焦及核燃料加工业、电力热力的生产和供应业。

6. 钢材产量及消费量数据中均含部分使用钢材加工成其他钢材的重复计算因素。

7. 固定资产投资按东部、中部、西部地区计算的合计数据小于全国数据，是因为有部分跨地区的投资未计算在地区数据中。

8. 房地产业投资除房地产开发投资外，还包括建设单位自建房屋以及物业管理、中介服务和其他房地产投资。

9. 原保险保费收入是指保险企业确认的原保险合同保费收入。

10. 城镇职工基本医疗保险人数包括参保职工和参保退休人员。城镇居民基本医疗保险的参保对象是不属于城镇职工基本医疗保险覆盖范围的城镇非从业人员。

11. 农村贫困人口是根据新修订的农村贫困标准统计的，与历史数据不完全可比。

12. 万元国内生产总值用水量按2005年不变价格计算，邮电业务总量按2000年不变价格计算。

第三章　2008年上海市国民经济和社会发展统计公报

2008年是很不寻常、很不平凡的一年。面对外部严峻复杂经济环境的不利影响和上海自身发展转型的严峻考验，全市人民在党中央、国务院和中共上海市委的坚强领导下，高举中国特色社会主义伟大旗帜，以邓小平理论和“三个代表”重要思想为指导，深入贯彻落实科学发展观，全面贯彻党的十七大精神，坚定信心，振奋精神，团结奋斗，克难前行，国民经济保持了平稳较快发展，各项社会事业全面进步，人民生活继续改善，完成了年初确定的经济社会发展目标和任务。

一、综合

国民经济保持平稳较快发展。全年实现上海市生产总值（GDP）13 698.15亿元，按可比价格计算，比上年增长9.7%（见图3-1）。其中，第一产业增加值111.8亿元，增长0.7%；第二产业增加值6 235.92亿元，增长8.2%；第三产业增加值7350.43亿元，增长11.3%。第三产业增加值占全市生产总值的比重为53.7%，比上年提高1.1个百分点。

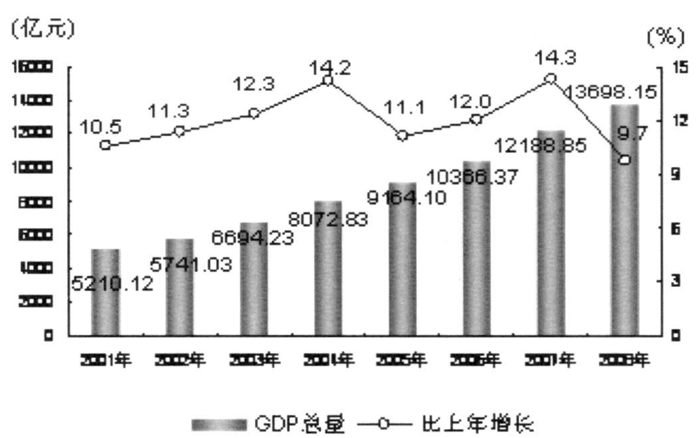

图3-1　上海市生产总值与增长

非公有制经济加快发展。在全市生产总值中，公有制经济增加值7 431.48亿元，比上年增长8.1%；非公有制经济增加值6 266.67亿元，增长11.7%，占全市生产总值的比重由上年的45.1%提高到45.7%。其中私营及个体经济增加值3 116.49亿元，增长13.2%，占全市生产总值的比重达到22.8%。

全年经工商登记新设立的各类市场主体12.9万户，比上年增长4.4%。其中，企业8.21万户，增长5.4%；个体工商户4.61万户，增长0.7%；农民专业合作社846户。在新设立企业中，内资企业（不含私营企业）3 928户，比上年增长1.9%；外商投资企业6 374户，下降15.7%；私营企业71 787户，增长8%。

财政收入平稳增长。全年地方财政收入2 82.34亿元，比上年增长13.3%。其中，地方级税收收入2 223.43亿元，增长12.6%。在地方级税收收入中，增值税334.89亿元，增长6.9%；营业税 763.38 亿元，增长 6.8%；个人所得税 204.89 亿元，增长 20.9%；企业所得税 548.37 亿元，增长 28.7%。全年地方财政支出 2 617.68 亿元，比上年增长 18.9%。其中，一般公共服务支出 198.71 亿元，增长 8.8%；公共安全支出 149.57 亿元，增长 11.3%；社会保障和就业支出 334.97 亿元，增长 22.2%；工业商业金融等事务支出 359.86 亿元，增长 23.8%。

固定资产投资结构继续优化。全年完成全社会固定资产投资总额 4 829.46 亿元，比上年增长 8.3%（见图 3-2）。其中，城市基础设施投资 1 733.18 亿元，增长 18.2%。从产业投向看，第一产业投资 8.4 亿元，比上年增长 0.4%，占全社会固定资产投资总额的比重为 0.2%；第二产业投资 1 420.82 亿元，增长 1.7%，所占比重为 29.4%；第三产业投资 3 400.24 亿元，增长 11.4%，所占比重为 70.4%。从投资主体看，国有经济投资 2 295.75 亿元，比上年增长 29%，占全社会固定资产投资总额的比重为 47.5%；集体经济投资 104.86 亿元，下降 13.7%，所占比重为 2.2%；股份制经济投资 1 026.67 亿元，下降 12.2%，所占比重为 21.3%；外商及港澳台投资 748.13 亿元，增长 5.2%，所占比重为 15.5%。

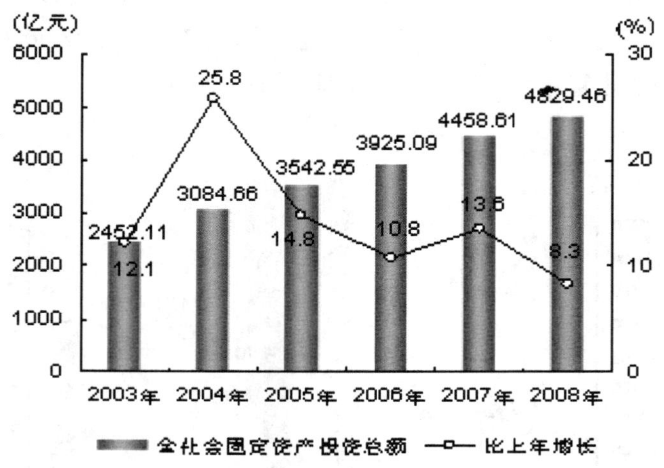

图 3-2 全社会固定资产投资总额与增长

全年居民消费价格总水平比上年上涨 5.8%。八大类价格同比涨幅呈现“六涨二跌”格局（见表 3-1）。其中，食品类价格上涨 15.3%，影响总水平上升 5 个百分点；家庭设备用品及维修服务类价格上涨 8.3%；医疗保健和个人用品类价格上涨 3.1%；居住类价格上涨 2.5%。

表 3-1 居民消费价格指数

指 标	指 数（上年＝100）
居民消费价格指数	105.8
食 品	115.3
烟酒及用品	101.7
衣 着	101.6
家庭设备用品及维修服务	108.3
医疗保健和个人用品	103.1
交通和通信	97.5
娱乐教育文化用品及服务	98.2
居 住	102.5

全年工业品出厂价格水平上涨2.2%，涨幅比上年提高1个百分点。原材料、燃料、动力购进价格水平比上年上涨10.3%，涨幅比上年提高6.2个百分点。

全年房屋销售价格水平比上年上涨5.9%。其中，新建房销售价格水平上涨5.3%。全年房屋销售价格累计环比下降1.7%。其中，新建房销售价格下降1.6%。在新建房销售价格中，新建住宅销售价格水平比上年上涨5.7%；新建住宅销售价格累计环比下降1.9%。全年房屋租赁价格水平比上年上涨4.6%。

二、农业

农业生产稳定发展。全年完成农业总产值280.7亿元。其中，种植业产值135.73亿元，比上年增长1.5%；畜牧业产值66.12亿元，增长0.9%；渔业产值60.11亿元，下降4.5%。

农产品结构调整加快。郊区奶牛良种率达到100%，生猪良种率超过95%，水稻、蔬菜良种覆盖率均超过95%。全年粮食种植面积达到17.45万公顷；粮食产量达到115.67万吨，比上年增长5.9%。主要农副产品生产保持稳定（见表3-2）。

表3-2　主要农副产品产量

产品名称	单位	产量	比上年增长（%）
粮食	万吨	115.67	5.9
蔬菜	万吨	397.00	-4.0
生猪出栏	万头	258.22	2.7
牛奶	万吨	23.29	5.6
鲜蛋	万吨	6.20	0.6
水产品	万吨	36.90	-0.3

品牌农业大力发展。至年末，已认证各类安全优质农产品571个。其中，无公害农产品380个，绿色食品37个，有机食品154个。

现代农业发展势头良好。至年末，全市农机总动力达到89.64万千瓦。全年建成0.53万公顷设施粮田，0.27万公顷设施菜田。积极组织实施农业科技入户，至年末，共培养科技示范场507个、科技示范户2754户。农业组织化加快发展。至年末，全市建成农业标准化示范区（场）210个；全市有12个市级现代农业园区；农业产业化龙头企业448家，比上年增加13家，带动农户49.97万户。

三、工业和建筑业

工业生产保持平稳增长。全年实现工业增加值5 784.99亿元，比上年增长8.4%（见图3-3）。其中，规模以上工业增加值5 649.6亿元，增长8.3%。在规模以上工业增加值中，轻工业增加值1 539.7亿元，增长7.7%；重工业增加值4 109.9亿元，增长8.5%。全年工业总产值25638.97亿元，比上年增长8.1%。其中，规模以上工业总产值24 404.97亿元，增长8%。

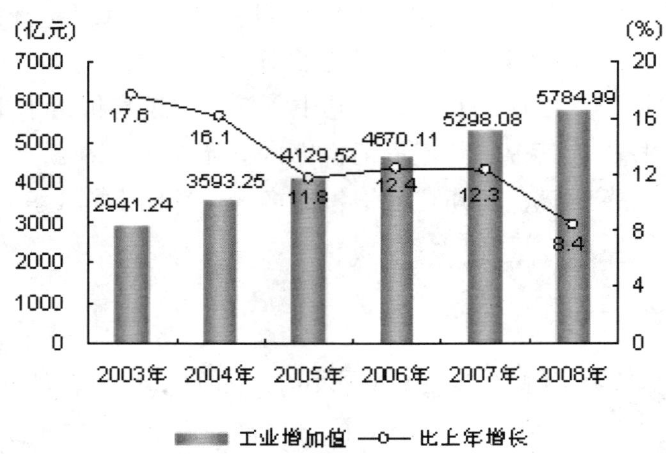

图 3-3 工业增加值与增长

全年电子信息产品制造业、汽车制造业、石油化工及精细化工制造业、精品钢材制造业、成套设备制造业、生物医药制造业等六个重点发展工业行业完成工业总产值 15 664.26 亿元，比上年增长 7.9%，占全市规模以上工业总产值的比重达到 64.2%（见图 3-4）。

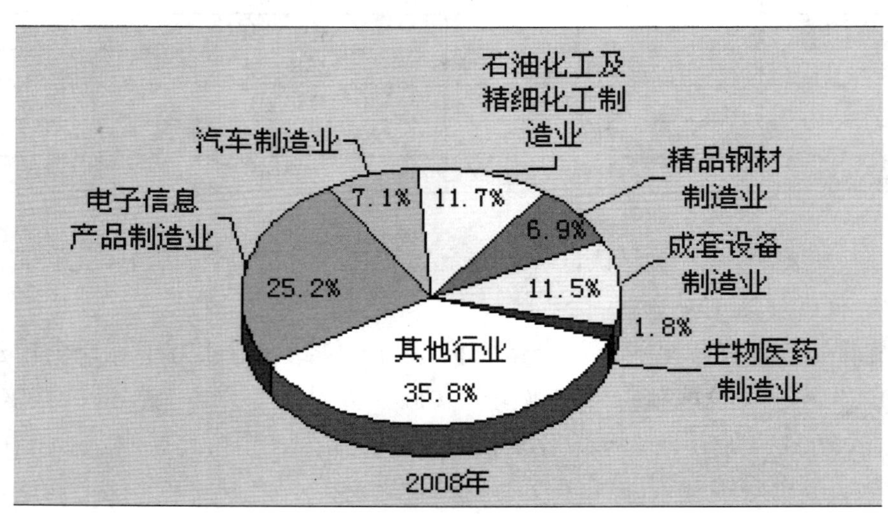

图 3-4 六个重点发展工业行业占工业总产值的比重

高技术产业快速增长。全年高技术产业完成工业总产值 6 041.98 亿元，比上年增长 11.6%，增幅高出全市规模以上工业总产值 3.6 个百分点，所占比重为 24.8%。

工业产销率保持较高水平。全年规模以上工业企业产品销售率达到 98.7%。

表 3-1 主要工业产品产量

产品名称	单 位	产 量	比上年增长（%）
微型电子计算机	万部	5767.97	31.8
程控交换机	万线	456.00	2.2

续

成品钢材	万吨	2074.95	-2.8
汽车	万辆	80.65	-1.8
轿车	万辆	80.00	-1.4
家用电冰箱	万台	123.21	12.2
电力电缆	万公里	11.69	0.3
民用钢质船舶	万总吨	416.35	38.1
发电量	亿千瓦小时	773.54	4.8
起重设备	万吨	130.84	3.7
乙烯	万吨	182.03	-2.8
化学原料药	万吨	1.74	21.7

工业企业经济效益下降。全年规模以上工业企业实现主营业务收入 25 359.69 亿元，比上年增长 8.3%；实现利润总额 949.77 亿元，下降 28.9%；实现税金总额 802.92 亿元，下降 2.4%。其中，国有及国有控股工业企业实现利润 326.34 亿元，下降 51.5%；实现税金 524.85 亿元，下降 4.8%，占全市工业税金总额的比重为 65.4%。全市工业企业亏损面为 25.9%。全年工业企业经济效益综合指数为 223.11，比上年下降 4 个点。

建筑业平稳发展。全年实现建筑业增加值 450.93 亿元，比上年增长 5.7%。

全年建筑业总产值 3 071.76 亿元，比上年增长 21.7%；房屋建筑施工面积 16 838.03 万平方米，增长 5%；竣工面积 5 121.17 万平方米，下降 15.9%。建筑企业按总产值计算的全员劳动生产率达到人均 28.23 万元，比上年提高 23.4%。

四、批发和零售业

商品市场流通规模进一步扩大。全年批发和零售业实现增加值 1 266.37 亿元，比上年增长 11.6%。

市场销售增长加快。全年实现社会消费品零售总额 4 537.14 亿元，比上年增长 17.9%（见图 3-5）。其中，吃的商品零售额 1 800.16 亿元，增长 18.1%；穿的商品零售额 556.17 亿元，增长 16.7%；用的商品零售额 2 114.16 亿元，增长 17.7%。分行业看，批发零售贸易业实现零售额 3 853.14 亿元，比上年增长 17.5%；餐饮业实现零售额 669.54 亿元，增长 20.3%。分类别看，家居类商品实现零售额 569.67 亿元，比上年增长 21.7%；通讯类商品实现零售额 118.94 亿元，增长 19.9%；轿车类商品实现零售额 287.84 亿元，增长 25.1%。主要耐用消费品销售稳步增长。全年汽车零售量 13.15 万辆，比上年增长 19.1%。其中，轿车 12.08 万辆，增长 18.4%；移动电话 276 万部，增长 9.9%；摄像机 7.7 万台，增长 8.8%；脱排油烟机 47.85 万台，增长 10.6%。

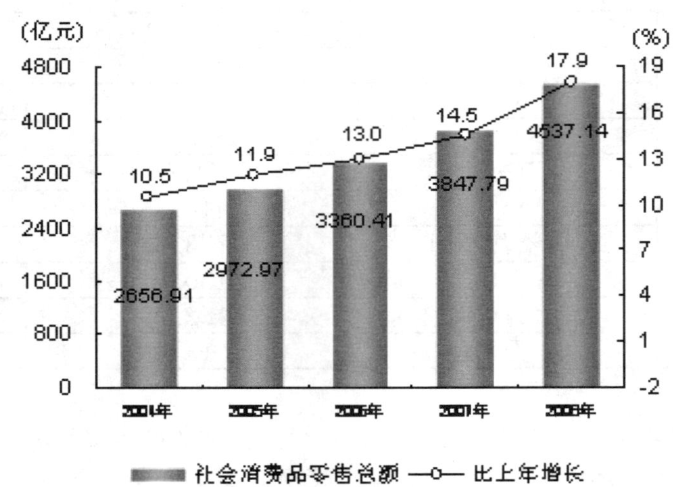

图 3-5 社会消费品零售总额与增长

各类连锁商业规模效应进一步显现。至年末，全市连锁商业网点达到 12 608 家。其中，连锁超市门店 3 078 家，便利店 4 135 家。全年连锁商业销售额 1 556.48 亿元，比上年增长 14.3%。

全年实现商品销售总额 26 798.44 亿元，比上年增长 31.4%。其中，批发销售额 22 945.31 亿元，增长 34%。至年末，全市共有商品交易市场 970 个。全年成交额 4 400 亿元，比上年增长 12.5%。

五、交通、邮电和旅游

交通运输、仓储和邮政业稳步发展。全年实现交通运输、仓储和邮政业增加值 769.64 亿元，比上年增长 1.8%。

客货运输保持稳定增长。全年各种运输方式完成货物运输总量 81449 万吨，比上年增长 3.6%。旅客发送总量 10 834.22 万人次，比上年增长 4.5%（见表 3-4）。

表 3-4 货物运输量与旅客发送量

指 标	单 位	绝对值	比上年增长（%）
货物运输量	万吨	81449.00	3.6
铁 路	万吨	985.00	-13.8
水 运	万吨	42729.00	2.9
公 路	万吨	37430.00	5.0
民用航空	万吨	305.00	5.0
旅客发送量	万人次	10834.22	4.5
铁 路	万人次	5338.95	11.3
水 运	万人次	88.90	-6.1
公 路	万人次	2841.00	-1.1
民用航空	万人次	2565.37	-1.7

国际航运中心建设取得新进展。全年货物周转量15 866.76亿吨公里，比上年下降1.4%。上海港货物吞吐量达到5.82亿吨，增长3.6%，连续第四年保持全球第一。全年港口集装箱吞吐量达到2 800.6万国际标准箱，增长7.1%，继续名列全球第二位。其中，洋山深水港区完成822.7万国际标准箱。洋山深水港国际标准集装箱水水中转比例达到49.8%。上海浦东虹桥两大国际机场全年共起降航班45.1万架次，比上年增长2.3%；进出港旅客达到5 103.85万人次，下降1%。其中，国内航线进出港旅客3 456.35万人次，增长0.8%；国际及地区航线进出港旅客1 647.5万人次，下降4.5%。

公交优先战略加快实施。至年末，全市轨道交通线路达到9条，运营线路长度达到264.3公里（含磁浮线路29.1公里）。年内新辟和调整公交线路244条。至年末，全市公交线路达到1058条，公交运营车辆1.7万辆，运营出租车4.81万辆。全年市内公共交通客运量49.04亿人次，比上年增长8.6%。其中，轨道交通客运量11.28亿人次，增长38.6%；公共汽电车客运量26.63亿人次，增长0.4%。公交换乘优惠范围进一步扩大，年末日均受惠人次达到153万。

各类民用车辆拥有量平稳增长。至年末，全市拥有各类民用车辆268.15万辆，比上年增长5.7%。其中，汽车拥有量132.12万辆，增长10.4%。在汽车拥有量中，私人汽车拥有量72.04万辆，比上年增长17.5%。

全年完成邮政电信业务总量833.82亿元，比上年增长17.6%。其中，邮政业务总量57.7亿元，增长21.5%；电信业务总量776.12亿元，增长17.3%。至年末，全市固定电话用户1 015.4万户。其中，住宅电话660万户。移动电话用户1 880.9万户，比上年末增加104.4万户。

旅游业发展水平不断提升。全年实现旅游产业增加值958.5亿元，比上年增长7.1%。

至年末，全市已有星级宾馆310家。其中，五星级宾馆37家。旅行社901家。其中，国际旅行社55家，国内旅行社846家。A级旅游景点24家。其中，5 A级景点2家，4 A级景点21家。红色旅游基地26个。其中，全国红色旅游基地4个。工业旅游示范点15个，农业旅游示范点16个。旅游咨询服务中心27个，旅游集散中心站点5个。全年接待国际旅游入境人数640.37万人次，比上年下降3.8%（见图3-6）。其中，入境外国人507.4万人次，下降5.5%；港、澳、台同胞132.97万人次，增长3.2%。在国际旅游入境人数中，过夜旅游人数526.47万人次，比上年增长1.2%。全年接待国内旅游者11 005.67万人次，比上年增长7.8%。其中，外省市来沪旅游者7842.05万人次，增长1%。全年国际旅游外汇收入50.27亿美元，比上年增长6.1%；国内旅游收入1 612.41亿元，增长0.1%。

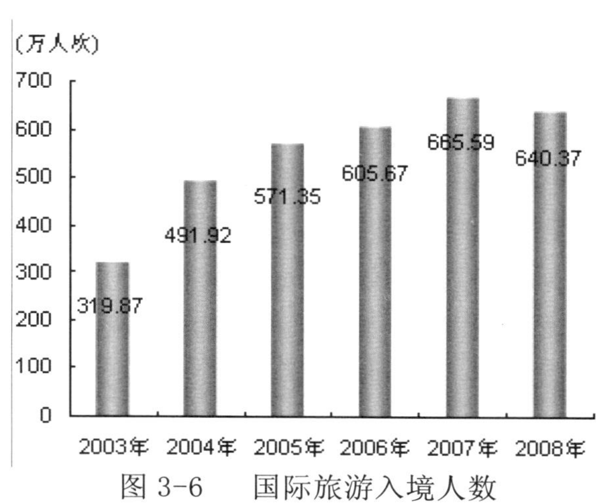

图3-6　国际旅游入境人数

六、金融和保险

国际金融中心建设加快推进。全年实现金融业增加值 1 442.6 亿元，比上年增长 15%。

金融机构加快集聚。全年新增各类金融机构 82 家。其中，银行业机构 12 家，保险业机构 30 家。至年末，全市有各类金融机构 689 家。其中，银行业机构 124 家，保险业机构 291 家，证券业机构 94 家。在沪经营性外资金融机构达到 165 家。其中，年内新增 14 家。在沪经营的外资银行及财务公司（不含外资银行同城支行）93 家。其中，获准经营人民币业务的 57 家。外资银行及财务公司资产总计 7 606.98 亿元。其中，人民币资产总计 3 970.6 亿元。

存贷款规模继续扩大。至年末，全市中外资金融机构本外币各项存款余额 35 589.07 亿元，贷款余额 24 166.12 亿元（见表 3-6）。全年金融机构现金收入 27 410.94 亿元，现金支出 28 263.65 亿元，收支相抵现金净投放 852.71 亿元。

表 3-6　中外资金融机构本外币存贷款

指　标	绝对值（亿元）	比年初增减额（亿元）
各项存款余额	35 589.07	5 255.66
企业存款	17 899.74	2 066.98
居民储蓄存款	12 083.66	2 744.46
各项贷款余额	24 166.12	2 562.79
短期贷款	8 788.06	897.62
中长期贷款	13 712.53	1 514.82
中资个人消费贷款	3 146.95	77.28
个人住房贷款	2 915.49	57.23
汽车消费贷款	50.71	24.44

全年通过资本市场筹资 3 294.91 亿元，比上年下降 53.5%。其中，发行新股筹资 733.54 亿元，下降 83.3%；再次发行（增发、配股和配售）筹资 1 504.62 亿元，下降 38%；发行可转换债券 61 亿元，增长 16%。至年末，证券市场上市证券数 1 184 只。其中，股票 908 只，比上年增加 4 只。全年上海证券交易所各类有价证券成交金额 27.18 万亿元，比上年下降 28.5%。其中，股票成交金额 18.04 万亿元，下降 40.9%。期货市场成交金额 28.87 万亿元，比上年增长 24.8%。银行间同业拆借市场成交金额 110.79 万亿元，比上年增长 55.4%（见图 3-7）。上海黄金交易所成交金额 8 995.48 亿元，比上年增长 1.7 倍。上海钻石交易所成交金额 13.07 亿美元，比上年增长 30.5%。

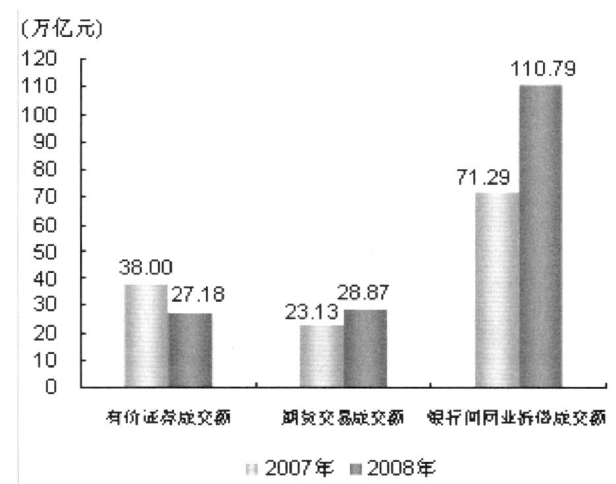

图 3-7 证券、期货、银行间同业拆借市场成交额

全年保费收入 600.06 亿元，比上年增长 24.3%。其中，财产险保费收入 131.79 亿元，增长 10.3%；人身险保费收入 468.27 亿元，增长 28.9%。在全年保费收入中，中资保险公司保费收入 500.35 亿元，比上年增长 38.6%；外资保险公司保费收入 99.71 亿元，下降 18.1%。全年支付各类保险赔款及给付 184.09 亿元，比上年增长 31.7%。其中，财产险 79.52 亿元，增长 50%；人身险 104.57 亿元，增长 20.5%。

七、对外经济

上海口岸服务辐射功能不断增强。全年关区进出口商品总额 6 065.57 亿美元，比上年增长 16.3%。其中，进口总额 2 129.07 亿美元，增长 10.3%；出口总额 3 936.5 亿美元，增长 19.9%。

外贸出口保持较快增长。全年外贸进出口总额 3221.38 亿美元，比上年增长 13.8%（见图 3-8）。其中，进口总额 1 527.88 亿美元，增长 9.9%；出口总额 1 693.5 亿美元，增长 17.7%。私营企业出口增速保持领先。全年私营企业完成出口 207.86 亿美元，比上年增长 27.7%；外商及港澳台投资企业出口 1 137.35 亿美元，增长 16.3%；国有企业出口 335.71 亿美元，增长 17.4%；集体企业出口 12.53 亿美元，增长 1.1%。

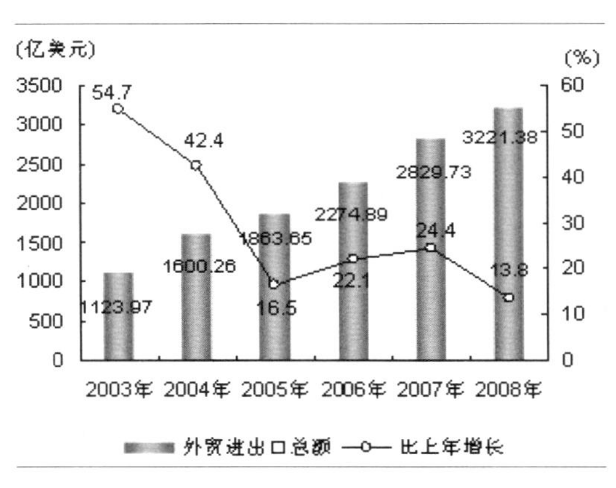

图 3-8 外贸进出口总额与增长

外贸出口商品结构进一步优化。高新技术产品和机电产品出口快速增长。全年高新技术产品出口713.08亿美元，比上年增长19.8%，占全市外贸出口总额的比重达到42.1%；机电产品出口1 185.15亿美元，增长20.3%，所占比重达到70%。一般贸易出口642.16亿美元，比上年增长19.1%；加工贸易出口917.99亿美元，增长15.2%。出口市场多元化战略成效显现（见表3-6）。

表3-6 外贸出口市场结构

类 别	绝对值（亿美元）	比上年增长（%）
外贸出口商品总额	1 693.50	17.7
亚洲	668.67	15.5
日 本	200.39	17.5
中国香港	125.72	0.5
欧洲	467.67	24.7
北美洲	402.70	8.0
美 国	372.10	7.5
拉丁美洲	74.56	47.5
大洋洲	46.27	21.5

利用外资增长态势良好。全年批准外商直接投资合同项目3 748项，比上年下降10.9%；吸收外资合同金额171.12亿美元，增长15.1%；实际到位金额首次突破百亿美元，达到100.84亿美元，增长27.3%。第三产业利用外资加快增长。全年第三产业吸收外商直接投资实际到位金额68.35亿美元，比上年增长28.6%，占全市实际利用外资的比重达到67.8%。全年外商投资企业增资107.59亿美元，比上年增长17.8%，占全市外商直接投资合同金额的比重达到62.9%。全年批准总投资在1 000万美元以上的外商直接投资项目225项；合同金额135.86亿美元，增长23.4%。至年末，在上海投资的国家和地区已达138个。总部经济不断扩大。年内新增跨国公司地区总部40家、投资性公司13家、外资研发中心30家。至年末，在上海落户的跨国公司地区总部达到224家，投资性公司178家，外资研发中心274家。

“走出去”战略加快实施。全年新批对外投资项目104项，投资总额7.08亿美元。签订对外承包工程和劳务合作合同5 815项；合同金额111.4亿美元，比上年增长51.6%；实际完成营业额55.96亿美元，增长11.4%；派出劳务人员1.62万人次，下降13%。至年末，上海对外承包工程和劳务合作涉及的国家和地区已达177个。

世博会筹办工作进展显著。至年末，已有229个国家和国际组织正式确认参展，其中176个国家和国际组织已签署参展合同。世博中心、中国馆、主题馆实现结构封顶，道路、通信、绿化等项目建设正在加快推进。

八、浦东改革开放

浦东综合配套改革试点稳步推进，浦东新区继续在体制机制改革、扩大开放等方面发挥示范带头作用。新区全年实现增加值3 150.99亿元，比上年增长11.6%（见表3-7）。陆家嘴功能区域金融机构加速集聚，至年末，已有504家中外资金融机构进驻。外高桥功能区域产业功能实现新拓展，全年保税区完成出口总额158.1亿美元，比上年增长2.5%。外高桥港口货物吞吐量达到13 122.8万吨，比上年增长0.4%；集装箱吞吐量达到1 538.7万国际标准箱，下降1.2%。物流企业实现营业收入2 356亿元，比上年增长13.6%。张江功能区域创新要素加快集聚，全年专利授权数1 825件，比上年增长84%。电子信息产品制造业完成工业总产值258.3亿元，比上年增长14.8%；生物医药制造业完成工业总产值78.06亿元，增长13.2%。金桥功能区域主导产业引领作用凸现，全年完成工业总产值2 501.04亿元，比上年增长5.6%。金桥出口加工区生产性服务业单位已达99家，实现经营收入148.19亿元。

表3-7 浦东新区主要经济指标

指　标	单 位	绝对值	比上年增长（%）
增加值	亿元	3 150.99	11.6
工业总产值	亿元	5 649.22	9.4
固定资产投资总额	亿元	872.68	11.3
社会消费品零售总额	亿元	526.89	15.6
外贸出口总额	亿美元	604.23	14.4
外商直接投资合同金额	亿美元	49.93	0.9
外商直接投资实际到位金额	亿美元	34.35	3.9

九、城市基础设施和房地产

枢纽型、功能性、网络化重大城市基础设施体系加快建设。全年完成城市基础设施建设投资1 733.18亿元，比上年增长18.2%，占全社会固定资产投资总额的比重为35.9%。其中，交通运输邮电通信投资947.5亿元，市政建设投资543.34亿元，公用事业投资112.81亿元（见表3-8）。年内洋山深水港区三期二阶段工程、浦东国际机场第二航站楼、A11沪宁高速公路拓宽改建等重大城市基础设施项目基本建成并投入运营。轨道交通基本网络建设加快推进，七号线、八号线二期、九号线二期、十一号线北段一期实现结构贯通。全市高速公路网通车里程达到637.4公里。

表3-8 城市基础设施建设投资

指　标	绝对值（亿元）	比上年增长（%）
城市基础设施建设投资	1733.18	18.2
电力建设	129.53	-20.7
交通运输	838.91	-0.2
邮电通信	108.59	6.9
公用事业	112.81	85.2
市政建设	543.34	81.0

公用事业服务水平不断提升。全市自来水日供水能力达到1 069万立方米。全年全市用电量1 138.22亿千瓦小时，比上年增长6.1%（见表3-9）。至年末，全市家庭人工煤气用户185.6万户；家庭液化气用户291.6万户；家庭天然气用户达到307.9万户。

表3-9 公用事业

指　标	单 位	绝对值	比上年增长（%）
自来水日供水能力	万立方米	1 069.00	-1.0
自来水售水总量	亿立方米	24.28	1.6
生活用水	亿立方米	17.98	5.0

续

工业用水	亿立方米	6.30	-7.0
用电量	亿千瓦小时	1138.22	6.1
城市居民生活用电	亿千瓦小时	135.83	11.7
煤气销售总量	亿立方米	17.70	-4.3
液化气销售总量	万吨	48.60	-4.0
天然气销售总量	亿立方米	28.40	6.8

全年完成房地产开发投资1 366.87亿元，比上年增长4.5%；商品房施工面积10 390.67万平方米，下降3.5%；竣工面积2 475.04万平方米，下降26.8%；销售面积2 296.12万平方米，下降37.9%。其中，商品住宅销售面积1 965.86万平方米，下降40.1%。全年商品房销售额1895.45亿元，比上年下降38.6%。其中，商品住宅销售额1 608.47亿元，下降40.6%。全年存量房成交过户面积1 413.41万平方米，比上年下降29.1%。

十、城市信息化

信息产业继续保持较快发展。全年实现信息产业增加值1 670.52亿元，比上年增长14.2%。其中，信息产品制造业增加值944.61亿元，增长11.2%；信息产品销售业增加值35.27亿元，增长21%；信息服务业增加值690.64亿元，增长18.4%。全市用于信息化建设的固定资产投资278.69亿元，占全社会固定资产投资总额的比重为5.8%。

信息基础设施服务能级进一步提升。至年末，集约化信息管线累计敷设4 007.14沟公里，比上年末增加876.14沟公里；互联网用户达到1 160万人，增加80万人；宽带接入用户418.6万户，增加54.6万户；IPTV用户达到74.6万户，增加52.6万户；有线电视用户达到527.2万户，增加28万户，其中有线数字电视用户70.9万户。

信息技术应用水平继续提升。全年“中国上海”门户网站主页访问量达1 725.23万人次，实现网上办事事项1 677项。全年政府部门主动公开信息4.99万条，可依申请公开信息目录1.49万条，受理政府信息公开申请7 270件，同意公开和部分公开率达到68.5%。全年完成电子商务交易额2 758.17亿元，比上年增长13.7%。口岸税费电子支付系统入网企业累计3 500家，全年实现电子支付金额1 004亿元，比上年增长14.1%。社会公共服务领域信息化建设不断深化（见表3-10）。

表3-10 社会公共服务领域信息化

指 标	单 位	绝对值	比上年
“市民信箱”累计注册用户	万人	361.20	增加28.25万人
全年“付费通”业务平台交易量	万笔	3 801.50	增长30.8%
全年“付费通”业务平台交易额	亿元	35.48	增长43.7%
社保卡累计发放量	万张	1 425.57	增加313.35万张
# 敬老服务专用卡累计发放量	万张	136.97	增加136.97万张
交通卡累计销售量	万张	4 161.49	增加920.85万张
全年交通卡销售额	亿元	13.41	增长15.0%
银行卡累计发卡量	万张	7 915.22	增加1133.58万张
全年银行卡交易额	亿元	6 918.92	增长15.4%

信息化发展环境不断完善。至年末，数字证书累计发放138.65万张。全市累计有417万人次参加计算机应用能力考试，其中195万人次取得合格证书。社会信用体系持续完善。至年末，个人信用联合征信系统覆盖1 047万人的信用信息，比上年末增加118万人；个人信用产品提供量达到1 008万份，增加100万份。

十一、教育和科学技术

教育事业加快发展。至年末，全市共有普通高等学校61所；独立学院5所；普通中等学校903所；普通小学672所；特殊教育学校29所。普通高校在校生和毕业生数持续扩大，中等学校在校生和毕业生数继续下降（见表3-11）。至年末，全市共有53家机构培养研究生。全年研究生教育共招生3.21万人，在学研究生9.55万人，毕业生2.58万人。推进义务教育均衡发展，全面免除全市义务教育阶段学生的课本费和作业本费，直接拨给小学、初中的义务教育生均公用经费基本标准分别从上年的520元、720元提高到1 400元、1 600元。全市九年义务教育入学率保持在99.9%以上。为解决郊区适龄儿童入园难问题，在郊区新建52所幼儿园。继续加大对来沪从业人员子女学校办学经费、师资培训等方面的扶持力度，来沪从业人员子女在公办学校就读比例达到60%。年内有32所中等职业学校试行招收来沪从业人员同住子女。

表3-11 各级各类学校学生情况

类 别	在校学生数（万人）	比上年增长（%）	毕业学生数（万人）	比上年增长（%）
普通高等学校	50.29	3.7	12.21	3.0
普通中等学校	79.97	-6.1	26.03	-5.0
中等专业学校	12.08	-5.7	3.71	-3.9
职业学校	4.80	-7.7	1.66	9.2
技工学校	1.32	-15.4	0.57	-27.8
普通中学	61.77	-5.8	20.09	-5.4
高 中	19.26	-15.9	9.51	-7.1
初 中	42.51	-0.4	10.58	-3.7
普通小学	59.06	10.7	10.44	-1.0
特殊教育学校	0.51	1.7	0.08	-6.5

各类教育发展稳定。至年末，全市共有16所民办普通高校，在校学生9.25万人；119所民办普通中学，在校学生8.69万人；87所民办小学，在校学生8.22万人。全市共有独立设置的成人高校18所，在校学生（含网络本专科）37.52万人；成人中等学校45所，在校学生3.45万人；职业技术培训机构781所，注册生193.08万人次；老年教育机构276所，在校学员49.55万人。

自主创新推进力度不断加大。全年用于研究与试验发展（R＆D）经费支出350亿元，相当于全市生产总值的比例为2.55%（见图3-9）。年内大型飞机、极大规模集成电路制造装备及成套工艺、“核高基”等国家重大专项任务落户上海，神舟七号部分子系统研制任务成功完成，上海光源工程基本建成，生物医药、新材料、重大装备制造等领域一批产业关键技术取得突破。

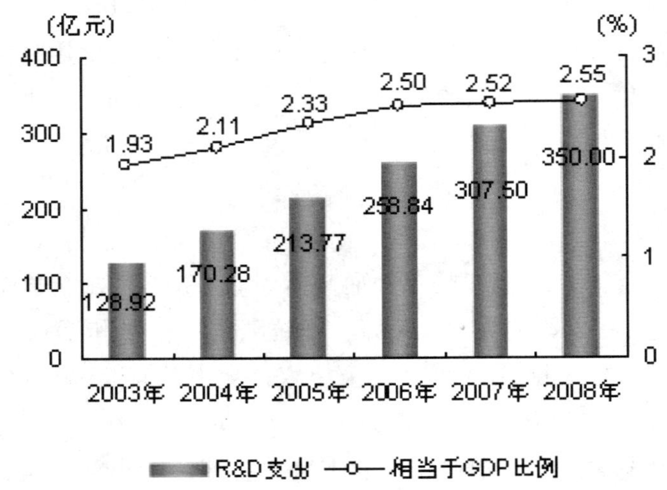

图 3-9 R&D 支出及其相当于生产总值的比例

全年共取得科技成果 1 866 项。其中，属于国际领先的有 125 项，达到国际先进水平的有 664 项。科技创新成果不断涌现。全年受理专利申请量 5.28 万件，比上年增长 11.9%。其中，发明专利 1.78 万件，增长 17.2%。全年专利授权量 2.45 万件，与上年基本持平。其中，发明专利 4 258 件，增长 30.7%。至年末，全市共有 37 家国家级企业技术中心和分中心；253 家市级企业技术中心。高技术成果产业化步伐加快。全年新认定高新技术成果转化项目 760 项。其中，电子信息、生物医药、新材料等重点领域的项目占 81.3%；拥有自主知识产权的项目占 100%。至年末，全市共认定高新技术成果转化项目 5 790 项。其中，71.9% 的项目已实现产业转化，累计实现销售收入 4664 亿元。技术交易稳步发展。全年共签订各类技术交易合同 2.87 万项，比上年增长 3.5%；合同金额 485.75 亿元，增长 12.3%。

十二、文化、卫生和体育

文化、新闻、出版和广播电影电视事业取得新发展。年内成功地举办了第十届中国上海国际艺术节、第十一届上海国际电影节、2008 年上海国际服装文化节等一系列国内外大型文化交流活动。在全国和国际性重要文艺评奖中，上海共获奖 41 项。其中，杂技《玉兰初蕊》获第二十一届摩纳哥"初登舞台"国际杂技节金 K 奖；京剧《成败萧何》获第五届中国京剧艺术节一等奖(榜首)。至年末，全市有市、区（县）级文化馆、群众艺术馆 29 个，艺术表演团体 105 个，市、区（县）级公共图书馆 29 个，档案馆 41 个，博物馆 110 个。全市共有公共广播节目 21 套，公共电视节目 25 套。广播、电视综合覆盖率均达到 100%。新闻出版事业繁荣发展。全年共出版报纸 17.26 亿份，各类期刊 1.9 亿册，图书 2.64 亿册。群众精神文化生活更加丰富。全年共组织开展各类群众文化活动和各级各类群众性业余团队活动 35 余万场次，3 000 余万人次参加。年内建成 28 家社区文化活动中心和 774 个村级信息服务站，完成农村电影放映数字化转换和有线电视村村通工程。

医疗卫生改革继续深化。至年末，全市共有卫生机构 2 809 所，卫生技术人员 12.77 万人（见

表 3-12）。加大社区卫生投入力度，转化社区卫生服务中心运行机制。年内郊区村卫生室普遍实行基本药品零差率政策，鼓励和组织三级、二级医院医生深入社区，完成郊区 300 所村卫生室标准化建设。医疗急救网络建设进一步加强。年内新增 120 辆救护车，新建 15 个急救分站。

表 3-12　卫生机构情况

指　标	单　位	绝对值	比上年增长（%）
卫生机构数	所	2 809	6.2
医院	所	300	4.2
门诊部	所	358	17.0
社区卫生服务中心	所	266	14.7
疾病预防控制中心	所	22	平
卫生监督所	所	20	平
卫生技术人员数	万人	12.77	4.3
执业医生	万人	5.12	4.9
医院执业医生	万人	3.05	1.3
注册护士	万人	4.88	6.6

竞技体育取得新进展。年内成功地举办了北京奥运会足球比赛上海赛区赛事、F1 世界一级方程式上海站锦标赛、ATP 网球大师杯赛等 49 项 98 次国际体育重大赛事和 52 项 248 次国内重要体育赛事。成功地举办了奥运会、残奥会火炬接力上海传递活动。在 2008 北京奥运会上，上海共有 66 名运动员、20 名教练员入选中国代表团，共获得 4.5 枚金牌、3 枚银牌、10 枚铜牌，打破了 3 项世界记录、2 项奥运会记录、5 项亚洲记录。

群众性体育活动广泛开展。年内成功主办和承办了东方明珠市民元旦登高等 110 项大型群众性体育活动。体育健身设施继续增加。至年末，全市共建成社区公共运动场 220 处。

十三、人口就业、人民生活和社会保障

至年末，全市常住人口总数为 1 888.46 万人。其中，户籍常住人口 1 371.04 万人。常住出生人口 16.66 万人。其中，户籍出生 9.67 万人。常住人口出生率为 8.89‰。其中，户籍人口出生率为 6.98‰。常住死亡人口 11.55 万人。其中，户籍死亡 10.7 万人。常住人口死亡率为 6.17‰。其中，户籍人口死亡率为 7.73‰。常住人口自然增长率为 2.72‰。其中，户籍人口自然增长率为 -0.75‰。

深化积极的就业政策，扶持创业政策和就业援助机制进一步完善，就业规模继续扩大。至年末，全市从业人员 945 万人，比上年末增加 35.92 万人。全年新增就业岗位 59.5 万个。其中，农村富余劳动力实现非农就业 11.8 万个。全年新安置就业困难、家庭困难人员 2.8 万人。公共就业服务进一步加强。全年公共职业介绍机构为 467.7 万人次的求职者提供求职服务，公共就业服务机构为 12.3 万人次提供专门职业指导。全年完成职业培训 43.47 万人，共发放职业资格证书 35.69 万张。至年末，全市城镇登记失业人员 26.6 万人，登记失业率为 4.2%。

城乡居民收入保持平稳较快增长。据抽样调查，城市居民家庭人均年可支配收入 26 675 元，比上年增长 12.9%；农村居民家庭人均年可支配收入 11 385 元，增长 11.4%。全年城市居民人均消费支出 19 398 元，比上年增长 12.4%。其中，服务性消费支出 6 287 元，增长 12.4%。农村居城乡家庭耐用消费品拥有量继续增加。据抽样调查，至年末，平均每百户城市居民家庭耐用消费品拥有量：家用轿车11辆，家用空调191台，移动电话219部，家用电脑109台。平均每百户农村居民家庭耐用消费品拥有量：彩电186台，洗衣机93台，热水淋浴器90台，移动电话156部，家用空调129台，家用电脑47台。

居民储蓄继续增加。至年末，全市居民储蓄存款余额12 083.66亿元，当年新增2 744.46亿元。其中，定期储蓄存款余额8 555.64亿元，新增2 369.78亿元；活期储蓄存款余额3 528.02亿元，新增374.68亿元。

居民居住条件和居住环境进一步改善。全年竣工新建居住区配套公建设施265.6万平方米。旧区改造继续推进。全年拆除住宅建筑面积753.7万平方米，动迁居民5.13万户；完成旧住房综合改造1 220万平方米。至年末，城镇居民人均住房建筑面积33.4平方米；人均住房居住面积16.9平方米（见图3-10）。居民住房成套率达到95.2%。

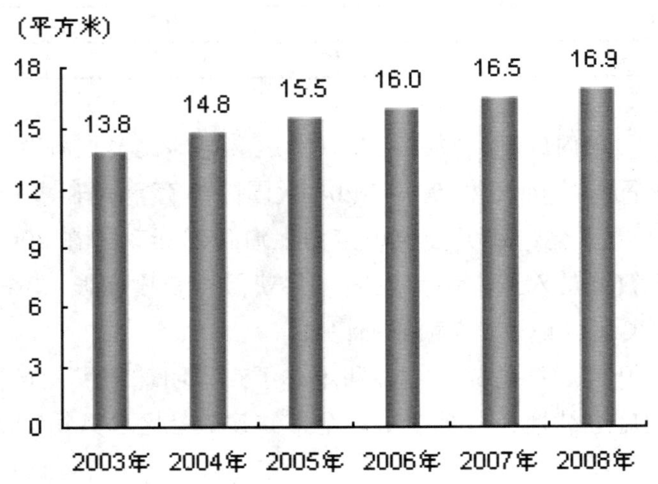

图3-10 城镇居民人均住房居住面积

社会保障体系不断完善。至年末，全市共有819.68万人（包括离退休人员）参加城镇基本养老保险；有511.83万人参加失业保险，全年领取失业保险金的人数25.39万人。小城镇社会保险、外来从业人员综合保险和城镇高龄无保障老人养老保障政策覆盖面继续扩大。至年末，小城镇社会保险参保人数达到148.02万人。其中，被征用土地农民参保人数92.95万人。外来从业人员综合保险参保人数达到383.8万人。有5.71万人纳入城镇高龄无保障养老政策。农村社会养老保险制度和老年农民政府托底养老补贴政策进一步完善，年内纳入养老保障体系的农民新增15.9万人。提高城乡最低生活保障、最低工资、公益性岗位从业人员收入标准，对城乡“低保”对象发放临时补贴，低收入群众生活得到进一步改善。城镇低保标准从350元/月提高到400元/月；农村低保标准从2 800元/年提高到3 200元/年；职工最低工资标准从840元/月提高到960元/月；小时最低工资标准从7.5元提高到8元；老年农民托底养老补贴从85元/月提高到100元/月。廉租住房保障对象准入标准放宽，住房保障覆盖面进一步扩大。年内新增廉租房受益家庭1.4万户，累计达到4.4万户。

医保改革进一步深化。至年末，全市共有24.1万家城镇企业、机关事业单位，共773.98万人（包括离退休人员）参加城镇职工基本医疗保险，有16.67万个体工商户、自由职业人员参加从事自由职业人员和个体经济组织业主及其从业人员基本医疗保险。全面实施城镇居民基本医疗保险制度。至年末，居民医保登记参保人数达203万人。完善大学生基本医疗保障制度和医保综合减负政策。全年有58.87万本市普通高等院校学生纳入基本医疗保障覆盖人群范围；医保综合减负45 725人，减负总金额21 933万元。

养老服务加快发展。至年末，全市共有养老机构582家，床位8.06万张。其中，年内新增养老机构22家，新增养老床位10 030张。在全市养老机构中，由社会投资开办的295家，床位4.21万张。年内新建100家示范性老年人日间服务机构，为17.7万名老年人提供居家养老服务，对其中10.3万名生活困难且需照料服务的老人给予政府服务补贴。

社会救助体系建设进一步推进。全年各级政府支出城镇居民最低生活保障金10.4亿元，农村居民最低生活保障金1.3亿元，粮油帮困资金0.54亿元，支出医疗救助金1.77亿元。残疾人救助力度不断加大。年内新办福利企业82家，新安置1 385名残疾人就业。年内新建盲道72.49公里，铺筑坡道1 209处，完成628处公共场所无障碍设施改造，基本实现了中心城区公共建筑改建的全覆盖。

十四、环境保护和安全生产

环境保护和建设成效显著。全年用于环境保护的资金投入422.37亿元，相当于全市生产总值的比例达到3.08%。环境质量持续改善。全市河道水质总体保持稳定；全年环境空气质量优良率达到89.6%。加强扬尘和烟尘污染控制。全年建成114平方公里扬尘污染控制区和69平方公里烟尘控制区。全市区域月降尘平均值为7.8吨/平方公里，比上年下降2.5%。主要污染减排取得成效。污水处理能力达到673.25万立方米/日，比上年增加116.7万立方米/日；城市污水集中处理率达到75.5%。年内建成了白龙港污水处理厂升级扩容工程和9座郊区污水处理厂；完成总计装机容量622.5万千瓦的燃煤机组烟气脱硫改造。

城市生态环境明显改善。全年新建绿地1 190公顷。其中，公共绿地568公顷。至年末，城市绿化覆盖率达到38%，人均公共绿地面积达到12.51平方米。林业建设稳步推进。全年造林1915公顷。其中，防护林328公顷。森林覆盖率达到11.6%。

安全生产管理不断强化。全年共发生道路交通、工矿商贸、火灾、铁路交通、农业机械生产安全事故6 991起，比上年下降22.8%；造成死亡1 532人，下降5.1%。其中，工矿商贸生产安全事故711起，下降14.1%；造成死亡376人，下降1.8%。道路交通事故2 745起，比上年下降30.5%；造成1100人死亡，下降6.1%；2554人受伤，下降32.3%；直接财产损失1 469万元，下降24.4%。火灾事故3511起，比上年下降17.1%；造成50人死亡，与上年持平；57人受伤，增长26.7%；直接财产损失1.45亿元，增长4.5倍。铁路交通事故6起，比上年下降60%；造成5人死亡，下降44.4%。农业机械事故18起，比上年下降21.7%；造成1人死亡，下降50%。全年亿元GDP生产安全事故死亡率为0.114，比上年下降19.7%。

注：

1、本公报数为初步统计数。

2、本公报上海市生产总值、各产业增加值和总产值绝对数按当年价格计算，增长速度按可比价格计算。

3、信息产业包括信息产品的制造、销售和信息服务等活动。旅游产业增加值指来自境外、市外旅游者及本地居民在上海市内的旅游消费支出所形成的增加值。按消费性质可分为：旅行社服务业、旅游宾馆业、旅游运输业、邮电通讯业、旅游商业、餐饮业、城市交通业、文化娱乐业、金融业和其他服务业。信息产业、旅游产业的增加值是依据若干行业的有关资料进行跨行业核算的，不能将其与全市生产总值中其它行业的增加值进行简单加总，否则会造成重复计算。

4、地方财政支出包括一般公共服务、外交、国防、公共安全、教育、科学技术、文化体育与传媒、社会保障和就业、医疗卫生支出、环境保护、城乡社区事务、农林水事务、交通运输、工业商业金融等事务和其他支出。其中，一般公共服务支出主要包括人大、政协、共产党、民主党派及工商联、群众团体，以及部分政府行政部门的支出。

第二篇

环境

ALMANAC OF
SHANGHAI REAL ESTAT

第四章 政策制度环境

第一节 上海房地产市场政策制度环境构成

房地产政策制度是经济关系在房地产领域的投射的产物，或者说是房地产经济关系外在体现和反映。按照房地产行业的行为内容及结构，可将房地产政策制度分为土地政策制度、金融政策制度、开发政策制度、拆迁与租赁政策制度、交易政策制度、物业管理政策制度等六部分。

2008 年，房地产政策以 6 月为转折点分为两个阶段。上半年中央和上海继续延续上一年的宏观调控、抑制性政策，直到 08 年 3 月全国两会，从紧货币政策、抑制性调控和两防的表述依然并未改变。然而，由于受美国次贷危机的影响，国际经济急转直下，国内经济也面临严峻考验。国内外经济的压力已使从紧政策的基础消失，调控政策面临转向。6 月 13 日，国务院会议强调“保持房地产市场稳定，切实防范金融风险”；8 月 15 日，央行货币政策报告“保持货币政策的连续性和稳定性，根据国内外形势变化适时微调”；8 月 23 日，上海市房地局党政负责干部大会提出下半年 6 大工作重点之一“保持房市房价基本稳定”；9 月 15 日，今年首次双率下调……，由此，调控政策开始转向，从抑制性调控转向鼓励性调控。

一、土地政策制度

土地政策制度一般是指：中央或地方政府、行政机构，为调整土地关系（包括人地关系与人与人之间的利益关系），实现土地的合理利用及其所代表的社会阶级集团的经济利益而制定的行为准则。

2008 年，国家的土地方面的政策主要有六个文件，1 月 3 日，国务院办公厅下发《国务院关于促进节约集约用地的通知》，该通知重申，土地闲置满两年、依法应当无偿收回的，坚决无偿收回，重新安排使用。2 月 1 日起，国土资源部《土地登记办法》实施。04 月 30 日，国土资源部新的《土地违法案件查处办法》出台，原《办法》废止，国家加大了土地违法案件的查处力度。10 月《全国土地利用总体规划纲要（2006 ～ 2020 年）》份颁布。11 月 29 日《建设项目用地预审管理办法》出台，09 年 1 月 1 日实施。（见表 4-1）

表 4-1 2008 国家土地方面的主要政策文件

土地政策	颁布日期	颁布机构
《建设项目用地预审管理办法》	2008-11-29	国土资源部令 （第 42 号）
《全国土地利用总体规划纲要（2006 － 2020 年）》	2008-10-23	国务院
《土地违法案件查处办法》	2008-4-30	国土资源部等
《土地调查条例》	2008-02-07	国务院
《土地登记办法》	2007-12-30	国土资源部（第 40 号）
《国务院关于促进节约集约用地的通知》	2008-01-3	国务院

上海市最近五年来相关的土地政策制度根据时间顺序可归纳为表 4-2。

表 4-2　上海市现行的关于土地管理的主要政策制度

土地政策	颁布日期	颁布机构
关于调整本市征地土地补偿费标准的实施意见	2008-09-01	上海市房屋土地资源管理局
关于印发《上海市基础设施用地指标（试行）》的通知	2007-08-14	上海市建设和交通委员会、上海市发展和改革委员会 、上海市房屋土地资源管理局 、上海市城市规划管理局
《上海市土地资源节约集约利用“十一五”规划》	2007-08-08	上海市人民政府
关于印发《上海市征收集体土地财物补偿标准》的通知	2007-05-21	上海市房屋土地资源管理局 、上海市物价局
上海市闲置出让土地处置试行规定	2007-01-01	上海市房屋土地资源管理局
上海市地面沉降防治管理办法	2006-08-24	上海市人民政府
上海市城市地下空间建设用地审批和房地产登记试行规定	2006-09-01	上海市人民政府
上海市房地资源局关于印发《实施［上海市房地产登记条例］的补充规定（二）》的通知	2005-08-12	上海市房屋土地资源管理局
上海市土地储备办法实施细则	2004-10-25	上海市人民政府
上海市土地储备办法	2004-08-01	上海市人民政府
上海市建设项目审批中用地规模控制管理试行办法	2004-07-09	上海市人民政府

二、上海房地产税费政策

2008 年 3 月 3 日，财政部、国家税务总局《关于廉租住房、经济适用房和住房租赁有关税收政策的通知》获国务院批准并下发，对廉租房、经济适用房和住房租赁提出了一揽子税收优惠政策，其中，廉租房、经济适用房租房者、购房者免征印花税和廉租住房货币补贴个人所得税。2008 年 12 月 29 日，由财政部、国家税务总局联合发布的财税 2008（175）号文《关于企业改制重组若干契税政策的通知》，该《通知》的对房地产企业来说最核心的是明确了对房屋土地免征或不征契税，统一了历史上对房地产企业股权转让是否需要缴纳契税的不同认识。在 2008 年的最后一天，国务院总理温家宝签署国务院第 546 号令，废止了《城市房地产税暂行条例》。同时，自 2009 年 1 月 1 日起，外商投资企业、外国企业和组织以及外籍个人，将与内资企业享受“无区别待遇”，依照《中华人民共和国房产税暂行条例》缴纳房产税 。

上海市最近五年来相关的房地产税费政策制度根据时间顺序可归纳为表 4-2。

表 4-2　上海市现行的有关房地产税费政策方面的相关政策制度

房地产税费	颁布日期	颁布机构
关于居民住宅内业主共有的经营性房产缴纳房产税有关问题的通知	2007-04-28	上海市地方税务局
上海市财政局、上海市地税局关于转发《财政部、国家税务总局关于国有控股公司投资组建新公司有关契税政策的通知》的通知	2006-10-25	上海市财政局 上海市地方税务局

上海市财政局、上海市国税局、上海市地税局关于进一步规范本市房地产交易市场税收征收管理的操作意见	2006-08-01	上海市财政局 上海市国税局 上海市地税局
市财政局、市地税局关于转发《财政部、国家税务总局关于具备房屋功能的地下建筑征收房产税的通知》及本市补充意见的通知	2006-06-20	上海市财政局 上海市地方税务局
上海市住宅物业服务分等收费管理暂行办法	2005-06-13	上海市物价局 上海市房屋土地资源管理局
上海市人民政府关于贯彻《国务院办公厅转发建设部等部门关于做好稳定住房价格工作意见的通知》的通知	2005-06-08	上海市人民政府
上海市关于转发《国家税务总局财政部建设部关于加强房地产税收管理的通知》的通知	2005-05-31	上海市财政局 上海市房屋土地资源管理局 上海市地方税务局 上海市城市规划管理局
上海市地税局本市个人出售普通住房营业税征收规定的通知	2005-03-07	上海市地税局
关于实行《新建住宅小区入住收费告知单》制度的通知	2004-04-01	上海市物价局 上海市房屋土地资源管理局

三、开发政策制度

房地产开发是相当复杂的管理过程，涉及规划、计划、建筑等方面的各种管理政策制度。上海市最近 5 年来相关的房地产开发政策制度根据时间顺序可归纳为表 4-3。

表 4-3 上海市现行的有关房地产开发方面的相关政策制度

开发政策	颁布时间	颁布者
关于印发《上海市住房建设规划(2008-2012年)》的通知	2008-11-03	上海市房屋土地资源管理局
上海市房地产开发项目信息申报管理办法（试行）	2007-04-09	上海市房屋土地资源管理局
关于印发《上海市房地资源行业 2007 年安全工作要点》的通知	2007-03-27	上海市房屋土地资源管理局
上海市房屋土地资源管理局关于办理变更备案手续有关问题的通知	2006-10-16	上海市房屋土地资源管理局
市国税局、市地税局关于转发《国家税务总局关于房地产开发业务征收企业所得税问题的通知》的通知	2006-01-01	上海市国家税务局 上海市地方税务局
个人建造、翻建、大修公积金贷款细则（试行）	2006-01-01	上海市公积金管理中心
上海市旧住房综合改造管理暂行办法	2005-12-08	上海市房屋土地资源管理局 上海市城市规划管理局

上海市建筑节能管理办法	2005-06-30	上海市人民政府
上海市人民政府关于当前加强房地产市场调控促进房地产市场持续健康发展的若干意见	2005-03-05	上海市人民政府
关于印发《上海市重大工程配套商品房供应的实施意见和操作办法（试行）》的通知	2003-08-27	上海市建设和管理委员会 上海市房屋土地资源管理局
上海市人民政府印发关于黄浦江两岸综合开发若干政策意见的通知	2003-05-14	上海市人民政府

四、拆迁与租赁政策制度

上海市最近五年来相关的拆迁与租赁政策制度根据时间顺序可归纳为表 4-4。

表 4-4　上海市现行的有关房屋拆迁与租赁的相关政策制度

拆迁与租赁政策	颁布时间	颁布者
关于限制已出租公有住房抵押登记的通知	2008-12-01	上海市住房保障和房屋管理局
关于进一步加强本市房地产经纪管理的通知	2007-03-28	上海市房屋土地资源管理局
关于印发《2007 年建构筑物拆除行业工作要点》的通知	2007-04-09	上海市房屋土地资源管理局
上海市征用集体所有土地房屋拆迁土地使用权基价标准	2006-02-14	上海市人民政府
上海市城市房屋拆迁面积标准房屋调换应安置人口认定办法	2006-07-01	上海市人民政府
市房地资源局市建设交通委关于进一步完善房屋拆迁公示制度的通知	2005-03-29	上海市房屋土地资源管理局 上海市建设和交通委员会
中国 2010 年上海世博会场址企事业单位拆迁补偿安置资金使用管理规定	2004-09-24	上海市人民政府
中国 2010 年上海世博会场址非居住房屋拆迁评估和补偿的实施细则	2004-09-24	上海市人民政府
中国 2010 年上海世博会场址房屋拆迁若干规定	2004-07-01	上海市人民政府
黄浦江两岸开发范围内非居住房屋拆迁补偿规定	2003-08-08	上海市房屋土地资源管理局市浦江办
上海市人民政府批转市房地资源局、市浦江办制订的《黄浦江两岸开发范围内非居住房屋拆迁补偿规定》的通知	2003-05-08	上海市房屋土地资源管理局上海市黄浦江两岸开发工作领导小组办公室
上海市黄浦江两岸开发建设管理办法	2003-04-30	上海市人民政府

五、交易政策制度

房地产交易政策制度主要以下两个部分：房地产登记制度与政策及房地产销售管理政策制度。上海市最近 5 年来相关的房地产交易政策制度根据时间顺序可归纳为表 4-5。

表 4-5　上海市最近五年颁布并施行的有关房地产交易的相关政策制度

交易政策	颁布时间	颁布者

关于通过房屋登记信息系统核查借款人家庭住房面积有关问题的通知	2008-02-03	上海市房屋土地资源管理局 中国人民银行上海分行 中国银行业监督管理委员会上海监管局
关于进一步加强本市区县自行征收住宅建设配套费管理工作的几点意见	2007-04-20	上海市房屋土地资源管理局
关于购房结汇出具相关证明的通知	2006-12-13	上海市房屋土地资源管理局
上海市存量房经纪合同和交易合同网上备案办法	2006-09-01	上海市人民政府
上海市财政局、上海市国税局、上海市地税局关于进一步规范本市房地产交易市场税收征收管理的操作意见	2006-08-01	上海市财政局 上海市国税局 上海市地税局
关于推进本市房地产经纪人信用档案建设的通知	2005-07-11	上海市房屋土地资源管理局
《上海市信贷投向指引（2006 年修订）》	2006-06	人行上海分行
上海市房地产登记条例	2004-04-14	上海市房屋土地资源管理局
《关于进一步加强个人住房贷款管理的指引》	2005-04-06	上海市银行同业公会
上海市商品房销售合同网上备案和登记办法	2004-03-24	上海市人民政府

六、物业管理政策制度

上海市最近五年来相关的物业管理政策制度根据时间顺序可归纳为表 4-6。

表 4-6　上海市现行的有关物业管理的相关政策制度

物业管理政策	颁布时间	颁布者
关于印发《业主大会议事规则》、《临时管理规约》、《管理规约》、《专项维修资金管理规约》示范文本的通知	2008-6-25	上海市房屋土地资源管理局
关于进一步推进物业管理行风建设工作施行《上海市住宅物业服务规范》的通知	2008-2-28	上海市房屋土地资源管理局
关于贯彻实施《中华人民共和国物权法》做好本市物业管理有关工作若干意见的通知	2007-10-22	上海市房屋土地资源管理局
上海市房地局、上海市物价局关于本市新建配套商品房前期物业服务和收费的若干意见	2006-11-29	上海市房屋土地资源管理局 上海市物价局
关于加强住宅物业专项维修资金管理工作的通知	2006-07-11	上海市房屋土地资源管理局
上海市住宅物业服务分等收费管理暂行办法	2005-06-13	上海市物价局 上海市房屋土地资源管理局
加强住宅物业业主大会建设的若干规定	2005-01-31	上海市房屋土地资源管理局
关于委托中介机构进行商品住宅维修资金财务管理的暂行规定	2004-09-13	上海市房屋土地资源管理局
上海市住宅物业管理规定	2004-08-19	上海市第十二届人民代表大会常务委员会

上海市住宅物业管理区域机动车停放管理暂行规定	2004-09-16	上海市房屋土地资源管理局
上海市住宅物业管理规定	2004-09-10	上海市房屋土地资源管理局
关于前期物业管理招投标的若干规定	2004-08-06	上海市房屋土地资源管理局

七、 住房保障政策制度

2008年，住房保障依然被各方关注，中央和地方推出了一系列房地产业政策，对住房保障问题进行了明确界定。主要包括《关于改善农民工居住条件的指导意见》（建住房[2007]276号），以及《关于加强廉租住房质量管理的通知》。

上海市相关的住房保障政策制度根据时间顺序可归纳为表4-7。

表4-7 上海市现行的有关住房保障的相关政策制度

住房保障政策制度	颁布时间	颁布者
关于印发《关于加强本市保障性住房项目规划管理的若干意见》的通知	2008-09-17	上海市城市规划管理局
关于开展2007年旧住房综合改造工作的通知	2007-02-01	上海市房屋土地资源管理局
上海市住房公积金管理若干规定	2006-01-01	上海市公积金管理中心
上海市城镇个体工商户及其雇用人员、自由职业者缴存、提取和使用住房公积金实施办法	2006-01-01	上海市公积金管理中心
个人建造、翻建、大修公积金贷款细则（试行）	2006-01-01	上海市公积金管理中心
上海市家庭生活困难职工提取住房公积金实施办法	2006-01-01	上海市公积金管理中心
上海市旧住房综合改造管理暂行办法	2005-12-15	上海市人民政府
上海市配套商品房和中低价普通商品房管理试行办法	2005-12-08	上海市人民政府
关于调整上海市住房公积金个人购房贷款利率的通知	2005-03-17	上海住房公积金管理中心
上海市财政局调整本市中低收入家庭购房贷款贴息政策通知	2005-03-07	上海市财政局
市财政局关于公布本市2005年度中低收入家庭申请购房贷款贴息家庭人均年收入受理标准的通知	2005-02-08	上海市财政局
关于适用享受廉租住房政策劳模和重点优抚对象的若干意见	2004-03-12	上海市房屋土地资源管理局
关于进一步扩大廉租住房受益面的实施意见	2003-12-24	上海市房屋土地资源管理局
上海市关于对本市中低收入家庭实行购房贷款贴息政策若干规定	2003-10-15	上海市财政局 上海市房地资源局
关于落实本市中低收入家庭实行购房贷款贴息政策若干规定的实施意见	2003-06-01	上海市财政局
上海市房屋土地资源管理局		
关于加强城镇廉租住房配租管理的意见	2002-03-14	上海市房屋土地资源管理局
上海市城镇廉租住房试行办法	2000-09-03	上海市人民政府发布
上海市外滩地区公有房屋置换暂行规定	1994-08-23	上海市人民政府

关于出售公有住房的暂行办法	1994-05-28	上海市人民政府发布

八、 金融政策制度

2008 年房地产金融政策由抑制房价到保持房价稳定、促进经济发展，经历了两重天。2 月份央行上海总部还和上海房地产相关部门联手出台政策，打击房地产投机、炒作行为。到了 9 月，央行却六年来首次宣布人民币降息，并且在后面的 100 天里五次降息，对房地产市场的金融刺激不言而喻。

第二节 上海房地产市场法律制度环境构成

根据宪法规定，省、自治区、直辖市的人民代表大会及其常务委员会，在不同宪法、法律、行政法规相抵触的前提下，可以制定地方性法规，报全国人民代表大会常务委员会和国务院备案。地方性法规是地方人民代表大会及其常务委员会制定和发布的规范性文件。地方性法规只能在本地方范围内有效，其法律效力低于宪法、法律和行政法规。

行政法规是指最高国家行政机关国务院根据宪法和法律制定的有关行政管理活动的规范性文件。国务院所属的各部委在各部门权限内，发布具有规范性的规章，指示和命令等，属于广义的行政管理法规，其地位低于国务院的行政法规和其他规范性文件，但高于地方性法规。

对与房地产有关的法律和行政法规的归纳如下。

一、 全国人大颁发的与房地产相关的法律

全国人大颁发的与房地产相关的法律按时间顺序可归纳为表 4-8。

表 4-8 全国人大颁发的与房地产相关的法律

时间	名称
2007-10-28	中华人民共和国城乡规划法
2007-08-30	全国人民代表大会常务委员会关于修改《中华人民共和国城市房地产管理法》的决定
2007-03-16	中华人民共和国物权法
2007-06-01	中华人民共和国合伙企业法
2007-06-01	中华人民共和国企业破产法
2006-01-01	中华人民共和国公司法
2004-08-28	中华人民共和国土地管理法
2004-08-28	中华人民共和国公路法
2003-09-01	中华人民共和国环境影响评价法
2003-03-01	中华人民共和国农村土地承包法
2003-03-01	中华人民共和国草原法
2002-12-01	中华人民共和国测绘法
2000-01-01	中华人民共和国招标投标法
1998-03-01	中华人民共和国建筑法
1995-01-01	中华人民共和国城市房地产管理法
1990-04-01	中华人民共和国城市规划法

二、国务院有关部门颁发的与房地产相关的法规规章和规范文件

（一）住房和城乡建设部

根据第十一届全国人民代表大会第一次会议批准的国务院机构改革方案和《国务院关于机构设置的通知》（国发［2008］11号），设立住房和城乡建设部，为国务院组成部门。将原建设部的职责划入住房和城乡建设部。

1．住房和城乡建设部的主要职责

住房和城乡建设部的职责主要包括：

（1）承担保障城镇低收入家庭住房的责任。拟订住房保障相关政策并指导实施。拟订廉租住房规划及政策，会同有关部门做好中央有关廉租住房资金安排，监督地方组织实施。编制住房保障发展规划和年度计划并监督实施。

（2）承担推进住房制度改革的责任。拟订适合国情的住房政策，指导住房建设和住房制度改革，拟订全国住房建设规划并指导实施，研究提出住房和城乡建设重大问题的政策建议。

（3）承担规范住房和城乡建设管理秩序的责任。起草住房和城乡建设的法律法规草案，制定部门规章。依法组织编制和实施城乡规划，拟订城乡规划的政策和规章制度，会同有关部门组织编制全国城镇体系规划，负责国务院交办的城市总体规划、省域城镇体系规划的审查报批和监督实施，参与土地利用总体规划纲要的审查，拟订住房和城乡建设的科技发展规划和经济政策。

（4）承担建立科学规范的工程建设标准体系的责任。组织制定工程建设实施阶段的国家标准，制定和发布工程建设全国统一定额和行业标准，拟订建设项目可行性研究评价方法、经济参数、建设标准和工程造价的管理制度，拟订公共服务设施（不含通信设施）建设标准并监督执行，指导监督各类工程建设标准定额的实施和工程造价计价，组织发布工程造价信息。

（5）承担规范房地产市场秩序、监督管理房地产市场的责任。会同或配合有关部门组织拟订房地产市场监管政策并监督执行，指导城镇土地使用权有偿转让和开发利用工作，提出房地产业的行业发展规划和产业政策，制定房地产开发、房屋权属管理、房屋租赁、房屋面积管理、房地产估价与经纪管理、物业管理、房屋征收拆迁的规章制度并监督执行。

（6）监督管理建筑市场、规范市场各方主体行为。指导全国建筑活动，组织实施房屋和市政工程项目招投标活动的监督执法，拟订勘察设计、施工、建设监理的法规和规章并监督和指导实施，拟订工程建设、建筑业、勘察设计的行业发展战略、中长期规划、改革方案、产业政策、规章制度并监督执行，拟订规范建筑市场各方主体行为的规章制度并监督执行，组织协调建筑企业参与国际工程承包、建筑劳务合作。

（7）研究拟订城市建设的政策、规划并指导实施，指导城市市政公用设施建设、安全和应急管理，拟订全国风景名胜区的发展规划、政策并指导实施，负责国家级风景名胜区的审查报批和监督管理，组织审核世界自然遗产的申报，会同文物等有关主管部门审核世界自然与文化双重遗产的申报，会同文物主管部门负责历史文化名城（镇、村）的保护和监督管理工作。

（8）承担规范村镇建设、指导全国村镇建设的责任。拟订村庄和小城镇建设政策并指导实施，指导村镇规划编制、农村住房建设和安全及危房改造，指导小城镇和村庄人居生态环境的改善工作，指导全国重点镇的建设。

（9）承担建筑工程质量安全监管的责任。拟订建筑工程质量、建筑安全生产和竣工验收备案的政策、规章制度并监督执行，组织或参与工程重大质量、安全事故的调查处理，拟订建筑业、

工程勘察设计咨询业的技术政策并指导实施。

（10）承担推进建筑节能、城镇减排的责任。会同有关部门拟订建筑节能的政策、规划并监督实施，组织实施重大建筑节能项目，推进城镇减排。

（11）负责住房公积金监督管理，确保公积金的有效使用和安全。会同有关部门拟订住房公积金政策、发展规划并组织实施，制定住房公积金缴存、使用、管理和监督制度，监督全国住房公积金和其他住房资金的管理、使用和安全，管理住房公积金信息系统。

（12）开展住房和城乡建设方面的国际交流与合作。

（13）承办国务院交办的其他事项。

2．住房和城乡建设部颁发的与房地产相关的法规规章和规范文件（见表 4-9）

表 4-9　住房和城乡建设部（包括原建设部）颁发的与房地产相关的法规规章和规范文件

时间	名称
2006-01-01	关于建设部批准的建设工程企业办理资质证书变更和增补有关事项的通知
2006-01-01	民用建筑节能管理规定
2006-01-04	关于严禁政府投资项目使用带资承包方式进行建设的通知
2006-01-04	关于进一步完善建筑施工企业一级项目经理数据库，规范项目经理资质证书管理的通知
2006-01-04	建设部关于印发《电梯应急指南》的通知
2006-01-25	建设部关于严格实施建筑施工企业安全生产许可证制度的若干补充规定
2006-02-24	关于加强建筑施工现场临建宿舍及办公用房管理的通知
2006-03-01	城市黄线管理办法
2006-03-01	城市蓝线管理办法
2006-03-01	建设部中国人民银行中国银行业监督管理委员会关于规范与银行信贷业务相关的房地产抵押估价管理有关问题的通知
2006-03-07	关于转发北京市建委《住宅工程质量分户验收管理规定》和《关于实施住宅工程质量分户验收工作的指导意见》的通知
2006-03-14	建设部治理建设系统商业贿赂实施方案
2006-03-31	关于印发《国家重点公园管理办法》（试行）的通知
2006-03-31	关于做好《住宅建筑规范》《住宅性能评定技术标准》和《绿色建筑评价标准》宣贯培训工作的通知
2006-04-01	房屋建筑工程抗震设防管理规定
2006-04-01	城市规划编制办法
2006-04-05	小城镇建设技术政策
2006-04-10	关于严禁未取得安全生产许可证建筑施工企业从事建筑施工活动的紧急通知
2006-04-12	关于加强区域重大建设项目选址工作，严格实施房屋建筑和市政工程施工许可制度的意见
2006-04-14	关于印发《2006 年清理建设领域拖欠工程款工作要点》的通知
2006-04-28	关于调整个人住房公积金贷款利率的通知
2006-04-29	关于修订《中国人居环境奖申报和评选办法》的通知
2006-05-12	建设部关于严格限制在风景名胜区内进行影视拍摄等活动的通知
2006-07-01	工程造价咨询企业管理办法
2006-07-06	建设部关于落实新建住房结构比例要求的若干意见
2006-07-06	关于进一步整顿规范房地产交易秩序的通知
2006-07-11	建设部等六部委关于规范房地产市场外资准入和管理的意见

2006-07-31	民用建筑工程节能质量监督管理办法
2006-08-14	建设部、监察部、国土资源部关于制止违规集资合作建房的通知
2006-08-19	建设部、中国人民银行关于调整个人住房公积金存款利率的通知
2006-09-04	关于印发《〈建筑智能化工程设计与施工资质标准〉等四个设计与施工资质标准的实施办法》的通知
2006-09-04	建设部关于印发《工程建设标准复审管理办法》的通知
2006-09-05	建设部关于印发《超限高层建筑工程抗震设防专项审查技术要点》的通知
2006-10-01	城镇廉租住房档案管理办法
2006-10-16	关于落实建设工程安全生产监理责任的若干意见
2006-11-22	安全生产领域违法违纪行为政纪处分暂行规定
2006-12-05	建设部关于印发《既有建筑幕墙安全维护管理办法》的通知
2006-12-07	关于印发《关于在建设工程项目中进一步推行工程担保制度的意见》的通知
2006-12-07	建设部关于加强房地产估价机构监管有关问题的通知
2006-12-13	全国优秀工程勘察设计奖评选办法
2006-12-14	建设部关于加强农民住房建设技术服务和管理的通知
2006-12-29	建筑门窗节能性能标识试点工作管理办法
2006-12-29	建设部、中国人民银行关于加强房地产经纪管理规范交易结算资金账户管理有关问题的通知
2007-11-08	廉租住房保障办法
2008-01-30	关于贯彻实施《城乡规划法》的指导意见
2008-02-15	房屋登记办法
2008-02-25	关于做好住房建设规划与住房建设年度计划制定工作的指导意见
2008-03-21	关于加强廉租住房质量管理的通知
2008-05-20	关于印发《关于开展加强住房公积金管理专项治理工作的实施意见》的通知
2008-09-16	关于调整个人住房公积金贷款利率的通知
2008-10-09	关于调整个人住房公积金存贷款利率的通知
2008-10-31	关于调整个人住房公积金存贷款利率等有关问题的通知
2008-10-31	关于请上报《住房公积金信息管理系统情况调查表》的通知
2008-11-26	关于调整个人住房公积金存贷款利率的通知
2008-12-23	关于调整个人住房公积金存贷款利率的通知

（二）国土资源部

1．国土资源部的职责

1998 年 3 月 10 日，九届人大一次会议第三次全体会议表决通过关于国务院机构改革方案的决定。根据这个决定，由地质矿产部、国家土地管理局、国家海洋局和国家测绘局共同组建国土资源部。保留国家海洋局和国家测绘局作为国土资源部的部管国家局。

按照机构改革方案的说明，新组建的国土资源部的主要职能是：土地资源 、矿产资源、海洋资源等自然资源的规划、管理、保护与合理利用。在国务院机构改革方案中，国务院机构被分为四类：宏观调控部门，专业经济管理部门，教育科技文化、社会保障和资源管理部门，国家政务部门。国土资源部放在教育科技文化、社会保障和资源管理部门一类中，与教育科技文化、社会保障一起作为国民经济发展的基础保障部门，是我国经济发展的后劲所在。这充分突出了国土资源在国民经济中基础地位。

新建立的国土资源部将依照《中华人民共和国矿产资源法》、《中华人民共和国土地管理法》、《中华人民共和国海洋环境保护法》、《中华人民共和国测绘法》等法律及法规，依法行政。并按照精简、统一、效能的原则，调整组织机构，把部政府职能切实转变到宏观调控、社会管理和公共服务方面来，完善我国的社会主义市场经济体制，建立符合我国市场经济要求的资源管理机制。

2．国土资源部颁发的与房地产相关的法规规章和规范文件（见表 4-10）

表 4-10 国土资源部颁发的与房地产相关的法规规章和规范文件

时间	名称
2008-11-29	建设项目用地预审管理办法
2008-04-30	土地违法案件查处办法
2008-02-07	土地调查条例
2007-09-28	招标拍卖挂牌出让国有建设用地使用权规定
2006-12-19	土地利用年度计划管理办法（2006 年修正）
2006-08-01	地图审核管理规定
2006-08-01	耕地占补平衡考核办法
2005-10-11	关于规范城镇建设用地增加与农村建设用地减少相挂钩试点工作的意见
2005-09-28	关于进一步做好基本农田保护有关工作的意见
2005-08-31	查处土地违法行为立案标准
2005-08-09	风电场工程建设用地和环境保护管理暂行办法
2004-12-01	土地利用年度计划管理办法
2004-12-01	建设项目用地预审管理办法
2004-11-03	关于完善征地补偿安置制度的指导意见
2004-11-02	关于完善农用地转用和土地征收审查报批工作的意见
2004-11-01	国土资源部关于发布和实施《工业项目建设用地控制指标（试行）》的通知
2004-05-01	国土资源听证规定
2003-10-13	土地开发整理若干意见
2003-08-01	协议出让国有土地使用权规定
2003-04-16	国家投资土地开发整理项目实施管理暂行办法
2003-0-10	省级土地开发整理规划审批暂行办法
2003-03-01	土地登记资料公开查询办法
2003-03-01	土地权属争议调查处理办法
2003-01-21	国家投资土地开发整理项目竣工验收暂行办法
2002-11-19	土地证书印制管理办法
2002-07-01	招标拍卖挂牌出让国有土地使用权规定
2002-05-09	出让国有土地使用权审批管理暂行规定
2002-01-01	征用土地公告办法
2001-10-22	划拨用地目录
2001-07-27	国土资源行政复议规定
2001-07-25	建设项目用地预审管理办法
2001-05-29	企业改制土地资产处置审批意见（试行）
2001-05-29	土地估价报告备案办法（试行）
2000-11-07	国家投资土地开发整理项目管理暂行办法
2000-10-23	在京中央国家机关用地土地登记办法
2000-10-10	土地开发整理项目资金管理暂行办法

2000-04-14	基本农田保护区调整划定工作验收办法
2000-03-02	监察部、国土资源部关于违反土地管理规定行为行政处分暂行办法

（三）财政部

1．财政部的主要职责

财政部是中华人民共和国国务院的组成部门，是国家主管财政收支、财税政策、国有资本金基础工作的宏观调控部门．其在房地产方面的调控职责有：

（1）提出税收立法计划，与国家税务总局共同审议上报税法和税收条例草案；根据国家预算安排，确定财政税收收入计划；提出税种增减、税目税率调整、减免税和对中央财政影响较大的临时特案减免税的建议；参加涉外税收和国际关税谈判，签订涉外税收协议、协定草案；制定国际税收协议和协定范本；承办国务院关税税则委员会的日常工作。

（20 拟定和执行财政、税收的发展战略、方针政策、中长期规划、改革方案及其他有关政策；参与制定各项宏观经济政策；提出运用财税政策实施宏观调控和综合平衡社会财力的建议；拟定和执行中央与地方、国家与企业的分配政策。

所以，财政部在房地产领域的政策大多是与税务部一起提出的。

2．财政部颁发的与房地产相关的法规规章和规范文件（见表 4-11）

表 4-11 财政部颁发的与房地产相关的法规规章和规范文件

时间	名称
2008-12-29	关于个人住房转让营业税政策的通知
2008-10-22	关于调整房地产交易环节税收政策的通知
2008-08-19	关于印发《土地储备资金会计核算办法（试行）》的通知
2008-05-27	关于下达 2008 年中央廉租住房保障专项补助资金的通知
2007-12-04	住宅专项维修资金管理办法
2007-10-30	财政部关于印发《廉租住房保障资金管理办法》的通知
2006-11-27	财政部、国家税务总局关于印花税若干政策的通知
2006-11-27	关于继续执行供热企业相关税收优惠政策的通知
2006-11-07	财政部国土资源部中国人民银行关于调整新增建设用地土地有偿使用费政策等问题的通知
2006-10-20	财政部、国家税务总局关于土地增值税普通标准住宅有关政策的通知
2006-09-05	财政部关于加强住房公积金管理等有关问题的通知
2006-08-01	财政部、安全监管总局、人民银行关于印发《企业安全生产风险抵押金管理暂行办法》的通知
2006-07-05	财政部、建设部、国土资源部关于切实落实城镇廉租住房保障资金的通知
2006-06-27	财政部国家税务总局关于基本养老保险费基本医疗保险费、失业保险费、住房公积金有关个人所得税政策的通知
2006-06-16	财政部国家税务总局关于调整房地产营业税有关政策的通知
2006-05-15	财政部、国家税务总局关于广东国际信托投资公司破产清算中房地产权属变更征收契税问题的批复
2006-04-30	财政部、国家税务总局关于集体土地城镇土地使用税有关政策的通知
2006-03-08	财政部国家税务总局关于明确免征房产税、城镇土地使用税的铁路运输企业范围的补充通知

2006-03-02	财政部、国家税务总局关于土地增值税若干问题的通知
2006-01-01	财政部国家税务总局关于具备房屋功能的地下建筑征收房产税的通知
2006-01-01	财政部国家税务总局关于经营高校学生公寓及高校后勤社会化改革有关税收政策的通知
2005-11-28	财政部国家税务总局关于增值税若干政策的通知
2005-09-29	财政部国家税务总局关于企业向农村寄宿制学校建设工程捐赠企业所得税税前扣除问题的通知
2005-08-01	财政部关于企业收到政府拨给的搬迁补偿款有关财务处理问题的通知
2005-05-25	财政部国家税务总局关于增值税营业税消费税实行先征后返等办法有关城建税和教育费附加政策的通知
2005-03-22	财政部国家税务总局关于城镇房屋拆迁有关税收政策的通知
2005-01-01	行政事业性收费项目审批管理暂行办法
2005-01-01	财政部国家发展改革委关于公布取消 103 项行政审批等收费项目的通知
2004-10-20	建设工程价款结算暂行办法
2004-08-03	财政部国家税务总局关于国有土地使用权出让等有关契税问题的通知
2004-08-01	财政部国家税务总局关于暂免征收军队空余房产租赁收入营业税房产税的通知
2004-07-23	财政部国家税务总局关于房屋附属设施有关契税政策的批复
2004-04-12	财政部农业部、国家税务总局关于对北京市绿化隔离地区建设中有关耕地占用税问题的批复
2004-2-27	财政部国家税务总局关于明确免征房产税城镇土地使用税的铁路运输企业范围及有关问题的通知
2004-01-17	财政部国家发展改革委、农业部关于公布农民建房收费等有关问题的通知
2004-01-01	用于农业土地开发的土地出让金收入管理办法
2003-10-15	关于修订《外商投资环境建设补助资金管理办法》的通知
2003-08-20	财政部国家税务总局关于企业改制重组若干契税政策的通知
2003-06-23	财政部国家发展改革委、建设部关于专项治理涉及建筑企业收费的通知
2003-05-28	财政部国家税务总局关于非产权人重新购房征免个人所得税问题的批复
2003-04-24	财政部国家税务总局关于纠正地方自行制定违规契税政策的通知
2003-01-30	财政部关于公布废止和失效的财政规章和规范性文件目录（第八批）的决定（节选）

（四）国家税务总局

1. 国家税务总局的职责

国家税务总局的主要职责主要包括：

(1)具体起草税收法律法规草案及实施细则并提出税收政策建议，与财政部共同上报和下发，制订贯彻落实的措施。负责对税收法律法规执行过程中的征管和一般性税政问题进行解释，事后向财政部备案。

(2) 承担组织实施中央税、共享税及法律法规规定的基金（费）的征收管理责任，力争税款应收尽收。

(3) 参与研究宏观经济政策、中央与地方的税权划分并提出完善分税制的建议，研究税负总水平并提出运用税收手段进行宏观调控的建议。

(4)负责组织实施税收征收管理体制改革，起草税收征收管理法律法规草案并制定实施细则，制定和监督执行税收业务、征收管理的规章制度，监督检查税收法律法规、政策的贯彻执行，指导和监督地方税务工作。

（5）负责规划和组织实施纳税服务体系建设，制定纳税服务管理制度，规范纳税服务行为，制定和监督执行纳税人权益保障制度，保护纳税人合法权益，履行提供便捷、优质、高效纳税服务的义务，组织实施税收宣传，拟订注册税务师管理政策并监督实施。

（6）组织实施对纳税人进行分类管理和专业化服务，组织实施对大型企业的纳税服务和税源管理。

（7）负责编报税收收入中长期规划和年度计划，开展税源调查，加强税收收入的分析预测，组织办理税收减免等具体事项。

（8）负责制定税收管理信息化制度，拟订税收管理信息化建设中长期规划，组织实施金税工程建设。

（9）开展税收领域的国际交流与合作，参加国家（地区）间税收关系谈判，草签和执行有关的协议、协定。

（10）办理进出口商品的税收及出口退税业务。

（11）对全国国税系统实行垂直管理，协同省级人民政府对省级地方税务局实行双重领导，对省级地方税务局局长任免提出意见。

（12）承办国务院交办的其他事项。

2．国家税务总局颁发的与房地产相关的法规规章和规范文件（见表 4-12）

表 4-12 国家税务总局颁发的与房地产相关的法规规章和规范文件

时间	名称
2008-12-18	关于房产税城镇土地使用税有关问题的通知
2008-10-22	关于调整房地产交易环节税收政策的通知
2008-04-07	关于房地产开发企业所得税预缴问题的通知
2008-03-03	关于廉租住房经济适用住房和住房租赁有关税收政策的通知
2008-2-26	中华人民共和国耕地占用税暂行条例实施细则
2008-01-23	关于进一步加强土地税收管理工作的通知
2007-12-02	中华人民共和国耕地占用税暂行条例
2007-02-01	国家税务总局关于房地产开发企业土地增值税清算管理有关问题的通知
2006-10-01	国家税务总局关于印发《不动产、建筑业营业税项目管理及发票使用管理暂行办法》的通知
2006-09-14	国家税务总局关于加强房地产交易个人无偿赠与不动产税收管理有关问题的通知
2006-08-29	国家税务总局关于国家税务局代地方税务局征收城市维护建设税和教育费附加票据使用问题的通知
2006-08-28	国家税务总局关于企业改制重组契税政策有关问题解释的通知
2006-08-01	国家税务总局关于个人住房转让所得征收个人所得税有关问题的通知
2006-06-08	国家税务总局关于加强外国企业承包工程税务管理的通知
2006-05-30	国家税务总局关于加强住房营业税征收管理有关问题的通知
2006-05-01	国家税务总局关于纳税人销售自产建筑防水材料并同时提供建筑业劳务征收流转税问题的通知
2006-03-16	国家税务总局关于完善税务登记管理若干问题的通知
2006-01-01	国家税务总局关于房地产开发业务征收企业所得税问题的通知

2006-01-01	国家税务总局关于进一步明确房屋附属设备和配套设施计征房产税有关问题的通知
2005-10-14	国家税务总局关于填海整治土地免征城镇土地使用税问题的批复
2005-10-07	国家税务局关于实施房地产税收一体化管理若干问题的通知
2005-07-01	国家税务总局财政部国土资源部关于加强土地税收管理的通知
2005-05-27	国家税务总局财政部建设部关于加强房地产税收管理的通知
2005-05-11	国家税务总局关于免征土地出让金出让国有土地使用权征收契税的批复
2005-04-18	国家税务总局关于呼和浩特市铁路局向职工销售住房征免营业税问题的批复
2005-03-22	财政部国家税务总局关于城镇房屋拆迁有关税收政策的通知
2005-01-17	国家税务总局关于供热企业缴纳房产税和城镇土地使用税问题的批复
2004-10-01	耕地占用税契税减免管理办法
2004-09-02	国家税务总局关于继承土地、房屋权属有关契税问题的批复
2004-08-05	国家税务总局关于进一步加强城镇土地使用税和土地增值税征收管理工作的通知
2004-07-01	国家税务总局关于城镇土地使用税部分行政审批项目取消后加强后续管理工作的通知
2004-07-01	国家税务总局关于下放城镇土地使用税困难减免审批项目管理层级后有关问题的通知
2004-07-01	国家税务总局关于房产税部分行政审批项目取消后加强后续管理工作的通知
2004-06-07	国家税务总局关于住房专项维修基金征免营业税问题的通知
2004-04-12	财政部农业部国家税务总局关于对北京市绿化隔离地区建设中有关耕地占用税问题的批复
2004-02-27	财政部国家税务总局关于明确免征房产税城镇土地使用税的铁路运输企业范围及有关问题的通知
2004-01-29	财政部、国家税务总局关于外籍个人取得港澳地区住房等补贴征免个人所得税的通知
2003-11-25	国家税务总局关于事业单位合并中有关契税问题批复
2003-07-15	国家税务总局关于房产税、城镇土地使用税有关政策规定的通知

（五）中国人民银行

1．中国人民银行的职责

根据2003年12月27日第十届全国人民代表大会常务委员会第六次会议修正后的《中华人民共和国中国人民银行法》规定，中国人民银行的主要职责为：

（1）起草有关法律和行政法规；完善有关金融机构运行规则；发布与履行职责有关的命令和规章。

（2）依法制定和执行货币政策。

（3）监督管理银行间同业拆借市场和银行间债券市场、外汇市场、黄金市场。

（4）防范和化解系统性金融风险，维护国家金融稳定。

（5）确定人民币汇率政策；维护合理的人民币汇率水平；实施外汇管理；持有、管理和经营国家外汇储备和黄金储备。

（6）发行人民币，管理人民币流通。

（7）经理国库。

（8）会同有关部门制定支付结算规则，维护支付、清算系统的正常运行。

（9）制定和组织实施金融业综合统计制度，负责数据汇总和宏观经济分析与预测。

（10）组织协调国家反洗钱工作，指导、部署金融业反洗钱工作，承担反洗钱的资金监测职责。

（11）管理信贷征信业，推动建立社会信用体系。

（12）作为国家的中央银行，从事有关国际金融活动。

（13）按照有关规定从事金融业务活动。

（14）承办国务院交办的其他事项。

2．中国人民银行颁发的与房地产相关的法规规章和规范文件（见表 4-13）

表 4-13 中国人民银行颁发的与房地产相关的法规规章和规范文件

时间	名称
2008-12-08	关于印发《廉租住房建设贷款管理办法》的通知
2006-05-31	关于调整住房信贷政策有关事宜的通知
2004-09-02	商业银行房地产贷款风险管理指引
2003-06-09	中国人民银行关于居民个人住房公积金存款账户日常销户结清时的利率适用和计结息方式的通知
2003-06-05	中国人民银行关于进一步加强房地产信贷业务管理的通知
2002-04-01	中国农业银行住房按揭贷款流程
2002-04-01	中国农业银行个人住房抵押贷款流程
2002-04-01	中国农业银行个人营业用房贷款流程
2002-04-01	中国农业银行公积金贷款流程
2001-06-19	中国人民银行关于规范住房金融业务的通知
2001-02-01	中国人民银行行政复议办法
2001-02-09	中国人民银行行政处罚程序规定
2000-03-30	中国建设银行个人住房贷款办法
1999-07-22	中国人民银行关于加强农林开发项目信贷管理，严禁利用土地开发和土地转让名义非法集资的通知
1999-06-03	中国工商银行商品房开发贷款审批工作规则

第三节 上海住房建设规划

2008 年 11 月 3 号，上海市房屋土地资源管理局颁布了《上海市住房建设规划（2008 ～ 2012 年）》，对今后 4 年的上海市住房建设做出部署和安排。

一、 总则

（一）、编制目的

为促进上海市经济社会全面、协调、可持续发展，落实中央宏观调控政策，全面推进“四个中心”和上海现代化国际大都市建设，加强对近期上海住房，特别是廉租住房、经济适用住房和普通商品房建设的指导与统筹，进一步完善住房供应机制，编制本规划。

（二）、编制依据

1.《国务院办公厅转发建设部等部门关于做好稳定住房价格工作意见的通知》(国办发[2005]26号)、《国务院办公厅转发建设部等部门关于调整住房供应结构稳定住房价格意见的通知》(国办发[2006]37号)、《关于落实新建住房结构比例要求的若干意见》(建住房[2006]165号)、《国务院关于解决城市低收入家庭住房困难的若干意见》(国发[2007]24号)、《关于做好住房建设规划与住房建设年度计划制定工作的指导意见》(建规[2008]46号)等政策文件。

2.《上海市土地利用总体规划》、《上海市城市总体规划(1999年～2020年)》、《上海市国民经济和社会发展第十一个五年规划纲要》、《上海市住房建设规划(2006～2010 年)》和《上海市解决城市低收入家庭住房困难发展规划(2008～2012年)》等有关规划文件。

(三)、指导思想

以邓小平理论和“三个代表”重要思想为指导，全面贯彻落实科学发展观和构建社会主义和谐社会的重大战略思想，坚决贯彻中央宏观调控政策，以调整住房供应结构、稳定住房价格、解决中低收入群众住房困难为工作重点，建立健全“两大体系”，即诚信、规范、透明、法治的房地产市场体系，分层次、多渠道、成系统的住房保障体系，引导和促进房地产业持续、健康、稳定发展，为上海市民提供更多适宜的住房，促进和谐社会建设。

(四)、编制原则

1.住房建设与经济社会发展相一致原则。根据上海市经济社会发展的总体水平和现代化国际大都市的发展方向，合理确定上海住房的建设规模和发展速度，发挥好住房建设对经济社会发展的促进作用。

2.住房建设与市民多层次的住房需求相适应原则。进一步完善住房保障体系和房地产市场体系，优化住房供应结构，重点发展廉租住房、经济适用住房，切实保障中低收入住房困难家庭的基本居住条件；大力发展中小套型、中低价位普通商品住房，不断适应不同层次、不同收入市民的梯度消费需求。

3.住房建设与资源环境承载力相协调原则。结合上海人口总量、结构的发展，以建设“资源节约、环境友好”型社会为导向，以全面建设节能省地型住房为抓手，大力推进住宅产业现代化，降低资源和能源的消耗，积极推行和引导合理的住房建设和消费模式，促进人口、资源、环境协调发展。

4.住房建设与房地产市场调控相结合原则。坚持“以居住为主、以市民消费为主、以普通商品住房为主”的原则，加强供应和需求双向调控，发挥好住房建设对稳定房地产市场的促进作用。

(五)、规划的期限和范围

本住房建设规划的期限为2008～2012年；规划范围包括上海市管辖的19个行政区(县)。

二、住房建设现状与发展趋势

(一)、住房建设现状

“九五”、“十五”以来，随着城镇住房制度改革的不断深化，上海房地产业快速健康发展，已成为全市经济发展的支柱产业。上海住房建设各项指标不断优化，市民居住条件明显改善。至2007年末，全市城镇住房保有量为43283万平方米(建筑面积)，城镇居民人均住房建筑面积为32.2平方米，住房成套率达到94.7%。廉租住房制度不断完善，全市累计享受廉租住房政策的家庭达到3万户。新建住房结构逐步调整，工程质量、配套质量以及科技含量等整体水平进一步提高。同时，通过“拆、改、留、修”并举，大力推进“平改坡”和旧住房综合改造，改善了大批旧住房的居住功能。市民的居住条件和环境有了明显的改善。然而上海的住房建设发展还有不平衡：集中表现在住房供应结构不尽合理，总体房价偏高，中低收入的市民购买、租赁的经济适用型住房供应不足，廉租住房房源偏紧等，这些都需要进一步调整完善。

（二）、住房发展趋势

根据上海“四个中心”和国际化大都市的总体建设目标，上海经济社会和城市建设将保持持续较快发展，为住房建设提供良好的发展环境；世博会的筹办和社会主义新农村建设，将为住房建设带来新一轮的发展动力。未来五年，上海仍然面临人口增长较快的压力，中心城区特别是旧区人口向外（重点是中心城以外的郊区）疏解仍然是人口发展布局的方向，上海未来的发展将遵循城乡一体、协调发展的原则，城镇结构向中心城——新城——新市镇——中心村的方向发展。随着国际化、现代化、城镇化进程的加快，住房消费需求在较长时间内仍将维持较高水平，特别是保障性住房的需求较大。同时，住房建设也面临着资源的短缺、环境承载力小等不利因素的制约。

随着上海经济社会发展和市民生活水平提高，不断满足市民不同层次的住房需求，加强保障性住房的建设和供应，仍然是规划期间住房建设面临的主要任务。

三、住房建设目标

规划期内，住房建设应立足于本市经济社会发展的实际和资源环境的承载能力，进一步完善以市场为主导，多渠道、多层次的住房供应体系，逐步建立符合国情和本市实际的住房建设模式和消费模式，重点发展中低价位、中小套型的普通商品住房和保障性住房，解决低收入和中低收入家庭的住房困难问题。

（一）、总体目标

1. 建设总量和结构

规划期内，新开工住房建筑面积约为 9 300 万平方米。新开工面积中，经济适用住房和廉租住房等保障性住房约 2 000 万平方米。新审批、新开工的商品住房建设，套型建筑面积 90 平方米以下住房面积所占比重达到开发建设总面积的 70% 以上。

规划期内，竣工住房面积约 1 亿平方米，其中，经济适用住房、廉租住房等保障性住房近 1 500 万平方米。

2. 土地供应

规划期内，全市新增住房建设用地供应总量约为 5 000 公顷左右，同时加快已批未建土地的开发建设。优先确保经济适用住房和廉租住房所需的建设用地供应；中低价位、中小套型住房建设用地比重占年度住房建设用地总量的 70% 以上。

3. 住房保障

继续扩大保障性住房政策的覆盖面。根据《上海市解决城市低收入家庭住房困难发展规划（2008 ～ 2012 年）》，到 2012 年底，廉租住房受益家庭共新增不少于 10 万户，累计廉租受益家庭达到 13 万户，实物配租比例逐步扩大到 20% 至 30%；累计建设廉租和经济适用住房 30 万套。

4. 旧住房改造

完成中心城区成片二级旧里以下旧房 400 万平方米的旧区改造任务。完成包括成套改造、综合整治及“平改坡综合改造”在内的旧住房综合改造 5 700 万平方米。

5. 住房建设标准

按照“高起点规划、高水平设计、高质量施工、高标准管理”的要求建设住宅，新建住宅中“四高”优秀小区的创建达到 40% 左右。完善住宅配套实施建设。全面落实《关于本市新建住宅节能省地发展的指导意见》，大力发展节能省地型住宅，经济适用住房单套面积控制在 60 平方米左右。形成符合我国国情和上海实际的住宅建设和消费模式，进一步推进住宅建设的可持续发展。

（二）、住房建设年度安排

规划期内，根据上海社会经济和房地产市场发展趋势，科学合理确定住房建设年度安排。

2008 年，新增住宅用地供应 800 ～ 1000 公顷，优先确保经济适用住房和廉租住房用地。新开工住房建筑面积 2 000 万平方米，其中经济适用住房和廉租住房 400 万平方米；竣工住房面积 2 500 万平方米。

2009 年，新增住宅用地供应 1 000 公顷左右，优先确保经济适用住房和廉租住房用地。新开工住房建筑面积 1 800 万平方米，其中经济适用住房和廉租住房 400 万平方米；竣工住房面积 2 000 万平方米。

2010 ～ 2012 年，根据规划总体目标、上年度的实际完成情况以及市场需求变化，科学合理确定住房建设年度安排，并纳入规划年度实施计划和土地供应年度计划，定期向社会公布。

四、住房建设布局

（一）、住房建设布局原则

1. 与城市总体规划发展方向相一致的原则。按照“1966”的城镇体系规划，上海将建设一个中心城、若干重点新城、中心镇和中心村。郊区城镇住宅建设的环境质量和水平优于中心城，引导中心城人口疏解和郊区人口向城镇集中。

2. 与产业布局相协调的原则。与区（县）功能定位、产业结构和就业结构相协调，增强住房空间布局的合理性、类型的多样性，推动产业与居住的平衡发展，促进工作与生活的适宜性。

3. 与公共交通及市政公建设施相配套的原则。充分考虑居民工作生活对交通设施条件的需求，在轨道交通站点和公共交通干线周边优先安排廉租住房、经济适用住房和中小套型普通商品住房建设。

4. 促进社会和谐与公平的原则。按照“大融合、小分散”的空间分布模式，鼓励和引导各种类型、各个层次、不同群体住房的相对混合布局，促进相互交流和社会和谐。

（二）、住房建设规划布局

根据上海城市总体发展规划以及《上海市国民经济和社会发展第十一个五年规划纲要》，结合上海住房发展现状，考虑未来城市主体功能区的划分，针对不同区域发展定位和功能特点，分层次进行规划布局。

1. 住房建设总体规划布局

中心城进一步优化布局，控制高强度开发、高密度住宅布局。旧区改造坚持拆、改、留、修并举，注重保护具有传统特色的住宅及由特色住宅群构成的城市历史风貌街区，加强环境景观建设，加快推进旧区改造。有力推进人口疏解、功能提升、环境改善和景观优化。

郊区实施“三个集中”，依托市政基础设施建设和产业发展布局，充分发挥新城在人口集中、产业集聚、土地集约利用中的重要作用，突出重点，有序推进，建设一批新型居住区，集中力量建设新城。

充分利用各城镇的历史基础和发展优势，加快推进试点城镇建设，稳步发展新市镇和中心村，形成一批相对独立、各具特色的小城镇。推进农民居住向城镇集中。倡导标准化设计，提高农民住房的规划和建设水平。

2. 经济适用住房和廉租住房规划布局

充分考虑低收入和中低收入家庭生活对交通设施条件的要求，合理配置经济适用住房和廉租住房建设项目用地，优先在交通便利、基础设施和公建配套设施比较完善的区域安排供地，主要集中在轨道交通沿线、中环线和外环线附近建设。结合市重大工程配套商品房基地已建成的市政、公建配套设施，将部分基地转化为经济适用住房和廉租住房，并在基地周边再新建一部分；结合中心城区产业调整，积极利用“退二进三”、停产闲置以及旧区改造等用地，安排部分经济适用住房和廉租住房建设；结合新城、新市镇的建设，安排部分经济适用住房和廉租住房建设；结合存量土地消化和闲置土地处置安排部分经济适用住房和廉租住房建设。

五、政策措施

（一）、加强住宅用地管理，优先确保保障性住房的土地供应

1. 优先确保经济适用住房和廉租住房的土地供应。各区（县）在安排年度土地利用计划时，优先安排经济适用住房和廉租住房项目的土地供应，在未完成经济适用住房和廉租住房年度土地供应计划前，不得供应商品住房用地。

2. 严格执行国家有关调控政策。继续停止别墅类房地产开发项目的土地供应，严格限制低密度、大套型住房的供应比例。在土地招拍挂文件、土地出让合同中，严格规定住房建筑套密度、住房面积净密度、套型结构比例和建设进度计划等要求，加大住房建设进度和供应结构的监管力度。

3. 推进节约集约用地。一是加快消化存量和闲置土地，对于清理出的闲置住宅用地处置，优先用于经济适用住房和廉租住房建设；二是大力发展节能省地型住宅开发，提高土地的利用效率；三是积极推进“三个集中”，稳妥推进农民宅基地置换试点。

（二）、完善住房保障体系与政策，多渠道解决城市中低收入家庭住房困难

1. 完善廉租住房制度，加快解决低收入家庭住房困难。加快制订《上海市廉租住房保障实施办法》，重点是建立廉租对象收入认定的动态调整机制，不断扩大政策受益面；建立健全廉租住房房源的筹措机制，通过新建、配建、收购、改建和鼓励社会捐赠等渠道，增加廉租房源供应，逐步扩大实物配租比例；完善和细化廉租供应住房申请、审核和退出的具体办法，并健全实物配租供应和退出机制。

2. 建立健全经济适用住房制度，积极解决中低收入家庭的住房困难。加快制订《上海市经济适用住房管理试行办法》，重点是建立健全经济适用住房的市区（县）联动建设机制；建立健全经济适用住房申请、审核和供应分配机制；建立健全经济适用住房产权管理机制。

3. 加快建立保障性住房租赁服务机制。建立全市统一、市区联动的保障性住房租赁服务平台，形成市、区（县）、街道（镇）三级管理、联动服务的网络体系，增强区（县）层面的租赁服务功能。同时，研究制订租房贴费政策和相关税费支持政策。鼓励居民通过租赁来逐步改善居住条件。

4. 改善引进人才和来沪务工人员居住条件。推动政府、企业、社会共同参与人才公寓建设。在符合城市规划和土地利用总体规划的前提下，按照“政府主导、统筹规划、企业尽责、市场运作”的原则，在经济开发区、工业园区等外来从业人员集中的区域，新建或改建部分集体宿舍和集体公寓，定向出租给来沪从业人员。做好规划设计和建设管理，坚持经济适用、合理布局、科学设计、确保质量，同时应适当配备必要的文化、体育活动等设施设备。

（三）、扩大保障性住房建设规模，优化住房供应结构

1. 重点确保经济适用住房和廉租住房建设。细化经济适用住房的建设规模和选址，加紧落实项目用地，在2008年内基本确定经济适用住房和廉租住房的规划用地，并从规划上先予控制，再按年度计划进行开发建设，确保规划期内2 000万平方米目标的实现。在建设机制上，要按照“政府主导、市场运作、市区联手、定向供应”的原则，明确市和区（县）分工。市政府主要负

责统一规划、统筹协调；区（县）政府主要承担具体组织实施。要通过单独选址、集中建设的方式和在普通商品住房项目中按一定比例配建经济适用住房、在经济适用住房项目中按一定比例配建廉租住房的方式，加快保障性住房建设和供应。

2. 稳步推进配套商品房建设。配套商品房建设是解决动迁居民居住困难、优化供应结构、保障城市建设的重要途径。一要合理确定建设规模和进度，根据市场供需把握开发与供应的节奏；二要继续完善供地方式，在限套型、限房价、竞地价、竞房价的基础上完善项目公开招投标方式；三要进一步提高建设水平，切实落实基地周边的产业、市政、公建等规划。

3. 继续优化普通商品住房建设。要采取土地、财税、金融等综合措施，大力发展中低价位、中小套型的普通商品住房。按照区域控制、总量和项目相结合的原则，继续优化供地结构，确保中低价位、中小套型普通商品住房的用地供应，严格按照住房和城乡建设部有关规定控制套型面积比例。

（四）、全面推进住宅产业现代化，进一步提高新建住宅的综合性能

1. 健全住宅质量管理体制。完善住宅质量管理机制和管理方式，实现“全覆盖、全过程、全方位”管理，重点推进创“无渗漏”住宅质量的管理工作，继续抓好住宅质量通病防治，不断满足市民对住房质量和功能的要求。

2. 完善市政公建配套网络与功能。一要加强以经济适用住房、配套商品房和中低价位普通商品住房等新建住宅小区为主的市政、公建配套设施建设，确保医院、学校、商业网点、社区服务中心等公建服务设施以及道路、公交等市政配套设施与住宅开发的同步建设；二要完善郊区居住区交通网络，形成与住宅发展布局相匹配的市政设施网络。

3. 大力推进节能省地型住房建设。优化居住区规划布局和建筑设计，促进新技术、新材料、新产品、新工艺的集成应用。在节能方面，全面推进建筑围护结构保温节能，大力推进太阳能等可再生能源的利用。在节地方面，重点研究推进中小户型的住宅建设，提高住宅空间和土地的利用率。在节水方面，着重推进节水型器具和居住区及公建的雨水的收集利用。在节材方面，以推行住宅装修一次到位为突破口，同时推广可循环、高性能、低耗材的建筑材料利用。在环保方面，以减少居住区污染物排放、改善室内外生态环境为重点，提高居住区的综合环境质量。

（五）、坚持“拆、改、留、修”并举，改善市民居住条件

1. 加快推进旧区改造。发挥政府在旧区改造中的主导作用，调动各方积极性，加快推进旧区改造。尤其要以居住环境差、居民改造愿望迫切的成片二级旧里以下房屋为重点，加快推进闸北、黄浦、杨浦、普陀、虹口等中心城区的旧区房屋改造，逐步扩大就近安置试点。同时，有步骤地推进中心城区“城中村”改造。

2. 积极落实“平改坡”综合改造及旧住房综合整治。以“平改坡”等旧小区改造为载体，通过新建、改建、扩建、置换等手段补充完善公建配套设施。对于城市规划予以保留、建筑结构较好、但标准较低的旧住房，积极有序地进行“平改坡”和综合改造。

3. 加强住房养护修缮管理。通过完善住宅养护、修缮管理的有关规定，制定强制性的养护与修缮制度和技术标准，并在执行标准中强化养护、修缮和安全管理，提高既有住宅的耐久性和安全性。

4. 加快优秀历史文化风貌区及优秀历史保护建筑修缮和保护性开发利用。按照“建设也是发展，保护也是发展”的要求，实行最严格的制度来实施优秀历史建筑的保护。

（六）、规范房地产市场秩序，加强市场监督管理

1. 加强住房建设项目的全过程管理和监测力度。加强项目开工前的审批管理，在项目审批、

土地供应、规划审批、设计审查等环节，加强动态管理。健全住房市场监测制度，加大对供求、价格变化的监测力度。

2. 完善房地产统计和信息披露制度。健全统一的房地产信息发布制度，通过引导市场预期，促进住房理性投资和消费，促进房地产市场健康有序发展。完善房地产信息的共享机制，建立多部门参与的房地产市场预警与金融风险防范监测体系。

3. 进一步规范房地产市场交易秩序。按照“诚信、透明、规范、法治”的要求，继续完善房地产市场各项制度，强化市场监管和服务，深入开展房地产市场秩序专项整治，严厉查处房地产市场中的违法违规行为，规范房地产市场运行秩序。进一步构筑信息透明、交易安全的房地产登记体系。

（七）、加强政策研究和法规建设，完善住房保障制度体系

在严格执行国家调控措施的同时，结合本市实际，加强对房地产市场发展中出现的新情况和新问题的研究，并以此为基础，加强房地产法规建设，完善相关管理办法和措施，促进房地产市场管理的规范化和法制化建设。制订《房地产开发经营管理条例》，完善经济适用住房的供应销售管理制度，完善廉租住房管理的制度和法规。

六、规划实施的保障机制

（一）、强化统筹协调，落实分级负责制

住房建设规划的实施是一个系统工程，需要多方面配合与协作。一是加强与相关规划的衔接配合。做好与国民经济和社会发展规划和城市近期建设规划的衔接，以及与交通、市政、产业等相关专业规划的衔接和协调，形成规划实施的合力。二是建立分级负责制。市级主要负责政策制定、计划编制、组织协调等；各区（县）负责细化规划指标，加强规划落地，落实保障性住房的建设和供应任务，并做好建设的时序安排。

（二）、发挥年度计划的指导作用

住房建设规划把规划目标初步分解到各年。在具体落实中，应根据目标实际完成情况以及上海经济社会发展和住房供需情况的动态监测，适时适度地进行调整，制定年度住房建设计划。年度住房建设计划作为项目审核、规划许可和土地出让的具体依据，各级政府、各相关部门应严格执行。

（三）、建立动态监控机制，加强规划实施的监督管理

建立规划实施的动态监控机制，完善住房建设规划的公共参与机制，加强规划效能监察。规划实施一段时期后，围绕规划提出的主要目标、重点任务和政策措施，要组织开展规划实施评估，全面分析检查规划的实施效果及各项政策措施落实情况，推动规划有效实施，并为动态调整和修订规划提供依据。

七、附则

本规划经上海市人民政府批准后实施，由上海市住房保障和房屋管理局负责解释。

第五章 经济社会环境

第一节 经济增长

一、上海市总体经济状况

国民经济保持平稳较快发展。全年实现上海市生产总值（GDP）13 698.15亿元，按可比价格计算，比上年增长9.7%。其中，第一产业增加值111.8亿元，增长0.7%；第二产业增加值6 235.92亿元，增长8.2%；第三产业增加值7 350.43亿元，增长11.3%。第三产业增加值占全市生产总值的比重为53.7%，比上年提高1.1个百分点。

财政收入增长放缓。全年全市财政收入7 532.91亿元，仅比上年增长3%（见表5-1）。

表5-1 2008年上海市经济状况表

指标	2008	2007	2008比2007增长（%）
上海市生产总值（亿元）	13 698.15	12 188.85	9.7%
第一产业增加值	111.80	101.84	0.7%
第二产业增加值	6 235.92	5 678.51	8.2%
第三产业增加值	7 350.43	6 408.50	11.3%
全社会固定资产投资总额（亿元）	4 829.45	4 458.61	8.3%
全市财政收入（亿元）	7 532.91	7 310.26	3%
工业总产值 （亿元）	25 638.97	23 108.63	10.9%
外贸进出口总额（亿美元）	3 221.38	2 829.73	13.8%
社会消费品零售总额（亿元）	4 537.14	3 847.79	17.9%

二、上海社会经济主要指标占全国比重（见表5-2）

表5-2 2008年上海社会经济主要指标占全国比重

指 标	全 国	上 海	上海占全国比重（%）
生产总值（亿元）	300 670	13 698.15	4.6
第一产业增加值	34 001	111.80	0.3
第二产业增加值	146 182	6 235.92	4.3
第三产业增加值	120 487	7 350.43	6.1
财政收入（亿元）	61 300	7 532.91	12.3
全社会固定资产投资总额（亿元）	172 291	4 829.45	2.8
社会消费品零售总额（亿元）	108 488	4 537.14	4.2
外商直接投资实际到位金额（亿美元）	923.95	100.84	10.9

三、六大支柱产业增加值

表 5-3　2008 年上海六大支柱产业增加值

产业	增加值（亿元）	增加值占上海市生产总值比重（%）
信息产业	1 670.52	12.2
金融业	1 442.60	10.5
商贸流通业	1 266.37	9.2
汽车制造业	408.00	3
成套设备制造业	730.00	5.3
房地产业	747.00	5.5

四、吸收外资

2008 年上海市政府批准外商直接投资合同项目 3 748 项，比 2007 年减少 10.9%；吸收外资合同金额达到 171.12 亿美元，比 2006 年增长 15.1%；实际吸收外资金额 100.84 亿美元，增长 21.64%。

第二节　居民收入与消费水平结构

城乡居民收入水平继续提高。据 2008 年上海市抽样调查，城市居民家庭人均年可支配收入 26 675 元，比上年增长 12.9%。全年城市居民人均消费支出 19 398 元，比上年增长 12.4%；农村居民人均消费支出 9 115 元，增长 3.1%。

一、从业人员收入（见表 5-4）

表 5-4　2008 年上海市各行业从业人员收入表　（单位：元）

行　业	合　计	国有单位	集体单位	港澳台及外商投资单位	其他单位
全　市	40 897	57 025	30 562	46 784	30 935
一、按产业分					
第一产业	23 831	29 492	25 669	19 645	21 430
第二产业	34 674	52 250	23 983	40 916	26 219
第三产业	46 322	58 156	32 432	72 078	34 732
二、按行业分					
农、林、牧、渔业	23 831	29 492	25 669	19 645	21 430
工　业	34 897	52 769	24 216	40 659	25 899
采矿业	61 533	73 911			29 395
制造业	34 006	47 756	23 663	40 427	25 497
电力、燃气及水的生产和供应业	72 079	72 213	47 716	121 494	60 035
建筑业	32 681	49 926	22 664	88 457	27 812
交通运输、仓储和邮政业	42 715	46 398	21 216	69 003	39 092
交通运输	47 576	46 334	20 431	68 207	46 941
邮政业	46 510	47 670			21 455
信息传输、计算机服务和软件业	75 965	97 378	50 161	87 835	60 911
信息传输	98 549	102 761	59 787	93 785	99 082
批发和零售业	29 085	56 532	30 428	80 766	20 589
批发业	31 479	70 058	34 240	96 413	19 704
零售业	24 789	41 133	26 288	36 576	22 175
住宿和餐饮业	24 806	31 707	23 748	23 243	24 347

餐饮业	20 996	38 242	23 954	19 247	22 079
金融业	117 463	114 277		187 137	110 269
房地产业	40 485	49 819	32 157	48 093	35 855
租赁和商务服务业	29 246	31 665	22 996	159 123	21 139
科学研究、技术服务和地质勘查业	74 611	70 651	64 778	138 162	87 145
水利、环境和公共设施管理业	38 230	42 338	24 921	69 807	30 248
居民服务和其他服务业	18 349	30 725	15 745	23 221	19 828
教　育	56 121	56 832	34 645	167 419	38 030
卫生、社会保障和社会福利业	61 502	64 016	54 404	127 562	17 790
卫　生	62 882	65 318	57 140	127 562	16 968
社会保障	54 476	56 427	43 259		146 967
社会福利业	34 775	38 769	16 518		18 294
文化、体育和娱乐业	45 990	57 910	34 138	43 184	32 942
文　化	52 994	64 490	33 853	66 023	35 655
体　育	38 326	38 277	48 861		
娱乐业	30 441	38 296	21 333	31 775	29 504
公共管理和社会组织	58 721	59 239	27 501		34 130

二、城市居民家庭生活基本情况（见表 5-5）

表 5-5　2008 年上海城市居民家庭生活基本情况表

指数	年份	
	2008	2007
调查户数（户）	1 000	1 000
平均每户家庭人口（人）	2.97	3.01
平均每户就业人口（人）	1.63	1.64
平均每人可支配收入（元）	26675	23623
平均每人消费支出（元）	19398	17255
其中服务性消费支出（元）	6287	5595
服务性支出占消费支出比重 (%)	32.4	32.4
平均每人消费支出指数（以 1980 年价格为 100)	593.6	558.7
恩格尔系数	36.6	35.5

三、城市居民家庭人均可支配收入分组占全部户数比重（见表 5-6）

表 5-6　城市居民家庭人均可支配收入分组占全部户数比重 (2008 年）

指　标	总平均	低收入户	中等偏下户	中等收入户	中等偏上户	高收入户
调查户数　（户）	1000	200	200	200	200	200
平均每户家庭人口　（人）	2.97	3.10	3.00	3.00	2.91	2.82
平均每户就业人口　（人）	1.63	1.39	1.50	1.66	1.66	1.92
平均每户就业面　(%)	54.88	44.84	50.00	55.33	57.04	68.09
平均每一就业者负担人数（人）	1.82	2.23	2.00	1.81	1.75	1.47
可支配收入　（元）	26 675	11 593	17 550	22 675	30 239	53 733
工资性收入	18 909	7 420	10 829	14 684	21 047	42 607
经营净收入	1 399	547	756	1 353	723	3 790

财产性收入	369	102	186	300	341	966
转移性收入	5 998	3 524	5 779	6 338	8 128	6 370
养老金或离退休金	5 099	2 768	5 227	5 690	7 062	4 847
出售财物收入 （元）	1 419	1	1 666	1 329	1 282	2 964
借贷收入 （元）	6 149	1 808	1 841	6 306	8 552	12 894
住房贷款	1 270		1 327	2 710	2 467	
提取储蓄存款	4 674	1 494	1 816	4 845	5 788	9 910
消费支出 （元）	19 398	10 458	13 614	17 204	21 869	35 273
服务性消费支出	6 287	3 254	4 232	5 680	6 675	12 097
购房与建房支出 （元）	3 396		1 045	4 579	5 648	6 044
转移性支出 （元）	2 434	643	1 101	1 871	2 587	6 295
社会保障支出 （元）	2 295	911	1 363	1 928	2 725	4 772
借贷支出 （元）	7 780	1 323	3 943	5 036	8 425	21 324

四、城市居民家庭消费支出及其构成（见表 5-7）

表 5-7 2008 年上海城市居民家庭消费支出及其构成 （单位：元）

	2008	2008（%）	2007	2007（%）
消费支出	19398	100	17 255	100
食品	7 109	36.6	6 125	35.5
衣着	1 521	7.8	1 330	7.7
家庭设备用品及服务	1 182	6.1	959	5.5
医疗保健	755	3.9	857	5.0
交通和通信	3 373	17.4	3 154	18.3
教育文化娱乐服务	2 875	14.8	2 654	15.4
居住	1 646	8.5	1 412	8.2
杂项商品和服务	937	4.8	764	4.4

五、农村居民家庭生活基本情况（见表 5-8）

表 5-8 2008 年上海农村居民家庭生活基本情况

项目	2008	2007
调查户数（户）	600	600
平均每户人口（人）	3.15	3.18
平均每户劳动力（人）	2.15	2.17
平均每一劳动力负担人数（人）	1.46	1.47
平均每人总收入（元）	12 662	11 382
平均每人可支配收入（元）	11 385	10 222
平均每人总支出（元）	10 840	10 429
平均每人生活消费总支出（元）	9 115	8 845
平均每人可支配收入指数（以 1990 年为 100)	683.8	613.9
平均每人生活消费支出指数（以 1990 年为 100)	722.3	700.9
平均每人年底居住房屋面积 （平方米）	62.30	61.22
平均每百户购买商品房面积（平方米）	79.33	90.67
平均每百户购买商品房金额（万元）	23.36	25.92

六、居民消费水平（见表 5-9）

表 5-9 2008 年上海城乡居民人均消费支出

			2008 年	2007 年
居民消费支出（元／人）	全市		28 513	26 100
	其中	农村居民	9 115	8 845
		城镇居民	19 398	17 255

第三节 固定资产投资

一、固定资产投资概况

2008 年固定资产投资结构继续优化，全年完成全社会固定资产投资总额 4829.46 亿元，比上年增长 8.3%，增幅比上年有所下降。从产业投向看，第一产业投资与 2007 年相比基本持平；第二产业投资与 2007 年相比增长 1.67%，基本持平；第三产业投资与 2007 年相比增长 13.39%。从投资主体看，国有经济、联营经济、港澳台经济投资与 2007 年相比都有明显增长；集体经济和股份制经济与 2007 年相比下降厉害，私营经济也略有下降（见表 5-10）。

表 5-10 2008 年上海市固定资产投资概况

指标	2008 年	2008 年比 2007 增长 (%)	占全社会固定资产投资总额 (%)
从产业投向看			
第一产业（亿元）	8.40	0.36	0.17
第二产业（亿元）	1 420.82	1.67	29.42
第三产业（亿元）	3 400.23	13.39	70.41
从投资主体看			
国有经济	2 295.74	29.02	47.53
集体经济	104.86	-13.7	2.17
私营经济	612.13	-5.05	12.67
联营经济	31.86	103.32	0.66
股份制经济	1 026.67	-12.21	21.26
外商经济	541.06	3.62	11.2
港澳台经济	207.08	9.4	4.29

二、固定资产投资构成

2008 年上海市固定资产投资结构发生新变化。在全社会固定资产投资总额中，新增固定资产投资 370.84 亿元，增加值比上年减少 30.5%。房地产建筑面积大幅减少，减少比率为 10.6%，其中住宅建筑面积减少 9.37%，竣工面积同时减少 33.2%（见表 5-11）。

表 5-11 2008 年上海市固定资产投资的构成情况 （单位：亿元）

指标	2008 年	2007 年	2008 年比 2007 增加（%）
投资总额	4 829.45	4458.61	8.32
按隶属关系分			
中央项目	812.47	720.91	12.70
地方项目	4 016.98	3 737.70	7.47

按构成分			
建筑安装工程	2 588.98	2 418.61	7.04
设备、工具、器具购置	892.87	941.22	-5.14
其他费用	1 347.60	1 098.78	22.65
按建设性质分			
新　建	2 339.64	2 005.41	16.67
改　建	393.08	326.09	20.54
扩　建	474.31	510.84	-7.15
单纯建造生活设施	212.95	124.24	71.40
按产业分			
第一产业	8.40	8.37	0.36
第二产业	1 420.82	1 397.57	1.66
第三产业	3 400.23	3 052.67	11.39
住　宅	871.52	853.13	2.16
按经济类型分			
国有经济	2 295.74	1 779.43	29.02
非国有经济	2 533.71	2 679.18	-5.43
集体经济	104.86	121.51	-13.70
私营经济	612.13	644.71	-5.05
联营经济	31.86	15.67	103.32
股份制经济	1 026.67	1 169.49	-12.21
外商经济	541.06	522.15	3.62
港澳台经济	207.08	189.21	9.44
其他经济	10.05	16.45	-38.91
新增固定资产	2 680.85	2 466.68	8.68
固定资产交付使用率（%）	57.4	55.3	3.80
房屋建筑面积（万平方米）			
施工面积	14 083.52	14 979.37	-5.98
住　宅	7 060.19	7 789.91	-9.37
竣工面积	3 828.79	5 068.46	-24.46
住　宅	1 899.40	2 843.62	-33.20

第四节 人口总量与结构

至2008年年末，全市户籍人口1 391.04万人。全年户籍出生人口9.67万人，出生率6.98‰；死亡人口10.70万人，死亡率7.73‰；人口自然增长率为 -1.03‰。至2008年末，全市半年以上常住人口1 888.46万人。

一、人口主要构成情况（见表5-12）

表5-12　2008年上海市户籍人口主要构成情况

指　　标	年末数	比重（%）
全市总人口（万人）	1 391.04	100.0
其中：非农	1 216.56	87.5%

农村	174.48	12.5%
其中：男性	695.57	50%
女性	695.57	50%
其中：0-17 岁	147.15	10.58%
18-34 岁	336.07	24.16%
35-59 岁	607.25	43.65%
60 岁及以上	300.57	21.61%

二、家庭户规模及人空密度

2008 年，全市共有家庭户 506.64 万户，家庭户人口为 1 391.04 万人，平均每个家庭的人口为 2.7 人，人口密度为每平方公里 2 978 人。

三、在校学生数（见表 5-13）

表 5-13　2008 年上海市在校学生数　　（单位：万人）

指　标	2008	2007	2008 年比 2007 年增加（%）
高等学校	50.29	48.49	3.71%
普通中学	61.77	65.60	-5.84%
小　学	59.06	53.33	10.74%
每万人拥有大学生（人）	363	352	3.13%

四、人口迁移（见表 5-14）

表 5-14　2008 年上海市人口迁移情况

年　份	迁　入		迁　出		机械增长	
	人　口（万人）	迁入率（‰）	人　口（万人）	迁出率（‰）	人　口（万人）	增长率（‰）
2008	17.28	12.48	4.29	3.10	12.99	9.38
2007	14.69	10.70	3.95	2.88	10.74	7.82

五、各区县人口数和人口密度（见表 5-15）

表 5-15　2008 年上海各区县人口数和人口密度

地区	人口数（万人）	其 中外来人口（万人）	人口密度（人 / 平方公里）
全　市	1 888.46	517.45	2 978
浦东新区	305.70	93.43	5 738
黄浦区	53.89	9.15	43 425
卢湾区	27.45	4.16	34 099
徐汇区	98.22	13.90	17 936
长宁区	66.83	11.57	17 449
静安区	25.78	3.46	33 832
普陀区	108.71	18.25	19 827
闸北区	74.50	10.35	25 461
虹口区	78.11	9.41	33 267

杨浦区	119.48	13.63	19 674
宝山区	180.47	74.06	4 868
闵行区	140.63	40.37	5 189
嘉定区	103.42	45.97	2 228
金山区	64.56	14.02	1 102
松江区	107.42	51.74	1 774
青浦区	78.98	32.92	1 179
南汇区	106.21	32.81	1 567
奉贤区	80.84	28.84	1 176
崇明县	67.26	9.41	567

第五节　建筑业主要指标

一、建筑业宏观情况（见表 5-16、表 5-17）

表 5-16　2008 年上海建筑业宏观主要指标

类　别	企业数	年末从业人员	竣工产值	总产值	其　中		房屋建筑面积（万平方米）	
	（个）	（万人）	（亿元）	（亿元）	建筑工程	安装工程	施工面积	竣工面积
总　计	2 784	64.69	1 574.82	3 071.76	2 512.50	443.44	16 838.03	5 121.17
按登记注册类型分								
内　资	2 641	62.41	1 496.09	2 914.32	2 411.53	412.43	16 475.52	4 979.52
国　有	132	4.34	170.71	286.61	226.6	49.05	1 337.94	313.2
集　体	128	2.52	42.64	71.21	51.62	17.11	532	212.06
股份合作	22	0.25	3.11	5.37	4.46	0.91		
联　营	23	0.28	7.22	8.32	7.21	0.42	26.26	12.74
有限责任公司	585	19.45	649.44	1 363.37	1 144.1	185.31	6 138.87	1 612.19
股份有限公司	44	3.38	165.07	303.23	269.35	30.71	2 683.61	835.95
私　营	1 703	32.16	457.69	875.36	707.35	128.92	5 756.84	1 993.38
港澳台商投资	4	0.03	0.22	0.84	0.84			
外商投资	79	1.02	25.42	49.79	34.72	8.04	50.55	13.39
按行业分								
房屋和土木工程建筑业	48.51	1 218.72	2 465.69	2 211.06	181.81	16 718.62	5 094.44	48.51
建筑安装业	8.65	217.41	330.98	81.2	237.87	40.14	10.61	8.65
建筑装饰业	5.6	118.25	216.2	201.87	12.91	68.09	9.77	5.6
其他建筑业	1.93	20.45	58.89	18.37	10.85	11.19	6.35	1.93
按资质标准分								
施工总承包	1 311	51.6	1 334.42	2 612.10	2 225.17	308.21	16 419.83	4 953.12
专业承包	1 473	13.09	240.41	459.66	287.33	135.23	418.2	168.05

表 5-17 上海建筑业主要指标（1988 ～ 2007）

年 份	年末从业人员	总产值	房屋竣工面积	平均每个职工房屋竣工面积	全员劳动生产率（按总产值计算）
	（万人）	（亿元）	（万平方米）	（平方米 / 人）	（元 / 人）
1989	34.43	74.75	758.34	19.7	18 053
1990	34.01	75.62	747.88	20.01	18 569
1991	34.62	84.3	775.63	20.14	21 022
1992	36.33	117.68	860.49	19.92	26 221
1993	36.9	193	1 144.16	26.1	44 020
1994	39.95	309.68	1 557.87	29.33	58 305
1995	41.1	391.42	1 485.87	25.44	67 023
1996	36.19	450.41	1 514.58	26.95	80 161
1997	37.4	564.37	1 777.41	29.6	93 995
1998	40.88	593.11	1 913.55	33.08	102 531
1999	39.01	573.06	1 950.76	33.86	99 473
2000	35.91	631.64	1 909.11	33.02	109 244
2001	35.52	730.33	2 434.73	39.55	118 641
2002	41.97	822.27	2 596.95	42.23	133 698
2003	50.52	1 195.8	3 609.20	71.44	153 910
2004	74.26	1 724.4	4 672.53	62.92	168 719
2005	72.23	1889.25	5 648.85	78.21	182 299
2006	73.44	2 285.38	6 506.41	88.59	208 368
2007	69.33	2 524.18	6 090.22	87.84	228 710
2008	64.69	3 071.76	5 121.17	79.16	282 260

二、建筑业区县情况（见表 5-18）

表 5-18 2008 年上海各区、县建筑业主要指标

地 区	企业数	年末从业人员	总产值	房屋建筑施工面积	房屋建筑竣工面积	其 中
	（个）	（万人）	（亿元）	（万平方米）	（万平方米）	住 宅
总 计	2 784	64.69	3 071.76	16 838.03	5 121.17	2 416.04
浦东新区	389	9.55	576.13	3 805.52	802.27	491.27
黄浦区	129	2.67	159.88	382.39	128.14	88.13
卢湾区	77	0.73	23.31	109.92	10.92	5.48
徐汇区	182	3.96	253.53	469.69	131.77	63.86
长宁区	139	2.98	146.15	1 386.02	383.11	141.54
静安区	103	1.14	80.12	562.15	174.32	87.04
普陀区	175	3.5	168.33	1 272.98	374.81	213.67
闸北区	89	3.18	211.58	420.69	96.05	61.85
虹口区	174	6.17	252.28	1 742.39	572.19	361.42
杨浦区	189	3.1	148.64	447.49	109.83	49.76
闵行区	147	4.19	110.05	806.87	372.31	224.11
宝山区	177	6.95	436.58	1 695.10	512.01	113.16
嘉定区	121	1.84	65.46	635.91	220.44	89.28
金山区	114	2.26	61.43	225.04	91.54	16.94
松江区	144	3.56	85.63	1 014.66	413.39	120.28

青浦区	82	1.79	56.62	334.49	126.79	46.56
南汇区	134	3.33	113.71	633.27	325.33	131.49
奉贤区	184	2.4	77.54	512.85	191.32	62.28
崇明县	35	1.4	44.79	380.61	84.63	47.92

三、建筑业签订合同、承包工程完成情况（见表 5-19、表 5-20）

表 5-19　2008 年上海建筑业签订合同情况

类　别	签订的合同额（亿元）	上年结转合同额（亿元）	本年新签合同额（亿元）
总　计	6 085.73	2 414.25	3 671.48
按经济类型分			
内　资	5 769.84	2 292.57	3 477.26
国　有	584.80	217.24	367.56
集　体	94.95	28.56	66.39
股份合作	8.70	2.38	6.32
联　营	10.07	1.43	8.64
有限责任公司	2 747.43	1 039.04	1 708.38
股份有限公司	996.14	462.77	533.37
私　营	1 326.30	540.91	785.39
其他内资	1.45	0.24	1.21
港澳台	79.19	21.51	57.68
外　商	236.70	100.16	136.54
按隶属关系分			
中 央 属	1 855.32	645.17	1 210.15
市　属	1 667.49	781.29	886.19
区（县）属	324.31	109.17	215.14
按资质等级分			
特　级	2 067.42	784.56	1 282.86
一　级	2 503.83	1 109.25	1 394.57
二　级	1 043.55	380.86	662.69
三　级	470.92	139.57	331.35
按行业类别分			
房屋和土木工程建筑业	5 128.76	2 096.66	3 032.10
建筑安装业	573.77	203.06	370.71
建筑装饰业	285.44	67.65	217.79
其他建筑业	97.75	46.88	50.88
按新资质标准分			
施工总承包	5 427.00	2 219.97	3 207.03
专业承包	658.72	194.28	464.45

表 5-20　2008 年上海建筑业承包工程完成情况

类　别	直接从建设单位承揽工程完成产值（亿元）	自行完成施工产值（亿元）	分包出去工程的产值（亿元）	从建设单位外承揽工程完成产值（亿元）
总　计	3 101.57	2 737.82	363.75	333.94
按经济类型分				

内　资	2 954.29	2 605.96	348.33	308.36
国　有	323.31	263.29	60.02	23.33
集　体	70.76	70.21	0.55	1
股份合作	4.89	4.71	0.18	0.66
联　营	8.53	8.04	0.49	0.28
有限责任公司	1 336.33	1 233.2	103.13	130.17
股份有限公司	374.41	217.01	157.4	86.22
私　营	835.22	808.66	26.56	66.7
其他内资	0.84	0.84		
港澳台	49.04	43.18	5.86	6.61
外　商	98.24	88.68	9.56	18.97
按隶属关系分				
中 央 属	885.81	814.16	71.65	38.43
市　属	655.91	428.48	227.44	163.66
区（县）属	200.73	189.25	11.48	16.26
按资质等级分				
特　级	827.87	635.86	192.01	102.94
一　级	1 293.39	1 159.22	134.17	142.98
二　级	643.94	621.06	22.88	58.66
三　级	336.37	321.68	14.69	29.36
按行业类别分				
房屋和土木工程建筑业	2 560.41	2 220.33	340.08	245.36
建筑安装业	299.67	282.25	17.42	48.73
建筑装饰业	197.75	192.81	4.94	23.39
其他建筑业	43.74	42.43	1.31	16.45
按新资质标准分				
施工总承包	2 686.48	2 347.11	339.37	264.99
专业承包	415.09	390.71	24.38	68.95

第六节　金融业主要指标

一、个人贷款总额（见表5-21）

表5-21　　主要年份上海市个人贷款总额　　（单位：亿元）

指　标	2005	2007	2008
个人贷款总额	3 149.01	3 653.20	3 799.06
个人消费贷款	2 814.16	3 071.20	3 146.95
个人住房贷款	2 644.94	2 859.92	2 915.49
汽车消费贷款	47.85	27.07	50.71
公积金贷款	334.85	582	652.11
个人住房贷款占个人消费贷款额比重（%）	94	93.1	92.6

二、主要年份中资金融机构人民币贷款余额

表5-22 主要年份上海中资金融机构人民币贷款余额 （单位：亿元）

指 标	2000	2007	2008
各项贷款余额	5 959.51	16 607.77	18 987.39
短期贷款	4 343.1	5 691.66	6 347.12
工业贷款	1 159.99	1 719.68	1 895.29
商业贷款	685.41	740.97	820.3
建筑业贷款	179.52	418.63	372.11
农业贷款	31.59	15.59	10.33
乡镇企业贷款	291.11	127.02	115.54
三资企业贷款	439.39	152.42	171.38
私营企业及个体贷款	21.39	135.33	196.02
其他短期贷款	1 534.71	2 382.02	2 766.15
个人短期消费贷款		94.23	63.25
中长期贷款	1 071.39	10 156.13	11 457.35
基本建设贷款	523.79	3 584.76	3 974.9
技术改造贷款	404.71	122.87	168.36
其他中长期贷款	142.89	6 448.5	7 314.09
个人中长期消费贷款	2 976.97	3 083.7	
融资租赁	2.79	1.39	117.79
委托贷款	124.01	238.45	229.63
票据融资		506.63	824.64
各项垫款		13.51	10.86

三、主要年份主要要素市场交易情况和资金拆借情况

表5-23 主要年份主要要素市场交易情况和资金拆借情况

指 标	2000	2007	2008
银行间市场成交总额 （亿元）	23 191.99	712 948.82	1 107 857.42
拆借市场成交额	6 728.07	106 465.68	150 491.81
债券市场成交额	16 463.92	606 483.14	957 365.61
回购交易	15 781.24	447 924.95	581 205.24
现券交易	682.68	156 043.39	371 157.71
远期交易		2 514.80	5 002.66
年末资金拆借余额	289	1 258.98	1 788.90
黄金交易所成交金额 （亿元）		3 324.65	8 995.48
钻石交易所成交金额 （亿美元）		10.02	13.07
产权交易市场			
交易项目（项）		2 610	2 057
交易金额（亿元）		956.93	1 073.52

注：本表数据由中国银行间同业拆借中心、上海黄金交易所、上海钻石交易所、上海产权交易所等提供。

第六章 土地市场

第一节 土地利用的规划与计划

一、土地利用的现状

上海土地利用现状根据 1994 年航片资料统计和 1996 年全国土地利用现状调查统一标准，总面积为 7945.58 平方公里。依据新修订的《中华人民共和国土地管理法》第四条规定的分类，上海土地利用分为农用地、建设用地、未利用土地三类（见表 6-1）。

表 6-1 1996 年上海市土地利用现状平衡表

<table>
<tr><th colspan="3" rowspan="2">地类</th><th colspan="2">面积</th><th rowspan="2">占总面积比例 %</th></tr>
<tr><th>平方公里</th><th>万亩</th></tr>
<tr><td colspan="3">总面积</td><td>7 945.58</td><td>1 191.84</td><td>100</td></tr>
<tr><td rowspan="6">农用地</td><td colspan="2">总计</td><td>5 166.08</td><td>774.91</td><td>65.02</td></tr>
<tr><td colspan="2">耕地</td><td>3 150.77</td><td>472.62</td><td>39.65</td></tr>
<tr><td colspan="2">园地</td><td>92.66</td><td>13.90</td><td>1.17</td></tr>
<tr><td colspan="2">林地</td><td>37.36</td><td>5.60</td><td>0.47</td></tr>
<tr><td colspan="2">牧草地</td><td>0.00</td><td>0.00</td><td>0.00</td></tr>
<tr><td colspan="2">水面</td><td>1 885.29</td><td>282.79</td><td>23.73</td></tr>
<tr><td rowspan="9">建设用地</td><td colspan="2">总计</td><td>2 294.64</td><td>344.20</td><td>28.88</td></tr>
<tr><td rowspan="6">居民点及工矿用地</td><td>小计</td><td>1 930.77</td><td>289.62</td><td>24.30</td></tr>
<tr><td>城镇及工矿用地</td><td>1 057.05</td><td>158.56</td><td>13.30</td></tr>
<tr><td>特殊用地</td><td>26.17</td><td>3.93</td><td>0.33</td></tr>
<tr><td>农民居民点</td><td>517.96</td><td>77.69</td><td>6.52</td></tr>
<tr><td>农副业用地</td><td>329.59</td><td>49.44</td><td>4.15</td></tr>
<tr><td colspan="2">交通用地</td><td>192.44</td><td>28.87</td><td>2.42</td></tr>
<tr><td colspan="2">水利设施用地</td><td>171.43</td><td>25.71</td><td>2.16</td></tr>
<tr><td colspan="3">未利用土地</td><td>484.86</td><td>72.73</td><td>6.10</td></tr>
</table>

（一）农用地

上海农用地面积 5 166.08 平方公里，主要有耕地、园地、林地、水面四类

1. 耕地。全市耕地面积为 3 150.79 平方公里，占全市土地总面积的 39.65%。上海的耕地包括水田、旱地和菜地。其中粮田面积 2 333.30 平方公里，占耕地面积的 74.05%；常年菜田 126.70 平方公里，占耕地面积的 4.02%。

2. 园地。全市园地面积为 92.66 平方公里，占全市土地总面积的 1.17%。上海的园地以果园为主。

3. 林地。全市林地面积为 37.36 平方公里，占全市土地总面积的 0.47%。林地大部分为有林地，

由用材林、防护林和竹园三类组成，小部分为苗圃。

4. 水面。全市水面面积1 885.29平方公里，占全市土地面积的23.73%。水面包括河流、湖泊、坑塘、水库面积，其中长江水面约1 106.98平方公里，占全市土地面积的13.93%。

（二）、建设用地

上海建设用地面积为 294.64平方公里。主要有居民点及工矿用地、交通用地、水利设施用地三类。

1. 居民点及工矿用地。上海是全国工商业发达地区、人口最多城市之一，居民点及工矿用地面积为是仅次于耕地的第二大用地类型。全市居民点及工矿用地面积为1930.78平方公里（289.62万亩），占全市土地总面积的24.30%。城镇及工矿用地1057.06平方公里

（158.56万亩），占全市土地总面积的13.30%，占建设用地面积的46.07%。

根据1994年航片资料分析，其中中心城建成区365.66平方公里（浦西10区278.81平方公里，浦东城市化地区86.85平方公里），占建设用地面积的15.94%；嘉定、宝山、闵行建成区用地为133.63平方公里，占建设用地的5.82%；六个县城用地为40.26平方公里，占建设用地的1.75%；集镇用地为302.90平方公里，占建设用地13.98%。农村居民点用地为712.55平方公里，占建设用地的31.05%。其中，农民宅基地为517.96平方公里，占建设用地的22.57%，在城镇村及工矿用地中，工业用地333.70平方公里，占建设用地的14.54%。其中中心城工业用地66.26平方公里，占中心城的18.12%，占全市工业用地的19.86%；新城建成区工业用地67.79平方公里，占新城用地的50.73%，占全市工业用地的20.31%；县城工业用地20.81平方公里，占县城用地的51.69%，占全市工业用地的6.24%；集镇和农村居民点工业用地178.84平方公里，占集镇和农村居民点用地的17.61%，占全市工业用地的53.59%。

表6-2　上海市工业用地占城镇村及工矿用地比例　　单位：平方公里

<table>
<tr><th>名　称</th><th>城镇村及工矿总用　地</th><th>工业用地</th><th>工业用地占城镇及工矿总用地比例</th><th>工业用地占全市工业用地比例</th></tr>
<tr><td>中心城区</td><td>365.66</td><td>66.26</td><td>18.12%</td><td>19.86%</td></tr>
<tr><td>新　城</td><td>133.63</td><td>67.79</td><td>50.73%</td><td>20.31%</td></tr>
<tr><td>县　城</td><td>40.26</td><td>20.81</td><td>51.69%</td><td>6.24%</td></tr>
<tr><td>集　镇</td><td>302.90</td><td rowspan="2">178.84</td><td rowspan="2">17.61%</td><td rowspan="2">53.59%</td></tr>
<tr><td>农村居民点</td><td>712.55</td></tr>
<tr><td>合　计</td><td>1555</td><td>333.70</td><td>21.45%</td><td>100%</td></tr>
<tr><td colspan="5">中国部级标准：工业用地占建设用地比例15%，最高不宜超过30%。</td></tr>
</table>

注：依据1994航片资料

2. 交通用地。包括铁路、公路、港口、民用机场和农村道路用地，面积为192.44平方公里，占全市土地总面积的2.42%。

3. 水利设施用地。全市水利设施用地总面积为171.43平方公里，占全市土地总面积的2.16%，主要包括沟渠、水工建筑物用地。其中沟渠用地142.43平方公里，水工建筑物用地29平方公里。

（三）、未利用地

上海未利用地面积484.86平方公里，占全市土地总面积的6.10%，主要有河滩和滩涂、苇地等。在崇明的滩涂资源中有适宜发展白山羊的牧草地约15平方公里。

二、土地利用的特点

（一）土地利用率高

土地资源历来是人类重点开发和利用的自然资源。长期以来上海各用地部门通过各种途径提高土地的利用率和利用效益，而且采用多种方法加速利用成陆过程中的土地后备资源。在城市经济高速发展的影响下，全市6 377.10平方公里的陆域土地资源已几乎全部利用。

（二）土地肥沃，宜农耕地比例高

上海地区沿江滨海，地势坦荡低平，气候温暖湿润，土壤肥沃，耕地复种指数高，平均达165%。优越的自然条件对上海郊区土地资源的开发利用提供了有利的自然基础，也为上海农业多样性发展提供了条件。

（三）滩涂资源丰富

上海的江、海岸线长达448.66公里，其中30%的岸线属于淤涨岸段，由于长江每年裹挟着巨量的泥沙，在长江口和杭州湾北岸沉淀淤积，为上海的滩涂发育提供了基础，平均每年可形成20多平方公里滩涂，这是上海土地的重要后备资源。

三、土地利用的总体规划方案

（一）土地利用的目标和基本思路

到2010年，土地利用将进一步适应经济、社会、环境的可持续发展的战略需求，加大对全市现有耕地的有效保护和综合整治，加大对1 057平方公里的城镇工矿和712平方公里的农村居民点的调整力度，进一步优化中心城区土地利用结构，显著增加城区绿地面积和郊县林地面积，为满足城镇、工矿、交通等的发展和生态环境改善，将提供建设用地243平方公里（36.45万亩）。其中223平方公里（35万亩）分解到各区县，20平方公里（3万亩）作为市统筹的储备地。加快郊区土地的“三个集中”步伐，田、水、路、林、村的土地综合整理全面推开。通过乡镇企业归并集中、老宅基地还耕、城镇建设规模调整以及基本农田整理，累计将增加耕地16多万亩，同时，通过新开发滩涂增加耕地20万亩，使上海耕地总量达到动态平衡，维持在473万亩左右。

展望2030年前后，上海产业结构的战略性调整基本实现，生产力布局和城市功能布局不断优化，将从过去依靠传统工业支撑向节地型的支柱产业和高新技术产业转移。上海的土地利用将进一步按生态、经济、社会效益相统一的原则，合理、有序、科学流动，注重集约、综合有效利用和结构、布局优化。居民点及工矿用地总规模将保持2010年的1 966.78平方公里水平，中心城人均居住用地将从65平方米/人提高至70～72平方米，生活居住环境得到改善。郊县城镇及工矿将从外延式扩张转为内涵式发展，使全市用地最终达到与国际大都市功能相适应的数量、结构和布局的平衡。

土地利用总体规划的基本思路是：“一保护、二调整、三平衡、四优化”。

“保护”，是将划定集中连片、生产条件较好的412万亩高产良田的保护面积，通过市、县（区）、乡（镇）三级规划，分解落实到具体地块，责任到人。对已划定的水源保护区及自然保护区的土地利用从严控制，严加保护。

“调整”是指土地利用合理性的调整。重点放在712平方公里的农村居民点和近200平方公里县乡工业用地的挖潜调整上。调整分三个层次，三个重点。第一层次是调整原142平方公里老城区的土地利用结构，重点做好中心城区的66平方公里的工业用地的置换；第二层次是在广大郊县归并调整自然村。重点做好目前零星、分散布局的居民点调整，通过扩大中心集镇及集镇人口规模，压缩自然村的分散度，将5万个自然村逐步归并调整。同时将分散的县、乡工业向已规划的国家、市级工业区和工业集中点集中；第三层次，在农业用地用途不变的前提下，让农用地在不同集体经济组织和不同村、乡之间流转，重点是“三高”良田向规模经营集中。

“优化”，重点是中心城区的土地利用结构逐步调整优化。结合现代企业制度改革，通过土地有偿使用制度改革的深化，中心城区存量土地盘活，房地产市场的培育完善，建立存量土地的流转机制，逐步调整。

“平衡”，是利用我市近297公里长的岛屿岸线，有组织地进行统一的滩涂资源开发，“九五”期间重点做好56平方公里的中低滩开发。在实现耕地总量动态平衡基础上，规划期注意对生态与环境的用地的平衡，重点要增加市中心绿地、环城绿带、郊县林地、沿海保护林、自然保护区等用地比重。

（二）土地利用规划方案

1、各类用地的规划方案

（1）耕地实现动态平衡。规划至2010年，耕地保有量为3 150.77平方公里（472.62万亩），占全市土地面积37.7%。至2010年，工业用地、城镇建设、交通用地、大农业内部结构调整安排使用耕地253平方公里（37.95万亩），其中居民点及工矿用地185平方公里（27.75万亩），交通用地30平方公里（4.5万亩），园地、林地29平方公里（4.35万亩）、水面和水利设施9平方公里（1.35万亩）。

在平衡耕地资源总量中，将通过土地整理，重点是通过对100万亩基本农田整理和24万亩农村居民点以及部分郊县工业区土地的整理，（其中，农田整理新增耕地按3%计，农民宅基地还耕按40%计）净增耕地16万亩，另通过滩涂开发新增耕地90平方公里（13.5万亩）和部分园、林地的复垦还耕，耕地保有量至2010年达3 150.77平方公里（472.62万亩）保护耕地总量平衡。还要加大土地开发后土地的质量管理，将新增加11万亩耕地划入基本农田保护范围。全市基本农田保护面积达412万亩，保护率87.3%

（2）园地面积适当增加。到2010年，园地面积达到137.66平方公里（20.65万亩），占全市土地面积的比重由1.17%提高到1.65%。其中从居民点及工矿内调整19平方公里（2.85万亩），利用滩涂围垦30平方公里（4.5万亩）土地营造滨海和滩涂园林。

（3）林地有较大增加。至2010年，林地面积由1996年的37.36平方公里（5.6万亩）增至126.36平方公里（18.95万亩），增加89平方公里（13.35万亩），占全市面积的比重由0.47%提高到1.51%。为加快全市林业生态体系工程建设，将从耕地中调整20平方公里、居民点及工矿内挖潜21平方公里和利用滩涂围垦60平方公里土地，增加林地面积。

园地、林地面积的增加，关系城市生态环境的改善。从郊区土地资源紧缺的实际出发，将结合外环线绿化带建设，增加果树、花卉和林木，同时扩建崇明岛森林公园，增加沿海防护林和功能区的隔离林带，在郊县广泛开展四旁植树及农田林网。

（4）确保交通建设用地。至2010年，交通用地规模达到292.44平方公里（43.87万亩），比1996年增加100平方公里，占全市土地面积的比重由1996年的2.42%上升至3.50%。其中将从城镇村及工矿用地调整53平方公里，另围垦30平方公里滩涂用于港口、浦东机场和交通建设，调整约10.11平方公里耕地用于京沪、浦东铁路、沪通、乍嘉湖铁路用地。

（5）稳定水面（域）面积。至2010年，水域面积1 899.79平方公里（284.97万亩）。

（6）居民点及工矿用地规模基本稳定。至2010年，居民点及工矿用地规模达1966.77平方公里（295.02万亩），比1996年增加36平方公里（5.40万亩）。占全市土地面积的比例由24.30%略降低到23.57%。

城镇及工矿用地，将主要通过农村居民点的归并挖潜中调整取得。其中：

农村居民点的用地规模从1996年的847.55平方公里（127.13万亩）缩小至2010年的611.55平方公里（91.73万亩）。其中农民宅基地从1996年的517.96平方公里（77.69万亩）缩小至321.96平方公里（48.29万亩）。

城镇及工矿用地规模由1996年的1057.05平方公里（158.56万亩）扩大到2010年的1326.05平方公里（198.91万亩），其用地规模与农村居民点归并调整相抵，全市建设用地增加总量在136.5平方公里以内。

城镇村及工矿用地的土地利用布局和结构调整，是规划期内的调整重点。

未来14年中，居民点及工矿用地中将归并、调整238多平方公里的存量土地。其中，有179平方公里土地转为耕地、园地和林地，另有53平方公里转为交通用地。

（7）增加牧草地。考虑滩涂的形成与植物群落的演替关系密切，崇明滩涂上的草本植物较适宜发展白山羊，规划在未利用地滩涂资源中先安排20平方公里作为牧草地，以后根据资源和需求调整规模。

2、城市和村庄、集镇建设用地规模方案。

城镇及工矿总规模。从适度改善上海城市生态环境出发，至2010年，城镇及工矿总规模控制在1326平方公里范围内。上海常住城镇人口为1420万，按人均93平方米（比1996年下降7平方米）计，外延总规模控制在269平方公里。其中市区非农业人口由904万增至1075万，用地规模由736平方公里外延至911平方公里，外延175平方公里，人均用地由80平方米，增至85平方米。

中心城建设用地规模。中心城严格控制在外环线内（规划面积约690平方公里）发展，至2010年中心城城市建设用地由现状446平方公里外延增长控制在585平方公里内，人口815万，人均城市建设用地约72平方米。

浦东新区用地规模。至2010年，调整到250.4平方公里。在建设外向型、多功能、现代化的新区过程中，城镇及工矿用地规模从1996年的190.4平方公里扩大到2010年的250.4平方公里。但注意布局和结构的调整，人均用地指标由1996年的127平方米，下降到104平方米。

宝山、闵行、嘉定三个郊区用地规模。至2010年控制在381.91平方公里。作为上海发展的工业走廊，中心城经济扩散、辐射和人口疏解的主要地区，城镇及工矿用地规模扩展将从1996年的266.91平方公里，控制在2010年的381.91平方公里内。但人均用地指标从1996年的222平方米，调整到2010年的94平方米。

金山区、松江、奉贤、南汇、青浦、崇明六区县用地规模。至2010年调整到414.94平方公里。作为“大农业、大工业、大旅游”的经济发展地带，城镇及工矿用地规模扩展由1996年的320.94平方公里，控制在2010年的414.94平方公里，外延94平方公里。人均用地指标由214平方米调整到2010年120平方米。

（三）土地利用分区

土地利用分区的目的：依据土地资源的特点，社会经济持续发展的要求，划出土地主要用途相对一致的区域，明确土地使用的限制条件，为实施土地利用总体规划和实行用途管制提供依据。一、揭示土地利用的地域分异规律，优化土地利用空间结构，有利于生产和建设的区域和专业化；二、强化土地利用的宏观控制、协调、组织和监督，协调各部门的矛盾，限制不合理的土地利用；三、成为落实土地利用总体规划的具体途径和重要措施。

从上海实际出发，可采用两种分区方法。一是在市级规划的宏观层面按照城市功能分区和市委、市府确定的经济功能分片以及土地的地域、属性特征进行分区；二是在县、乡两级实施规划中，按用途管制的要求进行土地利用分区。

本规划兼顾两方面的要求，将上海市6 377.10平方公里的陆域分成六个区，其中市区分三区，郊县分三区。

1、市中心区、浦西10区

特点：上海老城区，金融、贸易、工业、科技、文化、教育事业最发达地区，人口密集，居住集中，立体化交通网络初步形成。土地面积278.81平方公里。

土地利用方向：以发展第三产业为中心，除保障居住用地外，优化城市土地使用功能，改造旧城区，调整产业结构，以合理的布局、配套齐全的设施和优美的环境为目标，建成最具活力的国际经济、金融、贸易中心城市的标志性地区。

东片（黄浦区、南市区）是上海规划中的中央商务区和中心商业区所在地，商业经济发达，区域经济繁荣。旅游资源丰富，文化娱乐、教育、卫生设施齐全。土地利用要以中央商务区建设为重点，形成以金融、贸易等高层次第三产业为主体的城市功能区。

南片（徐汇区、卢湾区）商业繁荣、社会事业发达，科学技术力量雄厚，居住质量较高，经济增长势头强劲。土地利用要以繁荣的商贸、高水准的配套设施和优质服务为特色，发挥现代中心商业街区的集聚和带动功能；以一流的教育、高雅的文化和完备的体育设施等为标志，发挥文化中心的服务和辐射功能；以迅速发展的新兴技术开发区和雄厚的科技力量为依托，发挥工业基地的创新功能；以优美的环境为目标，发挥一流居住城区的示范功能。成为商贸繁荣、文化发达、工业先进、居住舒适、高度文明的现代化城区。

西片（静安区、长宁区、普陀区）是全市水陆空三大通道相对集中的地区，是上海与长江三角洲、沿江地区经济带乃至全国交通网络衔接的“西大门”。土地利用要发挥三大通道的交通优势和“西大门”的地域条件，发展成为上海重要的商贸、物贸、外贸中心和货物集散地；成为产业布局合理，城市功能齐全，具有高效益的内外贸、高水准的教育文化、高科技的城市型工业、高质量休闲娱乐观光和现代化的居住新城区。

北片（闸北区、虹口区、杨浦区）是上海的老工业基地，对外大交通的重要门户，科技教育机构最密集的地区和大型居住区集中地。土地利用要结合传统产业改造、市级工业区开发，建设结构优化和布局合理的工业、能源基地；结合危、棚、简屋地区的改造，建设环境优雅、配套完善、管理有序的现代化大型居住基地；围绕科、教和人才密集优势，建设一流的科技中试与产业化基地；利用水路和铁路客货运集中的优势，建设以对外水陆交通枢纽为核心的仓储、运输、配货等集散基地和中高档商贸、工贸中心。使北片成为上海经济社会发展实力最大的地区之一。

2、浦东新区

特点：上海开发开放和现代化建设的前沿和重点，政策优势明显。随着陆家嘴金融贸易区、金桥出口加工区、外高桥保税区、张江高科技园区等重点小区的开发、市政交通基础设施的逐步完善和浦东国际机场的建设，浦东将发挥连接国内外、辐射长江三角洲和长江沿岸城市的龙头作用，成为上海的精华地区。土地面积517.38平方公里。

土地利用方向：浦东新区以建设外向型、多功能、现代化的新城区为目标，全面推进城市化进程。土地利用划分为基本农田保护区、一般农田保护区、园地区、林业用地区、城镇建设用地区、村镇建设用地区、工业用地区、自然与人文景观保护区和其他用途区等九个分区。土地利用要成为以金融、贸易等高层次第三产业为主体的服务功能区；成为高开放度的综合自由贸易港口区；成为以高新技术产业为主体的出口加工基地和现代化工业园区；成为体现现代化新区一流水准的社会发展和社区服务的住宅区及沿江、沿河、沿路带状绿地为重点的绿化区域；成为具有上海特色的都市观光旅游区和现代化农业示范基地。规划居民点及工矿用地规模2010年为282.39平方公里；基本农田保护面积90.00平方公里（15.50万亩）。

3、城郊区———宝山区（除长兴、横沙二岛）、闵行区、嘉定区

特点：地处上海城区外围，是中心城的延伸区域，上海发展的工业走廊，中心城经济扩散、辐射和人口疏解的主要地区。城郊区土地面积1 137.09平方公里。

土地利用方向：充分利用水陆空三大通道的交通优势和上海外围的区位条件，发展成为全市重要的工业基地和商贸、物贸、外贸中心及货物集散地，建成全市粮食、蔬菜、副食品生产基地。土地利用划分为基本农田保护区、一般农田保护区、园地区、林业用地区、城镇建设用地区、村镇建设用地区、工业用地区、自然与人文景观保护区和其他用途区等九个分区。规划居民点及工矿用地规模2010年580.15平方公里，基本农田保护面积328平方公里（49.2万亩）。

宝山区，是上海北翼的新城。以宝钢、沿江港口、电站、电厂为依托，与大工业联合，成为上海重要的冶金工业基地、重要的港口装卸和货物中转储存基地、上海能源、自来水生产基地、上海市重要的商品粮和副食品生产基地之一。规划2010年居民点及工矿用地规模180.79平方公里，基本农田保护面积68平方公里（10.2万亩，不包括划入三岛区的长兴、横沙两岛的67平方公里基本农田）。

闵行区，是与中心城区融为一体又相对独立的现代化新城区，是中心城西南地区的交通枢纽。以电站设备及大型成套设备工业为先导行业，电子通讯、计算机元器件、生物化学、生物医药等为支柱行业，成为全市重工业、化工工业基地；发展以房地产、商业、仓储、交通运输为主的第三产业；以设施农业、创汇农业、示范性农业为重点，建成现代化农业的生产基地和示范基地。居民点及工矿用地规模2010年为190.82平方公里。基本农田保护面积100平方公里（15万亩）。

嘉定区，是上海以科技、汽车工业为支柱、城乡一体，综合发展的现代化新区。以轿车及运输设备、电光源、通讯电缆及设备、包装材料、新型材料等为支柱行业，成为全市轿车、电光源等高科技产业化基地；发展以商业、科技服务业、交通旅游业、仓储业、房地产业为重点的第三产业；发展城市化农业，成为本市商品粮生产的稳定基地、优质蔬菜基地和名特优新稀农副产品的生产基地。居民点及工矿用地规模2010年为208.54平方公里，基本农田保护面积160平方公里（24万亩）。

4、杭州湾北区———金山区、奉贤县、南汇县

特点：地处杭州湾北部，是上海的南大门。随着浦东空港、深水港、奉浦大桥等开发建设，

将成为浦东开发和市区工业转移的重要基地。区域面积1 987.21平方公里（298.08万亩）。

土地利用方向：发展“高优高”现代农业，形成以粮、猪、蚕丝为主要特色的农副产品生产、加工基地，基本农田保护面积949平方公里（142.35万亩），其中农场39平方公里（5.85万亩）；形成具有特色的机电、汽车配件、生物、仪表、食品等制造业中心区和以化工为主导的滨海工业区；依托便捷交通，发展浙沪边界商贸重镇和集旅游、购物为一体的商业集散城镇。形成以芦潮港为主的洋山深水港货物吞吐、外轮进出和人流物流的重要出海口和现代新型港口。土地利用划分为基本农田保护区、一般农田保护区、园地区、林业用地区、城镇建设用地区、村镇建设用地区、工业用地区、自然与人文景观保护区和其他用途区等九个分区。居民点及工矿用地规模2010年为401.32平方公里（60.20万亩）。

金山区，上海市南翼经济发展的重要基地，土地面积584.26平方公里。依托肉食制品、粮油加工、桑蚕丝绸三大农副业特色，大力发展特色农业、创汇农业，基本农田保护面积稳定在300平方公里（45万亩）。大力发展商业、交通运输业、信息咨询业和旅游等第三产业。在滨海城市链中，建成一个以石油化工为主导，港口运输工业品集装箱出口为支柱的相对独立的综合性现代化城市。居民点及工矿用地规模2010年为172.30平方公里。

奉贤区，上海经济发展的腹地。土地面积694.63平方公里。稳定发展粮、菜等种植业，大力发展养殖对虾、瘦肉型猪、肉鸡、鳗鱼及食用菌生产为重点的出口商品生产基地，基本农田保护面积为339平方公里（50.85万亩），其中农场24平方公里（3.60万亩）。依托周边开发区，发展电器、汽配、食品加工、建材、轻工、纺织机械、化工等工业；利用黄金水道，发展仓储业成为商品集散点；建设奉新旅游度假区。居民点及工矿用地规模2010年为112.94平方公里。

南汇区，是浦东新区的“南大门”、“后花园”，土地面积708.32平方公里。发展粮食、果蔬等农副产品生产和加工业，基本农田保护面积310平方公里（46.5万亩），其中农场15平方公里（2.25万亩）；工业以汽车配套、金属冶炼及压延加工、建材、食品加工和特种电器电缆为主；发展海上交通，突出渔港、贸易港、旅游港功能；开拓旅游业。居民点及工矿用地规模2010年为116.08平方公里。

5、山湖区——松江县、青浦县

特点：兼具山水风光、人文资源，是上海重要的经济发展带。区域土地面积1279.56平方公里。

土地利用方向：以其独特的地理位置、交通优势，充分发挥“大农业、大工业、大旅游”的三大功能。形成重要的粮食生产基地和为城市提供大量鲜活、优良农副产品的生产基地，基本农田保护面积615平方公里（92.25万亩）；形成吸纳大工业转移的重要区域和较理想的大工业配套基地；利用佘山国家级风景旅游区、淀山湖风景旅游区而成为上海重要的兼具山水风光，人文资源的旅游度假基地。土地利用划分为基本农田保护区、一般农田保护区、园地区、林业用地区、城镇建设用地区、村镇建设用地区、工业用地区、自然与人文景观保护区和其他用途区等九个分区。居民点及工矿用地规模2010年为221.96平方公里。

松江区，土地面积605.08平方公里。上海大工业配套基地、粮食和副食品生产重要基地之一。要调整和优化种植结构，形成集约、高效现代化农业，基本农田保护面积稳定在300平方公里（45万亩）。第二产业以轻工、电子器材、特色食品、机械为主。开发建设佘山风景区，发展旅游、商业服务、房地产和仓储业。居民点及工矿用地规模2010年为128.38平方公里。

青浦区，土地面积674.48平方公里。上海重要的商品粮和农副产品生产基地、旅游度假基地、工业基地之一。稳定粮食生产，发展水产、水禽、水生蔬菜为特色的副食品生产，基本农田保护面积 315 平方公里（47.25 万亩）。建设好以高科技纤维、高级纺织产品为主的国家级“中国纺织科技城”。以旅游商贸业为导向，建设好淀山湖风景旅游区。居民点及工矿用地规模 2010 年为 93.58 平方公里。

6、三岛区——— 崇明岛、长兴岛、横沙岛

特点：三岛由长江夹带下来的泥沙冲积而成，土地面积 1 177.05 平方公里。其中崇明岛是我国的第三大岛，土地面积 1 056.99 平方公里。三岛丰富的农林、水产资源，漫长的江海岸线，地处长江口的地理优势，构成了净土、净水、无污染的独特的海岛功能。

土地利用方向：发展生态农业、特色农业和创汇农业，使之成为重要的商品粮生产基地和畜禽、奶牛、淡水养殖等特种农副产品生产和加工基地，以及重要的鸟类自然保护区。基本农田面积 765 平方公里（114.75 万亩），其中崇明县 492 平方公里（73.80 万亩），宝山区长兴、横沙两岛 67 平方公里（10.05 万亩），农场 206 平方公里（30.90 万亩）；动态的鸟类自然保护区面积安排在 340 平方公里（含水面）；在维护海岛生态环境前提下，适当预留发展仪器仪表、电器、生物工程、特色食品、纺织工业及以新型材料为重点的无污染的金属制品生产；发展修、造、拆船行业，成为技术先进的修船基地、航运中转基地；建设国家级横沙岛旅游开发区和崇明岛东平森林公园等旅游区，使其成为上海海岛旅游度假基地。土地利用划分为基本农田保护区、一般农田保护区、园地区、林业用地区、城镇建设用地区、村镇建设用地区、工业用地区、自然与人文景观保护区和其他用途区等九个分区。居民点及工矿用地规模 2010 年为 202.15 平方公里。

在上述土地利用分区确定的各类主导用途中，特别是引进工业项目，要确定鼓励项目、限制项目、禁止项目的用地条件。鼓励引进低污染、低能耗，符合国家产业政策的高新技术项目。对能源、建材、化工等项目的建设应综合考虑各项目对临近地区可能产生的环境影响。

表 6-3 土地利用分区面积表 单位：平方公里

<table>
<tr><th>分区名称</th><th colspan="3">区内分面积</th><th>区域总面积</th><th>居民点及工矿用地</th><th>基本农田保护区</th></tr>
<tr><td>中心区</td><td colspan="3">浦 西 10 区</td><td>278.81</td><td>278.81</td><td></td></tr>
<tr><td>浦东新区</td><td colspan="3"></td><td>517.38</td><td>282.39</td><td>90.00</td></tr>
<tr><td rowspan="2">城 郊 区</td><td>宝山（陆域面积）</td><td>嘉 定</td><td>闵 行</td><td rowspan="2">1 137.09</td><td rowspan="2">580.15</td><td rowspan="2">328.00</td></tr>
<tr><td>306.67</td><td>458.72</td><td>371.70</td></tr>
<tr><td rowspan="2">杭州湾北区</td><td>南 汇</td><td>奉 贤</td><td>金 山</td><td rowspan="2">1 987.21</td><td rowspan="2">401.32</td><td rowspan="2">949.00</td></tr>
<tr><td>708.32</td><td>694.63</td><td>584.26</td></tr>
<tr><td rowspan="2">山 湖 区</td><td>松 江</td><td colspan="2">青 浦</td><td rowspan="2">1279.56</td><td rowspan="2">221.96</td><td rowspan="2">615.00</td></tr>
<tr><td>605.08</td><td>674.48</td><td></td></tr>
<tr><td rowspan="2">三 岛 区</td><td>崇 明</td><td>长兴岛</td><td>横沙岛</td><td rowspan="2">1 177.05</td><td rowspan="2">202.15</td><td rowspan="2">765.00</td></tr>
<tr><td>1056.99</td><td>74.14</td><td>45.92</td></tr>
<tr><td>合 计</td><td></td><td></td><td></td><td>6 377.10</td><td>1966.78</td><td>2747.00</td></tr>
</table>

四、上海市 2008 年土地利用计划

2008 年本市土地利用计划包括新增建设用地计划、新增耕地计划、经营性项目用地计划、工业用地计划、经营性土地储备计划等，其中前两类计划为国家下达的计划，后三类计划为上海自

行编制的计划。

（一）2008 年土地利用计划安排的原则

以“统筹配置、确保重点；节约集约，盘活存量；占补平衡，计划挂钩”为原则，按照保护资源、保障发展的要求，增强土地利用计划编制的科学性和执行的有效性，强化土地利用计划总量、结构和节奏调控，不断提高土地资源对全市经济社会的综合服务和保障水平。在安排方式上，一是继续实行“统分结合”，注重发挥区县的积极性。二是分批下达，根据用地需求、土地节约集约利用状况和存量土地盘活情况，分批下达土地利用计划。

（二）2008 年土地利用计划安排情况

1．新增建设用地计划

2008 年，国土资源部初步下达本市新增建设用地计划为 4 950 公顷，其中农转用 4 300 公顷（耕地 3 500 公顷），未利用土地 650 公顷。分解下达到各区县 2 650 公顷，其中农转用计划 2 450 公顷（耕地计划 2 050 公顷），未利用土地 200 公顷。各区县应安排计划总量 40%左右用于消化历史遗留用地问题。解决历史遗留用地问题后剩余的计划，统筹安排好生产、生活和生态建设用地。其余 2300 公顷新增建设用地计划由市统筹安排。

区县的新增建设用地计划分两批下达，第一批按年度总量的 60%左右下达，剩余 40%左右指标视区县新增建设用地、新增耕地计划执行情况和存量土地盘活情况下达，对未完成盘活存量三分之一任务、新增耕地计划落实不力的区县，相应核减第二批新增建设用地计划。

2．新增耕地计划

国土资源部下达本市土地整理复垦新增耕地计划 4 820 公顷。计划安排如下：（1）加快推进区县的农田综合治理、农村建设用地整理复垦、自然村归并，力争实现新增耕地 1 320 公顷；（2）尚有国家下达的新增耕地计划 3 500 公顷，按照滩涂资源开发利用“十一五”规划确定的目标，落实 2008 年度滩涂开发整理新增耕地计划并积极推进。

3．经营性项目用地计划

安排经营性项目用地计划 1 500 公顷，其中住宅用地 800 ～ 1000 公顷，非住宅经营性用地计划 500 ～ 700 公顷。优先安排保障性住房、旧区改造、中小套型普通商品住房的土地供应；合理安排发展金融、现代服务业急需的经营性项目用地和居民生活必需商业配套项目用地，继续停止别墅类房地产开发项目的土地供应。郊区县的经营性用地计划分两批下达。

4．工业用地计划

安排工业用地出让计划 2 500 公顷。重点向国家、市级工业园区及市重大产业基地倾斜，优先安排符合国家、上海产业布局和导向的先进制造业等工业仓储用地。

5．土地储备计划

根据经营性项目土地供应必须全部“净地”条件出让的要求，以及区县及有关单位上报的计划情况，初步安排经营性土地储备计划 2 200 公顷。

第二节 土地储备

土地储备制度是政府为提高对土地市场的宏观调控能力，由土地储备经营机构（土地储备中心）按照一定的法律程序，根据土地利用总体规划和城市规划，通过征用、收购、置换、转制、收回等方式，从分散的土地使用者手中，把土地集中起来，并由土地储备中心进行土地开发后，将土地储备起来，再根据城市规划和城市土地出让年度计划，有计划地将土地投入市场，以满足各类建设用地需求，合理调控土地市场供求关系的管理制度。建立土地储备制度，是政府加强城市土地管理，优化城市土地资源配置，保持城市土地的可持续利用，增加财政收入的有效途径。

从实践来看，目前我国城市土地储备主要有 3 种模式：以市场为主导的上海模式；政府主导与市场运作相结合的杭州模式；政府主导、市场运作与土地资产管理相结合的南通模式。以上 3 种模式各有优缺点：完全的市场模式下储备机构的资金运行较快，能迅速发展壮大，但对政府为通过储备达到垄断一级市场，以及临时解困困难企业减轻政府压力目的上乏力；而完全的政府主导模式又可能会使土地储备的体制变得僵化，与市场经济体制和土地使用制度改革相悖。但是无论采用土地储备制度的哪种模式，调控市场均为重要目标，在这方面，3 种模式的思路基本一致：在市场土地较多、价格较低时，多收购一些土地，市场土地较少、价格上扬时，就多抛出一些土地，以此实现总量平衡，以价格杠杆的作用促进市场的平稳运行。

1996 年 8 月，我国第一家土地储备机构——上海市土地发展中心诞生；1997 年 8 月，杭州土地储备制度开始启动，其中建设成果和经验在 1999 年全国土地集约利用市长研讨班上引起了强烈反响；1999 年 6 月，国土资源部以内部通报形式转发《杭州市土地储备实施办法》和《青岛市人民政府关于建立土地储备制度的通知》，并向全国推广杭州、青岛两市开展土地储备的经验；2001 年 4 月 3 日《国务院关于加强国有土地资产管理的通知》（国务院 15 号文件），明确要求“有条件的地方政府试行收购储备制度”。从此，众多城市纷纷成立土地储备机构，土地储备工作在全国迅速展开。

一、土地储备机构

由于上海采取“市区二级”的土地储备制度，所以上海市、区级别的土地储备机构已有二十余家。

二、土地储备运作方式

“政府主导、市场运作、市区联手、分责共享”的土地储备新机制，以较高起点、较大手笔、较快速度推进土地储备，努力实践增强政府对土地市场的调控能力，确保土地出让中的政府收益，改进土地供应方式。上海土地储备运作模式如图 6-1。

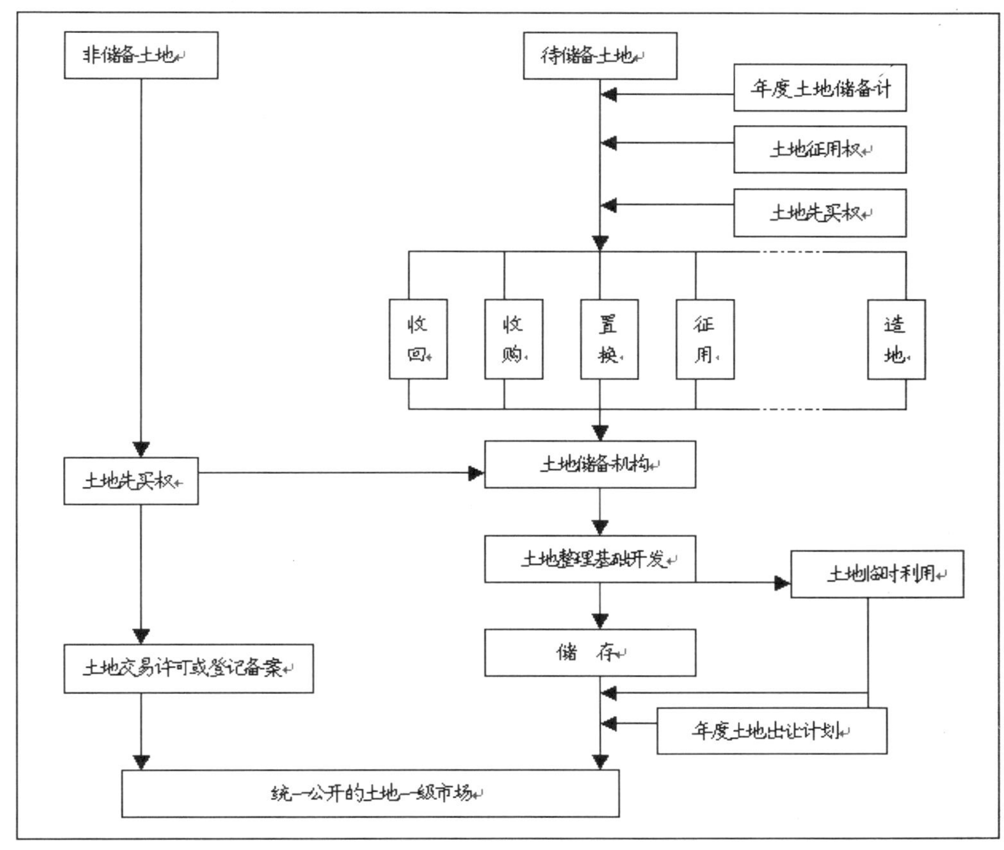

图 6-1　上海土地储备运作模式图

（二）上海土地储备的资金管理

上海土地储备的资金管理及市区分成模式如表 6-1。

表 6-4　　上海出让土地使用权收入分配细目表

<table>
<tr><th colspan="4">上海出让土地使用权收入分配细目表</th></tr>
<tr><td colspan="4">占出让土地使用权收入总额比例</td></tr>
<tr><td colspan="4">前期开发成本 70%</td></tr>
<tr><td rowspan="5">土地出让金 30%</td><td colspan="3">上缴中央　30%×5% - 1.5%</td></tr>
<tr><td colspan="3">业务管理费　30%×2% - 0.6%</td></tr>
<tr><td rowspan="3">市区五五分成
30%×93% - 27.9%</td><td colspan="2">区　13.95%</td></tr>
<tr><td rowspan="2">市　13.95%</td><td>市集中使用建设专项资金　13.95%×40% - 5.58%</td></tr>
<tr><td>市城投总公司　13.95%×60% - 8.37%</td></tr>
</table>

三、土地储备量

（一）上海土地储备中心土地储备详细分布（见表 6-5、6-6）

表 6-5 上海土地储备表（按类别划分）

"三重"土地储备	退二进三土地储备	旧区改造土地储备	郊区土地储备
海运学院	上粮二库	杨浦东外滩	宝山顾村
上海南站地区	华龙路 1960 号	虹口北外滩	青浦华新
南外滩 8 #－1 地块	上粮 8 库	长宁临空地区	松江佘山
花木地区	上粮 1 0 库	普陀长风地区	

注：“三重”土地储备是指重要地区、重要道路和重大项目周边地区土地储备

表 6-6 上海土地储备表（按地区划分）

所 属 地 区	详 细 地 址			
浦东新区	浦东大道 1 550 号	花木铁路备用地	张江备用地	崂山街道 257 坊 2 丘
徐汇区	龙华路 1 960 号	华径储备地块	铁路南站	
普陀区	云岭南路 361 号	长风地块		
黄浦区	南外滩 8#-1 地块	福佑路地铁		
长宁区	北新径镇 221 坊 1/1 丘	临空工业园区		
宝山区	大场老镇改造地段	顾村镇地铁		
虹口区	虹口北外滩			
杨浦区	杨浦东外滩			
嘉定区	江桥新镇			
青浦区	重固华新			
松江区	松江区 21 丘			

（三）市土地储备机构近期土地储备的重点

为了切实落实好新一轮城市总体规划，结合推进中心城区功能、布局调整和郊区“三个集中”，市土地储备机构储备土地的重点应放在以下四个方面：

1．中心城区旧区改造和结构调整土地

根据城市功能和布局调整，以及经济、社会、环境协调发展的需要，中心城区将加大产业结构调整和高等院校等布局结构调整，原来企事业单位通过划拨取得的土地，将置换用来发展第三产业或用于基础性、公益性项目建设，这些土地应纳入土地储备体系，按照新的城市规划要求，通过土地一级市场公开出让，这不仅可以确保土地的升值收益归政府所有，而且也能充分体现储备地块的规划要求。

2．轨道交通站点周边土地和重大基础设施周边土地

轨道交通基本网络建设，是未来 10 年城市交通基础设施建设的重中之重，政府花巨资建设，带来轨道交通沿线周边的土地升值收益理应属于政府。因此，超前对轨道交通沿线周边的土地进行实物储备或规划红线储备，不仅可以将土地的升值收益牢牢控制在政府手中，而且可以避免轨道交通沿线周边无序开发建设。目前已经启动南站地区土地储备，面积 2.77 平方公里。

3．黄浦江沿岸、苏州河沿岸等重点地区的土地

黄浦江沿岸和苏州河沿岸地区是今后上海城市的景观轴线，是城市形象和功能的新象征、新

亮点。为了确保黄浦江两岸和苏州河沿岸地区能够做到高起点规划、高水平开发，充分实现土地的市场价值，必须加强土地控制，将沿岸土地储备起来，然后在规划的指导下，分期、分批进行土地开发。特别是黄浦江两岸四大重点开发区和世博园选址地区及其周边地区，更要加快土地储备步伐。

4．新城、中心镇农用地转建设用地的土地

从数量分析，储备资源主要分布在外环县以外郊区，属于集体土地，大多为农用地和新增滩涂资源，需要按照土地利用规划进行农转用，建设新城、中心镇。加快新城和中心镇建设，是上海加快推进城市化进程，落实郊区“三个集中”政策的重要举措。注意土地储备与集镇建设联动，将改变长期来新镇建设与老镇改造脱节、老镇发展滞后的局面，建立综合平衡机制，形成土地开发的规模效应、整体效应、协同效应，推动城镇建设协调发展和可持续发展。

第三节　土地供应

一、上海2008年度土地供应计划（见表6-8）

表6-7　上海市经营性土地供应计划情况　（单位：公顷）

年　度	计划指标	管理重点	备注
2000	1 050		指标中包括年底追加350公顷
2001	1 200	经营性计划明确市级试城镇计划实行单列，并予以重点保证。同时对经营性项目实行招标供地。	指标中包括年底追加200公顷
2002	1 800	2002年起下达经营性商品住宅建设用地计划。实行按项目申请用地，按进度安排计划，重点保证市试点城镇，国家及市重大工程项目及重大项目配套动迁住宅用地。并加大招标供地力度。市级试点城镇计划不计入总量	
2003	2 000	2003年计划性商品住宅计划下达招标、挂牌计划，供地方式全面实行招投标供地。其中浦江两岸开发和市试点城镇计划实行单列，不计入总量。	

2004	2 500	2004年经营性商品住宅计划重点安排普通商品住房用地、重大工程配套动迁商品房等中低价商品住宅用地，控制高档商品房用地，禁止供应低密度别墅用地，同时实行计划安排与盘活存量土地挂钩制度，以加快存量土地入市。	
2005	3 000	2005年本市安排经营性用地计划3 000公顷。一重点保障市重大工程配套商品房和中低价普通商品房建设项目用地；二是推出市场化经营性项目用地。	
2006	2 500	2006年本市安排经营性用地计划2 500公顷，根据安排市场调控目标，合理安排年度经营性用地指标。保证重大工程配套商品房和普通商品房建设用地。并根据房地产市场调控情况进行调整。	
2007	2 000	2007年本市安排经营性项目用地计划2 000公顷，其中住宅用地1 100公顷，非住宅经营性项目用地计划900公顷，计划安排上优先保证中低价位、中小套型配套商品房的土地供应，优先安排现代服务业急需的商服用地和居民生活必需商业配套项目用地。	
2008	1 500	安排经营性项目用地计划1 500公顷，其中住宅用地800-1 000公顷，非住宅经营性用地计划500-700公顷。优先安排保障性住房、旧区改造、中小套型普通商品住房的土地供应；合理安排发展金融、现代服务业急需的经营性项目用地和居民生活必需商业配套项目用地，继续停止别墅类房地产开发项目的土地供应。郊区县的经营性用地计划分两批下达。	

二、上海市基准地价

（一）上海市基准地价土地级别（基准日2003年6月30日）

1．一级区域

浦西：

黄浦江岸线－苏州河南岸－四川中路－延安东路－黄浦江岸线；

南京西路－成都北路－淮海中路－西藏南路－西藏中路－南京西路；

南京东路、南京西路（西藏中路至乌鲁木齐北路）、淮海东路、淮海中路（西藏南路至陕西南路）沿线两侧。

浦东：

黄浦江岸线－东昌路－银城中路－浦东南路－黄浦江岸线；

世纪大道（银城路至浦东南路）沿线两侧。

2．二级区域

由一级地区域外围线与下列路线围成的封闭区域为二级地区域：

浦西：

苏州河南岸－石门二路－新闸路－泰兴路－北京西路－乌鲁木齐北路－乌鲁木齐中路－复兴西路－复兴中路－重庆南路－自忠路－西藏南路－寿宁路－人民路－河南南路－方浜中路－中华路－复兴东路－中山南路－王家码头街－黄浦江岸线 ；

苏州河北岸－吴淞路－天潼路－长治路－大名路－溧阳路－黄浦江岸线；

广元路－广元西路－宜山北路－宜山路－南丹路－南丹东路－宛平南路－宛平路－广元路。

浦东：

黄浦江岸线－张杨路－世纪大道－浦东南路－银城中路－东昌路－黄浦江岸线。

3．三级区域

由二级地区域外围线与下列路线围成的封闭区域为三级地区域：

浦西：

黄浦江岸线－公平路－东大名路－商丘路－东汉阳路－溧阳路－周家嘴路－九龙路－武进路－河南北路－天目东路－天目中路－共和新路－交通路－恒丰路－长安路－天目西路－长寿路－长宁路－江苏路－华山路－广元路－宛平路－嘉浜路－徐家汇路－陆家浜路－黄浦江岸线 ；

仙霞路－古北路－延安西路－仙霞路；

四川北路（武进路至溧阳路）两侧。

浦东：

黄浦江岸线－民生路－浦东大道－源深路－杨高中路－世纪大道－浦电路－东方路－浦建路－塘桥新路－黄浦江岸线 。

4．四级区域

由三级地区域外围线与下列路线围成的封闭区域为四级地区域：

浦西：

黄浦江岸线－怀德路－杨树浦路－大连路－大连西路－密云路－中山北二路－伊敏河路－运光路－邯郸路－中山北一路－西宝兴路－北宝兴路－延长路－延长中路－延长西路－志丹路－光新路－华池路－岚皋路－真如港－中宁路－武宁路－杨柳青路－枣阳路－金沙江路－大渡河路－冕宁路－苏州河南岸－古北路－天山支路－天山路－威宁路－北虹路－虹古路－水城路－虹桥路－虹许路－古羊路－姚虹西路－虹桥路－中山西路－宜山路－桂林路－钦州南路－钦州路－龙华港－黄浦江岸线 ；

国定路－政通路－淞沪路－虬江－国和路－翔殷路－黄兴路－国定路。

浦东：

黄浦江岸线－上南路－浦东南路－龙阳路－罗山路－黄浦江岸线 。

5．五级区域

由四级地区域外围线与下列路线围成的封闭区域为五级地区域：

浦西：

黄浦江岸线－宁国路－长阳路－隆昌路－营口路－中原路－长海路－恒仁路－政立路－国权北路－三门路－逸仙路－场中路－共和新路－汶水路－真北路－北虹路－哈密路－仙霞西路－虹

桥机场外边界－迎宾三路－虹桥路－程家桥路－合川路－吴中路－莲花路－上中西路－上中路－龙吴路－环南二大道－黄浦江岸线 。

浦东：

黄浦江岸线－川杨河－杨高南路－博文路－川北公路－张江路－金桥路－黄浦江岸线。

6．六级区域

由五级地区域外围线与下列路线围成的封闭区域为六级地区域：

（1）外环线以内

浦西：

五级以外、外环以内扣除桃浦工业区及宝山七级地部分。

浦东：

黄浦江岸线－东高路－杨高北路－巨峰路－申江路－申江路南段（规划）－张江路－华夏中路－华夏西路－杨高南路－环南一大道－黄浦江岸。

（2）外环线以外

（宝山区）长江沿岸－黄浦江－北泗塘－马路河－铁路－练祁河－老蕴川路－长江沿岸；

（莘庄地区）沪杭高速公路－莘奉路－春申塘－南新铁路环线－沪杭高速公路。

7．七级区域

（1）外环线以内：

浦东：

六级以外区域（不包括浦东孙桥八级区域）。

浦西：

（宝山区）共和新路－保德路－三泉路－场中路－少年村路－沪太支路－南大路－祁连山路－沪嘉高速公路－外环线。

（2）外环线以外：

（浦东外高桥地区）长江沿岸－黄浦江－外环线－五洲大道－长江沿岸 ；

（浦东三林）外环以南、浦东新区边界以北部分 ；

（宝山区）外环线－北泗塘－马路河－铁路－练祁河－蕴川路－外环线 ；

蕴藻浜西端－吴淞江（苏州河）－原纪王镇西界－徐泾镇西界－九亭镇西界－新桥镇西界－新桥镇南界－茜浦泾－女儿泾－黄浦江－外环线－莘奉路－春申塘－南新铁路环线－沪杭高速公路－外环线向北－宝山区西界－蕴藻浜；

嘉定镇、安亭镇、罗店镇、青浦镇、松江镇、浦东川沙镇、康桥镇、周浦镇、奉贤南桥镇 。

8．八级区域

（浦东孙桥）外环线－河浜－军民路－河浜－外环线 ；

浦东外环线－五州大道－东海沿岸－浦东国际机场边界－周祝公路－沪南公路－杭塘路－奉贤区北界－黄浦江－浦东新区南界－外环线 ；

（宝山、嘉定）外环线－蕴川路－月罗公路－宝山区西界－娄塘河－嘉定区西界－吴淞江（苏州河）－蕴藻浜－宝山区西界－外环线 ；

（青浦）吴淞江－原纪王镇西界－徐泾镇西界－九亭镇西界－新桥镇西界－新桥镇南界－茜浦泾－女儿泾－黄浦江向西－松江区西界－华田泾－西大盈港－青浦区北界－吴淞江；

（奉贤区）黄浦江岸线－沪杭公路－大叶公路－沪杭公路（规划）－沪杭公路－大亭公路－莘奉金高速公路－黄浦江；

金山石化地区、朱泾镇、朱家角镇、惠南镇 。

9．九级区域

宝山区（不含长兴岛、横沙岛）八级以外区域；

嘉定区、青浦区、松江区、金山区、奉贤区、南汇区八级以外的区域；

10．十级区域

崇明岛、长兴岛、横沙岛　。

11．十一级区域

滩涂。

（二）上海市基准地价

表 6-8　上海市基准地价表　（基准日 2003 年 6 月 30 日）

用途	商业		办公		住宅		工业	
级别		设定容积率		设定容积率		设定容积率		设定容积率
1	12 260	3.5	8 200	3.5				
2	9 920		6 200		6 200	2.5		
3	7 500	3.0	4 550	3.0	4 550		4 200	2.0
4	5 280		3 300		3 300	2.0	2 100	
5	3 960	2.3	2 400	2.3	2 400	1.8	1 100	1.5
6	2 175		1 500		1 500	1.5	530	1.0
7	1 269	1.2	940	1.2	940	1.0	295	
8	910		700		700		250	
9	600	1.0	510	1.0	510	0.8	195	
10	370		370		370		150	
11	滩涂待定							

说明：

（1）本基准地价为正常市场条件下，各级别分用途法定出让最高年限下的国有土地使用权的平均价格，基准日为 2003 年 6 月 30 日。

（2）表中商业、办公、住宅价格均为对应级别平均容积率下的楼面地价；工业用途 3、4、5 级为对应级别平均容积率下的楼面地价，其余级别为地面价。

（3）表中 1～5 级为“七通一平”，即完成动拆迁、具备“道路、供水、供电、通讯、煤气（天然气）、排雨水、排污水”市政条件的熟地价；其余为“五通一平”，即完成土地征用和动拆迁、具备“道路、供水、供电、通讯、排水”条件的的熟地价。但“七通”、“五通”不包括项目建设向有关部门缴纳的住宅建设配套费及市政管线的接入工程费用。

（4）表中各用途内涵如下：①商业：包括商业、金融、保险业用地。既包括独立的商业设施用地，也包括商住、商办、住宅等建筑内部用作商业经营的裙房分摊的土地（不含大卖场等用地）；②办公：主要指经营性写字楼、办公场所用地；③居住：包括多、高层和低层（别墅）等各类住宅用地；④工业：包括工业、仓储、交通运输用地及其相应附属设施用地，其中三、四级特指都市型工业用地。都市型工业指知识、信息、技术和手工技能密集，又低能耗物耗、少污染、少占地的工业。

（三）上海市基准地价应用说明

1. 本基准地价供土地使用权出让测算出让金使用，并为确定土地出让底价和土地市场交易提供价格参考；

2. 土地级别以道路（不含铁路、架空道路和外环线）为分界线的，低级别一侧 80 米深度内级别土地与高级别一侧相同；

3. 开发区和独立工矿区等的成片开发土地不适用本基准地价；

4. 存量房补地价可按土地协议出让价水平补缴土地出让金，但协议出让地价不得低于相应等级基准地价水平的70%；

5. 三、四级非都市型工业用地可按相应基准地价标准的70%～100%确定价格水平；

6. 金山区九级范围内的土地可在基准地价基础上向下调整10%。

第四节 土地交易

一、上海2008年度土地交易

上海08年土地市场交易惨淡。据统计，以可建面积计算，2008年上海住宅土地供应总量（包括含住宅的综合用地）为277.8万平方米，最终成交仅170.6万平方米，宅地流标率高达38%。而所有政府公开出让的地块流标率高达20%，底价成交地块近60%。

这种状况与2007年是天壤之别。上海易居研究院的统计显示，上海前几年土地成交量，2003年为1,500平方米左右，2004年约300万平方米，2005年出让面积超过300万平方米，但由于频频流标，最终仅成交约40万平方米。这个数在2006年重拾起色，当年成交700万平方米，火暴的2007年则达到1,000平方米。由此可见，2008年的情况与2005年颇有相似之处，但考虑到这两个年份所处经济环境的迥异，其中含义实际大不相同。据统计，2008年公告出让的土地中（除工业用地），流标的土地数达15块之多，超过总出让量的20%以上。其中流拍的住宅用地及包含住宅的综合用地共9块，占到出让住宅用地总数的29%。曾经一直唱着主角的商品房住宅用地，实际上已经进入供求的低谷。

事实上，2008年上海住宅土地的成交与年初计划也相去甚远。根据《上海市经营性土地供应计划》，2008年上海将安排经营性项目用地计划1,500公顷，其中住宅用地800-1,000公顷；安排工业用地出让计划2,500公顷，远远高于实际成交面积。

二、上海2008年度土地供应量与主要供应区域

（一）土地供应量

根据上海市国土资源管理局制定的土地供应计划，2008年上海市安排经营性项目用地计划1500公顷，其中住宅用地800-1000公顷，非住宅经营用地计划500-700公顷。

2008年上海市公告出让土地供应实际情况为：全年推地总计448幅，总量1622公顷，其中住宅用地（包括综合用地）257公顷。2008年供地总量基本完成土地供应总量目标，但住宅用地方面实际供应量与计划相关较大。相对于2007年，土地供应总量下降了近20%。（见图6-2）

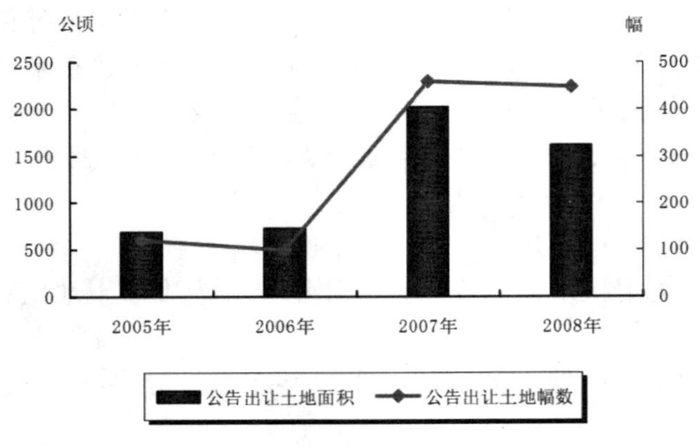

图6-2 2005-2008年度公告出让土地总量对比

（二）土地主要供应区域

土地供应集中于外环区域，市中收出现少量供应。2008年上海土地供应依旧集中在外环区域，南汇、嘉定、金山三区的土地供应量位居前列，土地供应面积依次为474公顷、384公顷、244公顷。上述三区合计可建面积超过1 000公顷，占全市总可建面积的49.29%。

从土地供应面积占全市土地供应总量的比例来看地，市郊7个区（松江、青浦、嘉定、奉贤、金山、崇明）土地供应量之各占全部供应量的80%以上；而城区（12个区）供应量不到全部供应量的20%。（见表6-9）

表6-9　2005-2008年上海市公告出让土地的分布情况　（土地面积：万平方米）

区域	2005年			2006年			2007年			2008年		
	土地幅数	土地面积	比例	土地幅数	土地面积	比例	土地幅数	土地面积	比例	土地幅数	土地面积	比例
宝山	9	60	8.77%	8	70	9.66%	34	175	8.66%	45	168	10.36%
长宁	2	9	1.32%	2	3	0.41%	—	—	—	2	2	0.12%
崇明	3	24	3.51%	1	33	4.55%	13	121	5.99%	10	82	5.06%
奉贤	13	74	10.82%	6	21	2.90%	26	119	5.89%	48	142	8.76%
虹口	3	12	1.75%	4	6	0.83%	3	8	0.40%	1	2	0.12%
黄浦	—	—	—	—	—	—	1	1.5	0.07%	—	—	—
嘉定	12	105	15.35%	18	160	22.07%	76	275	13.61%	81	248	15.30%
金山	4	44	6.43%	5	16	2.21%	78	248	12.27%	70	241	14.87%
卢湾	—	—	—	—	—	—	2	7	0.35%	—	—	—
闵行	2	4	0.58%	4	28	3.86%	43	142	7.03%	9	49	3.02%
南汇	3	4	0.58%	13	92	12.69%	82	513	25.38%	82	362	22.33%
浦东	10	26	3.80%	17	115	15.86%	10	54	2.67%	10	60	3.70%
普陀	7	59	8.63%	4	26	3.59%	3	5	0.25%	3	12	0.74%
青浦	23	125	18.27%	8	104	14.34%	38	146	7.22%	40	128	7.90%
松江	16	118	17.25%	2	26	3.59%	37	152	7.52%	40	104	6.42%
徐汇	3	3	0.44%	2	2	0.28%	2	1.5	0.07%	3	4	0.25%
杨浦	8	14	2.05%	4	20	2.76%	5	43	2.13%	1	3	0.19%
闸北	2	3	0.44%	1	3	0.41%	6	10	0.49%	3	14	0.86%

注：上表中的比例指的是各区县公告出让的土地面积在上海全市公告出让土地面积中所占的比例

三、上海2008年度土地出让公告

2008年上海共发布土地使用权出让公告64个（见表6-10）

表 6-10　2008 年上海土地使用权出让公告

2008 年上海土地使用权出让公告 1

公告号	地块名称	规划土地用途	地块面积（公顷）	容积率
20080101	竹园公园商贸区 A-1 地块	金融	1.9392	4.2
20080102	竹园公园商贸区 A-2 地块	金融	1.18	3.4
20080103	竹园公园商贸区 A-3 地块	金融	2.4096	4.2

2008 年上海土地使用权出让公告 2

公告号	地块名称	规划土地用途	地块面积（公顷）	容积率
20080201	康桥工业区－ 15 号地块	通信终端设备制造	1.1716	0.84
20080202	康桥工业区－ 19 号地块	通信终端设备制造	2.168	0.6
20080203	康桥工业区－ 20 号地块	通信终端设备制造	1.4862	0.66
20080204	康桥工业区－ 21 号地块	通信终端设备制造	2.1055	0.76
20080205	康桥工业区 -7 号地块	移动通讯及终端设备制造	7.092	2
20080206	康桥工业区 -8 号地块	集成电路制造	4.5245	1.5
20080207	嘉定区黄渡镇谢春路以西、桃浦路以北工业地块	起重运输设备制造	1.6929	0.8-1.5
20080208	嘉定工业区工 0728 号工业地块	发动机、变速器及其它动力系统的研究开发	3.6999	0.8-1.5
20080209	嘉定工业区工 0755 号工业地块	计算机软硬件的技术开发	0.8752	0.8-1.5
20080210	金山区第二园区 C BX _200705005 号工业地块	涂料、油墨、颜料及类似产品制造	3.0732	0.5-0.8
20080211	金山区朱泾工业园区 CB _200707002 号工业地块	木质家具制造	3.1992	0.8-1.5
20080212	金山工业园区 CB _200701001 号工业地块	轴承、齿轮、传动和驱动部件的制造	1.343	0.745
20080213	金山工业园区 CB _200701004 号工业地块	非电力家用器具制造	1.4437	1.29
20080214	金山工业园区 CB _200701005 号工业地块	专用化学产品制造	2.956	0.6

20080215	金山工业园区C B _200701007号工业地块	交通器材及其他交通运输设备制造	1.4805	0.79
20080216	金山工业园区C B _200701008号工业地块	涂料、油墨、颜料及类似产品制造	3.6329	0.8-1.5
20080217	金山工业园区C B _200701010号工业地块	泵、阀门、压缩机及类似机械的制造	1.603	0.703
20080218	临港重装备产业区B0112-D地块	金属加工机械制造	3.3427	0.6-1.5
20080219	临港新城重装备产业区B0116地块	标准厂房	12.9028	0.6-1.5
20080220	临港新城重装备产业区J1002、J1003-1地块	标准厂房	8.5269	0.6-1.5
20080221	临港新城重装备产业区J1602-2地块	化工、木材、非金属加工专用设备制造	0.496	0.6-1.5
20080222	临港芦潮港重装备产业配套园B-2地块	电信、电缆、光缆及电工器材制造	1.4742	0.6-1.5
20080223	临港芦潮港重装备产业配套园C-5地块	标准厂房	10.6314	0.8-1.5
20080224	临港芦潮港重装备产业配套园SB2-7地块	标准厂房	11.4381	0.8-1.5
20080225	临港仓储转运物流园区C0401地块	通用仓储类	8.3455	0.8-1.2
20080226	临港仓储转运物流园区C1001地块	通用仓储类	13.874	0.8-1.0
20080227	临港仓储转运物流园区C1401-2地块	其他仓储	3.5318	0.8-1.0
20080228	临港仓储转运物流园区C1606地块	其他仓储	6.5684	0.5
20080229	临港仓储转运物流园区C1608-1地块	其他仓储	5.5191	0.5
20080230	松江S J-07-002号	玻璃幕墙建筑材料制造	5.2288	0.8-1.6
20080231	松江S S -07-01号	防火家具制造	1.0763	0.8-1.6
20080232	松江Y X -06-005号	导航、气象及海洋专用仪器制造	2.332	0.8-1.6
20080233	松江Y X -06-006号	电线电缆制造	5.3294	0.8-1.6
20080234	奉贤区齐贤镇0004街坊P 1宗地地块	输配电及控制设备制造，电线、电缆、光缆及电工器材制造	1.1055	1.4-1.5

20080235	市化工区奉贤分区规划海通路东侧、规划海龙路南侧地块	船舶及浮动装置制造	3.3333	0.5-1.2
20080236	奉贤区胡桥镇 0016 街坊 P2 宗地地块	物流仓储用地	3.5619	0.6-1.2
20080237	奉贤区柘林镇胡桥社区科工路北侧地块	电子器件制造、电子元件制造	1.0015	0.9-1.4
20080238	奉贤区泰日镇 0004 街坊 P1 宗地地块	集装箱及金属包装容器制造	4.8355	0.7-1.5
20080239	奉贤区泰日镇 0009 街坊 P1 宗地地块	矿山、冶金、建筑专用设备制造	1.6145	0.7-1.5
20080240	奉贤区港鼎路西侧、平港路北侧地块	汽车制造	1	0.7-1.5
20080241	奉贤区叶庄公路东侧、浦南运河南侧地块	涂料、油墨、颜料及类似产品制造	4.2387	0.8-1.5
20080242	奉贤区舟乐路西侧地块	纺织制成品制造、纺织服装制造	1.2666	0.8-1.5
20080243	奉贤区桐桥路东侧、平海路北侧地块	结构性金属制品制造、建筑、安全用金属制品制造	1.2227	0.5-1.5
20080244	奉贤区洪庙镇 0007 街坊 P1 宗地地块	通用仪器仪表制造	2.3304	1.4-1.5

2008 年上海土地使用权出让公告 3

公告号	地块名称	规划土地用途	地块面积（公顷）	容积率
20080301	虹口区北外滩汇山中块地块	商业服务业	1.9039	3.9
20080302	奉贤工业综合开发区运河北路南侧地块	商业	1.1439	1.2
20080303	临港新城重装备产业区 SF7-3（F0704）地块	商业、办公	1.0649	2.7
20080304	临港新城芦潮港社区 E0605 地块	商业、办公	2.8358	2.5
20080305	临港新城芦潮港社区 E0702 地块	办公	1.5205	2.35
20080306	临港新城芦潮港社区 E0706 地块	办公	0.6547	1.2
20080307	临港新城书院社区 A0403 地块	商业、办公	5.0628	1.5
20080308	临港新城书院社区 H0603 地块	商业、办公	2.0101	0.6

20080309	临港新城主城区 WNW-A1-28-2 地块	商业、办公	0.9896	2
20080310	临港新城主城区 WSW-A1-27-1 地块	商业、办公	1.1395	4

2008 年上海土地使用权出让公告 4

公告号	地块名称	规划土地用途	地块面积（公顷）	容积率
20080401	新场镇工 -42 号地块	包装箱和容器的制造	2.9733	1.5
20080402	新场镇工 -43 号地块	金属制品制造	3.0016	1.5
20080403	新场镇工 -54(1) 号地块	电线、电缆、光缆及电工器材制造	3.3521	1.5
20080404	新场镇工 -55 号地块	轴承制造	2.569	1.5
20080405	新场镇工 -56 号地块	电线、电缆、光缆及电工器材制造	2.2841	1.5
20080406	宣桥镇工 -1 号地块	电子元器件制造	4.7871	1.5
20080407	金山区 200704006 号工业地块（上海化学工业区漕泾分区 200704001 号）	标准厂房	0.3303	0.8-1.5
20080408	金山工业园区（山阳）CBX_200703001 号工业地块	电子器件制造	0.3313	0.8-1.5
20080409	金山工业园区（山阳）CB_200703002 号工业地块	合成材料制造	3.9638	0.8-1.5
20080410	金山工业园区（山阳）CB_200703003 号工业地块	环保、社会公共安全及其他专用设备制造	2.1336	0.8-1.5
20080411	市化工区奉贤分区楚华北路西侧、楚华支路北侧地块	专用化学产品制造	4.0735	0.8-1.2
20080412	市化工区奉贤分区浦卫公路东侧、A4 高速公路北侧地块	金属表面处理及热处理加工	6.3474	0.8-1.2
20080413	市化工区奉贤分区浦卫公路东侧、淡泾港南侧地块	不锈钢及类似日用金属制品制造	6.2387	0.8-1.2
20080414	奉贤区胡桥镇 0016 街坊 P1 宗地地块	金属废料和碎屑的加工处理、非金属废料和碎屑的加工处理	1.8344	0.6-1.2
20080415	奉贤区胡桥镇 0005 街坊 P1 宗地地块	其它食品制造	1.3333	1.0-1.4
20080416	奉贤区邬桥镇 0014 街坊 P1 宗地地块	人造板制造	2.2074	1.0-1.5

20080417	奉贤区港文路东侧、海杰路北侧地块	物流仓储用地	4.5482	0.8-1.0
20080418	奉贤区二泐港西侧、红旗路北侧地块	物流仓储用地	2.9918	0.8-1.0
20080419	奉贤区沪南焊接设备公司东侧、南奉公路南侧地块	液体乳及乳制品制造、生物、生化制品的制造	1.1936	0.9-1.5
20080420	奉贤区海旋路南侧、平海路北侧地块	物流仓储用地	3.1991	0.8-1.5
20080421	奉贤区南奉公路南侧、南方木业公司西侧地块	蔬菜、水果和坚果加工	0.9003	0.85-1.5
20080422	双浜路以南沪西总发 07-001 号地块	精炼石油产品制造业（研发新能源替代石油）	0.7326	0.8-1.5
20080423	嘉定区南翔镇曙光村沈家宅、陆家宅工业地块	砖瓦、石材及其他建筑材料制造	0.3605	0.8-1.5
20080424	嘉定区城北路以西、兴庆路以北工业地块	工业厂房	2.0027	0.8-1.5
20080425	嘉定区外冈镇汇德路以西、汇富路以北工业地块	其它电子设备制造	2.1363	0.8-1.5

2008 年上海土地使用权出让公告 5

公告号	地块名称	规划土地用途	地块面积（公顷）	容积率
200800501	嘉定区外冈镇汇贤路以西、汇仁路以南工业地块	汽车零部件及配件制造	1.98	0.8-1.5
200800502	嘉定区外冈镇汇宝路东侧工业地块	化妆品制造	1.2408	0.8-1.5
200800503	嘉定区徐行镇曹胜路、北华浜之间工业地块	化学试剂和助剂制造	1.3171	0.8-1.5
200800504	金山工业园区（山阳）CB_200703004 号工业地块	食品、饮料、烟草及饲料生产专用设备制造	1.6374	0.8-1.5
200800505	金山工业园区（山阳）CB_200703006 号工业地块	视听设备制造 / 电子元件制造	1.5225	0.8-1.5

2008 年上海土地使用权出让公告 6

公告号	地块名称	规划土地用途	地块面积（公顷）	容积率
200800601	南汇区惠南镇金粤广场储备地块	住宅商业	6.373	≤1.5
200800602	奉贤区金汇镇齐百路西侧地块	商业	0.8	≤1.0

200800603	奉贤区韩村路南侧、韩谊路西侧地块	住宅	0.1711	≤1.8

2008年上海土地使用权出让公告7

公告号	地块名称	规划土地用途	地块面积（公顷）	容积率
200800701	上海市宝山工业园区罗店园宝储2号地块	金属制品加工、电子、精细化工项目	2.92613	0.8-1.5
200800702	上海市宝山区月杨工业园区顾村园宝储3号地块	电气机械及器材制造业	3.79309	0.8-1.5
200800703	上海市宝山区月杨工业园区顾村园宝储4号地块	通用设备制造业	4.85224	0.8-1.5
200800704	上海宝山区月杨工业园区杨行园宝杨5号地块	集装箱及金属容器制造	2.17643	0.6-1.5
200800705	上海宝山区月杨工业园区月浦园宝月7号地块	结构性金属制品制造项目	1.27334	0.8-1.5
200800706	嘉定出口加工区中央大道东侧、纬二路两侧工业地块	工业厂房	5.09966	0.8-1.5
200800707	嘉定工业区兴文路北侧、兴荣路南侧工业地块	糖果、巧克力及蜜饯制造	4.95538	0.8-1.5
200800708	金山工业园区CB_200701002、CB_200701012号工业地块	特种电线、电缆、光缆及电工器材制造	3.42284	0.8-1.5
200800709	金山工业园区CB_200701006、CB_200701013号工业地块	金属加工机械制造	2.71902	0.8-1.5
200800710	金山工业园区CB_200701011、CB_200701014号工业地块	汽车制造	3.40276	0.8-1.5
200800711	金山工业园区CB_200701015号工业地块	建筑、安全用金属制品制造	3.33283	0.8-1.5
200800712	金山工业园区CB_200701016号工业地块	日用塑料制造	2.94958	0.8-1.5
200800713	金山第二工业园区CB_200705002号工业地块	专用化学产品制造	2.15059	0.5-0.8
200800714	闵行区吴泾镇工一60号地块	工程和技术研究与试验发展	5.66173	≤1.0
200800715	闵行区吴泾镇工一62号地块	工程和技术研究与试验发展	4.25465	≤1.0
200800716	南汇工业园区一7号地块	电子元件制造	2.7952	≤1.5
200800717	南汇工业园区一8号地块	新型建筑材料制造	0.33426	≤1.5
200800718	南汇工业园区一9号地块	通讯设备制造和安装	0.628	≤1.5

200800719	南汇区航头镇工 -1 号地块	生化制品添加剂	4.07232	≤1.5
200800720	南汇区航头镇工 -2 号地块	仓储	0.65554	≤1.5
200800721	南汇区航头镇工 -3 号地块	工业厂房	1.03108	≤1.5
200800722	南汇区老港镇工 -1 号地块	涂料、精细化工	1.38232	≤1.5
200800723	南汇区老港镇工 -2 号地块	砼加工制造业	1.07442	≤0.2
200800724	南汇区老港镇工 -3 号地块	涂料制造	3.56151	≤1.5
200800725	南汇区祝桥镇工 -3 号地块	金属制品制造	1.17946	≤1.5
200800726	南汇区祝桥镇工 -6 号地块	仓储、物流	2.74079	≤1.5

2008 年上海土地使用权出让公告 8

公告号	地块名称	规划土地用途	地块面积（公顷）	容积率
200800801	松江 SJ-07-003 号地块	纸和纸板容器的制造	0.7633	0.8 — 1.6
200800802	松江 XQ-06-022 号地块	专项化学用品制造	1.5874	0.8 — 1.6
200800803	松江 SJ-07-007 号地块	纸和纸板容器的制造	0.8273	0.8 — 1.6
200800804	松江 766 号地块	工业自动控制系统装置制造	1.1444	0.8 — 1.6
200800805	松江 JT-05-026 号地块	其他专用设备制造	1.4677	0.8 — 1.6
200800806	松江 JT-07-001 号地块	汽车系统集成及零配件制造开发	2.8737	0.8 — 1.6
200800807	金山工业园区（张堰园）CB_200706002 号工业地块	纺织制成品制造	1.8831	0.8 — 1.5
200800808	上海金山工业园区 CB_200701003、CB_200701018 号工业地块	汽车制造	3.3228	0.8 — 1.5
200800809	枫泾工业园区 CB_200708006 号工业地块	纺织服装制造	4.9403	0.8 — 1.5
200800810	枫泾工业园区 CB_200708009 号工业地块	泵、阀门、压缩机及类似机械的制造	4.4952	0.8 — 1.5
200800811	金山工业园区 CB_200701024 号工业地块	金属加工机械制造	2.1814	0.8 — 1.5
200800812	枫泾工业园区 CB_200708011 号工业地块	纺织服装制造	0.4978	0.8 — 1.5
200800813	金山工业园区（张堰园）CB_200706004 号工业地块	风机、衡器、包装设备等通用设备制造	0.8425	0.5 — 1.0
200800814	上海化学工业区金山分区 CB_200704005 号工业地块	涂料、油墨、颜料及类似产品制造	1.0223	0.8 — 1.5
200800815	金山工业园区（张堰园）CB_200706006 号工业地块	电子元件制造	1.1503	0.8 — 1.5
200800816	上海化学工业区金山分区 CB_200704006 号工业地块	金属加工机械制造	2.846	0.8 — 1.5
200800817	上海化学工业区金山分区 CB_200704008 号工业地块	棉、花纤纺织及印染精加工	0.9061	0.8 — 1.5
200800818	上海化学工业区金山分区 CB_200704007 号工业地块	金属加工机械制造	2.0391	0.8 — 1.5

200800819	沪青园工 08 － 007 号地块	工艺品及其他制造业	1.3249	0.8 － 1.5
200800820	沪青园工 08 － 002 号地块	电子器件制造业	2.5064	0.8 － 1.5
200800821	沪青园工 08 － 008 号地块	输配电及控制设备制造业	5.1398	0.8 － 1.5
200800822	沪青园工 08 － 006 号地块	专用设备制造业	3.1675	0.8 － 1.5

2008 年上海土地使用权出让公告 9

公告号	地块名称	规划土地用途	地块面积（公顷）	容积率
200800901	金山卫镇规划商业区地块	商业金融业用地（C2）、公共绿地（G1）、生产防护绿地（G2）	8.7725	≤ 1.2

2008 年上海土地使用权出让公告 10

公告号	地块名称	规划土地用途	地块面积（公顷）	容积率
200801001	上海月杨工业园区顾村园宝顾储 200803 号地块	其他电气机械及器材制造	1.512	0.8-1.5
200801002	上海宝山工业园区宝山城市园北区块宝北 200804 号地块	石膏制品项目	9.993	0.6-1.5
200801003	上海宝山工业园区宝山城市园北区块宝北 200805 号地块	金属废料和碎屑的加工处理项目	5.4055	0.6-1.5
200801004	上海宝山工业园区宝山城市园区北区块宝北 200807 号地块	集装箱及金属包装容器制造类项目	0.6741	0.6-1.5
200801005	上海月杨工业园区杨行园宝杨 6 号地块	金属包装容器制造	1.4254	0.6-1.5
200801006	上海月杨工业园区杨行园宝杨 7 号地块	其他金属制品业	0.8559	0.8-1.5
200801007	上海月杨工业园区杨行园宝杨 8 号地块	其他金属制品业	0.3247	0.8-1.5
200801008	松江 YF-07-001 号地块	电线电缆制造	2.8825	0.8-1.6
200801009	金山工业园区 CB_200701023 号工业地块	钢压延加工业	2.8194	0.8-1.5
200801010	金山工业园区 CB_200701028 号工业地块	交通器材及其他交通运输设备制造	2.4249	0.8-1.5
200801011	沪青园工 08-001 号地块	食品机械制造业	1.9328	0.8-1.5
200801012	沪青园工 08-003 号地块	纺织制成品制造业	1.5144	0.8-1.5
200801013	沪青园工 08-004 号地块	纺织制成品制造业	1.7548	0.8-1.5
200801014	沪青园工 08-005 号地块	电子器件制造业	1.3575	0.8-1.5

2008 年上海土地使用权出让公告 11

公告号	地块名称	规划土地用途	地块面积（公顷）	容积率

200801101	临港新城书院镇洋溢村 12 组部分地块	商业金融用地（C2）	1.4918	≤ 0.38
200801102	闸北区 117 街坊 5 丘地块	商业办公用地、道路用地	1.4438	≤ 4.0
200801103	罗店新镇 A2 － 2 地块	居住用地	6.2859	≤ 1.2

2008 年上海土地使用权出让公告 12

公告号	地块名称	规划土地用途	地块面积（公顷）	容积率
200801201	嘉定区安 0803 号工业地块	汽车零部件及配件制造业	3.14098	0.8-1.5
200801202	金山工业园区 CB_200701034 号工业地块	卫生材料及医药用品制造	6.0961	0.8-1.5
200801203	朱泾工业园区 CB_200707004 号工业地块	有色金属压延加工	1.24149	0.8-1.5
200801204	朱泾工业园区 CB_200707003 号工业地块	电子元件制造	5.56039	0.8-1.5

2008 年上海土地使用权出让公告 13

公告号	地块名称	规划土地用途	地块面积（公顷）	容积率
200801301	罗店新镇 A2-3 地块	居住用地	2.9966	≤ 1.2

2008 年上海土地使用权出让公告 14

公告号	地块名称	规划土地用途	地块面积（公顷）	容积率
200801401	上海月杨工业园区月浦园宝月 8 号地块	结构性金属制品制造项目	2.87719	0.8 － 1.5
200801402	上海宝山工业园区宝山城市园北区块宝北 8 号地块	矿山、冶金、建筑专用设备制造项目	3.19811	0.6 － 1.5
200801403	松江 SHD-07-001 号地块	其他非金属矿物制品制造	3.60904	0.8 － 1.6

2008 年上海土地使用权出让公告 15

公告号	地块名称	规划土地用途	地块面积（公顷）	容积率
地块	地块	土地	出让	规划指标
200801501	长宁区新泾镇 240 街坊地块	居住用地	1.35996	≤ 1.0

2008 年上海土地使用权出让公告 16

公告号	地块名称	规划土地用途	地块面积（公顷）	容积率
200801601	上海宝山工业园区城市园北区块宝北 200802 地块	饮料制造业	19.60137	0.8-1.5
200801602	上海宝山工业园区罗店园宝罗储 200803 号地块	矿山、冶金、建筑专用设备制造业	0.96001	0.8-1.5

200801603	上海宝山工业园区罗店园宝罗储 200804 号地块	食品制造业	3.1728	0.8-1.5
200801604	上海宝山工业园区罗店园宝罗储 200805 地块	金属压延加工制造	1.6886	0.8-1.5
200801605	上海宝山工业园区城市园北区块宝北 200808 号地块	汽车制造类	1.04345	0.6-1.5
200801606	上海宝山工业园区城市园北区块宝北 200809 号地块	汽车制造类	1.35397	0.6-1.5
200801607	上海宝山工业园区城市园北区块 200811 号地块	化工、木材、非金属加工专用设备制造	1.00051	0.6-1.5
200801608	金山工业园区（山阳）CB_200703005 号工业地块	轴承、齿轮、传动和驱动部件的制造	1.19325	0.8-1.5
200801609	金山工业园区（山阳）CB_200703008 号工业地块	塑料薄膜制造	4.0569	0.8-1.5
200801610	金山工业园区（山阳）CB_200703009 号工业地块	金属加工机械制造	1.81192	0.8-1.5
200801611	金山工业园区（山阳）CB_200703010 号工业地块	照明器具制造	2.17344	0.8-1.5
200801612	金山工业园区（山阳）CB_200703011 号工业地块	集装箱及金属包装容器制造	1.99831	0.8-1.5
200801613	金山第二园区 CBX_200705006 号工业地块	专用化学产品制造	0.68217	0.5-0.8
200801614	金山第二园区 CBX_200705007 号工业地块	专用化学产品制造	2.65997	0.5-0.8
200801615	金山第二工业园区 CR_JINSW006 号工业地块	合成材料制造	3.55245	0.5-0.8

2008 年上海土地使用权出让公告 17

公告号	地块名称	规划土地用途	地块面积（公顷）	容积率
200801701	临港国际物流园区 B0802 地块	其他仓储	13.08709	0.8?1.2
200801702	临港国际物流园区 B0701 地块	其他仓储	14.66779	0.8?1.2
200801703	临港仓储转运物流园区 C0901-1 地块	通用仓储类	8	0.8?1.0
200801704	临港新城重装备产业区 B0111-D 地块	电机制造	6.65794	0.6?1.5
200801705	临港新城重装备产业区 L06-A2 地块	船舶及浮动装置制造	56.28461	0.6?1.5

200801706	浦东空港物流园区 A1-1 地块	仓储物流	10.4358	≤1.4
200801707	浦东空港物流园区 A2-2 地块	仓储物流	12.42013	≤1.4
200801708	浦东空港物流园区 A3-2 地块	仓储物流	9.48177	≤1.4
200801709	浦东空港物流园区 A4-2 地块	仓储物流	11.22466	≤1.4
200801710	浦东空港物流园区 C3-3 地块	仓储物流	4.27184	≤1.4
200801711	南汇区祝桥镇工一 11 号地块	特种涂料制造	2.64791	0.6-1.5

2008 年上海土地使用权出让公告 18

公告号	地块名称	规划土地用途	地块面积（公顷）	容积率
200801801	长风 7C 北块地块	三类居住用地	5.07997	2.2
200801802	大场老镇地块	综合用地	12.44066	A：0.64， B：0.63， C：0.63， D：2.61， E：2.02， F：1.49， G：2.3， H：2.47， I：2.5。
200801803	周浦镇年家浜路 496 弄 15 号储备地块、中汇储备地块	商业金融办公用地	2.05985	≤3.96
200801804	崇明县陈家镇 1 街坊 5/7 宗地（陈家镇滨江生态国际社区二期 A 区地块）	居住用地、商业用地	3.3333	≤1.0

2008 年上海土地使用权出让公告 19

公告号	地块名称	规划土地用途	地块面积（公顷）	容积率
200801901	沪青园工 08 － 009 号工业地块	其他纸制品制造业	13.25149	0.8-2.0

2008 年上海土地使用权出让公告 20

公告号	地块名称	规划土地用途	地块面积（公顷）	容积率
200802001	上海宝山工业园区城市园北区块宝北 200812 号地块	钢压延加工	3.33642	0.6-1.5
200802002	嘉定区黄渡镇安拓路南侧工业地块	汽车零部件产品研发	0.5762	0.8-1.5
200802003	松江 CD-06-019 号地块	家用音响设备制造	1.10001	0.8-1.6

200802004	枫泾工业园区CB_200708007 号工业地块	印刷、制药、日化生产专用设备制造	2.81664	0.8-1.5
200802005	枫泾工业园区CB_200708008 号工业地块	纺织、服装和皮革工业专用设备制造	2.18678	0.8-1.5
200802006	枫泾工业园区CB_200708010 号工业地块	棉、化纤纺织印染精加工	2.05201	0.8-1.5
200802007	枫泾工业园区CB_200708012 号工业地块	纺织服装制造	2.1233	0.8-1.5

2008 年上海土地使用权出让公告 21

公告号	地块名称	规划土地用途	地块面积（公顷）	容积率
200802101	闵行区吴泾镇工 -61 号地块	工程和技术研究与实验发展	0.56056	1.2
200802102	闵行区吴泾镇工 -63 号地块	电池制造	2.49707	≤ 1.0
200802103	闵行区吴泾镇工 -65 号地块	工程和技术研究与试验发展	2.66737	≤ 1.2
200802104	奉贤区奉城镇大叶公路南侧地块	其它食品制造	0.38787	0.9-1.5
200802105	崇明县长兴产业基地船舶配套设施工程 3 号 A 区地块	金属表面处理及热处理加工	9.78416	0.8-1.2

2008 年上海土地使用权出让公告 22

公告号	地块名称	规划土地用途	地块面积（公顷）	容积率
200802201	徐汇区上中路 424 街坊 3/1 丘	商业文化用地及城市道路、公共绿地	1.1077	不大于 2.0
200802202	普陀区长风地区 3D 地块	商业金融、商务办公、文化娱乐公共设施用地	3.83645	不大于 2.5
200802203	宝山区杨行镇蕰川路地块	居住用地	2.66083	不大于 1.4
200802204	宝山区顾村镇陈富路居住地块	居住用地	A － 1 地块：15.65995； A － 2 地块：8.51966	A － 1 块不大于 1.6，A － 2 块地块不大于 1.8
200802205	嘉定区浏河以北、飞沪南路以西地块	商住混合用地	5.84111	1
200802206	奉贤区南桥镇奉贤海关区域地块	商业、办公为主	0.91028	不大于 4.0

2008 年上海土地使用权出让公告 23

公告号	地块名称	规划土地用途	地块面积（公顷）	容积率
200802301	闵行区吴泾镇工 -72 号地块	其它仓储	14.5022	0.8-1.5
200802302	奉贤区南桥镇肖翁路东侧、张翁庙路南侧地块	纺织服装制造	3.56914	1.2-1.5
200802303	松开 IV-126 号工业地块	金属结构制造	0.48435	0.8-1.6
200802304	松开 IV-64-1 号工业地块	建筑、安全用金属制品制造	4.52332	0.8-1.6
200802305	松开 V-23-1 号工业地块	通用仓储	9.97198	0.8-1.6
200802306	松开 IV-109-1 号工业地块	化学药品制剂制造	2.84538	0.8-1.6

2008 年上海土地使用权出让公告 24

公告号	地块名称	规划土地用途	地块面积（公顷）	容积率
200802401	南汇工业园区 34 号地块	船舶及浮动装置制造	3.48412	不小于 0.8，不大于 1.8
200802402	松江区松开 III-6B-1 号地块	塑料零件制造业	0.9968	0.8-1.6
200802403	松开 IV-110-1 号地块	米面制品制造	3.1989	0.8-1.6

2008 年上海土地使用权出让公告 25

公告号	地块名称	规划土地用途	地块面积（公顷）	容积率
200802501	康桥镇绿洲康城 E14 储备地块	居住区公共服务设施用地	2.46851	不大于 1.08
200802502	市工业综合开发区运河北路南侧 G1-05 地块	公共服务设施用地（菜场及配套商业）	11.4391	不大于 1.2
200802503	奉贤区南桥镇解放中路南侧、城乡路东侧区域	公共设施用地	0.6687	不大于 3.5
200802504	奉贤区南桥镇望园路东侧、庙泾新村南侧区域	商业金融用地和居住用地	5.83343	不大于 3.3
200802505	崇明县陈家镇滨江生态休闲运动居住社区 2 号地块 A 区	居住、商业用地	15.01378	不大于 1.0
200802506	崇明县陈家镇滨江生态休闲运动居住社区 2 号地块 B 区	居住、商业用地	15.01214	不大于 1.0
200802507	崇明县陈家镇滨江生态休闲运动居住社区 4 号地块 A 区	居住、商业用地	11.00062	不大于 1.0

200802508	崇明县陈家镇滨江生态休闲运动居住社区 4 号地块 B 区	居住、商业用地	10.99941	不大于 1.0

2008 年上海土地使用权出让公告 26

公告号	地块名称	规划土地用途	地块面积（公顷）	容积率
200802601	嘉定区安 0706 号工业地块	涂料制造	3.34158	0.8 — 1.5
200802602	嘉定区安 0707 号工业地块	汽车零部件及配件制造	1.33348	0.8 — 1.5
200802603	嘉定区徐行镇浏翔公路以东、宝凤路以北工业地块	汽车综合性能检测、维修	1.66611	0.8 — 1.5
200802604	嘉定区兴荣路以南、斜泾以东工业地块（工 0803）	其它非金属矿物制品制造	0.70112	0.8 — 1.5
200802605	松开 V-7C 号工业地块	输配电及控制设备制造（限制 220 千伏及以下开关柜制造项目）	6.6	0.9

2008 年上海土地使用权出让公告 27

公告号	地块名称	规划土地用途	地块面积（公顷）	容积率
200802701	金山第二工业园区 CB_200705009 号工业地块	化学药品原药制造	2.6319	0.5-0.8

2008 年上海土地使用权出让公告 28

公告号	地块名称	规划土地用途	地块面积（公顷）	容积率
200802801	上海临港新城主城区 WSW-C1 街坊东侧地块	居住用地	26.088	1
200802802	上海临港新城主城区一环带 WNW-A1-10-1-1 地块	办公用地	0.50418	≤ 2.5
200802803	上海临港新城主城区一环带 WNW-A1-10-1-2 地块	办公用地	0.78981	≤ 2.5
200802804	上海临港新城主城区一环带 WNW-A1-8-1 地块	办公用地	0.61825	≤ 2.5
200802805	上海临港新城主城区一环带 WNW-A1-28-1 地块	商业办公综合用地	1.71916	≤ 2.0
200802806	徐汇区田林街道 235 街坊（曹家宅地块）	商业办公综合用地、道路用地和市政用地	0.77246	/
200802807	徐汇区徐家汇街道 143 街坊（中漕新村地块）	商业办公文化用地	2.36142	≤ 2.5
200802808	长风地区 4 号东地块南块（长风 4-C 南地块）	商办文化娱乐综合用地	2.68352	≤ 2.5
200802809	虹桥镇 215 号地块	居住用地	0.55648	≤ 1.56

200802810	金桥出口加工区 16-2、16-3、16-4、16-5 地块	16-2 地块：商业办公用地；16-3 地块：商业办公用地；16-4 地块：商业金融用地；16-5 地块：商业办公用地	4.657	16-2 地块：≤ 3.0；16-3 地块：≤ 3.0；16-4 地块：≤ 1.3；16-5 地块：≤ 3.2
200802811	惠南镇东城区 C6-1 储备地块	居住用地	5.51034	≤ 1.8
200802812	奉贤区庄行镇浦卫公路东侧、奉浦大道北侧区域地块	市政设施用地	0.30102	≤ 0.6
200802813	松江区鼓浪路 3 号地块	居住用地	1.51176	≤ 1.6
200802814	重固镇夏阳金城西侧地块（住宅用地）	居住用地	4.31434	1.0-1.5

2008 年上海土地使用权出让公告 29

公告号	地块名称	规划土地用途	地块面积（公顷）	容积率
200802901	上海宝山工业园区罗店园宝罗储 200808 号地块	钢压延加工	1.32616	0.8-1.5
200802902	上海宝山工业园区罗店园宝罗储 200809 号地块	金属表面处理及热处理加工项目	4.0007	0.8-1.5
200802903	上海宝山工业园区宝山城市园区北区宝北 200803 号地块	金属制品业	3.17948	0.6 — 1.5

2008 年上海土地使用权出让公告 30

公告号	地块名称	规划土地用途	地块面积（公顷）	容积率
200803001	奉贤区青村镇金钱公路东侧、南奉公路南侧区域地块	商业金融用地	4.10547	≤ 1.8
200803002	海湾镇星火支路东侧 A-06 区域地块	商业金融用地	6.54376	≤ 1.5
200803003	上海海港综合开发区港阳路西侧、平安大道北侧区域地块	商业用地	1.52382	≤ 2.0
200803004	重固镇夏阳金城西侧地块	商业金融业用地	1.00002	≤ 1.6
200803005	青赵路延伸段南侧地块	居住用地、商业金融用地	8.86875	北侧：≤ 1.0；南侧：≤ 2.0
200803006	徐泾镇沪青平公路北侧	商业金融用地	1.33187	≤ 1.6

2008年上海土地使用权出让公告31

公告号	地块名称	规划土地用途	地块面积（公顷）	容积率
200803101	松江ZS-06-009-1号地块	工业自动控制系统装置制造	0.60042	0.8-1.5
200803102	松江ZS-06-009-2号地块	输配电及控制设备制造	0.86268	0.8-1.5
200803103	松江ZS-06-014号地块	服装制造	1.61422	0.8-1.5

2008年上海土地使用权出让公告32

公告号	地块名称	规划土地用途	地块面积（公顷）	容积率
200803201	上海市闸北区295街坊26丘地块	居住用地、公共绿地、道路用地	5.12497	不大于2.0
200803202	黄兴路1700号地块	商办用地、公共绿地	3.29398	不大于3.5
200803203	金山区枫泾镇H3H4地块	居住用地及商业金融业用地	10.92243	1-2-29：不大于1.5；1-2-30：不大于1.5；1-2-32：不大于1.0；1-2-33：不大于1.5；1-2-34：不大于1.5
200803204	赵巷镇新通波塘东侧地块	商业金融业用地	13.79336	不大于1.5
200803205	白鹤镇1、2、3、4号地块	居住用地	1号地块0.92963；2号地块0.84972；3号地块0.23465；4号地块6.77775	1号地块，2号地块：不大于1；3号地块：0；4号地块：不大于2.5
200803206	徐泾镇广南房地产发展有限公司东侧地块	居住用地	0.27257	不大于1.0

200803207	华新镇 1 号地块	居住用地	14.49333	不大于 1.8

2008 年上海土地使用权出让公告 33

公告号	地块名称	规划土地用途	地块面积（公顷）	容积率
200803301	嘉定区外 0802 号工业地块	其它纸制品	1.00499	0.8-1.5
200803302	松江 ZS-08-002 号工业地块	机械化农业及园艺机具制造	1.33333	≤1.2
200803303	松江区松开 IV-125 号地块	肥皂及合成洗涤剂制造	1.33622	0.8-1.6
200803304	金山第二工业园区 CBX_200805002 号地块	专用化学产品制造业	1.39216	0.3-0.8
200803305	金山第二工业园区 CBX_200805001 号地块	精炼石油产品的制造	1.239	0.3-0.8

2008 年上海土地使用权出让公告 34

公告号	地块名称	规划土地用途	地块面积（公顷）	容积率
200803401	松江 JT-07-005 号地块	应用软件服务	1.184	≤3.9
200803402	金山第二工业园区 CB_200705003 号工业地块	专用化学产品制造	2.34038	0.5 ～0.8
200803403	嘉定区安 0802 号工业地块	汽车零部件及配件制造	6.66669	0.8-1.5
200803404	嘉定区安 0804 号工业地块	汽车自主品牌产品研发中心	22.16756	≤1.5

2008 年上海土地使用权出让公告 35

公告号	地块名称	规划土地用途	地块面积（公顷）	容积率
200803501	嘉定区江桥镇黄家花园路东侧、金沙江西路南侧地块	商业、商务办公和居住用地	18.63154	商业、商务办公用地：2.5；居住用地：2.0
200803502	金山区亭林镇亭升路东侧地块	居住用地	1.77778	≤1.2
200803503	金山新城区 E25 地块	居住用地	8.19743	≤2.5

2008 年上海土地使用权出让公告 36

公告号	地块名称	规划土地用途	地块面积（公顷）	容积率
200803601	奉贤区闵行出口加工区加五路北侧、竹港以东区域工业地块	电池制造	5.47059	0.8-1.5
200803602	金山工业园区 CB_200801017 号工业地块	调味品、发酵制品制造	6.54772	0.8-1.5

2008 年上海土地使用权出让公告 37

公告号	地块名称	规划土地用途	地块面积（公顷）	容积率
200803701	松江 DJ-07-001 号工业地块	物流及仓储服务	6.46229	0.8-1.6
200803702	金山工业园区（山阳）CR_200803001 号工业地块	工业标准厂房	3.7639	0.8-1.5
200803703	金山现代农业园区农产品加工区（廊下）CB_200710001 号地块	蔬菜、水果和坚果加工	2.78627	1.0-1.5
200803704	青浦工业园区东大盈港以东 B1 地块	纸制品制造	0.46553	0.8-1.5
200803705	青浦工业园区天辰路以北 H14 地块	纸制品制造业	1	0.8-2.0

2008 年上海土地使用权出让公告 38

公告号	地块名称	规划土地用途	地块面积（公顷）	容积率
200803801	临港新城重装备产业区 B0112-A 地块	泵、阀门、压缩机及类似机械的制造	3.57067	0.35-1.5
200803802	上海国际医学园区 6 号地块	生物、生化制品的制造	0.8358	不大于 1.2
200803803	上海国际医学园区 7 号地块	医疗仪器设备及器械制造	0.79597	不大于 1.5
200803804	上海国际医学园区 9 号地块	生物、生化制品的制造	0.80428	不大于 1.2
200803805	上海国际医学园区 10 号地块	产学研基地	2.55454	不大于 1.5
200803806	南汇工业园区 29 号地块	软件开发	1.01411	0.8-1.8
200803807	上海国际医学园区 4 号地块	生物、生化制品的制造	2.04161	不大于 1.2

2008 年上海土地使用权出让公告 39

公告号	地块名称	规划土地用途	地块面积（公顷）	容积率
200803901	上海月杨工业园区月浦园宝月 200807 号地块	结构性金属制品制造	2.17194	0.8-1.5
200803902	嘉定区马 0808 号工业地块	电线电缆制造	1.30181	0.8-1.5
200803903	金山区工业园区（山阳）CBX_200803003 号地块	结构性金属制品制造	4.99412	0.8-1.5

2008 年上海土地使用权出让公告 40

公告号	地块名称	规划土地用途	地块面积（公顷）	容积率
200804001	南汇工业园区 12 号地块	环保及其他专用设备制造	2.49297	0.8-1.8
200804002	祝桥镇工 -13 号地块	皮革制品制造	2.00004	0.8-2.0

200804003	祝桥镇工 -15 号地块	电子器件制造	2.00565	0.8-2.0
200804004	祝桥镇工 -16 号地块	其它家具制造	0.76832	0.8-2.0
200804005	南汇老港工业区 10 号地块	非金属加工专用设备制造	1.13623	0.8-1.5
200804006	松江区松开 V-2 号工业地块	工业自动控制系统装置制造	5.44933	0.8-1.6
200804007	松江区松开 IV-115-1 号地块	谷物磨制	2.70074	0.8-1.6

2008 年上海土地使用权出让公告 41

公告号	地块名称	规划土地用途	地块面积（公顷）	容积率
200804101	嘉定区工 0712 号工业地块	专用仪器仪表制造	1.92687	0.8-1.5
200804102	嘉定区工 0713 号工业地块	工业厂房	2.00017	0.8-1.5
200804103	嘉定区工 0715 号工业地块	日用化学产品制造	1.99993	0.8-1.5
200804104	嘉定区工 0717 号工业地块	工业厂房	0.99978	0.8-1.5
200804105	嘉定区工 0718 号工业地块	工业厂房	1.28237	0.8-1.5
200804106	嘉定区工 0721 号工业地块	工程和技术研究与试验发展	1.84074	0.8-1.5
200804107	嘉定区工 0723 号工业地块	其他电子设备制造	1.62115	0.8-1.5
200804108	嘉定区工 0724 号工业地块	金属加工机械制造	2.37564	0.8-1.5
200804109	嘉定区工 0725 号工业地块	电动机制造	1.81025	0.8-1.5
200804110	嘉定区工 0726 号地块	环境、社会公共安全及其他专用设备制造	2.00032	0.8-1.5
200804111	嘉定区工 0738 号工业地块	电子计算机制造	3.33338	0.8-1.5
200804112	嘉定区工 0742 号工业地块	工业厂房	1.33331	0.8-1.5
200804113	嘉定区工 0750 号工业地块	汽车零部件及配件制造	0.85098	0.8-1.5
200804114	嘉定区工 0804 号工业地块	集装箱及金属包装容器制造	7.33234	0.8-1.5
200804115	嘉定区工 0805 号工业地块	泵、阀门、压缩机及类似机械的制造	1.89651	0.8-1.5
200804116	嘉定区工 0806 号工业地块	通用仪器仪表制造	1.86666	0.8-1.5
200804117	嘉定区工 0810 号工业地块	电机制造	0.62192	0.8-1.5
200804118	嘉定区工 0812 号工业地块	输配电及控制设备制造	3.15473	0.8-1.5
200804119	嘉定区工 0813 号工业地块	有色金属压延加工	1.42581	0.8-1.5
200804120	嘉定区工 0815 号工业地块	矿山、冶金、建筑专用设备制造	10.38977	0.8-1.5
200804121	嘉定区工 0819 号工业地块	输配电及控制设备制造	1.99004	0.8-1.5

2008 年上海土地使用权出让公告 42

公告号	地块名称	规划土地用途	地块面积（公顷）	容积率

200804201	金山工业园区 CB_200801009 号工业地块	涂料、油墨、颜料及类似产品的制造	0.84727	0.8-1.5
200804202	金山工业园区 CB_200801002 号工业地块	生物、生化制品的制造	2.23581	0.8-1.5
200804203	金山工业园区 CB_200701025 号工业地块	泵、阀门、压缩机及类似机械的制造	2.83001	0.8-1.5
200804204	上海化学工业区金山分区 CR_CA0J001 号地块	普通仓储物流	1.73282	0.8-1.5
200804205	金山工业园区（张堰园） CB_200706007 号地块	电线、电缆及电工器材制造	4.87639	0.8-1.5
200804206	奉贤区奉贤现代农业园区望园路西侧、金笋轻工商贸城南侧区域地块	生物、生化制品的制造	7.83878	0.8-1.5
200804207	上海宝山工业园区南区块宝南 200802 号地块	卫生材料及医药用品制造项目	1.00449	0.8-2.0
200804208	上海西郊经济开发区华新绿色工业园区 07-2 号地块	电子产品及研发	7.67988	0.8-1.5
200804209	上海临港新城重装备产业区 B0210-A 地块	金属加工机械制造	4.64899	0.35-1.5
200804210	长兴产业基地船舶配套设施工程二号 A 区地块	泵、阀门、压缩机及类似机械的制造	7.35249	0.8-1.2
200804211	长兴产业基地船舶配套设施工程 2 号 B 区工业地块	泵、阀门、压缩机及类似机械的制造	5.42777	0.7-1.2
200804212	长兴产业基地船舶配套设施工程 3 号 B 区地块	金属表面处理及热处理加工	3.45987	0.8-1.2

2008 年上海土地使用权出让公告 43

公告号	地块名称	规划土地用途	地块面积（公顷）	容积率
200804301	嘉定区安亭 0709 号工业地块	汽车零部件及配件制造	7.12965	0.8-1.5
200804302	嘉定区马 0811 号工业地块	其他塑料制品制造	1.95312	0.8-1.5
200804303	嘉定区工 0741 号工业地块	输配电及控制设备制造	0.95179	0.8-1.5
200804304	嘉定区安 0710 号工业地块	汽车零部件及配件制造	3.88681	0.8-1.5
200804305	嘉定区工 0727 号工业地块	起重运输设备制造	5.43758	0.8-1.5
200804306	嘉定区工 0832 号工业地块	汽车零部件及配件制造	1.80067	0.8-1.5
200804307	嘉定区安 0801 号工业地块	汽车制造	1.53833	0.8-1.5
200804308	嘉定区南 0707 号工业地块	专用仪器仪表制造	4.71081	0.8-1.5
200804309	嘉定区南 0805 号工业地块	输配电及控制设备制造	3.46655	0.8-1.5
200804310	嘉定区马 0714 号工业地块	电子器件制造	3.33341	0.8-1.5

200804311	嘉定区工 0711 号工业地块	环保、社会公共安全及其他专用设备制造	2.69595	0.8-1.5
200804312	嘉定区马 0719 号工业地块	输配电及控制设备制造	2.5938	0.8-1.5
200804313	嘉定区外 0710 号工业地块	输配电及控制设备制造	1	0.8-1.5
200804314	嘉定区外 0711 号工业地块	家用电力器具制造	1.95808	0.8-1.5
200804315	嘉定区南 0706 号工业地块	纸制品制造	5.31965	0.8-1.5
200804316	嘉定区外 0807 号工业地块	电子元器件制造	3.17731	0.8-1.5
200804317	嘉定区马 0718 号工业地块	金属工具制造	3.30168	0.8-1.5
200804318	嘉定区工 0747 号地块	工业厂房	2.25177	0.8-1.5
200804319	嘉定区马 0812 号工业地块	文化用品制造	1.33293	0.8-1.5
200804320	嘉定区马 0813 号工业地块	汽车零部件及配件制造	3.68566	0.8-1.5
200804321	嘉定区安 0805 号工业地块	汽车零部件及配件制造	1.56781	0.8-1.5
200804322	嘉定区安 0807 号工业地块	汽车零部件及配件制造	2.3437	0.8-1.5
200804323	嘉定区马 0814 号工业地块	石油钻采专用设备制造	2.86878	0.8-1.5
200804324	沪青园工 08-011 号工业地块	印刷设备制造	2.71785	0.8-2.0
200804325	沪青园工 08-012 号工业地块	印刷设备制造	2.97669	0.8-2.0

2008 年上海土地使用权出让公告 44

公告号	地块名称	规划土地用途	地块面积（公顷）	容积率
200804401	奉贤区金汇镇永南路北侧、浦星公路以东区域工业地块	蔬菜、水果和坚果加工，其他农副食品加工	2.41526	0.8-1.5

2008 年上海土地使用权出让公告 45

公告号	地块名称	规划土地用途	地块面积（公顷）	容积率
200804501	宝北 200816 号地块	矿山、冶金、建筑专用设备制造	1.99943	0.6-1.5
200804502	上海宝山工业园区罗店园宝罗储 200810 号地块	专用化学产品制造	3.45046	0.8-1.5
200804503	上海月杨工业园区宝顾储 200804 号地块	通用零部件制造及机械修理	1.34465	0.8-1.5
200804504	上海月杨工业园区杨行园宝杨 200811 号地块	输配电及控制设备制造业	2.00079	0.8-1.5

200804505	上海月杨工业园区杨行园宝杨 200812 号地块	轴承、齿轮、传动和驱动部件制造业	3.64549	0.6-1.5
200804506	上海宝山工业园区罗店园宝罗储 200812 号地块	泵、阀门、压缩机及类似机械制造	1.67181	0.8-1.5
200804507	上海宝山工业园区城市园南区块宝南 200812 号工业地块	光学仪器及眼镜制造	1.03127	0.8-1.5
200804508	宝北 200813 号地块	不锈钢及类似日用金属制品制造	6.61356	0.6-1.5
200804509	上海宝山工业园区罗店园宝罗储 200811 号地块			
专用设备制造业	4.17837	0.8-1.5		
200804510	上海宝山工业园区罗店园宝罗储 200813 号地块	其他金属制品制造	1.24738	0.8-1.5

2008 年上海土地使用权出让公告 46

公告号	地块名称	规划土地用途	地块面积（公顷）	容积率
200804601	上海宝山工业园区北区块宝北 200810 号地块	钢压延加工	2.70237	不小于0.6，不大于 1.5
200804602	上海月杨工业园区杨行园宝杨 200810 号地块	其他金属制品制造	2.27809	不小于 0.6，不大于 1.5
200804603	上海月杨工业园区杨行园宝杨 200808 号地块	黑色金属冶炼及压延加工	2.30662	不小于 0.6，不大于 1.5

2008 年上海土地使用权出让公告 47

公告号	地块名称	规划土地用途	地块面积（公顷）	容积率
200804701	上海国际医学园区 5 号地块	医疗器械制造	1.23468	不大于 1.2
200804702	上海国际医学园区 8 号地块	生物制品制造	0.55853	不大于 1.5

2008 年上海土地使用权出让公告 48

公告号	地块名称	规划土地用途	地块面积（公顷）	容积率
200804802	嘉定区工 0739 号工业地块	其他仓储	2.99472	0.8-1.5
200804803	嘉定区工 0749 号工业地块	船舶及浮动装置制造	2.23208	0.8-1.5
200804804	嘉定区工 0821 号工业地块	广播电视设备制造	4.67773	0.8-1.5
200804805	嘉定区工 0822 号工业地块	电子器件制造	2.96162	0.8-1.5
200804806	嘉定区工 0829 号工业地块	汽车零部件及配件制造	3.86815	0.8-1.5
200804807	嘉定区工 0830 号工业地块	汽车零部件及配件制造	5.52497	0.8-1.5

200804808	嘉定区工 0831 号工业地块	输配电及控制设备制造	2.10689	0.8-1.5
200804809	嘉定区安 0806 号工业地块	汽车零部件及配件制造	1.15281	0.8-1.5

2008 年上海土地使用权出让公告 49

公告号	地块名称	规划土地用途	地块面积（公顷）	容积率
200804901	嘉定区马 0809 号工业地块	制冷、空调设备制造	1.999989	0.8-1.5
200804902	嘉定区工 0823 号工业地块	卫生材料及医药用品制造	0.93259	0.8-1.5
200804903	嘉定区工 0824 号工业地块	汽车零部件及配件制造	0.9226	0.8-1.5

2008 年上海土地使用权出让公告 50

公告号	地块名称	规划土地用途	地块面积（公顷）	容积率
200805001	金山工业园区（张堰园）CB_200706005	电线、电缆及电工器材制造	3.45776	0.8-1.5
200805002	沪青园工 08-014 号地块	金属切削机床制造	1.29547	0.8-2.0
200805003	沪青园工 08-015 号地块	纸和纸板容器的制造	2.96862	0.8-2.0
200805004	沪青园工 08-016 号地块	其他基础化学原料制造	1.04699	0.8-2.0
200805005	沪青园工 08-017 号地块	化学药品制剂制造	1.11659	0.8-2.0
200805006	沪青园工 08-018 号地块	汽车零部件及配件制造	1.4	0.8-2.0
200805007	沪青园工 08-013 号地块	建筑用金属结构构件制造	2.16636	0.8-2.0

2008 年上海土地使用权出让公告 51

公告号	地块名称	规划土地用途	地块面积（公顷）	容积率
200805101	上海国际医学园区 11 号地块	生物、生化制品研发和制造	0.5823	0.6-1.5
200805102	闵行出口加工区竹港以东、肖南港南侧区域地块	通用仓储类	6.21426	1
200805103	闵行出口加工区奉闵路西侧、肖南港南侧区域地块	建筑、安全用金属制品制造	4	1
200805104	闵行出口加工区奉闵路东侧、加五路南侧区域地块	其他家具制造	8.64166	0.8-1.5
200805105	奉贤区南桥镇环城西路东侧、奉浦大道北侧区域地块	调味品、发酵制品制造	5.15919	0.8-1.5
200805106	奉贤现代农业园区上海汉德食品公司北侧、汇丰路东侧区域地块	水产品加工	1.28987	0.8-1.5

200805107	奉贤现代农业园区高丰路以北、茂园路东侧区域地块	蔬菜、水果和坚果加工	2.3334	0.8-1.5
200805108	奉贤现代农业园区汇丰北路南侧、茂园路西侧区域地块	方便食品制造	4	0.8-1.5
200805109	上海市工业综合开发区沪杭公路西侧、程普路北侧区域地块	中成药制造	5.06622	0.8-1.5
200805110	奉贤现代农业园区汇丰北路北侧、本庄生物公司一期西侧区域地块	化学药品制剂制造	0.38894	1
200805111	奉贤区南桥镇环城西路西侧、奉浦大道南侧区域地块	纺织服装制造	2.93809	0.8-1.5

2008年上海土地使用权出让公告52

公告号	地块名称	规划土地用途	地块面积（公顷）	容积率
200805201	闸北区281街坊地块	商住用地，初级中学用地，公共绿地，道路用地	7.86192	商住用地不大于2.4
200805202	奉贤现代农业园区金海路东侧、广丰路北侧区域地块	商业用地（加油站）	0.27019	小于1.0
200805203	崇明县城桥镇加油站地块	商业用地	0.34947	不大于0.4

2008年上海土地使用权出让公告53

公告号	地块名称	规划土地用途	地块面积（公顷）	容积率
200805301	浦东空港工业园区机场分园18-1、18-3地块	专用设备制造业	2.0927	不大于1.0
200805302	上海国际医学园区13号地块	生物医药	1.73574	不小于0.6，不大于1.2
2008年上海土地使用权出让公告54				
公告号	地块名称	规划土地用途	地块面积（公顷）	容积率
200805401	松江DJ-08-002号地块	生物、生化制品制造	1.63241	0.8-1.6
200805402	松江区松开IV-99-1地块	金属压力容器制造	0.45204	不大于1.0
200805403	松江区松开V-28号地块	电池制造	3.99602	0.8-1.6
200805404	松江DK-08-008号地块	变压器、整流器和电感器制造	3.24246	0.8-1.6

200805405	松江区 CD-08-007 号地块	石油钻采专用设备制造	1.92149	0.8-1.6
200805406	松江 DK-08-010 号工业地块	技术玻璃制品制造	4.72517	0.8-1.6
200805407	松江 CD-08-013 号工业地块	塑料加工专用设备制造	1.49901	0.8-1.6
200805408	松江 CD-08-002 号工业地块	汽车部件及配件制造	2.77538	0.8-1.6
200805409	松江 CD-08-014 号地块	制药机械设备制造	1.08231	0.8-1.6
200805410	松江 CD-08-015 号地块	锅炉及辅助设备制造	0.91502	0.8-1.6

2008 年上海土地使用权出让公告 55

公告号	地块名称	规划土地用途	地块面积（公顷）	容积率
200805501	沪青园工 08-021 号地块	金属工具制造	1.24686	不小于0.8，不大于 2.0
200805502	沪青园工 08-019 号地块	文化用品制造	2.35332	不小于0.8，不大于 2.0
200805503	沪青园工 08-020 号地块	专用化学产品制造	0.50281	不小于0.8，不大于 2.0
200805504	沪青园工 08-023 号地块	电子元件及组件制造	1.00775	0.8-2.0
200805505	沪青园工 08-024 号地块	专用化学产品制造	0.41667	0.8-2.0
200805506	沪青园工 08-025 号地块	营养保健食品制造	0.37163	不小于0.8，不大于 2.0
200805507	沪青园工 08-026 号地块	电子器件制造（发光二极管）	1.54115	不小于0.8，不大于 2.0

2008 年上海土地使用权出让公告 56

公告号	地块名称	规划土地用途	地块面积（公顷）	容积率
200805601	临港新城书院社区都市产业园区 H0102 － 1 地块	泵、阀门、压缩机及类似机械的制造	2.1525	0.6 ～1.5
200805602	临港新城重装备产业区 C0102 － D 地块	起重运输设备制造	5.01006	0.35-1.5[下限指标根据我局沪规区（2008）287 号文并经工业主管部门认定]

2008 年上海土地使用权出让公告 57

公告号	地块名称	规划土地用途	地块面积（公顷）	容积率

200805701	嘉定区工 0716 号工业地块	通用零部件制造及机械修理	2.53845	0.8-1.5
200805702	嘉定区马 0815 号工业地块	通用零部件制造及机械修理	1.66985	0.8-1.5
2008 年上海土地使用权出让公告 58				
公告号	地块名称	规划土地用途	地块面积（公顷）	容积率
200805801	徐汇区衡山路 12 号地块	商业、科研、文化、商务办公综合用地	1.08028	≤2.5

2008 年上海土地使用权出让公告 59

公告号	地块名称	规划土地用途	地块面积（公顷）	容积率
200805901	奉贤区南桥镇奉浦大道南侧、肖翁路西侧区域工业地块	输配电及控制设备制造	2.98675	0.8-1.5
200805902	奉贤现代农业园区联合港以南、茂园路东侧区域工业地块	其他食品制造	2	0.8-1.5
200805903	松江区松江 DK-08-016 号地块	特种电缆	3.23108	0.8-1.6
200805904	松江区松开 IV-66 号地块	阀门和旋塞的制造	3.29259	0.8-1.6
200805905	松江区松开 IV-120B 号地块	汽车零部件及配件制造	2.97685	不大于 1.0
200805906	松江区松开 IV-120A 号地块	汽车零部件及配件制造	1.02695	不大于 1.0

2008 年上海土地使用权出让公告 60

公告号	地块名称	规划土地用途	地块面积（公顷）	容积率
200806001	徐旺路以南 08-5 号地块	印刷业（研发、生产）	1.083	0.8-2.0
200806002	北青公路以南 08-6 号地块	仓储、物流信息服务平台	2.38352	0.8-2.0
200806003	北青公路以南 08-7 号地块	木制家具研发、制造	2.13412	0.8-3.0

2008 年上海土地使用权出让公告 61

公告号	地块名称	规划土地用途	地块面积（公顷）	容积率
200806101	上海市工业综合开发区肖南路西侧、程普路以北区域地块	结构性金属制品制造	2.0041	0.8-1.5
200806102	奉贤区金汇镇上海拖内发动机制造有限公司西侧、团南公路南侧区域地块	金属工具制造	1.55738	0.8-1.5

200806103	金山工业园区金山第二园区 CB_200705006 号地块	涂料、油墨、颜料及类似产品	4.18616	0.5-0.8
200806104	金山工业园区金山第二园区 CB_200705007 号地块	涂料、油墨、颜料及类似产品	5.50932	不小于 0.5
200806105	金山第二园区 CB_200705004 号地块	化学药品原药制造	3.85848	0.5-0.8

2008 年上海土地使用权出让公告 62

公告号	地块名称	规划土地用途	地块面积（公顷）	容积率
200806201	奉贤区南桥镇奉浦大道南侧、竹港以东区域地块	输配电及控制设备制造	5.12773	0.8-1.5
200806202	金山工业园区金山第二园区 CB_200805001 号地块	合成纤维制造	23.49	0.5-0.8

2008 年上海土地使用权出让公告 63

公告号	地块名称	规划土地用途	地块面积（公顷）	容积率
200806301	祝桥镇工 -14 号地块	电机制造	1.70025	0.8-2.0

2008 年上海土地使用权出让公告 64

公告号	地块名称	规划土地用途	地块面积（公顷）	容积率
200806401	沪青园工 08-027 号地块	其他仓储	4.30283	0.8-3.0

第七章 房地产金融

第一节 房地产金融概述

一、房地产开发投资

2008 年，上海房地产开发投资为 1 366.87 亿元，比上年增长 4.54%，相对于上年增幅的 25.63% 有大幅回落。其中，住宅投资为 843.63 亿元，相比 07 年的 837.5 亿元，基本持平；办公楼投资为 186.22 亿元，同比增长 18.23%；商业营业用房投资为 172.63，同比增长 8.6%；其他投资为 164.39 亿元，同比增长 7.06%。

二、房地产信贷利率

2008 年上半年，人民银行维持了 2007 年末的存贷款基本利率，房地产信贷略显从紧。下半年，特别是从 9 月份开始，为了应对全球性的金融危机，采取了宽松的货币政策。9 月份到 12 月份，人民银行 4 次大幅下调人民币存款基准利率，5 次大幅下调人民币贷款利率。（见表 7-1、表 7-2）

表 7-1 金融机构人民币存款基准利率调整情况表（1990 ～ 2008） （单位：年利率 %）

调整时间	活期	定期					
		3 个月	6 个月	1 年	2 年	3 年	5 年
1990.04.15	2.88	6.30	7.74	10.08	10.98	11.88	13.68
1990.08.21	2.16	4.32	6.48	8.64	9.36	10.08	11.52
1991.04.21	1.80	3.24	5.40	7.56	7.92	8.28	9.00
1993.05.15	2.16	4.86	7.20	9.18	9.90	10.80	12.06
1993.07.11	3.15	6.66	9.00	10.98	11.70	12.24	13.86
1996.05.01	2.97	4.86	7.20	9.18	9.90	10.80	12.06
1996.08.23	1.98	3.33	5.40	7.47	7.92	8.28	9.00
1997.10.23	1.71	2.88	4.14	5.67	5.94	6.21	6.66
1998.03.25	1.71	2.88	4.14	5.22	5.58	6.21	6.66
1998.07.01	1.44	2.79	3.96	4.77	4.86	4.95	5.22
1998.12.07	1.44	2.79	3.33	3.78	3.96	4.14	4.50
1999.06.10	0.99	1.98	2.16	2.25	2.43	2.70	2.88
2002.02.21	0.72	1.71	1.89	1.98	2.25	2.52	2.79
2004.10.29	0.72	1.71	2.07	2.25	2.70	3.24	3.60
2006.08.19	0.72	1.80	2.25	2.52	3.06	3.69	4.14
2007.03.18	0.72	1.98	2.43	2.79	3.33	3.96	4.41
2007.05.19	0.72	2.07	2.61	3.06	3.69	4.41	4.95
2007.07.21	0.81	2.34	2.88	3.33	3.96	4.68	5.22
2007.08.22	0.81	2.61	3.15	3.60	4.23	4.95	5.49
2007.09.15	0.81	2.88	3.42	3.87	4.50	5.22	5.76
2007.12.21	0.72	3.33	3.78	4.14	4.68	5.40	5.85
2008.10.09	0.72	3.15	3.51	3.87	4.41	5.13	5.58

2008.10.30	0.72	2.88	3.24	3.60	4.14	4.77	5.13
2008.11.27	0.36	1.98	2.25	2.52	3.06	3.60	3.87
2008.12.23	0.36	1.71	1.98	2.25	2.79	3.33	3.60

注：资料来源于中国人民银行网。

表 7-2 金融机构人民币贷款基准利率的历年调整情况表 （单位：年利率 %）

调整时间	6 个月	1 年	1—3 年（含）	3—5 年（含）	5 年以上
1991.04.21	8.10	8.64	9.00	9.54	9.72
1993.05.15	8.82	9.36	10.80	12.06	12.24
1993.07.11	9.00	10.98	12.24	13.86	14.04
1995.01.01	9.00	10.98	12.96	14.58	14.76
1995.07.01	10.08	12.06	13.50	15.12	15.30
1996.05.01	9.72	10.98	13.14	14.94	15.12
1996.08.23	9.18	10.08	10.98	11.70	12.42
1997.10.23	7.65	8.64	9.36	9.90	10.53
1998.03.25	7.02	7.92	9.00	9.72	10.35
1998.07.01	6.57	6.93	7.11	7.65	8.01
1998.12.07	6.12	6.39	6.66	7.20	7.56
1999.06.10	5.58	5.85	5.94	6.03	6.21
2002.02.21	5.04	5.31	5.49	5.58	5.76
2004.10.29	5.22	5.58	5.76	5.85	6.12
2006.04.28	5.40	5.85	6.03	6.12	6.39
2006.08.19	5.58	6.12	6.30	6.48	6.84
2007.03.18	5.67	6.39	6.57	6.75	7.11
2007.05.19	5.85	6.57	6.75	6.93	7.20
2007.07.21	6.03	6.84	7.02	7.20	7.38
2007.08.22	6.21	7.02	7.20	7.38	7.56
2007.09.15	6.48	7.29	7.47	7.65	7.83
2007.12.21	6.57	7.47	7.56	7.74	7.83
2008.09.16	6.21	7.20	7.29	7.56	7.74
2008.10.09	6.12	6.93	7.02	7.29	7.47
2008.10.30	6.03	6.66	6.75	7.02	7.20
2008.11.27	5.04	5.58	5.67	5.94	6.12
2008.12.23	4.86	5.31	5.40	5.76	5.94

注：资料来源于中国人民银行网。

三、房地产信贷余额

上海银监局发布的 2008 年上海市房地产市场和房地产信贷运行分析报告显示，上海市中外资银行房地产信贷投放明显放缓，投资热点的转移促使住房和商业用房开发贷款增长一慢一快，而个人住房贷款受市场成交萎缩影响，增量同比显著减少。报告分析认为，中央和地方政府陆续出台促进房地产市场健康发展的刺激政策效应在年末有所显现，房地产投资增长加快，市场销售环比大幅反弹。

总体来看 2008 年上海市房地产贷款增长明显放缓，增量逐季减少。截至 2008 年 12 月末，全市中外资银行商业性房地产贷款余额为 5 935.6 亿元，比年初增加 193.21 亿元，同比少增 386.95 亿元；比年初增长 3.4%，增幅同比下降 8.5 个百分点，低于中外资银行平均贷款增速 8.9

个百分点。房地产贷款增量主要集中在去年上半年，并呈逐季减少之势，一至四季度房地产贷款增量分别为132.78亿元、86.92亿元、27.09亿元和-53.59亿元。全年房地产贷款增长明显放缓的势头与房地产市场形势密切相关，主要是由于房地产开发投资增速在低位徘徊，房地产销售大幅萎缩所致。

在房地产贷款的结构方面，住房开发贷款增长较慢，商业用房开发贷款增长较快。2008年12月末，全市中外资银行房地产开发贷款余额2 153.95亿元，比年初增加89.94亿元，同比少增26.6亿元；比年初增长4.4%，增幅同比回落1.4个百分点。其中：地产开发贷款比年初减少32.5亿元，主要是以土地储备贷款为主的地产开发贷款全年净减少；住房开发贷款比年初增加30.13亿元，同比多增165.9亿元，但自8月份以来，住房开发贷款已连续五个月出现负增长现象；商业用房开发贷款比年初增加113.45亿元，同比多增48.3亿元。

个人住房贷款由于受市场成交量大幅萎缩影响，同比明显少增。2008年12月末，上海市中外资银行个人住房贷款余额为3107.69亿元，比年初增加88.9亿元，同比少增345.99亿元；个人住房贷款余额比年初增长2.9%，增幅同比下降14个百分点。2008年12月，受房地产刺激政策及市场成交量回升的双重影响，个人住房贷款在连续三个月下降后出现增长，当月个人住房贷款增加7.99亿元。全年个人住房贷款增长的原因有二，一是存量住房贷款增长，二是"两外人士"住房贷款增量多于本地居民。

在房地产贷款质量方面，商业性房地产不良贷款"双升"，个人住房贷款质量控制良好。2008年12月末，上海市中外资银行机构商业性房地产不良贷款余额61.69亿元，比年初增加10.36亿元；不良率1.04%，比年初上升0.15个百分点。2008年末个人住房贷款不良贷款余额18.72亿元，比年初减少2.54亿元；不良率为0.6%，比年初下降0.1个百分点 。

四、国际资本流动

（一）国际资本概况

目前，国际资本流入上海房地产市场的形式多样，包括：直接设立外资房地产投资公司或参股境内房地产开发企业；间接投资，购买房地产开发企业的债券或外资房地产中介公司以包销的方式批量买入楼盘，再进行商业性销售和租赁；外资银行对房地产开发企业和个人发放贷款；非居民外汇流入，结汇购买房产等等。

2008年，受美国次贷危机影响，国际金融市场波动增大，美、欧、日等发达经济体发展趋缓，发展中国家也一定程度的受到影响。我国正处在金融市场对外开放和国际化程度加快时期，次贷危机对我国的影响在所难免，不过总的发展形势依然看好。

上海银监局于2008年2月18日召开的上海外资银行负责人会议数据显示：2008年，上海地区外资银行发展稳健。截至2008年12月末，辖内各项贷款余额为3920.93亿元，比年初增长169.36亿元，增长了4.51%；存款余额为2 692.20亿元，比年初增长462.08亿元，增长了20.72%。整体利润保持快速增长，税后利润为90.15亿元，占全国外资银行税后利润的75.76%，比上年同比增加62.91亿元，同比增长230.95%。

外资银行在上海的积聚效应也日益显现。截至2008年12月底，上海有外资法人银行17家、法人银行分行和保留分行31家，单一分行33家，支行64家。另有3家法人银行、1家分行和7家支行在筹建中。外资金融机构代表处共计108家。埃及、西班牙等国家的银行也首次在我国设立分行。

（二）国际资本影响

国际资本的进入对上海房地产市场的发展有一定的积极作用，主要表现在两个方面：一是国际资本为上海房地产的发展提供了重要的资金来源。据上海统计局统计数据显示，十年期间外资受让上海土地出让所支付的资金，大约有100亿美元。如果将须配套的建安资金及费用计算进去，粗略估计外资项目投入的资金，总计应该在2000亿人民币左右 ；二是外资带来了房地产经营管理的新观念。这种新观念是全方位的，包括市场研究、规划设计、广告营销、企业管理等，并带动了上海房地产人才的成长。但我们必须高度关注国际资本涌入的负面影响，并应不断健全体制、加强监管。

第二节 房地产融资渠道

一、房地产融资渠道概述

房地产企业融资渠道主要有两种：一是内部融资渠道。内部融资主要包括自有资金、预收的购房定金或购房款、企业职工内部集资等。二是外部融资渠道。外部融资又可分为债务性融资和权益性融资。其中债务性融资的渠道有：银行贷款、发行企业债券、融资租赁、债务性信托和资产证券化；权益性融资渠道有：合作开发、权益性信托、房地产产业投资基金、房地产企业上市、股权投资等。

当前上海房地产主要的融资渠道主要还是自有资金和商业银行贷款，但随着信托、专业的房地产信托基金（REITS），以及境外的投资银行、基金、境外地产基金、境外直接投资机构等进入中国的房地产领域，房地产企业的融资渠道日渐拓宽，融资渠道也在慢慢实现多元化。多种融资渠道逐步打开，呈现多样化的趋势，这对未来中国房地产企业具有深远的影响。

2008年上海房地产继续受宏观调控和全球性金融危机的影响。2008年国内贷款较2007年略有下降，减少1.59%；利用外资方面略有下降，减少3.67%；自筹资金也略有上升，增加1.96%；其他资金大幅下降，减少32.98%。总体上，2008年房地产开发到位资金较2007年大幅下降17.28%。

表7-3 2007-2008年上海房地产开发资金来源变化状况

时间	2008年			2007年		
项目	金 额（亿元）	增长率（%）	占 比（%）	金额（亿元）	增长率（%）	占 比（%）
当年到位资金其中:	2 112.10	-17.28	100	2 553.19	17.29%	100
国内贷款	549.55	-1.59	26.02	558.43	-2.90%	21.87
利用外资	71.33	-3.67	3.38	74.05	32.33%	2.90
自筹资金	595.21	1.96	28.18	583.75	1.00%	22.86
其它	896.03	-32.98	42.42	1 336.96	38.14%	52.37

表7-4 主要年份上海房地产开发投资资金来源状况 单位：亿元

指 标	1995	2000	2007	2008
资金来源合计	670.83	778.16	3 153.31	2 869.50

上年末结余资金	112.00	113.48	600.12	757.38
本年资金来源小计	558.83	664.68	2 553.19	2 112.10
国内贷款	122.63	155.37	558.43	549.55
利用外资	51.81	28.11	74.05	71.33
外商直接投资	34.87	16.24	65.41	66.75
自筹资金	214.53	211.86	583.75	595.21
其他资金	169.86	269.34	1 336.96	896.03

二、主要房地产融资渠道

（一）内部融资

上海房地产开发商内部融资中，自有资金、预收的购房定金是其资金的一个重要来源，而其中又以预售款最受重视，因为预售款的财务成本很低而监控条件极松。据统计， 2008 年，上海房地产投资资金来源合计 2 869.50 亿元，上年末结余资金 757.38 亿元，其中自筹资金 595.21 亿元，其他资金 896.03 亿元。

（二）外部融资

1. 国内银行贷款

除了自筹资金和预售款外，银行贷款是当前房地产融资的另一个主要渠道。2008 年上海房地产开发资金来源中，银行贷款为 549.55 亿元，在全部来源资金中占比 26.02% 较上一年度有所上升。

2. 利用外资

近年来外资银行逐渐在中国大陆开展房地产信贷业务。2004 年 2 月，花旗、汇丰、东亚和瑞穗四家外资银行获准对中资企业人民币贷款业务。2005 年 5 月底，渣打银行成为首家推出商业房地产贷款业务的外资银行，这为商业地产开发商拓宽融资渠道带来了新的希望。2006 年，更多的外资金融机构涌入，更多的外资金融产品出现。同时，上海的一些房地产发展商也纷纷谋求与国际基金合作，以拓宽融资渠道。海外投资基金进军上海房市的脚步因此已经加快，包括美国雷曼兄弟、澳洲麦格理银行、美国洛克菲勒等著名跨国房产投资基金纷纷进入上海。

数据显示，外资正以越来越大的规模和越来越快的速度进入中国房地产市场。随着国家宏观调控政策的限制，人民币升值压力的增大，大量外资的进入使房地产增加了许多不可控因素和不可预料的结果。

3. 信托融资

信托业务是和银行业、证券业、保险业一起构成现代金融四大支柱。上海的信托投资公司一共有五家，分别是华宝信托投资有限公司、上海国际信托投资有限责任公司、上海爱建信托投资有限责任公司、中海信托投资有限责任公司和中泰信托投资有限责任公司。信托公司可经营以下本外币业务：受托经营资金信托业务；受托经营动产、不动产及其他财产的信托业务；受托经营国有允许从事的投资基金业务，作为基金管理公司发起人从事投资基金业务；经营企业资产重组、购并及项目融资、公司理财、财务顾问等中介业务；受托经营国务院有关部门批准的国债、企业债券承销等多项业务。

房地产信托投资基金这个新的金融工具既为投资房地产的人提供了金融产品，也为房地产发展提供了新的融资工具。2003 年 6 月央行出台 121 号文件以后，房地产信托在 2003 年大力发展。2005 年 9 月，银监会发布《加强信托投资公司部分业务风险提示的通知》，该文件被称做 212 号文。通知要求信托公司开办房地产贷款业务，严禁向项目资本金比例达不到 35%、“四证”不齐等不符合贷款条件的房地产开发企业发放贷款。此举使房地产信托产品的发行受阻。2006年7月，银监会以“特急文件”形式下发的名为《关于进一步加强房地产信贷管理的通知》“54号文”，文件从银行信贷和房地产信托等方面进一步收紧房地产开发、土地贮备等贷款的发放 。文件在第八条对信托公司开展房地产股权信托作出了新的规定。文件中指出，信托公司开办房地产贷款业务，或以投资附加回购承诺等方式间接发放房地产贷款，要严格执行《关于加强信托投资公司部分业务风险提示的通知》(即“212号文”)有关规定。2007年3月1日，信托新政颁布实施，新的《信托公司管理办法》明确规定，对向他人提供贷款不得超过其管理的所有信托计划实收余额的30%。这使得依靠贷款所进行的房地产信托受到更严格的限制，加之2007年股票市场走入罕见的大牛市，房地产信托规模迅速减小。

根据用益信托工作室最新公布的数据显示，2008年发行的集合信托产品中，投向房地产的信托资金为272.20亿元，占全部集合信托募集资金的32.16%。2007年发行的集合信托产品中，投向房地产的信托资金为121.52亿元，占全年全部集合信托募集资金的11.27%。房地产信托募集资金量及占比均较上年大幅提高，说明随着银行对房地产贷款〞严把大门〞，更多地产、物业类企业求助于信托融融资方式。

在2008年的月度统计中，房地产信托资金募集量呈现〞两头低，中间高〞，其中，9月份的发行达到110.58亿元，但紧接着的10月份仅仅发行18.35亿元，11月和12月更是低至5.55亿元和10.80亿元。去年四季度房地产信托发行出现的回落，主要是10月份银监会发布的《中国银监会办公厅关于加强信托公司房地产、证券业务监管有关问题的通知》(265号文)对其产生一定的影响。该通知要求，信托公司严禁向房地产开发企业发放流动资金贷款，严禁以购买房地产开发企业资产附回购承诺等方式变相发放流动资金贷款，不得向房地产开发企业发放用于缴交土地出让价款的贷款。

4. 股票融资

由于公开发行股票融资门槛较高及2008年股市的总体低迷。上海房地产企业公开发行股票融资量较少。

2008年，国内仅有滨江发展、华远集团、合肥城建三家公司成功在内地A股上市及河南建业在香港上市。而成功进行IPO的仅有滨江发展及河南建业两家，且两家融资规模较2007年房地产上市企业融资规模有大幅减少。

以申万行业标准划分，自2006年以来的三年多时间里，房地产企业在A股市场完成IPO的公司只有6家。2006年分别是保利地产和北辰实业，2007年是广宇集团和荣盛发展，2008年为合肥城建、华远集团和滨江集团。而自2008年下半年以来，已经有超过一年的时间内没有一家房地产公司成功登陆A股市场。

第三节 住房公积金

一、住房公积金管理机构

上海市公积金管理委员会是上海市人民政府领导下的负责住房公积金管理和运作的专业机构，具体组成如图：

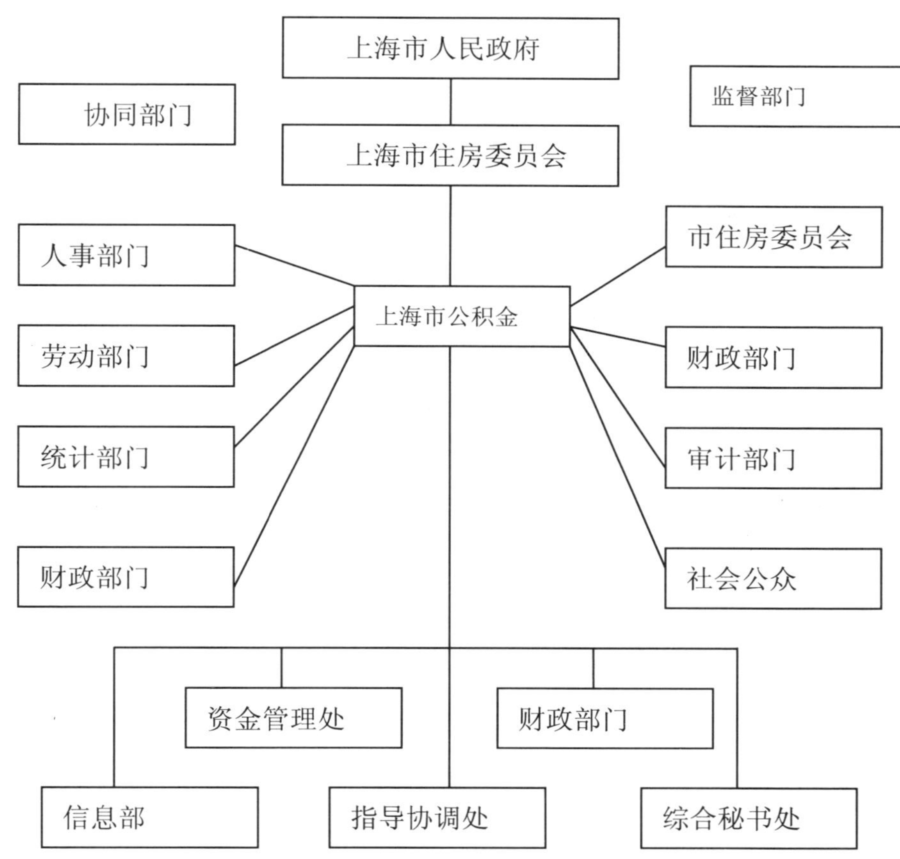

图 7-1 上海住房公积金管理机构

注：资料来源于丁健，胡乃红：《房地产金融》，上海财经大学出版社出版

二、住房公积金归集和使用情况

（一）住房公积金归集情况

2008 年本市住房公积金归集继续保持稳定增长，全年归集住房公积金和补充住房公积金 282.48 亿元，同比增长 21.82%，至 2008 年底，本市累计归集住房公积金和补充住房公积金 1 796.26 亿元。全市缴存住房公积金职工 360.77 万人，占应缴职工人数的 69%（按市统计局口径），比 2007 年末缴存职工人数增加 25.62 万人；缴存补充住房公积金职工 68.21 万人，比 2007 年末增加 9.35 万人。

2008 年本市单位和职工个人住房公积金缴存比例为各 7%，补充住房公积金缴存比例为各 1%-8%。

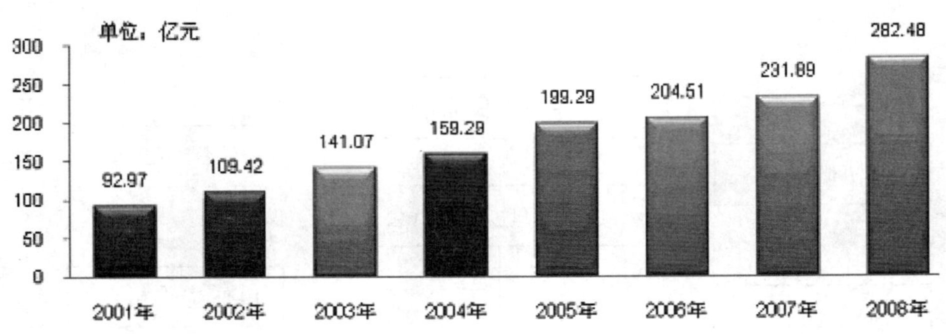

图 7-2 2001-2008 年公积金归集额

（二）住房公积金提取情况

2008 年全市共提取住房公积金和补充住房公积金 163.42 亿元，同比增长 10.88%，其中：住房公积金提取 128.11 亿元，补充住房公积金提取 35.31 亿元。全年 5.02 万职工因购房提取住房公积金 12.75 亿元，近 81 万借款人次因归还住房贷款提取住房公积金 114.09 亿元，两者合计提取 126.84 亿元，占提取总量的 77.62%。住房公积金成为广大职工家庭购买住房和偿还住房贷款的重要资金来源之一（见图 7-3）。

图 7-3 住房公积金提取情况

至 2008 年底，本市职工累计提取住房公积金和补充住房公积金 1 002.34 亿元，净归集资金为 793.92 亿元（见表 7-5）。

表 7-5 住房公积金归集、提取情况表　　　　单位：亿元

业务项目		2008 年	2008 年底累计
归集	合计	282.48	1 796.26
	住房公积金	221.75	1 460.86
	补充住房公积金	60.73	335.40
提取	合计	163.42	1 002.34
	住房公积金	128.11	821.77
	补充住房公积金	35.31	180.57
净归集	合计	119.06	793.92
	住房公积金	93.64	639.09
	补充住房公积金	25.42	154.83

（三）住房公积金贷款及回笼情况

2008 年受宏观经济环境变化及房地产市场交易量萎缩的影响，年度个贷发放额与发放户数出现大幅回落。全年共向 9.10 万户职工家庭发放购房贷款 198.79 亿元，分别同比减少 36.63%和 30.96%，支持购房建筑面积 928.97 万平方米。至 2008 年底，本市已累计向 120.33 万户职工家庭发放住房公积金个人贷款 1464.21 亿元，余额 652.08 亿元，比 2007 年末增加 69.70 亿元，累计支持购房建筑面积 10965.85 万平方米。

2008 年住房公积金个人购房贷款回笼情况正常，共回笼资金 129.08 亿元。至 2008 年底，已累计回笼住房公积金个人购房贷款 812.13 亿元。同时住房公积金个人购房贷款风险继续控制良好，至 2008 年底，三期以上户数逾期率为 1.338‰，金额逾期率为 0.116‰，均处于较低水平。

三、超额储备存款运作及增值收益情况

（一）超额储备存款运作情况

2008 年在保证住房公积金提取、贷款发放等日常业务资金储备的前提下，市公积金管理中心根据国务院《住房公积金管理条例》的规定将超额储备存款用于购买国债和定期存款存储，在确保安全的同时获取了良好的收益。至 2008 年底购买国债余额为 55.11 亿元，全年实现国债利息收入 2.77 亿元。

（二）增值收益情况

2008 年住房公积金取得各项业务收入 41.02 亿元，其中：存款利息收入 5.91 亿元，个贷利息收入 32.13 亿元，国债利息收入 2.77 亿元，其他收入 0.21 亿元。支付各项业务支出 19.86 亿元，其中：支付缴交人利息 18.03 亿元，归集手续费支出 0.92 亿元，贷款手续费支出 0.91 亿元。当年实现增值收益 21.16 亿元。

四、主要工作情况

（一）政策调整

2008 年为进一步鼓励和支持职工家庭的住房消费，促进本市房地产市场平稳、健康发展，本市先后三次调整住房公积金贷款政策：8 月，补充住房公积金贷款限额从 10 万元提高到 20 万元；10 月，职工家庭第一次购买自住住房的贷款限额由 40 万元提高到 60 万元，有补充住房公积金的最高贷款限额为 80 万元；12 月，实施新的购买第二套住房的贷款政策：规定自 2009 年 1 月 1 日起，对为改善居住条件再次贷款购买第二套经认定的普通住房的职工家庭，可按首次购房的贷款政策执行，即每户家庭住房公积金最高贷额限额为 60 万元（有补充住房公积金的为 80 万元），对其他购买第二套普通住房的，每户家庭住房公积金最高贷额限额为 40 万元（有补充住房公积金的为 60 万元）。

根据国家建设部和中国人民银行的通知，2008 年住房公积金个人购房贷款利率经过 5 次调整后，5 年（含 5 年）以下的由 2007 年底的 4.77%调整到 3.33%，5 年以上的由 5.22%调整到 3.87%。住房公积金存款利率经过 4 次调整后，结转一年以上的住房公积金存款利率由 2007 年的 3.33%调整到 1.71%，当年归集的住房公积金存款利率由 0.72% 调整为 0.36%。

（二）机构调整

根据市委、市政府《关于调整完善本市公积金管理体制的批复》文件精神，市公积金管理中心于2008年开展区（县）公积金管理机构的调整工作，于年底前完成全市原19个区（县）公积金运用中心的人员交接工作。至此，本市已形成了覆盖全市各区县的直属市公积金管理中心的住房公积金管理部新体制。

（三）检查监督

2008年5月，住房和城乡建设部等七部委下发文件在全国范围内集中开展加强住房公积金专项治理活动。市政府专门成立了由市建设交通委、市纠风办等七部门组成的“住房公积金专项治理工作领导小组”。市公积金管理中心作为日常运作机构积极参与，并就完善决策和监督机制、防范资金风险、推进管理规范、提高服务质量等方面的工作及相关制度进行全面梳理和自查自纠，顺利完成了此次专项治理工作。

（四）廉租房收储

2008年市公积金管理中心继续有序推进住房公积金增值资金收储廉租房源工作，已按计划支付10.6亿元廉租房建设补充资金收储廉租房源28.28万平方米，其中部分房源即将投入使用。

（五）政策宣传和执法维权

2008年市公积金管理中心与市总工会联合举办“第二届住房公积金百佳诚信缴交企业”评选活动，在本市部分办公楼宇投放公益宣传广告，定期公布“住房公积金季度运行分析报告”，通过报刊、网络等媒体开展形式多样、内容丰富的政策法规宣传活动。市公积金管理中心还创新执法机制，成立了执法监督处，专职负责对职工投诉案件进行立案查处和监督检查。全年市公积金管理中心共发出26份《责令限期缴存通知书》，申请法院强制执行10件，还有48件在案件调查阶段通过督促协调解决，共为309名职工追讨住房公积金119.08万元。

2009年市公积金管理中心将以党的十七大、十七届三中全会和市委九届六次全会精神为指导，坚持科学发展，认真贯彻落实市委、市政府的指示和市住房公积金管理委员会的各项决策，积极应对国际金融危机带来的挑战，攻难克险、化危为机，进一步发挥好住房公积金在住房保障体系中的作用，为改善本市职工家庭的住房条件做出新的贡献。

第三篇

行业

ALMANAC OF
SHANGHAI REAL ESTAT

第八章 房地产开发

第一节 房地产开发概述

一、开发投资

（一）固定资产投资总量

2008 年全年，上海固定资产投资总计 4 829.45 亿元，其中房地产开发投资总额 1 366.87 亿元，占固定资产投资总额的 28.3%。房地产开发投资总额较上年增长 4.5%，而固定资产投资总额增长 8.3%，说明房地产业对固定资产投资总量的拉动作用在减小，此外，2008 年的国际金融危机并未对上海的固定资产投资及房地产开发投资产生较大影响（见图 8-1、图 8-2）。

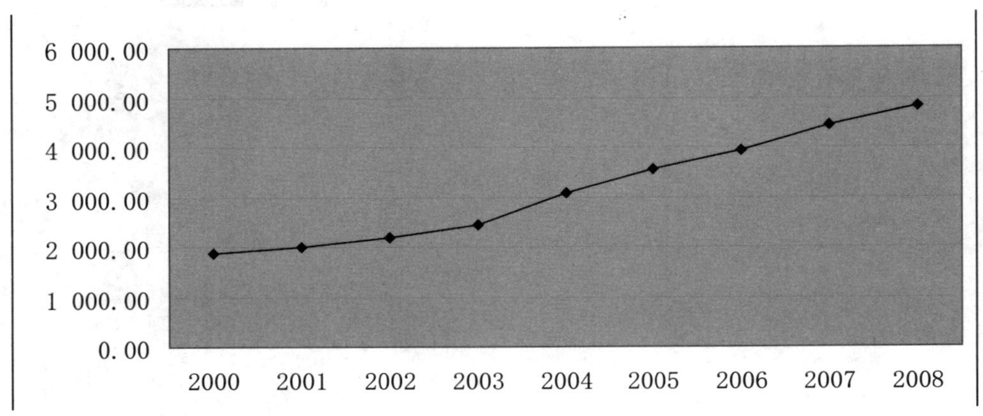

图 8-1 2000 ～ 2008 年固定资产投资总额走势图

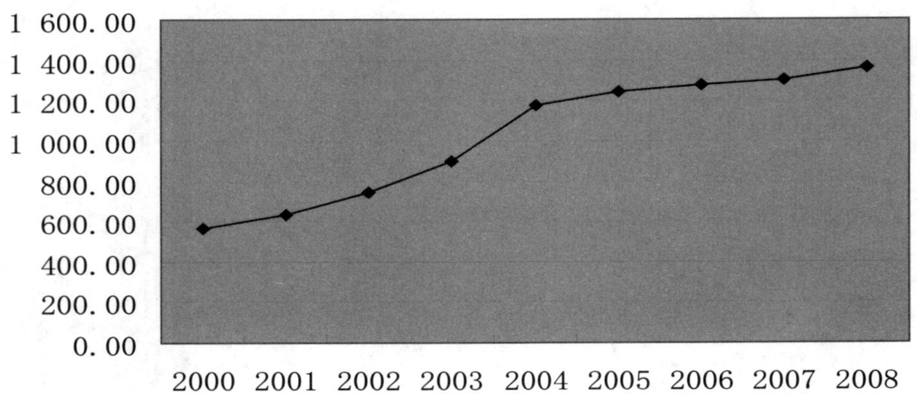

图 8-2 2000 ～ 2008 年上海房地产开发投资总额走势图

（二）开发投资增量

2008 年的房地产开发投资增量略高于 2007 年，增幅为 4.5%，从月度数据看，除了 3、4、9 月份以外，其余月份的投资开发量均高于上年同期，其中 5、6、7、8 月份的投资量较上年同期增长 13.6%。总体看来，2008 年房地产开发投资增速较为平稳，其波动幅度与 2007 年基本相近（见图 8-3）。

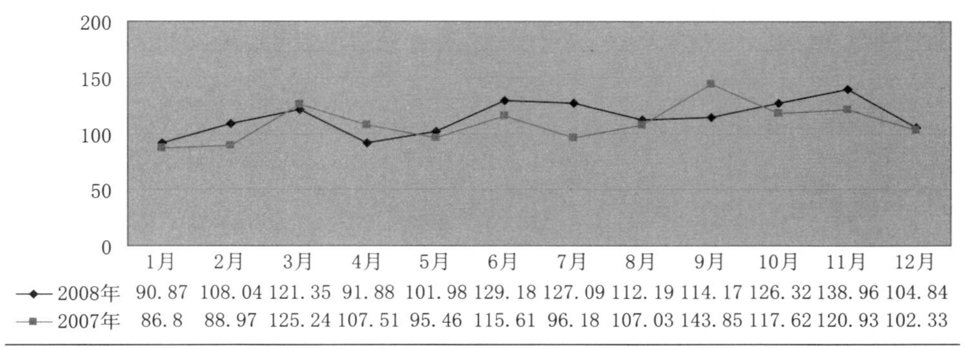

图 8-3　上海房地产开发投资增量图

（三）开发投资增长率

2008 年，上海房地产开发投资的月增长率大部分为正，仅 4 月、7 月、8 月、12 月增长率为负。

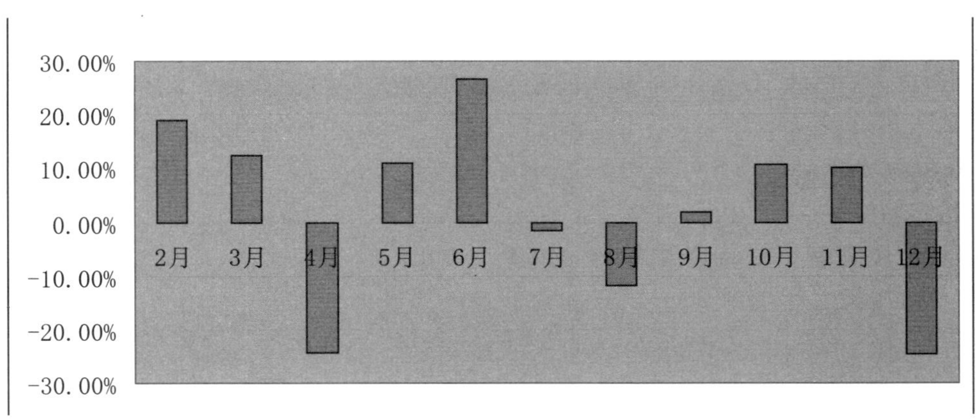

图 8-4　上海房地产开发月增长率情况图

二、开发规模

（一）土地开发规模

2008 年，上海出让地块 664 幅，较 2007 年减少 32 幅，出让面积 2 506.72 万平方米，较 2007 年减少 8.52%，而可建面积为 3 363.92 万平方米，较 2007 年增加 0.53%。其中，可建面积中，住宅和商业服务可建面积分别增加 4.1% 和 25.9%，工矿仓储可建面积减少 6.4%。（见表 8-1）

表 8-1 2008 年土地出让规模表

年份	2007 年	2008 年
出让地块 （幅）	696	664
出让面积 （万平方米）	2 740.22	2 506.72
可建面积 （万平方米）	3 346.23	3 363.92
住　宅	915.42	952.66
商业服务	507.73	639.32
工矿仓储	1 870.32	1 750.15
其　他	52.76	21.79

（二）土地购置及完成开发情况

2008 年土地购置面积 271.47 万平方米，较上年增长 91.93%，完成开发土地面积 123.49 万平方米，较上年减少 10%。

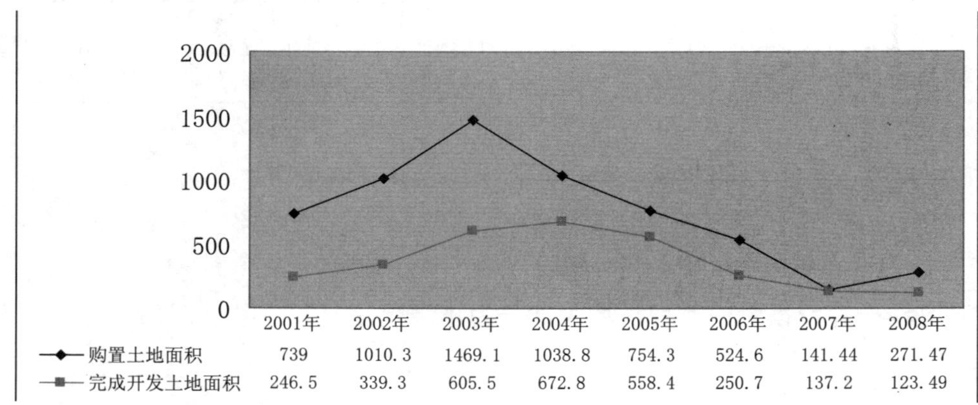

图 8-5 2001 ～ 2008 年上海市购置土地面积及完成开发土地面积走势图

（二）房屋开发规模

1. 开工面积

2008 年上海住宅新开工面积 1 762.01 万平方米，较上年增长 7.84%，办公楼新开工面积 262.64 万平方米，较上年增长 30.11%，商业营业用房新开工面积 248.8 万平方米，较上年增长 22.63%。如表 8-2 所示。

表 8-2 上海新开工面积情况表

新开工面积	2007 年	2008 年	增长情况
住宅	1 633.94	1 762.01	7.84%
办公楼	201.86	262.64	30.11%
商业营业用房	202.89	248.8	22.63%

2. 施工面积

2008 年上海住宅施工面积 6 872.1 万平方米，较上年减少 7.92%，办公楼施工面积 1 084.47 万平方米，较上年增长 15.96%，商业营业用房施工面积 1 222.53 万平方米，较上年增长 8.01%。如表 8-3 所示。

表 8-3 上海施工面积情况表

施工面积	2007 年	2008 年	增长情况
住宅	7 462.79	6 872.1	-7.92%
办公楼	935.23	1 084.47	15.96%
商业营业用房	1 131.86	1 222.53	8.01%

3. 竣工面积

2008 年上海住宅竣工面积 1 763.33 万平方米，较上年减少 35.94%，办公楼竣工面积 205.67 万平方米，较上年增长 48.08%，商业营业用房竣工面积 221.56 万平方米，较上年减少 13.61%。如表 8-4 所示。

表 8-4 上海竣工面积情况表

竣工面积	2007 年	2008 年	增长情况
住宅	2 752.45	1 763.33	-35.94%
办公楼	138.89	205.67	48.08%
商业营业用房	256.46	221.56	-13.61%

第二节 房地产开发主体

一、房地产开发企业的资质

据上海住房保障和房屋管理局资料显示，2008 年上海共有 3 743 家房地产开发企业。其中，一级资质企业 26 家，二级资质企业 276 家，三级资质企业 378 家，四级资质企业 0 家，未定等级企业 3 063 家。表 8-5 是一级企业名单。

表 8-5 2008 年上海一级资质的房地产开发企业的名单

复地（集团）股份有限公司	上海市浦东新区房地产（集团）有限公司
华能房地产开发公司	上海市漕河泾新兴技术开发区发展总公司
农工商房地产（集团）股份有限公司	上海万科房地产有限公司
上海昌鑫（集团）有限公司	上海永业企业（集团）有限公司
上海东苑房地产开发（集团）有限公司	上海中城企业集团房地产有限公司
上海公房实业有限公司	上海中祥（集团）有限公司
上海古北（集团）有限公司	上海瀛通（集团）有限公司
上海顾村房地产开发（集团）有限公司	天地源股份有限公司
上海华丽家族（集团）有限公司	旭辉集团股份有限公司
上海嘉定区房地产（集团）有限公司	中海发展（上海）有限公司
上海建工房产有限公司	中华企业股份有限公司
上海景瑞地产（集团）股份有限公司	上海三湘股份有限公司
上海鹏欣房地产开发有限公司	上海市黄浦区房地产开发实业总公司

二、房地产开发企业的排名

（一）入选“2008 中国百强房地产开发企业”的上海房地产开发企业

在公布的“2008 中国百强房地产开发企业”中，有 14 家上海企业入选，其中前 10 名仅有 1 家，前 50 名有 8 家。但与 2007 年公布的百强企业相比，在数量上和名次上都有显著的下降。其中，大华集团，复地集团和上实地产排名均有所下降，上海景瑞地产、上海爱家投资首次首次入选全国百强房地产开发企业，而上海正阳置业、上海中环投资、上海保集集团被挤出 100 名。

表 8-6 上海房地产开发企业 100 强情况表

	2007		2008
7	大华集团	10	大华（集团）有限公司
10	复地（集团）股份有限公司	13	上实地产
11	上实地产	14	复地（集团）股份有限公司
15	上海城投置地（集团）有限公司	19	上海城投置地（集团）有限公司
22	中华企业股份有限公司	22	中华企业股份有限公司
30	上海农工商房地产（集团）有限公司	28	农工商房地产（集团）股份有限公司
37	上海三盛宏业投资集团	34	上海三盛宏业投资（集团）有限责任公司
49	上海正阳投资集团有限公司	47	上海中房置业股份有限公司
53	上海中房置业股份有限公司	51	上海三湘股份有限公司
56	上海三湘（集团）有限公司	56	上海城开（集团）有限公司
62	上海城开（集团）有限公司	59	上海景瑞地产（集团）股份有限公司
72	上海中环投资开发集团有限公司	68	上海市上投房地产有限公司
74	上海市上投房地产有限公司	72	上海爱家投资（集团）有限公司
82	上海中凯企业集团有限公司	74	上海中凯企业集团有限公司
93	上海保集（集团）有限公司		

（二）上海房地产开发企业在 2008 中国百强房地产开发企业的十强中的排位

1. 规模十强排名

2008 年中国百强房地产开发企业的规模十强中，上海企业占有 3 家，比 2007 年减少了 1 家，分别是位于第二、第七、第九和上实地产、中华企业、上海城投（见表 8-7）。

表 8-7 2007 ～ 2008 年中国房地产百强企业前十名

排名	2007 年企业名称	排名	2008 年企业名称
1	万科企业股份有限公司	1	万科
2	上实地产	2	上实地产
3	北京首都开发控股（集团）有限公司	3	北京首都开发
4	中国海外发展有限公司	4	山东鲁能置业
5	合生创展集团有限公司	5	碧桂园
6	新世界中国地产有限公司	6	大连万达
7	上海城投置地（集团）有限公司	7	中华企业
8	中华企业股份有限公司	8	金地集团
9	阳光 100 置业集团有限公司	9	上海城投
10	上海中环投资开发集团有限公司	10	首创股份

2. 成长性十强

从成长性十强名单来看，2008 年上海企业入选 3 家，分别是上实地产、上海城开和上投。与 2007 年相比，上海成长性十强企业减少了 2 家（见表 8-8）。

表 8-8　2007 年与 2008 年房地产成长性十强企业

排名	2007 年企业名称	排名	2008 年企业名称
1	上实地产	1	上实地产
2	中远房地产开发有限公司	2	万科
3	恒大地产集团有限公司	3	山东鲁能
4	大华集团	4	鑫苑
5	复地（集团）股份有限公司	5	重庆金科
6	重庆金科实业（集团）有限公司	5	宝龙集团
7	南京栖霞建设股份有限公司	7	上海城开
8	上海城开（集团）有限公司	8	福星惠誉
9	武汉福星惠誉房地产有限公司	9	上投
10	上海市上投房地产有限公司	10	旭辉

3. 综合实力十强

中国房地产 TOP10 研究组根据 2008 年中国房地产企业（集团）各项指标（规模性指标、成长性指标、盈利性指标、社会责任感指标），综合评价产生了 2008 中国房地产百强企业综合实力十强。其中，上海有 1 家房地产开发企业入选，大华（集团）有限公司。大华集团立足上海，拓展到南京、武汉、马鞍山、沈阳等地，以住宅开发为主业，努力开拓商业地产市场（见表 8-9）。

表 8-10　上海房地产开发企业在 2007 中国百强房地产开发企业的综合实力十强中的排位

排名	2007 年企业名称	排名	2008 年企业名称
1	万科企业股份有限公司	1	万科
2	中国海外发展有限公司	2	中海
3	合生创展集团有限公司	3	合生创展
4	北京首都开发控股（集团）有限公司	4	保利集团
5	保利房地产（集团）股份有限公司	5	首都开发
6	恒大地产集团有限公司	6	恒大地产
7	大华集团	7	碧桂园
8	绿城房地产集团有限公司	8	绿城
9	新世界中国地产有限公司	9	大连万达
10	复地（集团）股份有限公司	10	大华

第九章 房地产营销

第一节 房地产营销概述

一、商品房销售额

2008 年上海市商品房销售金额 1 895.45 亿元，比上年大幅减少 38.6%，其中商品住宅销售额 1 608.47 亿元，大幅减少 40.6%。

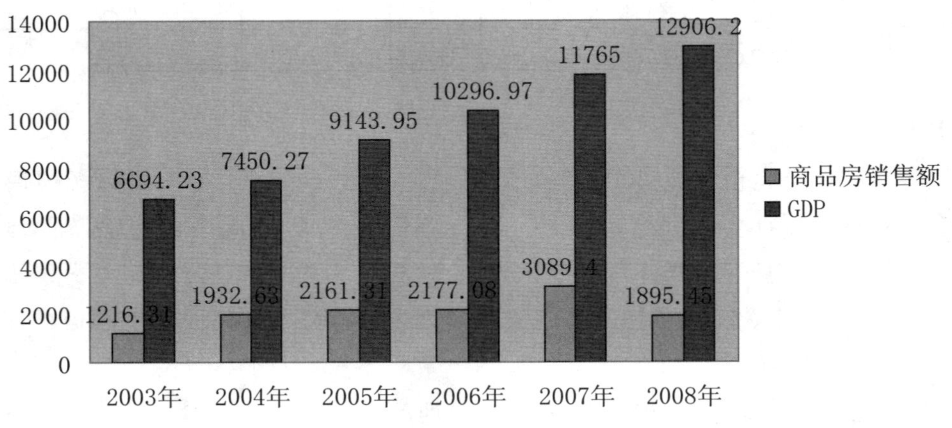

图 9-1 上海市商品房销售额及其与 GDP 之比

二、商品房销售量

2008 年上海市商品房实际销售面积共有 2 296.12 万平方米，其中住宅销售面积 1 965.86 万平方米，普通住宅成交量最大的南汇区为 343.96 万平方米，占全市总成交量的 15%；其次是闵行区和浦东新区，均占全市总推售量 13%，松江推售量位居第四位。市中心区域如卢湾区、虹口区、黄浦区等由于土地的稀缺性，全年只有少量新房源上市，只占全市的 0.86% 左右。崇明县由于房地产开发还不成熟，市场供应量一向很少，也只占全市的 0.25%。

表 9-1 2008 年上海各区、县房地产开发建设和经营情况

地 区	施工面积	竣工面积	其 中 住 宅	实 际 销售面积	其 中 住 宅	实际销售额（亿元）	其 中 住 宅
全 市	10 390.67	2 475.04	1 763.33	2 296.12	1 965.86	1 895.45	1 608.47
浦东新区	1 964.30	477.85	255.77	343.35	259.43	329.81	259.21
黄浦区	161.09	19.09	11.78	8.84	5.63	18.76	13.16
卢湾区	91.02	12.38	1.44	5.52	3.76	7.35	5.93
徐汇区	258.08	75.90	50.85	105.14	94.40	97.48	87.09
长宁区	256.07	44.45	3.13	30.19	24.26	58.54	46.78
静安区	217.48	38.27	12.08	16.86	10.81	21.21	13.77
普陀区	683.32	125.06	76.78	100.89	56.61	102.84	63.13
闸北区	303.71	19.02	9.03	27.92	20.17	25.12	15.90

虹口区	265.02	59.98	42.68	23.56	7.49	28.82	11.51
杨浦区	518.66	65.39	37.64	58.53	51.84	49.32	41.63
闵行区	1 176.37	284.70	243.22	267.20	259.54	203.29	195.32
宝山区	972.49	307.81	235.91	249.87	209.48	213.35	178.62
嘉定区	622.41	244.70	174.82	209.21	180.57	152.48	132.56
金山区	162.16	58.52	47.81	77.25	72.82	41.73	39.08
松江区	1 015.27	117.37	101.48	246.46	220.78	203.03	183.62
青浦区	360.33	80.95	67.51	81.77	71.23	64.43	59.17
南汇区	1 058.86	377.33	327.49	363.80	343.96	223.46	213.40
奉贤区	265.26	57.89	56.11	74.75	68.13	50.68	44.91
崇明县	38.78	8.39	7.80	5.01	4.94	3.74	3.67

三、商品房销售价格

2008 年上海房地产市场运行在经历了 2007 年的商品房价格飞涨之后，成交均价继续平稳上扬，全年商品住宅成交均价为 12 485 元 / 平方米，六月份达到最高峰，为 16 320 元 / 平方米，全年涨幅为 18.2%。住宅成交均价为 8 387 元 / 平方米，较上年小幅下跌 4.5%(见图 9-2)。

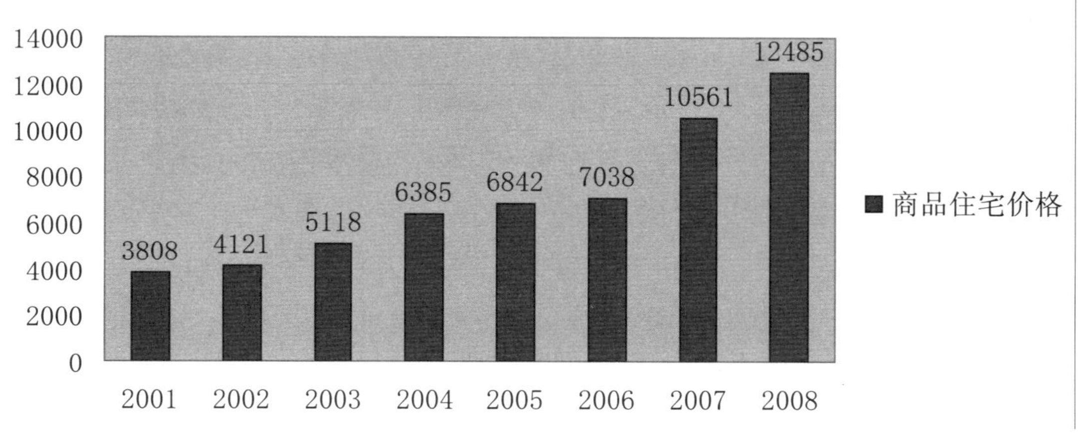

图 9-2 上海商品住宅均价图

纵观 2008 年商品住宅成交价格的曲线，其以 6 月份为价格分水岭，上下行显著。1-6 月开发商为了和政府的宏观调控相抗衡，利用不断减产来维持房价的进一步上涨，可谓是舍量保价，由此商品住宅的成交均价也在 6 月份达到了一个历史性的高度 16 320 元 / 平方米。但这样的最后挣扎也未能维持很久，随着全球金融危机的蔓延，下半年开始很多楼盘面临零接待，甚至零咨询的窘境，楼市已经到了减产也难以挽回价格下滑的局面。在万科等大型开发商的带领下，降价潮席卷楼市，成交均价迅速回落至年初水平。

住宅成交价格受商品住宅成交均价带动，在 6 月份冲至顶峰达到 11 921 元 / 平方米，这是首次上海整体住宅市场成交均价突破 10 000 元 / 平方米，但随着下半年商品住宅价格的不断走低，住宅市场成交均价尾随下滑。总体而言 2008 年住宅市场成交无从较为稳定，除去 2 月份春节和 6 月外，成交均价基本维持在 7 500 ～ 85 00 元 / 平方米的区间（见图 9-3）。

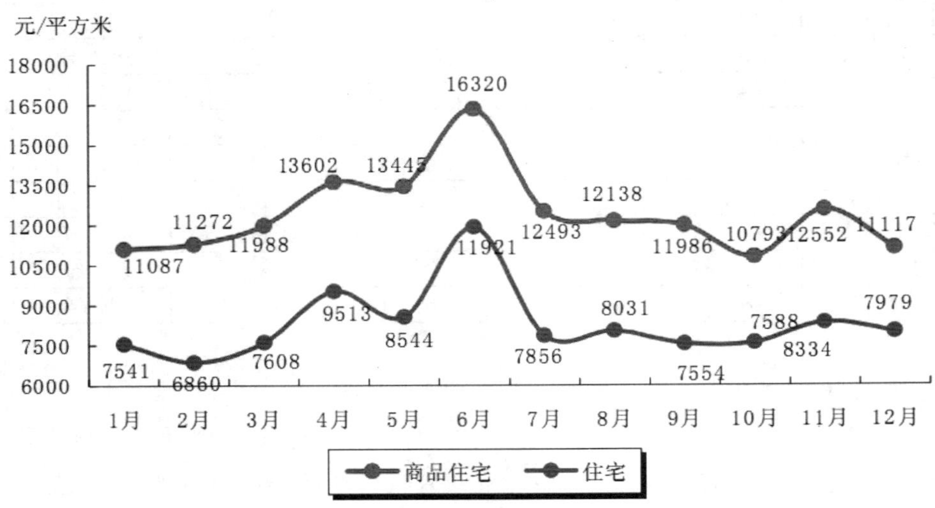

图 9-3　2008 年上海住宅与商品住宅成交均价走势对比图

四、商品房销售面积

2008 年上海市商品房销售面积 2 296.12 万平方米，大幅下降 37.86%，其中商品住宅销售量大减，全年销售面积 1 965.86 万平方米，跌幅为 40.05%。别墅等高档住宅销售量亦跌幅较大，较 2007 年的 503.14 万平方米减少到 259.49 万平方米，下跌 48.43%；写字楼市场较 2007 年的 150.93 万平方米下跌到 145.87 万平方米，略有下降；商业营业用房较 2007 年的 198.38 万平方米下跌到 117.27 万平方米，跌幅为 40.89%（见表 9-2，图 9-4）。

表 9-2　主要年份上海商品房销售情况

指　标	2000	2007	2008
商品房销售面积　（万平方米）	1 557.87	3 694.96	2 296.12
住　宅	1 445.87	3 279.17	1 965.86
别墅、高档公寓	53.44	503.14	259.49
办公楼	47.76	150.93	145.87
商业营业用房	54.54	198.38	117.27
其　他	9.70	66.47	67.12
商品房销售额　（亿元）	555.45	3 089.35	1 895.45
住　宅	480.97	2 706.30	1 608.47
别墅、高档公寓	32.65	654.04	333.23
办公楼	44.05	214.67	172.29
商业营业用房	27.87	131.19	77.51
其　他	2.56	37.19	37.17

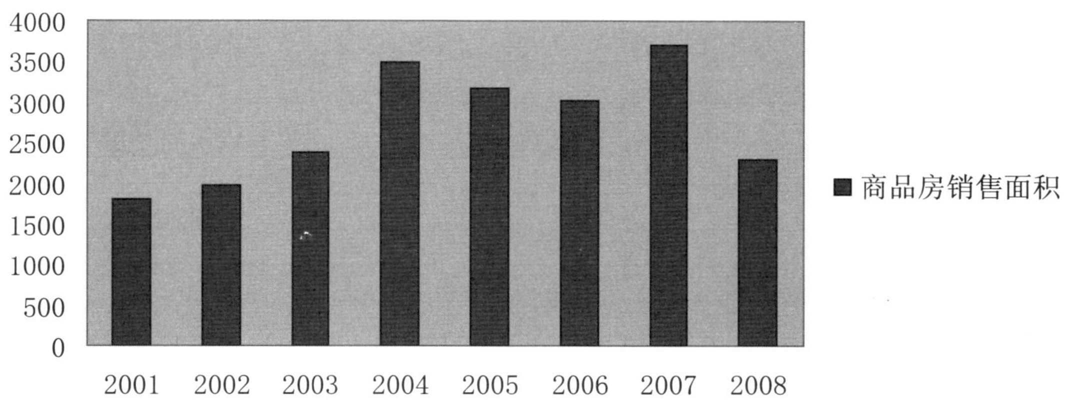

图 9-4 上海市历年商品房销售面积图

五、二手房交易状况

2008 年上海二手房成交量出现较大幅度减少，而二手房成交价格从 2007 年开始的持续上涨趋势在今年也得到逆转，从 6 月份开始呈现连续小幅下滑的态势，全年微幅上涨 2.6%。

2008 年上海二手住宅成交面积约 1 107 万平方米，同比减少 35.4%，是自 2005 年以来的最大的一个下跌幅度。2008 年整体趋紧的宏观经济形势与房地产市场环境是造成二手房买卖成交量大幅萎缩的最根本的原因（见表 9-3）。

表 9-3 主要年份上海存量房交易情况（1997 ～ 2007）

年 份	成交套数（套）	成交面积（万平方米）	其 中		
			住 宅	办公楼	商业营业用房
1997	9 180	162.40	87.68	23.95	14.95
1998	24 501	315.23	197.56	21.49	18.28
1999	44 234	510.84	336.69	37.63	14.61
2000	96 348	778.52	648.23	39.48	21.65
2001	164 598	1 422.43	1 031.48	56.99	57.24
2002	204 239	1 790.50	1 341.60	65.70	91.80
2003	263 297	2 306.28	1 807.57	105.14	114.28
2004	303 291	2 726.70	2 222.24	117.12	121.39
2005	189 896	1 971.50	1 608.20	88.10	78.00
2006	184 194	1 706.81	1 375.22	67.35	46.53
2007	213 733	1 992.59	1 715.05	49.73	36.34
2008	142 224	1 413.41	1 107.17	40.61	42.04

（一）二手房市场月度成交特点

2008 年的前 4 个月，上海二手房市场基本保持一个比较正常的成交态势。至五六月份，购房者开始对上海 房价 下跌的预期逐步强烈，持币观望的客户在逐渐增加。据房地产交易中心统计，2008 年 1 ～ 6 月，二手住宅成交套数为 68 536 套。7 月至年底，整体经济环境恶化，购房者信心受到很大打击。整个下半年的二手房市场成交相当惨淡，只有上半年成交量的一半左右。数据显示，

2008 年 7 ～ 12 月，二手住宅成交套数仅为 37 234 套。

上海市二手房指数在前半年均保持了 1% 左右的环比增长，7 月份环比增长下降至 0.3%，8 月份开始环比增长为负值（见表 9-4）。

表 9-4 2008 年上海市二手指数变化状况

月份	二手房指数	较上月增幅（%）
1	2 246	1.30
2	2 271	1.11
3	2 315	1.94
4	2 339	1.04
5	2 362	0.98
6	2 387	1.06
7	2 396	0.38
8	2 385	-0.46
9	2 360	-1.05
10	2 338	-0.93
11	2 319	-0.81
12	2 316	-0.13

交易特点

1. 成交户型

2008 年政府出台了一系列的相关救市政策，在第四季度稳定了二手房市场的成交量，但大力支持小户型物业、严控二套房贷政策，也抑制了房价的大幅上涨。

2008 年二手住宅成交总价结构中，总价 80 万以下的成交量占到 70% 左右，市场对于中低价房的需求占到绝大部分比例。而总价在 300 万以上的比例只占到 3% 左右。

从成交房源的面积来看，成交的 70 平方米以下的中小户型的比例是 50%，70 ～ 90 平方米的成交比例占到 20% 左右，市场上的主力需求格局仍然是中小户型、中低总价。

2. 二手房成交套数、面积双超新房

根据上海台庆房产统计，2008 年上海一手住宅成交 77 099 套，相比 2007 年下跌 53.8%，二手住宅 2008 年成交 12 0977 套，尽管相比 2007 年下跌了 34.1%，但成交量仍远高于一手住宅。

不仅成交套数远超一手房，二手房的成交面积也遥遥领先一手房。佑威房地产研究中心数据显示，2007 年上海二手房成交量为 1 570 万平方米，一手房则为 2 080 万平方米；到了 2008 年二手房成交量缩至 976 万平方米，一手房则只有 897 万平方米。二手房成交量之所以反超一手房，主要是由于系列房产新政较大幅度地减免了交易税费，相对而言，二手房受惠程度要大于一手房

3. 成交区域

上海二手房成交区域主要集中于市中心。2008 年上海 11 个中心城区二手房成交量相较于 2007 年均创下三到四成跌幅。其中，静安区跌去 45.9%，创中心城区最大跌幅；徐汇区跌去 31%，为相对最小跌幅。中心城区住宅交易更倾向于投资需求，尤其是内环以内，自 2007 年下半年二套房贷限制政策出台以来，投资需求受到压制，市场成交量开始逐渐向下。静安区二手房成交量跌幅比较大，主要是因为静安区历来是传统的中高档住宅区，一旦投资客退场，该区域受影响就较大。徐汇区二手房交易量跌幅相对较小，导致这一结果主要与徐汇区自住型需求的适当支撑有关。

第二节 房地产营销主体

房地产市场可以分为一级市场、二级市场以及三级市场。不同的房地产市场具有不同的交易主体和营销主体。在一级市场中，政府是卖方，用地单位是买方；在二级市场中，最重要的交易是新上市商品房的交易，因此主要的营销主体是房地产开发商和代理商；在三级市场中，房地产中介起着信息交流、信用担保等促进交易完成的作用，是市场交易的重要环节，是市场的“催化剂”，因此，三级市场中的主要营销主体是中介公司。

一、房地产营销主体的结构

除了房地产开发企业外的营销主体可分成两类，即房地产代理公司和房地产中介公司。

（一）房地产代理公司

房地产代理公司是指专门从事地产领域专业服务的咨询类公司，主要业务范围包括商品房屋的估价、营销、策划、销售等。来自网上房地产的数据显示，2008 年上海房地产市场中从事地产代理业务的公司约有 3 500 多家。地产代理行业内竞争日渐白热化。

中国房地产测评中心测评报告显示，2008 年全国房地产营销代理总建面积占到市场总量的47%，较 2007 年增加 6 个百分点。其中，深圳、上海、广州、北京一线城市的代理市场发展较为成熟，代理市场占到整个房地产销售市场的比例分别达到 84.4%、61%、50.8% 和 45.9%。而从领军企业在这些区域的表现看，深圳、广州的代理市场显示了较高的市场集中度。世联和中原在深圳的市场份额分别占到了 22% 和 39%，合富辉煌在广州的代理市场占有率达到了 52%；而上海和北京的代理市场呈现垄断竞争市场的格局，易居中国在上海的代理市场占有率为 14%，思源经纪在北京的市场占有率为 17%。

前四大全国性品牌代理商 2008 年的市场占有率达到 16.69%，较 2007 年上涨了 2.3%，前十家最佳营销代理企业 2008 年的市场份额为 23.01%。显示出在逆市环境下优秀品牌代理企业的市场份额在全国范围内进一步得到提高。

表 9-5 2008 年房地产营销企业前十强排名

名次	企业名称	名次	企业名称
1	易居（中国）控股有限公司	6	上海同策房产咨询股份有限公司
2	中原（中国）物业顾问有限公司	7	思源兴业房地产经纪有限公司
3	合富辉煌集团控股有限公司	8	戴德梁行
4	深圳世联地产顾问股份有限公司	9	北京伟业策略房地产投资顾问有限公司
5	上海新联康投资顾问有限公司	10	新聚仁机构

（二）房地产中介公司

房地产中介公司是主要从事是二手房交易。2005 年上海中介数量达到历史的最高峰，约有 2 万家门店。2006 年中介行业竞争加剧，门店数量淘汰到 8 000 左右，2007 年门店数下降到 7 000 家左右。进入 2008 年以来，楼市调控、成交量萎缩使得房地产经纪行业出现大洗牌。数据显示，年底尚在正常交易运营的中介门店数量仅剩两三千家。也就是说，从 2005 年至今的三年内，上海房产中介门店仅有约十分之一幸存下来。

在成交低迷的今年 7、8、9 月三个月中，几乎每家沪上中介均处于亏损状态。不过，自 10 月 22 日房地产新政出台以后，二手房成交出现小幅回暖，沪上部分中介中介开始止亏为盈。

在这场竞争中，最后能够生存下来的是一些大型中介公司，包括以金丰易居、上房置换、智恒房产等为代表的上海本地品牌中介公司和以 21 世纪不动产为代表的外资品牌中介机构，以中原地产、汉宇地产、美联不动产、信义、太平洋房屋、美联物业、立好信房屋为代表的港台中介。

二、房地产营销主体的市场定位

在市场定位上，不同类型的地产和中介公司专注于不同的市场。市场的基本划分是：高端市场，主要包括甲级写字楼、顶级豪宅、商铺、别墅等；中端市场，以中、高档住宅、高档豪宅为主；低端市场，主要业务是普通住宅的买卖和租赁。

目前，上海的高端市场主要由外资企业所垄断，如第一戴维斯、仲量联行、戴德梁行、高力国际等。中端市场一般由港台企业和部分规模较大的上海本地企业占据，如信义、美联、中原、易居中国等。低端市场则被大量小规模的代理和中介公司占领。

第十章　物业管理

第一节　物业管理概述

一、2008年上海物业管理市场概况

（一）物业管理概况

上海物业的发展是学习了深圳模式，从91年第一家“安居乐”开始，虽然起步比较晚，但发展较快，截至2007年末，上海物业项目总面积约5.6亿平方米，其中居住类物业3.8亿平方米。2008年一年内，上海商业物业总量供应增加10%，其中增加的物业达到了20%以上，但是全年销售量或者变现却萎缩近30%。已纳入物业管理的面积达98%。涵盖住宅小区10 870个，其中售后公房5 297个，业委会普及率达到85%，物业管理企业有3 000多家。目前上海市物业服务从业人员26.7万人，其中管理人员的比例为10.7%，各种维修、养护、秩序维护等操作员工的比例为89.3%。2008年上海市物业管理行业经营总收入161.4亿元，占全市GDP的1.18%。

（二）上海物业行业发展的特点

1. 上海物业行业发展比较快，十几年的时间从企业数，从物业覆盖率来看，发展都比较快，现在处在一个活跃发展期；

2. 上海物业行业的覆盖率比较高，各种类型的楼盘和住宅，物业都有覆盖。此外，上海的物业还延伸到一些公众物业，例如地铁、寺庙等；

3. 法制化程度高，《物业管理条例》出台以后，上海及时完善配套了地方的法制法规，使物业企业的行为可以做到有法可依，保证了行业在规范下发展。这些法律法规多数也成为其他地方立法的蓝本。

4. 行业内行政监督有利，政府对于法规的执行非常看重，通过人大和纪检部门的测评督察，以及文明办和行业办的执法检查这两个抓手，使各项行业法规得到有效的贯彻落实。

（三）住宅类物业

1. 居住物业小区概况

本市共有住宅小区8 486个，符合成立业主大会条件的住宅小区有7 375个，已成立业主大会（业委会）6 114个，组建率达到82.9%。2008年共有209个街道（乡镇）建立了住宅小区综合管理联席会议，占全市应组建联席会议街道（乡镇）总数的99%。

上海居住类物业3.8亿平方米，已纳入物业管理的面积达97%，涵盖住宅小区10 870个，其中售后公房5 297个（见图10-1）。

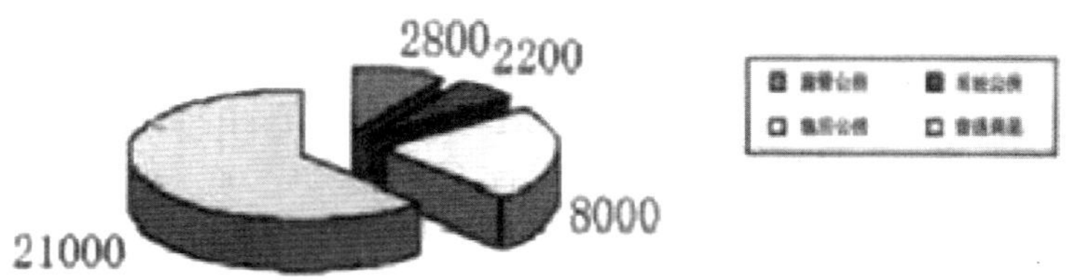

图10-1　上海市住宅物业面积比例图示

2．居住物业小区业主满意度情况

根据2008年上海窗口行业公众满意度测评报告， 2007年第3季度行业公众满意度指数首次突破80分大关，达到80.144分，上海仁恒物业管理有限公司以92.518分继续名列榜首，排名前10位的物业管理企业满意度分值均超过了90分。2008年上海37个窗口行业公众满意度测评报告再次“出炉”， 从本市19个区县的总体表现情况来看，卢湾区排名第一（分值为84.494分），位居二、三位的分别是松江区（82.702分）和静安区（82.107分）；而崇明县、嘉定区、黄浦区的整体满意度得分较低，排于末三位。物业管理行业得分80.646分。物业管理行业比上年度高出0.502个百分点。这也是上海物业管理行业社会公众满意评价得分自2005年以来连续4年保持增长，这标志着行业诚信自律体系建设日趋完善，规范的服务得到了社会公众的认可。

3. 平安小区建设

2008年上海着力解决一批老百姓最关心、最直接、最现实的社会治安突出问题和社会管理问题，大力推行平安小区建设（见表10-1）。

表10-1 2008年度“上海市平安小区”推荐名单

划分	个数	平安小区
金杨新村街道	7	香山新村七居委 黄山新村三居委 罗山新村七居委 博山东路居委 碟恋苑居委 始信苑居委 广洋苑居委
唐镇	4	东唐苑居委 同馨苑居委 暮紫桥居委 金唐居委
金桥镇	2	云台第二居委
南码头路街道	2	临沂三村居委 胶南居委
洋泾街道	4	国际华城居委 盛世年华居委 维多利华庭居委 第五大道居委
高桥镇	4	潼港八村居委 富特三村居委 富特五村居委 北新村村委
张江镇	4	韩荡居委 杨镇路居委 钱堂居委 庵东村村委
北蔡镇	5	一六村村委 同福村村委 南新二居委 南新三居委 长征居委
川沙新镇	12	和平村村委 新营村村委 民利村村委 卫东村村委 立新村村委 施镇居委 新浜村村委 杜尹村村委 普新居委 明珠居委 沙田居委 玉兰居委
浦兴路街道	4	东二居委 东四居委 凌五居委 荷五居委
高行镇	3	绿地居委 银杏居委 华庭居委
陆家嘴街道	11	市新居委 松山居委 三航居委 乳四居委 崂二居委 乳二居委 菊园居委 招远居委 仁恒居委 梅一居委 林山居委
东明路街道	12	兆二居委 凌兆三居委 凌兆五居委 凌兆七居委 凌兆九居委 凌兆十二居委 金光一居委 三林苑居委 翠竹苑居委 新月一居委 新月二居委 金橘新苑居委
潍坊新村街道	5	潍坊六七居委 崂山居委 泉东居委 东南居委 福竹居委

（四）非住宅物业供求状况

2008年1～11月全市非住宅类物业供求总量来看，供应量为390.1万平方米，占全市商品房供应总量18.7%，较2007年同比减少了21%；而成交量为264.1万平方米，占商品房交易总量14%，较去年同比减少了近三成（见图10-2）。

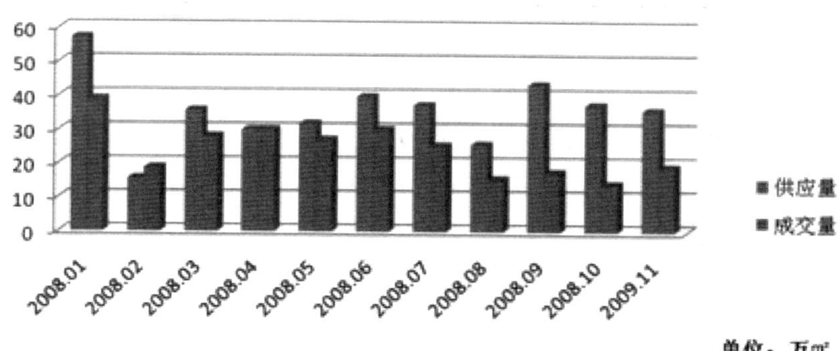

图 10-2　2008 年 1 ～ 11 月份上海非住宅物业供求走势

2008 年前 11 个月，全市办公楼物业供求量均比去年同期减少，其中，供应量同比减少了 18%；成交量同比减少了 26% 左右。从各区情况分析，北部区域成为今年办公楼供应热点，如普陀区新增 36 万平方米，成为今年供应大户，虹口区约 23 万平方米，杨浦区约 11.5 万平方米。

全市商业物业继续呈现供求失衡和区位分化态势。新增供应量 206 万平方米，较去年同比增加 11%，成交量为 126 万平方米，同比萎缩了 32% 左右。

2008 年前 10 个月随商用物业供应成交量最大的三个区分别为奉贤、金山和南汇。奉贤仅成交 15.44 万平方米，占该区今年新增供应量的 34%。

（四）物业管理从业人员

根据 2008 年的统计数据，从业人员超过 300 万人。其中管理人员的比例为 10.7%，各种维修、养护、秩序维护等操作员工的比例为 89.3%　。

（五）行政管理体制

上海已逐渐形成三级行政管理体制：

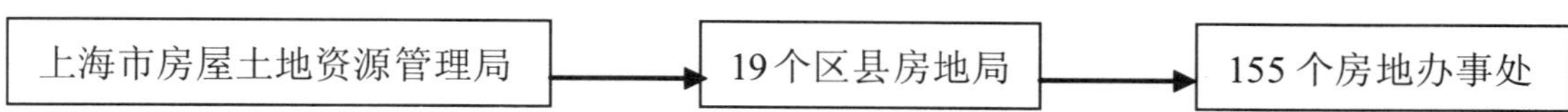

本着“两级政府、三级管理、四级网络”的原则，将居住物业管理纳入社区综合管理范畴，并正在探索“区、街道、小区三级”协调、监督、考核的长效管理机制，由街道办事处（乡镇政府）定期组织召开有相关单位参加的居住物业管理联席会议，对居住物业管理中存在的综合问题，及时进行协调解决。

（六）房屋维修的专业化机构

上海现已建立了一个全市性的房屋维修监督中心和 20 个房屋应急维修中心，共配备人员 1 050 名，统一标识的房屋应急维修车 20 辆，公开报修电话和监督电话，全年 365 天 24 小时受理房屋保修和应急求助，确保全市人民的正常生活。

二、物业管理基本服务内容

物业管理涉及的领域很广泛，其基本内容按服务的性质和提供的方式可分为以下三类：

（一）常规性的公共服务。

是物业管理企业向所有业主提供的最基本的公共性的管理和服务，目的是为了确保物业的完好与正常使用，保证物业管理区域内的秩序和环境。具体内容和要求应在物业管理合同中明确规定，物业管理企业有义务按时按质提供约定的服务，业主享受服务时也不需要事先进行约定。常规性公共服务一般包括以下内容：

1. 房屋建筑主体的管理，包括房屋的日常养护和修缮。

2. 房屋设备、设施的管理，包括卫生设备、电气工程设备和智能化技术设备的养护、管理和维修，以保持房屋及其配套设备设施的正常使用。

3. 环境卫生管理服务，为净化物业环境、保持社区卫生进行的服务。

4. 绿化管理服务，为了美化环境，使环境更舒适、健康进行的服务。

5. 治安管理服务，为防盗、防破坏及人为突发事故而对物业进行的一系列管理。

6. 消防管理服务，为保护业主人生、财产安全进行的防范性管理。

7. 交通管理服务，对物业区域内车辆道路的管理，以保证交通顺畅和便利。

除以上所列公共服务外，物业管理企业还应为所管物业进行档案和资料的管理，以保障物业公司和业主的沟通，更好地掌握各类管理的状况。

（二）针对性的专项服务。

是物业管理企业为提高住用人的工作、生活条件和质量，为满足其中一些住户、群体和单位的特定需要而提供的各项服务。物业管理企业事先设定各种便民服务项目，并将服务内容、质量和收费标准公布，以便住用人需要时自行选择。专项服务是指上是一种代理服务，属于物业经营服务。专项服务涉及日常生活的方方面面，内容繁杂，一般有以下几大类：

1. 日常生活类，包括衣食住行等各方面的家政、家务服务。

2. 商业服务类，指物业企业提供的各种商业经营服务项目，如商业网点的开设管理。

3. 文化、教育、卫生、体育类，包括相关设施的建立与管理，以及各类活动的展开。

4. 金融、中介服务类，指由具有相关金融知识或具有相应资格的员工为业主办理保险、金融业务，或接受业主委托开展各类中介代理服务，如进行房地产评估与公证等。其中有些工作需要委托其他具有相应资质的机构和人员进行。

5. 社会福利类，指带有社会福利性质的各项服务，如照顾孤寡老人等，一般以低偿或无偿方式提供。

（三）委托性的特约服务。

是物业管理企业为满足业主的个别需求而为其提供的服务，通常是在物业管理合同中未要求，专项服务中未设立，而由业主专门提出的需求。特约服务实质上是专项服务的补充，当有较多的业主有某种需求时，物业企业可将其纳入专项服务。

三、物业管理主要环节

物业管理是房地产开发的延续和发展，是一个完整、复杂的系统工程。为保证物业管理的有效运行，从规划设计到全面运作，每一个环节都紧密相连不可忽视。

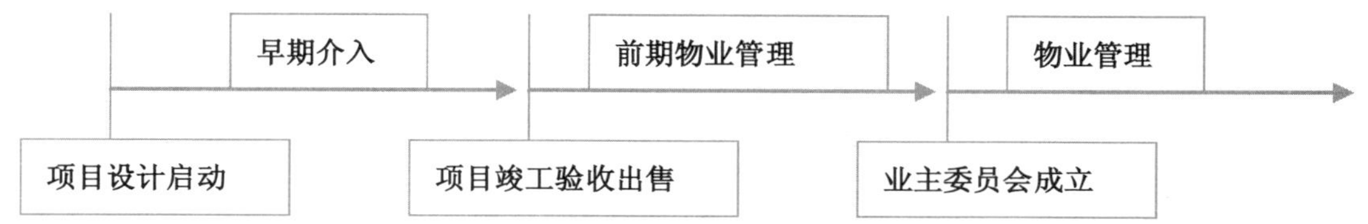

图 10-4 物业管理主要环节

图 10-4 清楚地界定了物业管理的三大阶段，传统的物业管理仅只房屋出售业主入住后的物业管理，但随着物业管理的现代化发展，早期介入和前期物业管理的重要性越发显现。以下是物业管理的 7 个具体环节，有的环节可能会跨越不同的阶段。

（一）物业管理的早期介入

物业管理企业在接管物业之前就参与介入房地产开发的规划设计、施工建设等各个阶段，从业主和物业管理运作的角度对物业的环境布局、功能规划、楼宇设计、材料选用、配套设施、施工质量、竣工验收等各方面提供意见，协助开发商把好关，以确保物业的设计和建造质量，为物业投入使用后的良好管理以及避免纠纷提供条件。

物业管理的早期介入在未确定物业管理企业之前由开发商主持，一旦确定了前期物业管理企业，则早期介入就进入了前期物业管理，由物业管理企业主持运作。

（二）选聘物业管理企业

首次选聘物业管理企业由房地产开发企业在预售房屋之前进行并完成。房地产开发企业应根据物业类型、功能等客观条件以及住用人的群体特征和需求等主观条件来规划物业消费水平，确定物业管理的档次和相应的管理服务标准，选聘具有相应资质的物业管理企业，并与之签订前期物业服务合同。

（三）人员选聘与培训

签订前期物业服务合同后，物业管理企业即着手进行前期准备。首先应根据所管物业的规模和特点合理设置机构和各岗位。其次则需选聘专业的管理和技术人员，其中管理人员和一些特殊工种应取得相关执业资格证书，其他人员应由专业人员进行培训。

（四）制定规章制度

应依据有关法律、法规、政策和示范文本，结合所管物业的实际情况，制定一些必要、适用的规章制度，包括业主公约和其他管理文件如各项守则、管理规定、员工岗位职责及工作程序等。物业销售前，应由建设单位制定业主临时公约并向物业买受人明示。

（五）物业的接管验收

物业接管验收是关系到今后物业管理工作能否顺利进行的重要环节，包括新建物业的接管验收和原有物业的接管验收。开发商或业主委员会应向物业管理企业移交有关物业的所有资料，办理交接手续，完成后即标志着物业管理正式启动。物业管理企业应当在物业服务合同终止时将资料交给业主委员会。

（六）用户入住

大量的用户入住发生在物业交付使用的初期，物业管理企业需通过各种宣传手段使用户了解物业管理的有关规定，配合日后的管理工作。当房屋出售并交付使用的建筑面积达 50% 以上，或者首套房屋出售并交付使用已满两年的，应当召开首次业主大会会议，成立业主大会。

（七）建立档案资料

包括业主或住户的资料和物业的档案资料。物业档案资料是对前期建设开发成果的纪录，是以后实施物业管理时不可少的依据，也是更换物业管理企业时必须移交的资料。

（八）物业管理的正常运作

用户入住物业管理证实启动后，物业管理企业全面实施物业管理所做的各项工作，即物业的日常管理和维修养护，基本内容已在上文中介绍。

四、物业管理收费

根据上海市房屋土地资源管理局和上海市物价局发布的《上海市住宅物业服务分等收费暂行办法》，上海市从 2005 年 10 月 1 日起开始实行菜单式的物业管理收费模式。

《上海市住宅物业服务分等收费标准》将住宅物业服务项目分为综合管理服务、公共区域清洁卫生服务、公共区域秩序维护服务、公共区域绿化养护服务，以及共用部位、共用设施设备的日常运行、保养及维修服务五项，根据服务内容、服务要求和设施设备配置等情况，除第五项外均从低到高划分为一到五级，分别规定最高收费标准，第五项也按各项内容的不同标准划分为多个等级。表 10-5 是对分等收费标准的简要性介绍：

表 10-3 上海市住宅物业服务分等收费标准

项目	服务内容	分级最高标准（元 /m2 建筑面积）				
		一级	二级	三级	四级	五级
综合管理	管理处设置	0.09	0.14	0.2	0.26	0.35
	管理人员要求					
	服务时间					
	日常管理与服务					
公共区域清洁卫生	楼内公共区域	0.07	0.11	0.15	0.21	0.28
	楼外公共区域					
公共区域秩序维护	人员要求	0.1	0.16	0.27	0.4	0.5
	门岗					
	巡逻岗					
	技防设施和救助					
	车辆管理					
公共区域绿化养护	草坪	1.3	2	3	4.5	6.5
	树木					
	花坛花境					
共用设施保养及维修	公共部位	0.04	0.07		0.1	
	供水系统	多层 0.03；高层 0.06			0.06	
	排水系统	0.04				
	公共照明	多层	0.03	0.06	0.08	
		高层	0.05	0.08	0.1	
	消防系统	0.015			0.03	
	避雷系统	0.015				
	弱电系统	多层 0.02；高层 0.01			0.08	
	升降系统	0.4				
	水景（动力）	按实分摊				
	保险费用及其他	按实分摊				

注：第四项绿化养护等级收费标准的单位是每年每平方米绿地面积，分摊公式为：

每月每平方米建筑面积绿化养护费用 = 收费标准 × 绿地面积 ÷ 可分摊建筑面积 ÷12

该收费标准对每一条服务内容均规定了非常详细、具有可操作性的标准，如楼梯扶手是每日擦一次还是隔日擦一次。各住宅物业管理区域可以按照自身需求，分别选择适合的服务项目标准并进行组合，相应的物业服务收费标准即为各物业服务项目收费标准的总和，采用包干式结算。各物业服务项目的收费标准原则上不超过规定的相应最高收费标准，因提供分等收费暂行办法中未涵盖的服务内容和设施设备而提高物业服务水平的，可适当提高收费标准，但需经区（县）价格主管部门确认备案。

业主大会成立前的物业服务收费，由建设单位根据物业特点和服务要求，选择服务项目、服务等级并拟定收费标准，并报物业所在地的区县价格主管部门确认，在确认的收费标准范围内进行物业管理招标或确定协议价格。业主大会成立后的物业服务收费，则由业主大会与物业管理企业根据实际情况"点单"，并按暂行办法规定协商具体的收费标准。

物业管理期间，业主应按时交纳物业服务费。前期物业服务费用，在前期物业服务合同生效之日至出售房屋交付之日的当月，由建设单位承担。出售房屋交付之日的次月至前期物业服务合同终止之日的当月发生的物业服务费用，由物业买受人按照房屋销售合同约定的前期物业服务收费标准承担；房屋销售合同未约定的，由建设单位承担。

物业服务收费一般以每月每平方米建筑面积为计价单位，经业主大会同意也可以每月每户为单位。物业管理企业应按规定实行明码标价，做到价目齐全、内容真实、标示醒目、字迹清晰，并可采取公示栏、公示牌、收费表、收费清单、收费手册、多媒体终端等方式在物业管理区域内进行公示。物业服务收费明码标价的内容包括：物业管理企业名称、服务内容、服务标准、计费方式、计费起始时间、收费项目、收费标准、监督举报电话等。

上海目前共有物业公司3 000多家，住宅小区超过1.05万个，物业管理费收缴率为平均80%。

五、2008年物业管理行业的发展概况

（一）静安区试点组建商务楼宇人民调解委员会并取得实效

1. 试点和重点相结合的原则。静安区选择了静安寺社区（街道）的紫安大厦和聚安大厦，作为建立商务楼宇调委会的试点单位。经过一年多实践探索，在总结经验的基础上，以点带面，于2008年上半年在全区逐步推开。在推进这项工作时，把推广试点单位经验与加快在全区近百幢重点商务楼宇建立调委会的工作有机结合起来，提高了工作成效。目前，全区已有近30幢重点商务楼宇建立了委员会。

2. 引导和自愿相结合的原则。坚持开展深入的宣传思想工作，把政治引导与自愿参与有机结合起来，吸纳入驻商务楼宇企业的代表（包括业主代表、员工代表、人事干部，公会干部）、物业服务公司代表、街道司法所干部、人民调解室工作人员，社区专职党群工作者、专业律师等成为调委会成员。通过大课讲座、小课讲解、专题研讨和基地轮训等方式，加强培训工作，不断优化专兼职人民调解员的专业水平和年龄结构。为把商务楼宇调委会建设成为一个高水平、高效率、多元化的调解组织提供丰富的人才资源和可靠的组织保障。

3. 依法和探索相结合的原则。商务楼宇集聚的是大量高能级、高附加值的企业和一大批高学历、高技能、高收入的"三高"白领。在这个特殊区域中建立调委会，静安区依据《人民调解委员会组织条例》的规定开展组建工作的同时，从有利于调解工作开展出发，明确规定调委会的主任一般由商务楼宇物业服务公司经理担任。这一组建工作的做法目前已取得了较好的成效。

4. 完善"六位一体"大调解格局注入了新的内涵和活力。近年来，商务楼宇调委会共受理法

律咨询883人次，提供专题法律服务46次，受益人数达1 552人次；排摸易激化不稳定因素864起，疏导和化解重大纠纷41起，制作人民调解协议书174份，为推动区域经济发展创造良好软环境作出了贡献，为构建和完善“六位一体”大调解格局注入了新的内涵和活力。目前，商务楼宇调委会在楼宇内的认同度和公信度不断提高，成为促进和谐、维护稳定的一支重要力量。

（二）2008年上海市正式启动物业行业“夏令热线”暨便民服务活动

一是选聘万名住宅小区管理及“夏令热线”志愿者，帮助查找发现住宅小区综合管理及物业服务中存在的问题，并及时向有关部门反映，政府管理部门根据他们反映的情况及时核实并加强和改进工作。二是主动公布服务规范。要求本市近3 000家物业服务企业将《上海市住宅物业服务规范》公布到住宅小区业主易观看到的小区主要出入口，让规范标准前移，使服务更好的接受服务对象的监督。三是建立行业规范“四查”制度。今年4月市局向每个小区下发了《上海市住宅物业服务规范检查、督查记录簿》，并建立了相应的“四查”制度，即小区经理日查制度、物业服务企业双周检查制度、房地办事处（房地所）每月督查制度、区县房地局建立每月抽查制度。四是物业企业向社会公开诚信承诺。在夏令热线启动仪式上，上海东湖物业管理有限公司、上海万科物业服务有限公司等30个上海市物业管理行业诚信承诺单位，向社会和服务对象作出“保证依法开展经营活动、保证杜绝法定禁止行为、保证规范维修资金使用”等服务承诺。五是开展“最受群众欢迎的诚信承诺企业”评选活动。

夏令热线闭线时，市民百姓可通过网站投票评选诚信企业，主办部门将结合物业行业公众满意度测评、夏令热线志愿者监督员的检查、房地部门专项检查的情况，评选产生30个“最受群众欢迎的诚信企业”，并授牌表彰。7月3日活动当日，各区县都设立了中心会场，住宅小区综合管理联席会议成员单位共1 649人为6 697名业主和使用人提供了政策咨询，当场解决1 249件问题，受理投诉340件，当场处理投诉239件，受理报修1 959件，发放住宅小区综合管理职责26 274份，发放其他宣传资料24 558份。活动受到广大市民百姓的好评。

（三）上海物业管理引入行业保险机制，缴物业费获赠家庭综合险

据统计，上海目前共有物业公司3 000多家，住宅小区超过1.05万个，物业管理费收缴率为平均80%。为了提高物业费收缴率，上海市物业管理行业协会与保险行业共同探索，创新推出了一项专门针对物业行业的家庭综合保险。据市物业管理行业协会会长蔡兴发介绍，此项保险采用行业采购、封闭销售方式，物业企业用优惠价团购家庭综合保险，每份家庭综合保险包含家庭财产保障7.5万元，家庭人员在住宅小区内遭遇人身意外伤害险5万元，最高赔付总额达12.5万元。目前，这些物业公司共向业主赠送了10多万份保险，已有数十位业主因为此项保险而在家庭发生突发事件时得到了保险公司的赔付。管理着2 000多万平方米物业的上海陆家嘴物业，此前已为大多数居住小区购买了公共部位的公众责任险，此番再为小区居民送上“家庭险”，使小区物业管理得到了“双保险”。

（四）闸北区政协 提出了加强旧公房物业管理的5项建议

由于一方面，旧公房租金和管理费的收费标准12年未调整，仍维持平均每户每月6元的水平。并且，用工和管理成本却逐年增加，以最低工资标准为例，从1995年的270元，已上调到了2008年的960元，上涨了355%。这导致物业公司入不敷出，成本倒挂，生存困难，服务质量越来越差，居民怨声载道，形成恶性循环。为此，闸北区“制定物业服务‘达标补贴’办法，加强对转制物业公司的管理考核”很快被区政府采纳，“达标补贴”办法从2008年8月1日起试行。

第二节　物业管理主体

一、物业管理企业数量

物业管理企业是指对建成投入使用的房屋及其附属设备设施、相关场地实施专业化管理，并为业主和使用人提供全方位、多层次的有偿服务及创造良好的生活和工作环境，具有独立法人资格的经济实体。

截至2008年底，上海共拥有经工商登记的物业企业3 000多家，上海市物业服务从业人员26.7万人，其中管理人员的比例为10.7%，各种维修、养护、秩序维护等操作员工的比例为89.3%。上海市物业管理行业经营总收入161.4亿元，占全市GDP的1.18%。

二、物业管理企业资质

（一）物业管理企业资质管理

根据建设部颁布的《物业管理企业资质管理办法》，凡在本市行政区域内经工商局注册登记，有物业管理经营内容，并拟在本市从事物业管理活动，具有独立法人资格的物业管理企业，应当自领取营业执照之日起30日内，向企业注册地的区县局申请物业管理资质。

企业申请一级资质的，由区（县）房地局负责受理，经初审合格的报市房地资源局，由市房地局审核后报送建设部，由建设部办法资质证书。企业申报二、三级资质的，由区（县）房地局负责受理、审核、核发资质证书。

新设立的物业管理企业，其资质等级按照最低等级核定，并设一年的暂定期。

一级资质物业管理企业可以承接各种物业管理项目。

二级资质物业管理企业可以承接30万平方米以下的住宅项目和8万平方米以下的非住宅项目的物业管理业务。

三级资质物业管理企业可以承接20万平方米以下住宅项目和5万平方米以下的非住宅项目的物业管理业务。

（二）物业管理企业资质评级标准

1. 一级资质：

（1）注册资本人民币500万元以上；

（2）物业管理专业人员以及工程、管理、经济等相关专业类的专职管理和技术人员不少于30人。其中，具有中级以上职称的人员不少于20人，工程、财务等业务负责人具有相应专业中级以上职称；

（3）物业管理专业人员按照国家有关规定取得职业资格证书；

（4）管理两种类型以上物业，并且管理各类物业的房屋建筑面积分别占下列相应计算基数的百分比之和不低于100%：

- 多层住宅200万平方米；
- 高层住宅100万平方米；
- 独立式住宅（别墅）15万平方米；
- 办公楼、工业厂房及其它物业50万平方米。

（5）建立并严格执行服务质量、服务收费等企业管理制度和标准，建立企业信用档案系统，有优良的经营管理业绩。

2. 二级资质：

（1）注册资本人民币300万元以上；

（2）物业管理专业人员以及工程、管理、经济等相关专业类的专职管理和技术人员不少于20人。其中，具有中级以上职称的人员不少于10人，工程、财务等业务负责人具有相应专业中级以上职称；

（3）物业管理专业人员按照国家有关规定取得职业资格证书；

（4）管理两种类型以上物业，并且管理各类物业的房屋建筑面积分别占下列相应计算基数的百分比之和不低于100%：

- 多层住宅100万平方米；
- 高层住宅50万平方米；
- 独立式住宅（别墅）8万平方米；
- 办公楼、工业厂房及其它物业20万平方米。

（5）建立并严格执行服务质量、服务收费等企业管理制度和标准，建立企业信用档案系统，有良好的经营管理业绩。

3. 三级资质：

（1）注册资本人民币50万元以上；

（2）物业管理专业人员以及工程、管理、经济等相关专业类的专职管理和技术人员不少于10人。其中，具有中级以上职称的人员不少于5人，工程、财务等业务负责人具有相应专业中级以上职称；

（3）物业管理专业人员按照国家有关规定取得职业资格证书

（4）有委托的物业管理项目；

（5）建立并严格执行服务质量、服务收费等企业管理制度和标准，建立企业信用档案系统。

（三）物业管理企业资质结构

据上海房屋土地管理局资料统计，上海共有2613家物业管理企业，其中一级资质企业59家，二级资质企业289家，三级资质企业2018家，三级暂定企业267家。

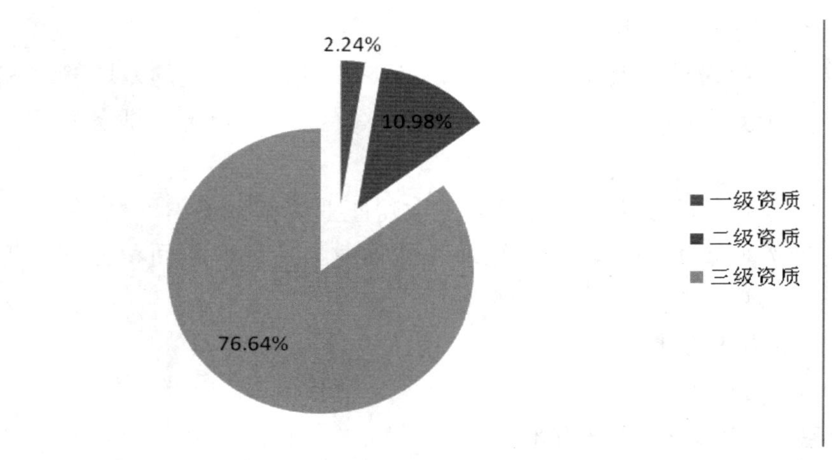

图10-5 上海市物业管理企业资质比例图

第三节 国外物业管理

一、美国的物业管理

（一）物业管理服务遍及社会各个领域

在美国，物业管理已十分普遍，为社会所充分认可，并成为城市建设和管理的一个重要的产业。一些有着优秀管理经验的物业公司，他们的服务领域，根据社会化需求可以无限扩展，如在美国排名第一位的物业管理公司世帮魏理仕，它的管理范围延伸到医疗、IT行业、教育、证券以及高科技企业等各类物业。一些物业公司在常规的服务内外之外，还提供洗衣、配餐、病人的运送及护理等社会服务内容，这就对物业公司提出了很高的技能要求，要求物业公司既要具备有效的管理手段，同时还要具备跨领域、全方位的专业服务能力。

（二）管理细分，专业化程度高

专业化管理是美国物业管理最显著的特点。在那里社会化分工十分明确，比如发展商开发楼盘后一般不管理自己开发的物业。他们买下土地后，由财务公司做策划，请项目建设公司建造，委托专业销售商售房，然后找一家管理公司或业主进行管理，他的使命就结束了。开发商是不愿意搞物业管理的，因为他们认为房产开发与管理不同，前者是生产领域，后者是管理服务领域。聘请专业的物业管理公司比自行管理费用反而少。另外，物业管理在美国已经十分专业化，自己成立一个物业管理公司，很难得到人们的认可。

物业管理公司一般也只负责整个住宅小区的整体管理，具体业务则聘请专业的服务公司承担。物业公司接盘后将管理内容细化后再发包给清洁、保安、设备维修等专业单位。例如小区绿化由专业绿化公司来承担，保安由专业保安负责派人承担，维修交由专业维修公司按维修合同负责。对外招投标手续也不像国内那样复杂，一般由投标公司自己出方案，主要看对方的价位和服务承诺，最后由业主进行挑选。据悉，纽约市各类外包合同总金额约1 000万美元，占全年物业管理总费用的25%。而保安工作则由安检警察来做，安检警察隶属于警察局。因此，物业公司碰到的因保安人员不具备执法权而对业主违规违约行为不能处理的问题就迎刃而解了。

美国小区物业管理专业细分的做法，与目前国内有些公司，如陆家嘴物业管理公司极力倡导和实践的专业管理与专业服务相分离的做法同出一辙。可以想见，这也许是国内小区物业管理发展的一个必然趋势。

在美国，对物业管理公司来说，每一个物业均是其盈利中心，每一个物业的管理单位或分公司都是一个完全独立的公司，每一个分公司都代表了一个地区，是一个独立核算的盈利中心，不存在相互间盈亏互补的情况。但作为一个公司来讲，处于战略考虑，他的管理模式、管理制度、管理程序都是统一的，都实行标准化管理。如具有80年发展历史，排列世界500强的Service Master公司是一家专业从事物业管理的服务性公司。它管理了25万名员工，在43个国家为超过1 200万家客户提供服务，年营业额超过73亿美元，并创下连续30年股价稳定增长的骄人记录。在美国，它共有5 000多个物业管理项目，涉及的领域涵盖了美国的证券交易所、著名的大学、医疗机构等多种物业类型。公司通过几十年的实践，建立起了一套标准化、规范化的知识管理的信息系统，公司从管理层到作业层的工作，都能按照这个系统进行，尽管公司规模在不断扩大，人员不断增加，都没给公司的管理带来任何影响。

（三）职业化体系完备

美国有一大批精通物业管理的专业化人才，并实行了职业经理人制度。所谓职业经理人是指以企业行政为第一要务，接受投资者聘用，根据合同条款，运用杰出的管理和经营手段，使企业发展和获取利润的专门人才。物业管理职业经理人在美国已成为一个新的社会阶层，对城市管理和社会发展起到十分重要的作用。

美国物业管理经理人有三类：第一类是楼宇经理，他们一般不与业主直接发生联系，在总经理不在的时候，负责楼宇日常的管理工作；第二类是物业经理，其职责主要负责联系相关代理商、拟订物业财务报表、物业招租等；第三类是资产经理，负责地区物业战略发展规划，对市场进行调研，确定管理物业的整合和取舍。随着物业管理的职业化，目前一般资产经理与物业经理融合在一起，物业管理的部分职能由楼宇经理负责。因此，在美国一小区的物业管理事务只需要一个职业经理人就能搞定，且这个经理人在某些只租不售的楼盘内还兼管租赁事务和资产管理。

随着物业管理经理人职业化的发展，全美国物业管理协会也扩展了相应的资质培训和认定，针对大型居住、商业、工业物业和综合物业的管理者，给予注册物业管理经理人的资质认定。注册物业管理经理人需通过一系列考试，包括物业维护运营、人力资源管理、营销与出租、金融操作、资产管理、风险管理等等。注册物业管理经理是房地产管理领域的杰出专业人员，这项资质是成为专业人士的重要标志。所以，美国物业管理经理是一项受人尊重的职业，年薪都在10万美元以上，这比一般大学教授还高。

二、澳大利亚的物业管理

澳大利亚是世界上拥有自有住房最多的国家之一，除了实力雄厚的投资者外，还有众多小地投资者热衷于投资居民住宅，以求得能合法的减免税收及得到比其他投资更高的回报和更高的安全系数。这样，许多专业化的物业管理公司就应运而生，来帮助投资者管理好物业。

（一）物业管理公司须有执照

在澳大利亚从事物业管理的企业必须有管理牌照，从业人员必须具备相应的专业知识和技能。由于物业分类较多，不同种类的物业有不同的特点，这就需要有不同的法律知识和专业技能，所以就产生了不同的物业管理牌照。例如持居民住宅牌照的不能管理商业办公楼，而持工业用房牌照的不能管理购物中心大楼等。另外，这些物业管理公司或物业代理也受到政府监督和检查，若发现有违纪违法行为，将受到不同形式的处罚和制裁，如罚款、吊销或暂停牌照，严重的甚至会判刑。

（二）多层住宅楼的管理

多层住宅楼的业主只拥有大楼的一小部分产权，即仅限于其居住的一定范围内的空间，因此就需要有一个由业主组成的大楼管理委员会来管理大楼的外围及楼内的公共部分。

一般的做法是由业主中的几个人组成管委会，并推选一人为负责人，该负责人负责大楼的所有事务，包括收取管理费，在银行设立户头，委托专业公司或个人负责清洁、绿化、管道维修及大楼保安等居民住宅楼通常都安装有保安对讲门 。管委会的其他人起着协助和监督的作用，检查管理费是否用于大楼的合理开支等。管委会有权制定管理标准，不够开支时可适当增加，如果每年剩余还可回报该大楼，更新一些公用设施等。

（三）高层住宅楼管理

高层楼宇由于居住人员多，楼宇所配套的电梯、中央空调系统、消防系统、保安监控系统、游泳池等公用设备、设施较多，因此聘请专业的物业管理公司或物业代理进行管理是通常的做法，当然管理费也相应较高。

（四）商用的办公大楼管理

这类大楼的管理一般采取由业主聘请物业管理公司代为管理，管理形式可分为两种，一种是物业管理公司与各专业公司签订合同，另一种是物业管理公司与另一物业管理公司签订“二手合同”。

第一种管理较为普遍，物业管理公司与一些专业公司如清洁公司、保安公司、空调保养维修公司等签订合同，合同中具体规定了服务——管理的具体项目及费用。由于市场竞争激烈，合同到期时，物业管理公司有权对各专业公司进行更换，以取得客户的满意及获得更大的经济效益。

另一种商业大楼的物业管理形式称之为“二手合同”形式，即大楼的物业管理公司与另一家物业管理公司签订合同。“二手合同”主要是由于近几年的经济不景气，取得大楼管理权的物业管理公司为了降低营运成本和缩小管理规模而出现的“二手合同”。在目前虽然还不普遍，但却是物业管理的一种新模式。

第四篇

类型

第十一章 住宅市场

第一节 住宅市场供给与需求

2008 年上海住宅市场进入了观望和紧缩期，由于自身的周期性调整以及金融危机对国内外经济的影响，致使居民消费和置业信心及预期大幅回落，购房意愿走低进入历史低谷。全年住宅交易显著回落，与上年同期相比减少四成多，为近年来最低点，且各季度呈现加速下滑的趋势，价格虽整体保持相对稳定，但各种明折暗扣现象也渐趋普遍．住宅用地市场也在政府政策和市场双重影响下，供应量持续减少。且 2008 年土地价格一改 2007 年面粉比面包贵的现象，流标比例将近四成，底价成交比例高达 60%；与此同时，二手房市场和租金市场也受到明显冲击。2008 年四季度出台的各种救市政策对市场信心的稳定有积极作用，保障性住房的大量入市将有助于二元住房体系的形成，且为下一轮楼市的发展奠定长期基本面．

2008 年上海全年商品住宅供应 697.23 万平方米，相比 2007 年的 1 394 万平方米的供应量大幅度下降。全年成交 767 万平方米，较上年成交萎缩 64%。全年供求比为 0.9:1

表 11-1 2005 ～ 2008 年度上海住宅供应量，成交易及供求比

年度	供给量	成交量	供求比
2005	2 580	1 794	1.4
2006	1 615	1 672	1.0
2007	1 394	2 096	0.7
2008	697	767	0.9

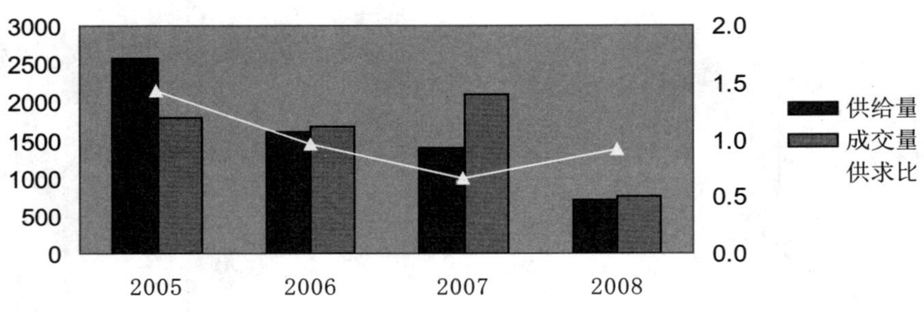

图 11-2 2005 ～ 2008 年度上海住宅供应量，成交易及供求比

第二节 住宅价格与租金

一、住宅价格

从月度成交看，供应量在 6 月、9 月份较高，其余月份基本保持平稳供应。需求上看，上半年的需求量明显高于下半年，成交均价上半年呈单边上扬走势，下半年则震荡下挫。

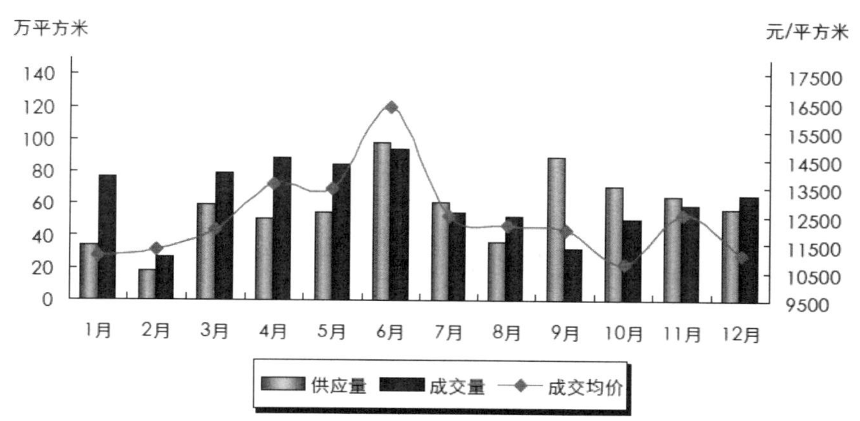

图 11-2　2008 年商品住宅成交量与价格图

二、住宅租金

2008 年上半年租赁市场走势稳定，且呈现出小幅攀升的趋势。从下半年 8 月份开始租赁市场有所降温，呈现小幅下降趋势。近三个月租赁指数波动较大，起伏不定，本月租赁价格指数呈现小幅上升。12 月政府出台了一系列利好政策，如放宽二套房贷、营业税等，二手房买卖市场继续呈现回暖趋势，整体来说楼市依然处于观望期，房价是否降到位成了民众关心的热门话题，不少持币观望的购房者转向租房，导致市场需求量增加，这促成了租赁市场的小幅回暖迹象。

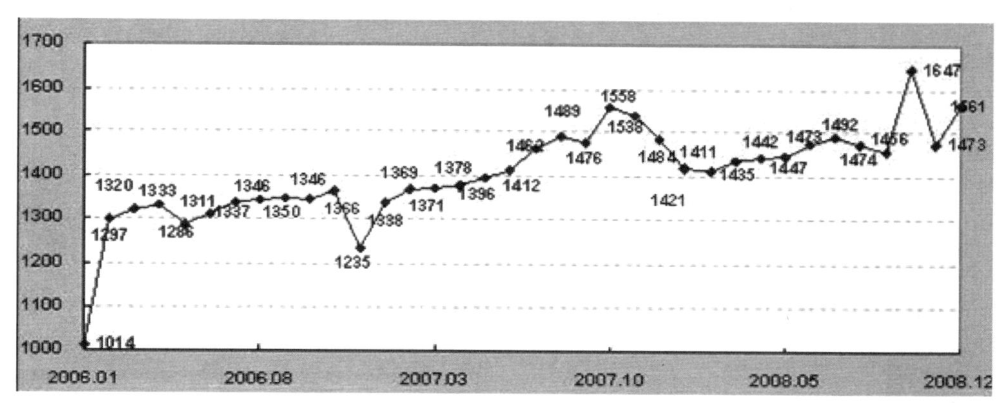

图 11-3　2006 ~ 2008 上海普通住宅租赁价格指数走势图

数据来源：上海普通住宅租赁价格指数报告，载于搜房网

第三节　二手房市场

一、综述

综观 2008 年上海整体二手房市场，成交量出现了较大幅度的减少，而二手房成交价格从

2007年开始的持续上涨趋势在2008年也出现逆转，从6月份开始呈现连续小幅下滑的态势。由于2008年中国宏观经济形势受国内外众多因素影响，出现了通货膨胀、经济增速减缓、股市暴跌等现象，而美国金融危机也波及中国，全球经济都出现了下滑，导致购房者普遍缺乏购房信心，多持观望等待心理，使得2008年房地产市场表现得相对比较低迷。

二、2008年主要月份上涨二手房交易情况

1～4月：2008年的前4个月，上海二手房市场基本保持一个比较正常的成交态势，春节过后成交呈现放量趋势，虽然广州、深圳等城市受“二套房贷”影响而出现了成交量及价格的大幅下滑，但上海基本不受影响。

5～6月：持续上涨的房价和通货膨胀等因素让购房者承受较大的压力，而诸如深圳、广州等一线城市房价的下跌，让购房者开始对上海房价下跌的预期逐步强烈，市场上客户的购房意愿不强，持币观望的客户在逐渐增加。加之中央回笼市场资金的力度有增无减，而房地产政策也处于一个真空期，让较多的购房者看不清市场的发展态势，宁愿采取保守的观望心理来等待市场形势的明朗，这些因素导致成交量开始逐步减少。

7～12月：受金融危机影响，整体经济环境恶化，购房者信心受到很大打击，虽然10月有“十四条”救市政策的出台，以及连续、大幅降低利率等因素的利好刺激，但短期内难以起到立竿见影的效果，整个下半年的二手房市场成交相当惨淡，基本只有上半年成交量的一半左右。

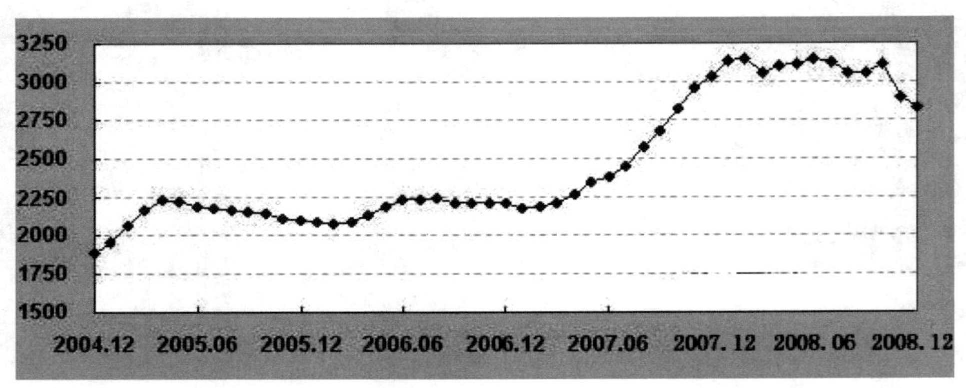

图11-4 上海二手房价格指数走势图

数据来源：上海二手房指数报告，载于搜房网

成交量看，2008年月3月反弹，直到5月，在年底高位上维持了3个朋，其后渐次回落，10月到达最低谷，50万平米，本来是“金九银十”，却只相当于往年春节淡季水平。从07年开始，上海二手住宅价格总体趋势是上涨的，其中2008年下半年曾出现小幅下跌盘整。

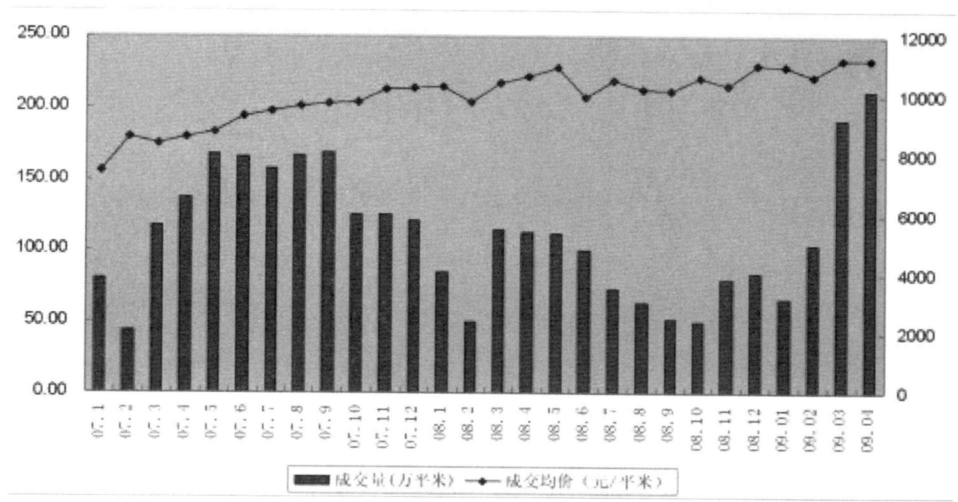

图 11-5 2008 年上海二手房月度成交量

数据来源：2007 上海二手房市场数字回顾，载于租赁情报网。

黄浦区二手房价格指数仍保持首位，宝山区二手房价格指数全区最低。

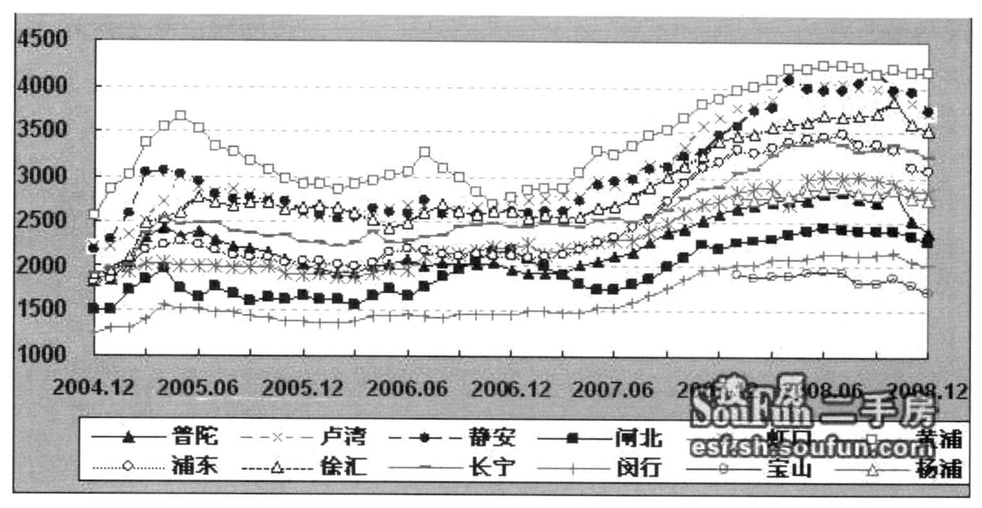

图 11-6 上海各城区二手房价格指数走势图

数据来源：上海二手房指数报告，载于搜房网

第十二章 写字楼市场

第一节 写字楼市场供给与需求

一、上海写字楼市场概况

2008 年，上海写字楼市场呈现如下特征：

（一）物业集中面市 租赁压力加大。2008 年，越洋广场、时代金融中心、华旭国际广场等 80 余万平米高档物业陆续投放市场。特别是上海第一高楼环球金融中心的 8 月底的面世。为市场一次性带来 23 万平米的供应量。对于之前一直供不应求的上海甲级写字楼租赁市场，此番充足的高端物业的上市原属于雪中送炭的利好之举，而 07 年良好的预租率也昭示了市场旺盛的需求。不过自 08 年起，金融海啸的巨浪之下，众多企业为其所累，多小心翼翼贯彻明哲保身的保守政策。原被寄以厚望的跨国公司特别是 07 年底被开放的银行业等金融机构扩张需求受到本轮经济危机拖累而计划受阻。

（二）经济环境严峻 外商投资冷却

与 2007 年频繁的写字楼投资换手相比，08 年外资写字楼收购案例屈指可数。包括 5 月间李嘉诚旗下的香港上市公司“和记港陆”以 44.38 亿元人民币将其位于上海长乐路的“世纪商贸广场”出售给美国投资基金“亚太置地”旗下公司“Hawkwind Investments Limited”。另外一桩长寿商业广场（包括商业裙房与部分办公综合楼）收购案，自 6 月传闻起，最终于 10 月间尘埃落定，黑石以低于原拟价 1 亿元左右的 5.367 亿元人民币获得这一项目公司 95% 的股权。而原盛传的大型商业广场——仲盛商业广场收购案最终被黑石辟谣为子虚乌有。

（三）利好政策出台 未来走势看好

区别于 06、07 年对外商投资房地产的严格限制，08 年政府与 7 月下达了下放外商投资房产业审批权的政策。而且商务部近日可能出台一份旨在加快外商投资房地产备案速度的意见。对于一向备受外资青睐的写字楼物业无疑属振奋之举。8 月间，保险法修订草案规定保险资金可投资于不动产，千亿资金的入市对于写字楼物业也意味着较大的机遇。

二、写字楼市场供给分析

2008 年，上海写字楼供应总量为 167.67 万平方米，较 2007 年上涨了 14%。

2005-2008上海写字楼市场供给情况

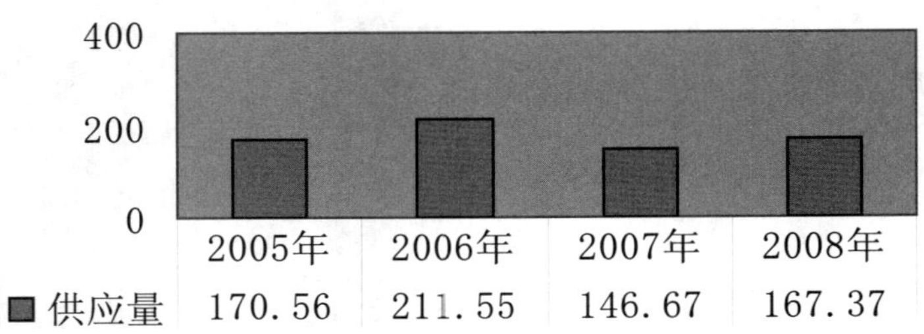

图 12-1 2005 ～ 2008 上海写字楼市场供应情况图

从月度数据看，2008年上半年月度放量除1月较高外，其余各月基本保持平稳，月均放量为11.6万平方米；下半年月度放量突然激增，月度放量达到月均16.3万平方米，较上半年月均放量上涨40%；全年放量最大月份出现在12月，共有14个项目，其中放量在2万平方米左右及以上的项目有6个，导致其放量增大，环比11月上涨了22%。

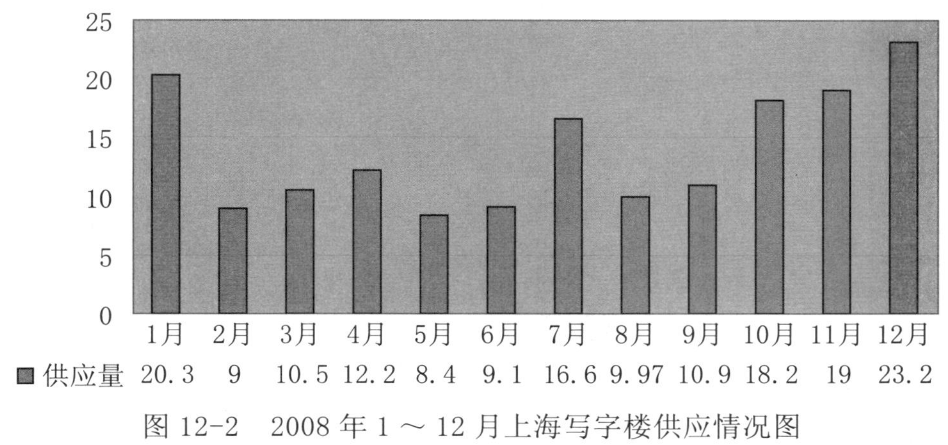

图12-2　2008年1～12月上海写字楼供应情况图

三、写字楼市场需求分析

2008年，上海写字楼成交量为133.17万平方米，较2007年下跌26%；成交套数方面，2008年成交11565套，同比下跌33%。主要是由于2008年受全球金融危机影响，大量企业资产缩水，购买力下降，取消了更换办公场所和投资计划；另外大量外资的撤离，也是造成写字楼需求大幅下滑的原因之一。

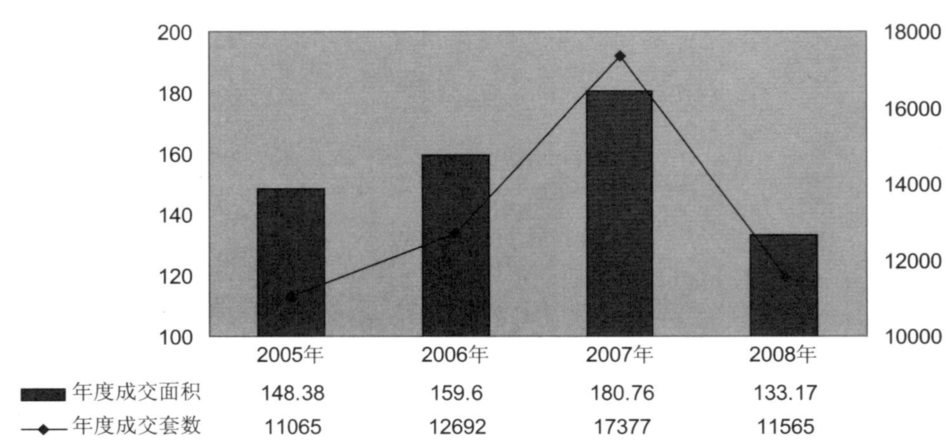

图12-3　2005～2008年成交面积及成交套数图

2008 年月度成交走势波动较大，上半年除 3 月外，其余各月均在 10 万平方米以上，至 5 月达到最高峰，月度成交面积达到 16.8 万平方米；下半年受全球金融危机持续影响，成交面积明显下滑，除 12 月以外，月度成交面积均在 10 万平方米以下。2008 年全年的月度平均成交量在 11 万平方米左右，同比 2007 年下滑了 27%。

成交套数方面，走势基本与成交面积相同，5 月达到最高峰，成交 1 539 套；下半年成交套数下滑趋势明显，月平均成交套数 788 套，较上半年下跌 31%

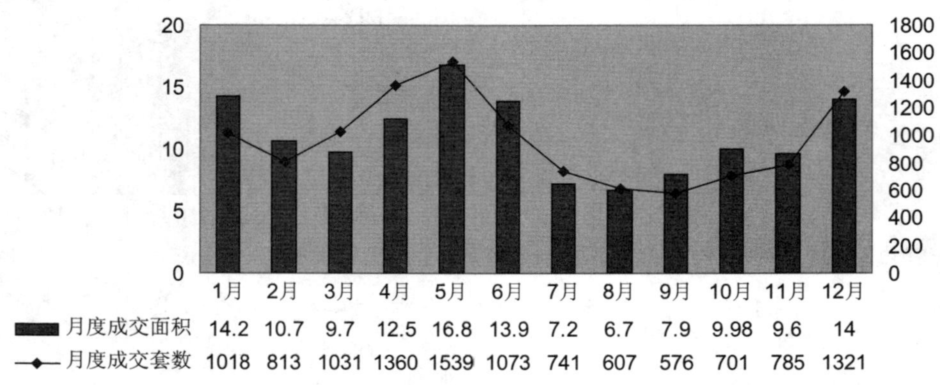

	1月	2月	3月	4月	5月	6月	7月	8月	9月	10月	11月	12月
月度成交面积	14.2	10.7	9.7	12.5	16.8	13.9	7.2	6.7	7.9	9.98	9.6	14
月度成交套数	1018	813	1031	1360	1539	1073	741	607	576	701	785	1321

图 12-4 2008 年 1 ～ 12 月成交面积及成交套数图

四、写字楼市场供需比分析

2008 年上海写字楼总体呈现供大于求的趋势，由于受到全球金融危机影响，导致市场购买力下降，并且 2008 年年度供应量较 2007 年有所上升，上海写字楼的供需比达到 1.3，整体呈现供大于求的态势。

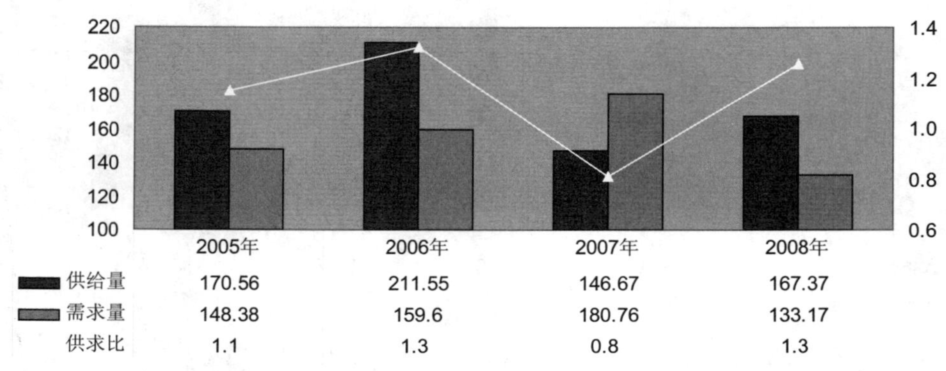

	2005年	2006年	2007年	2008年
供给量	170.56	211.55	146.67	167.37
需求量	148.38	159.6	180.76	133.17
供求比	1.1	1.3	0.8	1.3

图 12-5 2005 ～ 2008 上海写字楼市场供求情况图

第二节 写字楼市场价格与租金

一、十写字楼市场价格与租金概述

2008年上海写字楼市场由于受2007年火热市场的持续影响且有较多的高端写字楼入市，价格方面延续了2007年的势头，依旧保持强劲，全年销售均价为17 551元/平方米，同比上涨了16%。

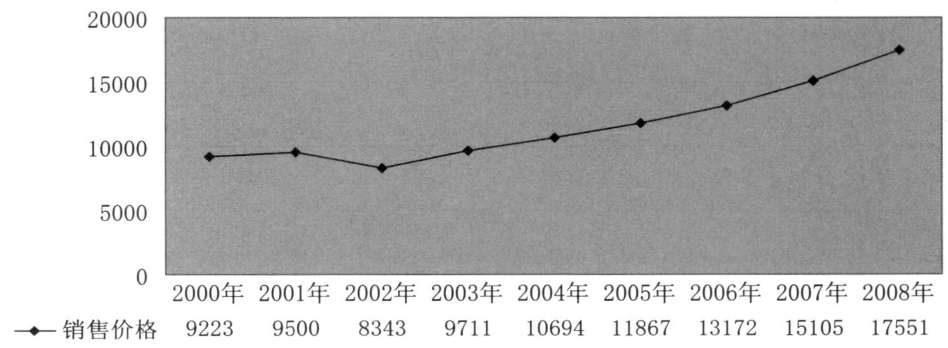

图12-6 2000-2008年上海写字楼平均售价

从租金看，2008年伴随着上海写字楼空置率的回升，租金情况开始出现回落，2008年上海写字楼整体租金水平为0.85美元/平方米/天，较2007年下跌了15%。

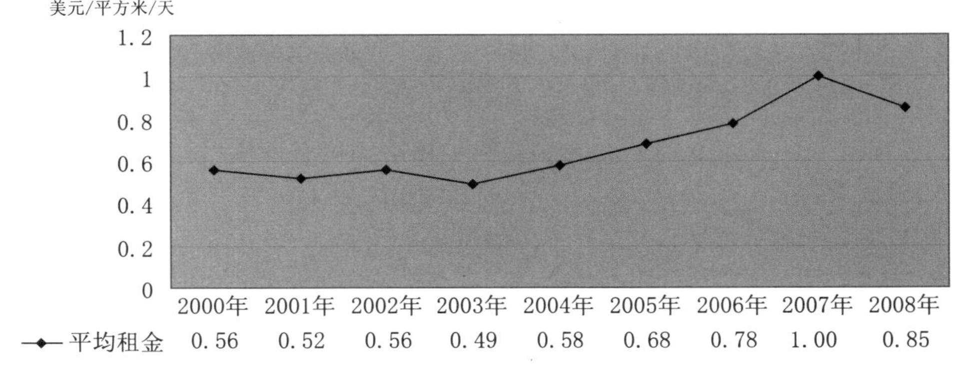

图12-7 2000～2008年上海写字楼平均租金价格

二、甲级写字楼市场分析

1. 甲级写字楼售价及租金分析

2008 年上海甲级写字楼售价出现近几年来的首次大幅下滑，仅为 30 267 元 / 平方米，同比下跌了 22%，这主要是由于受全球金融危机影响，市场购买力下降，且供应量放大，导致价格快速走低；另一方面，境外地产基金抛售在沪产业，套现撤离也是刺激价格下跌的重要因素。

从租金看，2008 年随着供应量与空置率的迅速放大，租金明显下降，仅为 1.12 美元 / 平方米 / 天，较 2007 年下降了 8% 左右。

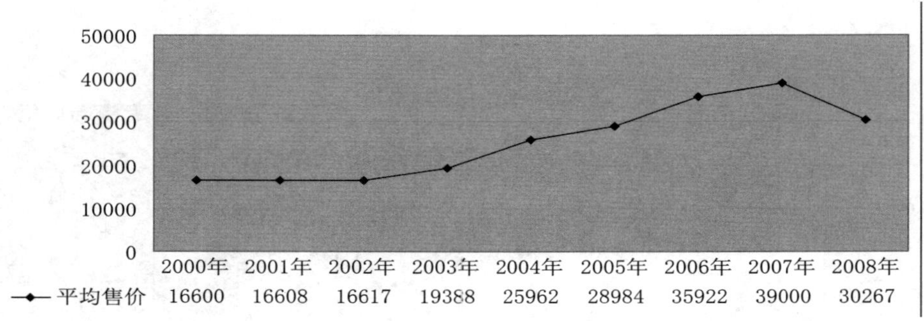

图 12-8 上海甲级写字楼平均售价

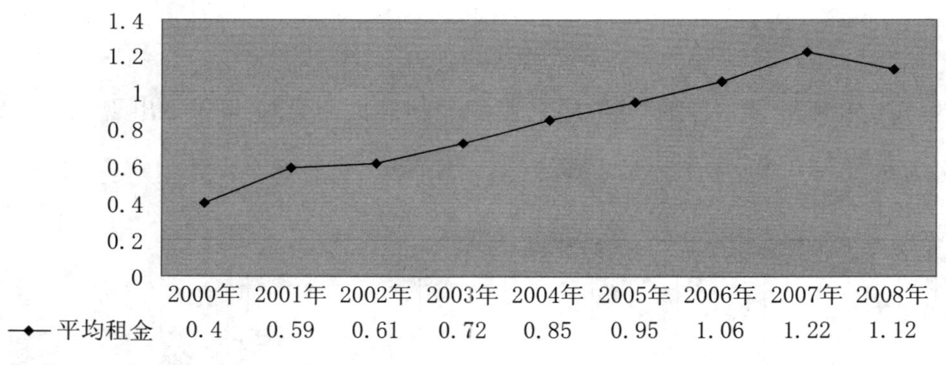

图 12-9 上海甲级写字楼平均租金价格

2. 甲级写字楼供求关系

2008 年上海甲级写字楼的供应量为 503.7 万平方米，吸纳量为 449.7 万平方米，空置率为 10.7%，供大于求明显。

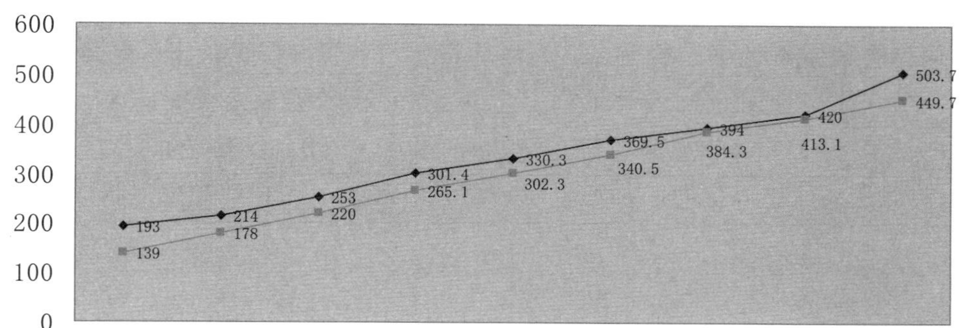

图 12-10　2000 ～ 2008 上海甲级写字楼总存量及总吸纳量

第三节　个案分析

一、时代金融中心

时代金融中心地处成熟的陆家嘴北区。优美的公共绿化环境，通畅的道路交通网络，五星级酒店林立，各类商业设施完备，庞大的金融街区日夜不停运转，时刻凝聚无尽商机，为众多国际金融企业提供亚太区最优越的商务办公平台。 楼高 269 米，雄踞浦东北区临江超高层景观地标，北陆家嘴天际线至高点因此重新定义；俯瞰 10 万平方米正南方中央绿地都会休闲，见证百年外滩绽放时尚新姿，指引未来北外滩恢宏变革。 时代金融中心，360 度旷世景致，任谁不胸怀天地宽广。

时代金融中心由超过百年历史的日建株式会社设计，外观恢弘典雅，内部方正实用，核心筒采用十字通道，巧妙规划了公共空间，追求经典纯粹的商用物业功能构造。而整个建筑物裙房坡顶与陆家嘴中心绿地呈 45 度南低北高，大堂特有的木饰内装如绿地衍生至室内的巨型树桩，彰显天人合一的人性办公空间，置身其间，自然与建筑浑然一体，使人仿佛来到了钢筋水泥丛林中的绿洲。 时代金融中心周围道路环绕，配套合理，是理想的全智能化高档办公大厦。

二、上海环球金融中心

上海环球金融中心 Shanghai global financial hub 是以日本的森大厦株式会社（Mori Building Corporation）为中心，联合日本、美国等 40 多家企业投资兴建的项目，总投资额超过 1 050 亿日元（逾 10 亿美元）。原设计高 460 米，工程地块面积为 3 万平方米，总建筑面积达 38.16 万平方米，比邻金茂大厦。1997 年年初开工后，因受亚洲金融危机影响，工程曾一度停工。2003 年 2 月工程复工。但由于当时中国台北和香港都已在建 480 米高的摩天大厦，超过环球金融中心的原设计高度。由于日本方面兴建世界第一高楼的初衷不变，对原设计方案进行了修改。修改后的环球金融中心比原来增加 7 层，即达到地上 100 层，地下 3 层，楼层总面积约 377 300 平方米。

上海环球金融中心是以办公为主，集商贸、宾馆、观光、会议等设施于一体的综合型大厦。建筑的 94 层至 101 层为观光层，79 层至 93 层将建成超五星级的宾馆，7 层至 77 层为写字楼，

3 层至 5 层为会议室，地下 2 层至 3 层为商业设施，地下 3 层至地下 1 层规划了约 1 100 台的停车位。在 100 层、距地面 472 米处设计了长度约为 55 米的观光天阁，这一高度将超过世界最高观光厅——高度为 447 米的加拿大 CN 电视塔。此外，在 94 层还设计了面积为 750 平方米、室内净高 8 米的观光大厅。以上海的都市全景为背景，观光天阁和观光大厅将成为世界新的观光景点。

第十三章　商业地产市场

第一节　商业地产市场供给与需求

一、商业地产市场供求概述

2008年，上海市新增供应面积212万平方米，较上年增长5.8%，累计供应商业用房16 820套。从2008年上海商业物业新增供应量的走势看，除年末供应出现激增外，其余各月的新增供应量波动不大，整体走势相对平稳，月均供应量在18万平方米左右。

二、商业地产市场供给

（一）新增供给总量

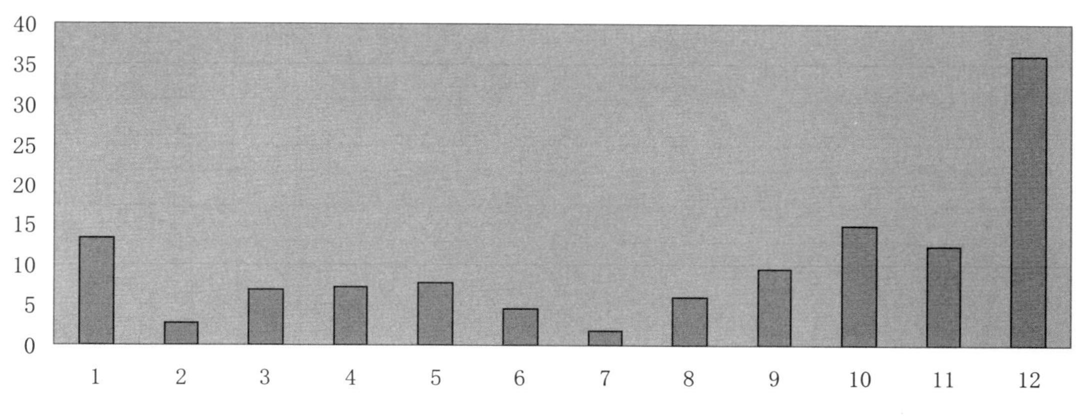

图13-1　2008年上海商业地产月度新增供给分布图

由2008年上海商业地产月度新增供给分布图13-1可知，新增面积在在上半年保持在15万平方米以下。下半年的新增面积较为明显，尤其是10、11月和12月份，12月份新增面积超过36万平方米，领先于其他月份。2月份新增面积最少，仅2.66万平方米。

（二）新增供给区域

由表13-2可以发现，南汇、浦东、金山、松江、奉贤的新增面积位列前五。这说明由于传统商业中心用地的饱和，供给开始向次中心、郊区转移。南汇的新增面积最多，主要供应项目有上海五角世贸商城文化用品商场、海州桃花园咸塘小镇商业步行街、汇港国际商务广场、小上海休闲广场、绿地海蓝庭等。

浦东新区新增供应物业约30万平方米，新增供应项目主要包括世和商务中心、绿地东海岸国际广场、万科金色公寓、高桥新城、大华锦绣华城、三林世博家园商业等。

金山、松江两区均有22万平方米的新增供应量，在全市商业物业新增供应总量中占比在10.5%左右，金山区的主要供应项目包括上海服装城、山龙新村卫清路商业用房、恒信家园商业广场、山鑫联城、金上海生活广场等。松江区的新增供应项目有昌鑫花园、保利西子湾城、南都白马花园、上海九久青年城二期等。

奉贤区新增供应项目主要包括上海南方国际广场、庄行商贸中心、奉贤海湾商业街、绿地时代商务园等（见表 13-1）。

表 13-1 2008 年上海商业地产市场新增供应面积统计表 单位：万平方米

序号	区域	新增供应套数	新增供应面积
1	南汇	2 524	32.88
2	浦东	1 288	30.42
3	金山	2 235	22.4
4	松江	1 324	22.2
5	奉贤	3 272	15.94
6	嘉定	2 605	15.25
7	闵行	678	14.81
8	宝山	862	13.05
9	虹口	235	7.44
10	闸北	383	6.66
11	青浦	352	6.14
12	普陀	173	5.67
13	长宁	156	4.99
14	静安	30	3.99
15	杨浦	188	3.47
16	崇明	189	2.61
17	徐汇	212	2.48
18	黄埔	111	1.63
19	卢湾	3	0.06

注：数据根据中瑞市场研究月报整理

三、商业地产市场需求

2008 年上海全市共计成交商业物业面积近 167.21 万平方米，较 2007 年有所下滑，成交金额达 187.65 亿元（见图 13-2）。

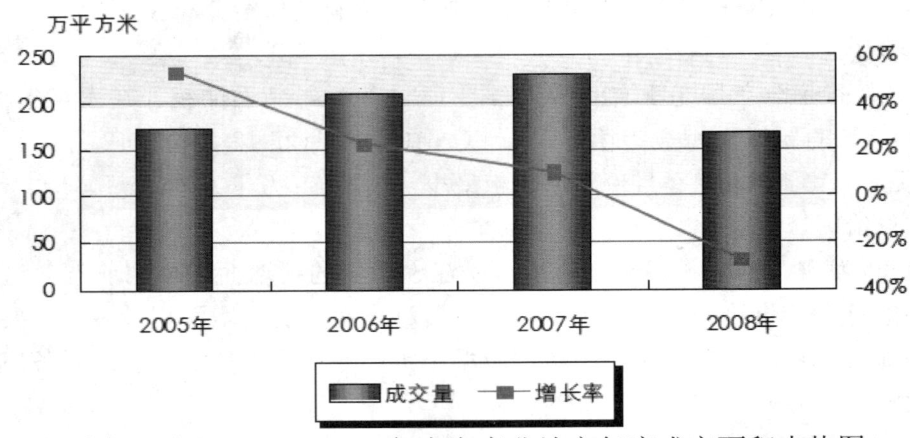

图 13-2 2005 ～ 2008 年上海商业地产年度成交面积走势图

注：根据中瑞市场研究月报、中原商业地产月报整理

从月度成交看，2008 年 1 月、6 月、12 月成交较高，上半年除 1 月外，2 ～ 6 月成交逐月上升，但下半年自 7 月份则逐月下降，直到 11、12 月成交逐渐放大（见图 13-3）。

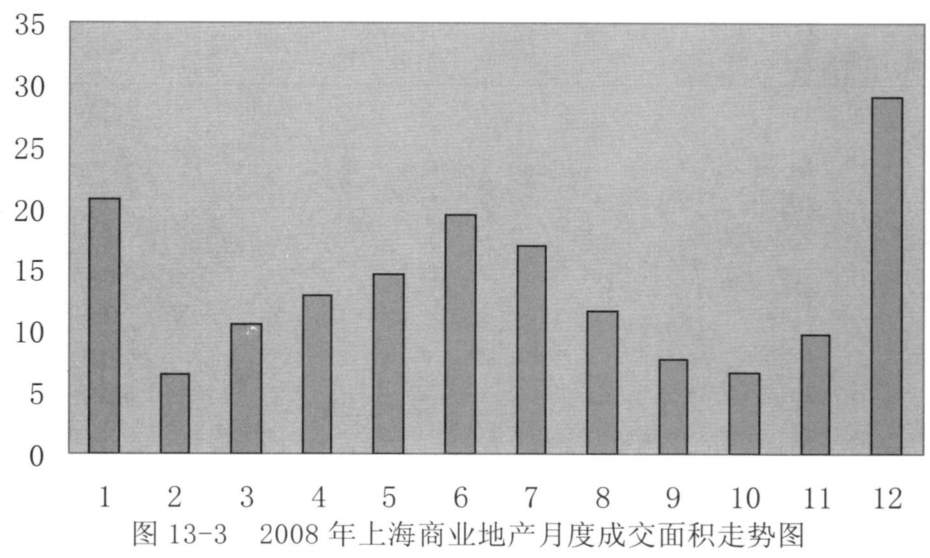

图 13-3　2008 年上海商业地产月度成交面积走势图

从区域成交面积看，浦东、奉贤、金山、松江、南汇等位列前五甲，卢湾、黄埔、长宁成交面积最小。

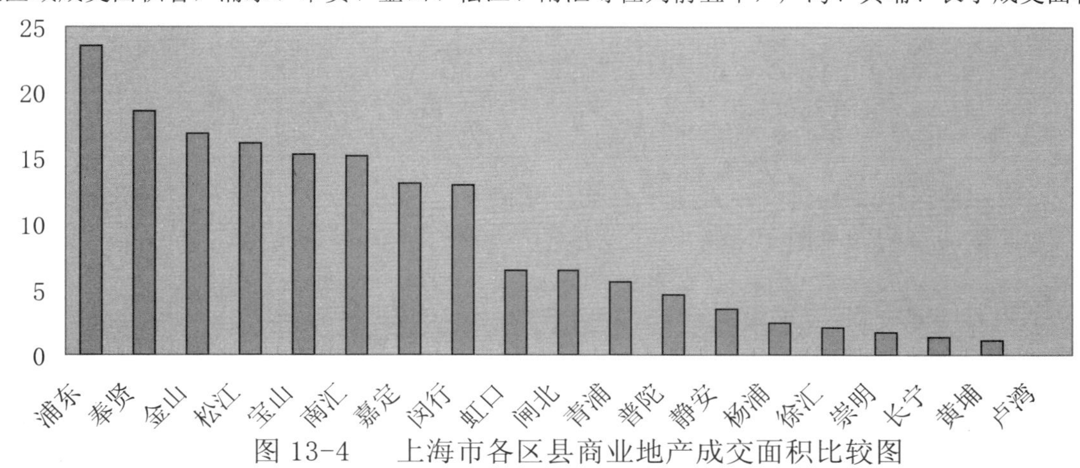

图 13-4　上海市各区县商业地产成交面积比较图

第二节　商业地产价格与租金

一、商业地产价格

2008 年商业物业波幅不大，基本维持在 10 000 ～ 12 000 之间。据中瑞研究统计，2008 年上海商铺成交均价为 11 221 元 / 平方米，较 2007 年略有上升，涨幅为 8%（见图 13-5）。

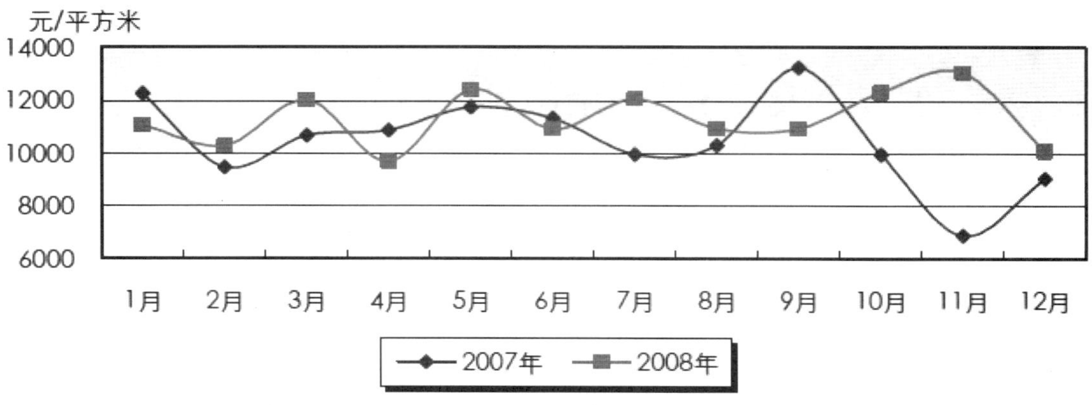

图 13-5　2007、2008 年上海商业物业成交价格走势图

从月度成交看，7月份成交均价最高，达到12 318元/平方米，其余各月成交均价均在12000以下（见图13-6）。

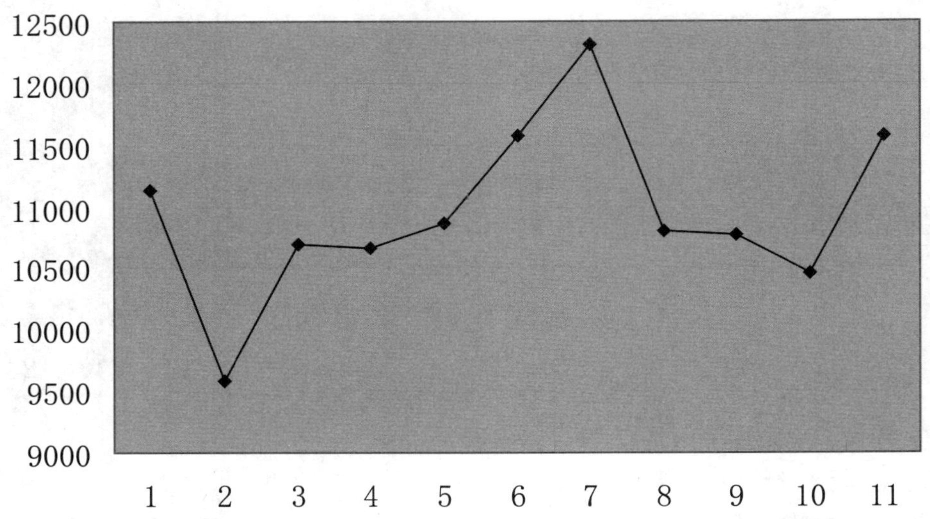

图13-6 2008年上海商业地产月度成交均价走势图

从区域商业地产成交均价看，卢湾成交均价达到41 465元/平方米、黄埔成交均价30 872元/平方米，位居前列（见图13-7）。

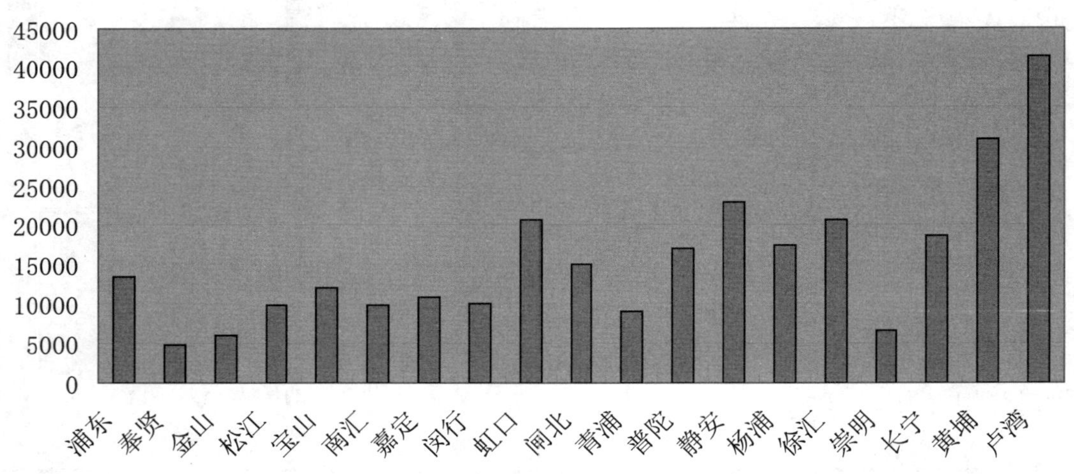

图13-7 上海市各区商业地产成交价格图

二、商业地产租金

（一）商业地产租金概述

2008年上半年，上海商业地产市场的租金持续上升；下半年受金融危机影响涨势明显趋缓（见表13-2）。

表 13-2　2006、2007、2008 各级商业中心的平均租金

各级商业中心	2006 年平均租金（元 / 平方米 / 天）	2007 年平均租金（元 / 平方米 / 天）	2008 年平均租金（元 / 平方米 / 天）
市级商业中心	22 ～ 32	25 ～ 40	30 ～ 48
区级商业中心	12 ～ 18	16 ～ 23	17 ～ 26
郊区商业中心	2 ～ 6	3 ～ 8	3 ～ 10

资料来源：上海中瑞研究月报

（二）主要商圈租金分析

1. 淮海中路商圈。淮海中路商业街是指自西藏中路起向西至陕西路为止段。南北高架又将淮海中路分为东、西二段：东段以商厦与写字楼结合的商务区为特色，西段以专业特色店中点缀商厦为特点。整条淮海中路定位以吸引本地中、高档消费群体为主，其商业特色可以用一贯的“高雅”为形容。租金价格约 10 000 ～ 22 000 元 / 平方米 / 年。

2. 南京东路商圈。南京东路号称“中华第一街”，昔日以“十里洋场”的美称闻名远东。如今的南京东路不仅成为上海市民休闲购物选择场所之一，也成为每个来大上海的游客必到之地。南京东路的商业结构以中档产品为主体，值得一提的是有不少名、特、优商店已经在这条商业街上成为“百年老字号”。 租金价格约 15 000 ～ 3 000 元 / 平方米 / 年。

3. 四川北路商圈。四川北路原先与南京路、淮海中路并称上海主要的“三条商业街”，曾经以中档偏下的工薪阶层的准确定位而闻名上海滩。但由于该商业街两边的建筑均非常陈旧，近年来对该段商业街的陆续改造以及市政规划的实施，周边居民不断外迁，使得四川北路的商业气氛大受影响，除了北段的商业依然维持了应有的繁荣之外，其他路段已不复往日风采。租金价格约 5 000 ～ 12 000 元 / 平方米 / 年。

4. 南京西路商圈。南京西路主要指位于上海市静安区段的南京西路，在这里，商业与办公有机结合，综合商厦搭配专卖形象店为特色。经过近三、四年的精心打造，南京西路已成功实现了以当地白领阶层与年轻人消费的商业定位。租金价格约 10 000 ～ 20 000 元 / 平方米 / 年。

第三节　个案分析

一、静安“国际商务港”

静安南京路商务大道目前已经是世界著名的 CBD 地区之一，在国际上有“钻石街”的美誉。今年 1 ～ 5 月份，在静安区税收排前 10 位的甲级写字楼中，静安南京路沿线楼宇占 8 家；2007 年，静安区总税收超 100 亿元，现代服务业比重达到 93.5%，有 42.4 亿元税收来自静安南京路“楼宇经济”的贡献。静安区现代服务业成绩骄人，区委、区政府班子依然保持着一份清醒的忧患意识：静安区是一个地域面积不大的“袖珍区”，在土地资源极其有限的前提下，未来的发展一要咬住高附加值、资源消耗少的现代服务业不放松，要在现代服务业发展的能级和集聚度上再作提升。于是，由点状楼宇向楼宇集群发展，由线状商务街到块状商务圈发展的静安“国际商务港”概念应运而生。

打造静安“国际商务港”，首先要凸显其“国际商务”的内涵，即瞄准现代服务业中的高人

力资本含量、高技术含量、高附加值的高能级领域，尤其要吸引跨国公司总部或研发、营运总部入驻。市委、市政府提出，上海要立足自身优势，大力发展金融、航运、信息和生产性服务业。目前，静安区已明确要主动承接上海建设国际金融中心的辐射，大力发展金融配套服务业，包括准金融服务业和金融衍生服务业，尤其是大力发展本区已具优势明显的律师、会计、审计、咨询、人力资源外包服务等专业服务业。根据规划，到“十一五”期末，静安区将把世界500强企业地区总部、投资公司数量从现在的11家增加到20家。

打造静安“国际商务港”，顺应了上海现代服务业集群发展的趋势和要求。现代服务业集群发展，是发达国家中心城市共同走过的道路，具有成本效应、人才效应、品牌效应等诸多优势，也是单栋商务楼宇的力量所难以企及的。在“国际商务港”的新一轮规划中，静安区商业楼宇的开发将从以往单一的商务楼建造，演变为发展“豪布斯卡”模式（HOPSCA，指的是酒店HOTEL＋办公楼OFFICE＋生态公园PARK＋购物SHOPPINGMALL＋会所CLUB＋高尚住宅APARTMENT）：规划中的“太古城”，由甲级写字楼、酒店、高档公寓等组成；规划中的“静安滨河”，有超高层商办楼宇、酒店式公寓、公共绿地、地铁站等；

现有的百乐门大酒店将实施“腾笼换鸟”，打造成高档娱乐业集聚地；原小南国玫瑰园地带，将建造一个小型“时尚秀场”；常德路昌平路原人民电机厂车间，改造成具有后工业时尚气息、能开展大型时装发布活动的“800秀”，为入驻静安的国际品牌地区总部和发展会展服务业提供高档展示场地。

静安区是一个具有厚重历史文化积淀的中心城区，区委、区政府深深意识到，打造静安“国际商务港”，离不开整个静安经济、文化、社会、生活的协同发展和相互交融，包括城区面貌的国际化、市民素质的国际化、生活便利舒适度的国际化等。未来3～5年内，静安区将加大旧区改造力度，拿出4亿元对一些商业动迁无望、百姓居住条件确需改善，并有碍城市景观的地块进行动迁，变沿街棚户为社区活动中心、街头绿化等公益性设施。同时，静安区正在实施“白领午餐”工程，采用堂吃、外送等方式，解决“国际商务港”周边10万白领中午就餐难的问题。

二、闸北“苏河1号”项目

苏州河畔恒丰路666号的“苏河1号”项目，是闸北区打造恒丰路“黄金商务大道”的重点工程之一，占据苏河湾板块、恒丰路黄金商务大道“双龙交汇”的绝版位置，由一栋28层景观人性化生态甲级办公楼、一栋8层LOFT创意办公楼、一栋13层个性精品商务酒店组成，距离苏州河仅有20M，规划建成集酒店（Hotel）、写字楼（Office）、景观（Park）、购物（Shopping）、国际标准会务中心（Convention）、LOFT办公（Apartment）多种业态，融商务、商业、休闲、景观多种资源于一体的城市综合体。

“苏河1号”项目采用宽扁钢梁结构人性化设计，能够节省20CM左右的层高，最大限度的利用空间；A栋办公楼9部芬兰KONE生态高速电梯可保证日常办公需求；拥有目前苏州河沿岸区域内唯一的国际商务中心，其中400M2的会议厅采用中部无柱、宽扁钢梁设计，视野开阔，极具空间感，高智能化配置，能够满足国际商务会议对于软、硬件的各种要求；绝版LOFT办公，5M挑高层高优势足以让办公空间以一变二。一层的投入，双层的使用，复式享受；天然气直引入户，物超所值。更值得一提的是，“苏河1号”将配置包括纯净水入户、电视监控、防盗报警、电梯指定楼层停靠、3G数字全覆盖在内的多项楼宇智能化系统，为入驻企业全面打造一个安全生态高效的创富平台。

“苏河1号”建成后将成为恒丰路黄金商务大道、苏河湾现代服务业集聚区内的首席标志性建筑。

“苏河 1 号”距离上海火车站仅百米，交通综合条件居 9 个中心城区之首，现有铁路、地铁、轻轨、南北高架、高速路五线交汇；城中心的绝佳地段位置，使得“苏河 1 号”拥有别处地段无法企及的交通优势：距离南京路梅泰恒商圈 3 公里、人民广场商圈 3.5 公里、淮海路商圈 5 公里、陆家嘴国际金融中心 8 公里，转瞬即达，距离虹桥机场 0.5 小时、浦东国际机场 1.2 小时路程，快速连通；目前已经动工的上海火车站综合交通枢纽改造工程建成后，现有的铁路交通、轨道 1、3、4 号线、城市高架将和规划中的苏州河水上巴士游艇码头及直升机停机坪共同组成 7 线交汇的城市立体交通网络；随着 2010 年的临近，火车站南北广场将通过点、线、面相结合的布局建成一个多层次、多模式的现代化交通枢纽，通过一个特大的圆形空中步行平台和两条空中走廊连通火车站南北广场，实现多种交通工具零距离换乘。

三、杨浦区绿地汇创国际广场

绿地汇创国际广场总建筑面积 74 545 平方米，地处五角场市级副中心商圈，规划为 1 幢准甲级办公楼、1 幢 LOFT 办公楼和配套商业街等。2009 年建成后，将成为杨浦区一道新的风景线。该项目将按照国家节能标准，以高起点，新技术的要求，引进国内外各项先进、成熟、实用的工艺技术，建成全方位的绿色节能建筑。

地理位置：绿地汇创国际广场地处国定东路、翔殷路（中环路），位于五角场核心区域的东南部，步行至五角场标志性建筑——彩蛋仅需 5—10 分钟左右。周边云集了 20 余条公交线路，轨道 8 号线和 10 号线环绕于此，与翔殷路中环线形成了立体的城市交通网络，从翔殷路隧道，或是沿黄兴路上杨浦大桥，便可直达浦东，交通优势十分明显。

项目现状：该项目集甲级办公、LOFT 办公和商业为一体，此次率先推出了一栋 14 层高的 LOFT 办公楼，内部层高达 5.2 米，主力面积 115 ～ 130 平方米，适合各种中小型企业和投资者，而对于需求大面积的实力客户，亦可选择相邻单位打通，或是整层 2 100 平方米。

发展规划：目前，五角场已有万达、百联和东方商厦三大商业巨头，区域内形成了成熟的商业氛围，并吸引了北上海庞大的消费客群。五角场，作为上海“黄金东北角”，与徐家汇遥遥相望，逐渐成为上海中北部一大投资热土。

产业情况：杨浦区是上海最早的工业发源地之一，区内有千余家工厂，工厂密集性较高，由于大多数工厂面临倒闭，为该区的开发商提供了相当多的开发机遇。同时杨浦区又是高等学府、科研机构云集的区域，有闻名遐尔的复旦大学、同济大学、财经大学、第二军医大学等高校 26 所，还有各类科研机构。

市场情况：自今年 5 月，市规划局出台《关于加强对公寓式办公建筑层高规划管理的意见》后，停止审批建造层高超过 4.5 米的公寓式办公楼，这就意味着，绿地汇创国际广场将是五角场区域 LOFT 办公楼的绝版之作，因此，该大厦开盘后吸引了不少客户，表示有意入驻。

客源特征：由于目前推出的办公楼面积主要在 100 平米左右，因此现在购买的客户，以中小企业为主。未来该项目还将推出一栋按甲级标准打造的写字楼，适合一些大中型企业。

中庭有 14 层的跨度，高耸而现代，其中若干楼层设计天桥横跨整个中庭，犹如悬于空中的雕塑，丰富了整个中庭空间。天桥不但能形成较为活跃的人流动线，对行走在桥上的人们又是一种全新的体验。

该项目还是建设部首批公布的“绿色建筑评价标识”的 6 个项目中的其中之一，获得二星标识认证 。

第五篇

区域

ALMANAC OF
SHANGHAI REAL ESTAT

第十四章　上海房地产区域市场分析

第一节　区域市场概况

一、上海市住宅市场概况

（一）上海市新建住宅市场概况

2008 年上海房屋销售价格水平同比上涨 5.9%，涨幅低于全国 70 城市 0.6 个百分点（70 城市为 6.5%）；全年累计环比下跌 1.7%，跌幅低于 70 城市 1.5 个百分点（70 城市为～0.2%）。1～6 月处于上涨期间，累计环比上涨 0.5%，7 月开始逐月下跌，累计跌幅达到 2.2%。同时可以看到，上海环比指数下跌早于全国，全国环比指数下跌始于 8 月。

从统计快报数据看，商品房新增开工面积为 2 586.57 万平方米，同比增长 14.9%，其中住宅新增开工面积 1 762.01 万平方米，同比增长 7.8%。施工面积 10 390.67 万平方米，同比减少 3.5%，其中住宅施工面积 6 872.1 万平方米，同比减少 10.1%。竣工面积为 2 475.04 万平方米，同比减少 26.8%，其中住宅竣工面积为 1 763.33 万平方米，同比减少 35.9%。

2008 年，全市商品房施工面积为 10 390.67 万平方米，比上年减少 3.5%。其中，住宅施工面积为 6 872.10 万平方米，比上年减少 10．1%。在施工面积中，新开工面积 2 586.57 万平方米，比上年增长 14.9%。其中，住宅新开工面积 1 762.01 万平方米，比上年增长 7.8%。

2008 年，全市商品房竣工面积 2 475．04 万平方米，比上年减少 26．8%。其中，住宅竣工面积 1 763．33 万平方米，比上年减少 35．9%。

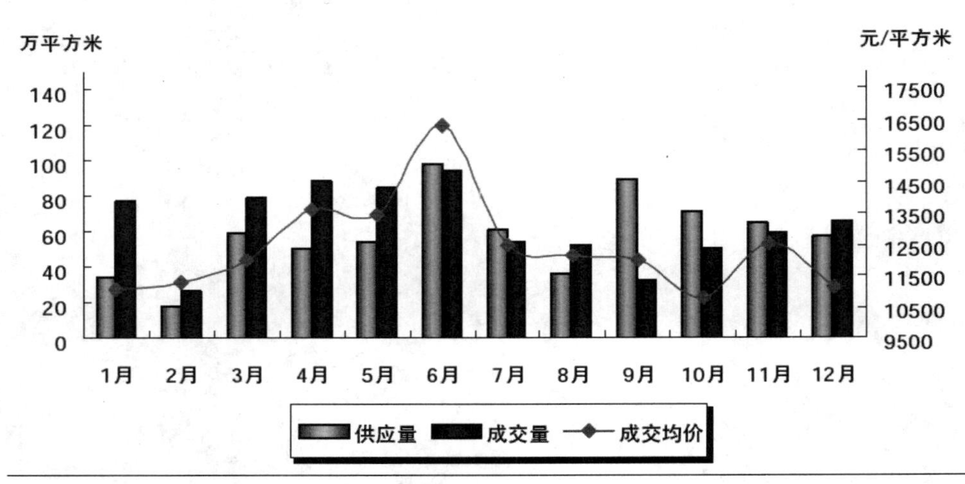

图 14-1　2008 年上海住宅单月供应、成交对比及成交均价走势

（二）内外环公寓市场供求状况

2008 年上海商品住宅市场正处于调整期，通过公寓市场的供需看，中外环间区域在地理位置与未来规划发展等方面都有特定优势，房价又相对适中，对该区域内的公寓支撑力度较大，优势比较明显。如浦东三林板块、上大板块，是今年供需较为活跃的区域。特别是今年十月底政府出台的 14 条救市政策，其中对中外环间总价 140 万／套以下的规定，更是对该区域内符合标准的公寓交易量起到促进作用。08 年 1～11 月该区域的供需比为 1：0.85，在各个环线

区域中供需相对平衡。内环内区域公寓属于高价位公寓，由于今年 6 月价格上涨幅度较大，后又受整体行情低迷的影响，所受波及甚大，导致供求失衡，供需仅比为 1:0.46，供应远大于需求。

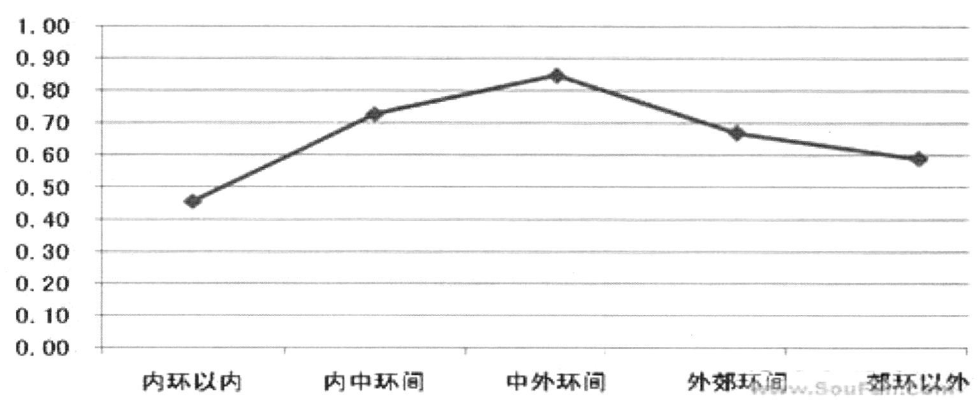

图 14-2　2008 年 1 ～ 11 月上海市区域市场供求比

（三）二手房市场概况

2008 年，存量房（二手房）成交面积为 1 413. 35 万平方米，比上年减少 28.66%。其中，住宅成交 1 107.15 万平方米，比上年减少 35.40%。二手住房价格水平同比上涨 6.7%；全年累计环比下跌 1.9%，跌幅低于全国 70 城市 1.7 个百分点（70 城市为～ 0. 2%）。每月环比的走势基本与房屋销售价格指数环比走势相似，1 ～ 6 月累计环比上涨 0.7%，7 月开始逐月下跌，累计跌幅达到 2.6%。

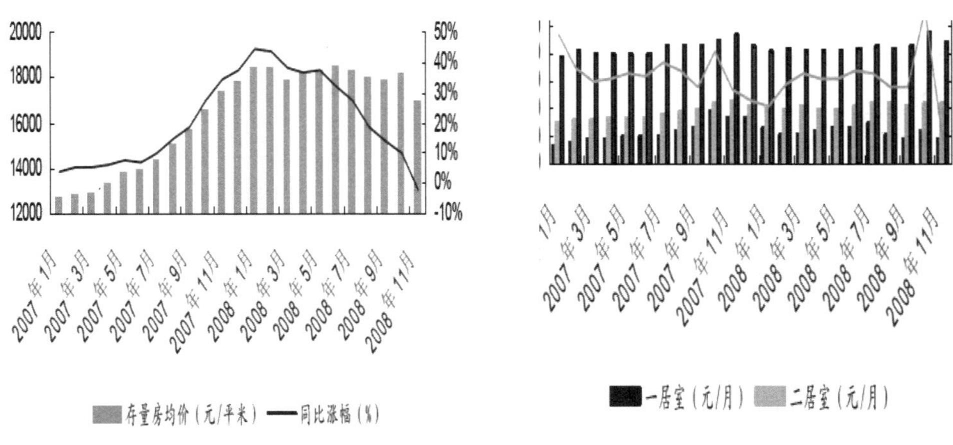

图 14-3　2008 年上海存量房销售价格　　图 14-4　2008 年上海存量房租赁价格

（四）二手房市场分月分区情况概述

上海二手房指数办公室统计显示，分区来看，长宁区租金回报率 3.07%，居全市首位；闵行区同为 2% ～ 3%；普陀、徐汇、闸北、虹口和浦东的租金回报率大约在 2% ～ 2.5%；静安、黄浦区仅为 1.5% ～ 2%。

2008 年 1 月，前期表现相当强劲的中心区域，除黄浦受益于世博建设提速的影响表现略好，区域涨幅仍达 4.28% 外，静安以及卢湾等传统中心区域二手房涨幅较去年 12 月下降近 6 成，仅为 1.85% 和 1.48%。浦东新区延续前期强劲走势，涨幅为 3.95%。其他传统自住区域如普陀、杨浦和闸北，1 月涨幅分别为 2.22%、2.65% 和 2.25%，市场以观望为主，成交锐减。

2 月中心城区共有 7 个区出现下跌，平均跌幅为 0.49%。3 个区出现上涨，平均涨幅 0.78%。其中，涨幅最大的为静安区，2 月上涨 0.97%；卢湾区和黄浦区则分别上涨 0.68% 和 0.7%。由于区域内购房需求较旺盛，带动区域价格回稳。中外环价格普降，普陀区下跌 0.75%；杨浦区下跌 0.73%，区内仅北外滩板块上涨 0.64%，其余均出现下跌；虹口区微跌 0.05%；闵行区下跌 0.28%，成交热点板块航华七宝也下跌 1.09%。

3 月二手房成交量较 2 月上升约五成左右，不少控制点房屋价格有 2% ～ 4% 上涨。房价方面，黄浦区以 3.38% 的涨幅领涨全市。普陀区的曹杨长风板块，3 月房价涨幅明显高于同区域其它板块，为 2.86%。

4 月，中心区域仍维持一贯抢眼表现，继续领涨全市。如黄浦区以 2.95% 的涨幅领涨各区，其中，老城区板块涨幅最大，为 3.38%，开始呈现其内在价值；静安区经历 3 月调整后，4 月上涨 2.26%；徐汇区延续一贯走势，涨幅虽略有回落，但仍然达到 2.06%，徐家汇板块以 2.82% 领涨全区。虹口区凉城板块老工房的均价已达 1.2 万元 / 平方米，4 月涨幅为 2.18%；闸北区 4 月涨幅为 1.99%，区域内的大宁以及彭浦板块分别上涨 1.57% 和 1.31%；杨浦区在五角场和控江板块的带动下，4 月上涨 1.61%。

5 月上海二手房价格平均涨幅为 0.98%，依然呈现向上走势。徐汇区二手房价格表现优于其他区域，整体上涨 2.58%，涨幅列全市首位。徐家汇板块和田林康健板块则分别上涨 2.19% 和 2.31%；而华泾板块也有不错表现，整体上涨 2.45%。

长宁区一改上月相对低迷的态势，5 月表现明显转好，区域内二手房价格整体上升 2.08%。闸北区，整体涨幅为 1.85%，区域内的大宁板块延续强势上升走势，上涨 2.43%。杨浦区在交通和生活配套逐步完善的带动下，5 月上涨 1.49%，其中控江路板块受到区域客户关注，涨幅为 1.94%。部分中心区域如静安区和卢湾区，5 月走势相对居后，仅分别上涨 0.93% 和 1.04%。

6 月，普陀区二手房价格领涨全市，整体涨幅为 2.1%。区域内核心板块曹杨长风，6 月上涨 1.93%。杨浦区和虹口区的二手房市场也有较好表现，分别上涨 2.05% 和 1.89%。卢湾区和静安区中心区域本月整体表现为涨幅有较明显下滑，分别上涨 0.98% 和 0.96%；长宁区上涨 1.36%，涨幅较上月大幅下滑。

7 月，浦东新区二手房市场整体表现不佳，跌幅为 0.79%。黄浦区二手房整体跌幅为 1.24%，区域内核心板块如南京东路，本月跌幅为 2.74%。普陀、徐汇和长宁，本月二手房走势平稳，涨幅为 0.26%、0.46% 和 0.58%；静安、闸北以及虹口的涨幅均低于 1%，分别为 0.91%、0.96% 和 0.97%；卢湾和杨浦则整体上涨 1.11% 和 1.49%。

8 月，浦东新区二手房市场延续前期下跌趋势，整体跌幅为 1.18%，领跌全市。传统中心区域仅黄浦区微升 0.28%，其余区域则均有所下跌。如：卢湾区下跌 0.85%，区域内的打浦桥板块跌幅较大，为 1.33%；静安区下跌 0.72%，区域内的南京西路和江宁路板块分别下跌 1.21% 和 1.61%；徐汇区跌幅较小，为 0.2%，但田林和华泾板块分别下跌 0.72% 和 0.6%。

9 月，市中心区域除静安和徐汇分别上涨 0.67% 和 0.17% 外，其余区域仍延续下调趋势。如：卢湾区跌幅为 1.51%；长宁区有不少板块仍有上扬，但由于区域内虹桥路和北新泾板块大幅下跌，跌幅分别为 2..41% 和 1.09%，致使区域整体仍呈现下跌，跌幅为 0.03%，与 8 月跌幅相近。闵行区二手房市场则出现大幅下跌，以 2.91% 的整体跌幅领跌全市

10 月，11 个中心城区出现全面下跌，平均跌幅为 0.98%，其中，跌幅最大的为杨浦区，整体下跌 1.91%，跌幅最小的为浦东新区，下跌 0.35%。五个市中心区静安、卢湾、黄浦、徐汇和长宁区中，黄浦区以 1.89% 的幅度领跌；徐汇区下跌 0.76%；卢湾区、静安区和长宁区则分别下跌 0.59%、0.67% 和 0.41%。

11 月，中心城区全面下跌，平均跌幅为 0.84%，跌幅有所收窄。其中，跌幅最大的为卢湾区，整体下跌 1.26%；跌幅最小的为徐汇区，整体跌幅为 0.27%。5 个市中心区静安、卢湾、黄浦、徐汇和长宁区，平均跌幅为 0.87%，跌幅超过全市平均水平。

12 月，中心城区涨跌各半，共有 6 个区出现上涨，平均涨幅为 0.53%；5 个区出现下跌，平均跌幅为 0.7%。5 个市中心区中，仅卢湾区出现小幅下跌，跌幅为 0.32%。黄浦区受改善型需求以及世博建设联动影响，涨幅最大，为 0.91%；长宁区和静安区分别上涨 0.5% 和 0.48%；徐汇区上涨 0.41%，涨幅略小。市中心区七成以上二手房被重新划入普通房范畴，激发了一部分需求释放，房屋价格出现反弹。中外环线区域因普通房受惠范围相对较小，加上一手房持续促销优惠影响，购房需求分流明显，二手房价格跟随下降。 跌幅最大的为浦东新区，12 月跌幅为 1.13%。虹口区 12 月下跌 0.75%。

二、非住宅市场概况

（一）非住宅市场整体概况

从 2008 年 1 ～ 11 月上海全市非住宅类物业（商业、办公楼、工业物业），的供求总量分别观察，供应量为 390.1 万平方米，占全市商品房份额的 18.7%，较去年同比减少了 21%；而同时期的成交量为 264.1 万平方米，占全市商品房交易总量份额的 14%，较去年同比则减少了近 3 成左右。市场整体呈现出供大于求的局面。

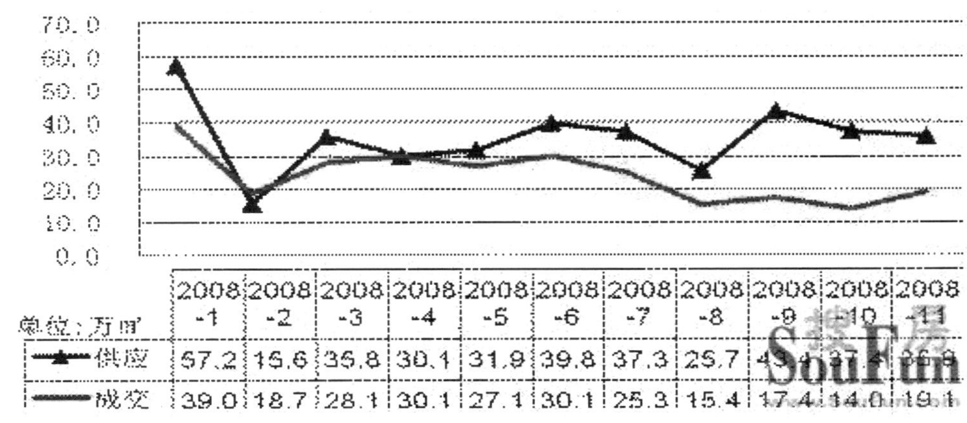

图 14-5　2008 年 1 ～ 11 月上海市非住宅市场供求走势

而从 2008 年非住宅物业单月的供求走势观察，在 2008 年 1 月供求均为全年以来的最高水平后，供求均则开始萎缩，但在 7 月前每月供求呈比较密切的关联走势，而从 8 月后供求走势出现明显的分化，在近两个月每月供求差额都达到了 25 万平方米左右。

2008 年 16.2% 的办公楼盘价格或租金出现下降，持平是占 75.7%，上升的只有 8.1%。40% 的办公楼出租率下降，持平的有 45%，而上升是 15.4%。现在的浦东、浦西办公楼的租金水平在全球 172 个地区当中，浦东占 27 位，浦西占 39 位。

在全国各大城市当中，上海市甲级办公楼租金水平位居全国第一。上海市的租金水平比北京办公楼的租金水平高出30%，比深圳高出41%。到了2008年三季度，经济危机刚刚爆发的主要时间段，上海的甲级办公楼每天每平租金是8.8元，浦东甲级办公楼是9.5元，浦西8.5元。甲级办公楼当中租赁主力，70%是外资企业，30%是中资企业。

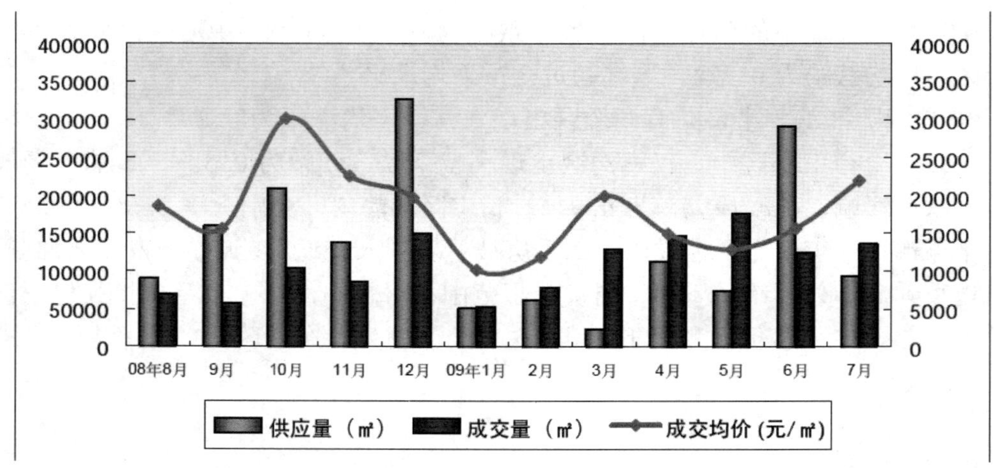

图14-6 2008年上海写字楼市场供求图

（二）上海市各区办公楼供求状况

1. 北部新型规划商务区成办公楼市场新热点

从各区办公楼新增供应观察，上海市区的北部区域成为2008年办公楼供应的热点区域，其中，普陀区提供了36万平方米，成为2008年办公市场的供应大户。虹口区约23万平方米，杨浦区约11.5万平方米；另外，全市办公楼供应量一直比较集中的浦东新区新增了19万平方米；远郊地区的可售型办公楼物业市场值得关注的是2007年商办用地供应最大的远郊区域——嘉定区，2008年已有17.9万平方米办公楼上市。

从新上市的办公楼项目区位观察，一些新规划的商务区开始成为重要的供应源头，如，普陀区而正在推进中的长风生态商务区新增供应约19.8万平方米，占全区供应的6成，其中，7月开盘的大渡河路上国浩长风城推出约6.4万平方米，为2幢35层公寓式办公楼；云岭东路上汇银金融商务中心新增约5.2万平方米，主要为2幢13层办公楼。浦东川沙新镇首个商办综合项目绿地东海岸大厦推出3.5万平方米。嘉定区约5成新增供应量（约7.3万平方米），来自江桥的西郊现代生产型服务业聚集区推出的总部办公楼。

另外在市中心区的北部区域的一些传统商圈也有相当的新增供应，如，普陀区长寿路商圈新增约5.5万平方米（长寿苑2万平方米，中环现代大厦3.5万平方米）；虹口区四川北路上最高的办公楼，47层的中信广场推出10.4万平方米办公楼，东大名路上海港国际客运中心推出4.8万平方米办公楼；杨浦区五角场地区绿地汇创国际广场推出5.4万平方米办公楼。而对比而言，传统中央商务区，如黄浦、卢湾、静安等地，由于受到资源限制的影响，供应量却非常少，仅有浦东陆家嘴金融贸易区内的高宝金融大厦约2.9万平方米供应。

从各区办公楼成交观察，2008年前11月，普陀区、浦东新区、虹口三区是全市可售型办公楼物业成交量最大的区，分别为17.6万平方米，14.6万平方米，11.5万平方米，除了浦东新区一直是上海市办公楼成交热点区域，市区北部区域办公楼市场也开始崛起。另外，成交量较大的区还有，宝山区 10 万平方米，嘉定区 7.3 万平方米，徐汇区 6.7 万平方米。

2008 年前 11 个月，在全市成交量最大的 10 个项目中，有 6 个项目涉及大宗交易，其中，坐落在普陀区长寿路的中环现代大厦（3.5 万平方米）、长寿苑（2 万平方米）；徐汇东安路上徐汇御苑的酒店式公寓（2.7 万平方米）；静安区南京西路长春藤运通大厦（2.2 万平方米）均涉及整体交易；而虹口区四川北路中信广场 12 个层面，约 3 万平方米办公楼为整体交易，不过需要指出的是，大宗交易项目中，仅中信广场 5 万元 / 平方米成交均价远远超过区域的办公楼价格，而其余项目成交均价则均远低于区域水平。另外，虹口东大名路上海港国际客运中心 4.8 万平方米房源， 3 幢 7 层办公楼分别由中海发展、中远集团收购。

而另 4 个项目则均为拆零销售，其中，除了浦东花木的证大五道口大厦（2.1 万平方米），金桥的禹州国际大厦临近市区主要商务区或主要开发区外；其余的则均为近郊及远郊的项目。如，成交量最大的项目，宝山杨行晶钢（5.69 万平方米）项目处于吴淞国际物流园区内，依托宝山的钢铁产业，吸引了区域内大量的中小型钢铁企业，显示出产业发展对办公楼需求较强的支撑作用；同样的浦东川沙新镇绿地东海岸大厦（2.58 万平方米）则吸引了围绕浦东机场发展的物流企业。

2. 新增供应增多，远郊区域成主要市场

2008 年前 11 个月上海全市商业物业的供应量同比有所上升，但成交量较去年同期出现萎缩，其中，供应量 206 万平方米，较去年同比增加了 11%；成交量为 126 万平方米，同比萎缩了 32% 左右。

从各区商业新增供应观察，上海市远郊地区成为商业供应的主要区域，远郊地区新增供应占全市供应总量的比例达到近 8 成，其中，奉贤区提供了 49 万平方米，南汇区约 26 万平方米，嘉定区约 21 万平方米，金山区 19.5 万平方米。另外，市区仅浦东新区新增商业面积较多，为 22.7 万平方米。

但从新增的单个项目体量观察，大规模上市的项目仍是远郊的专业批发市场，如，奉贤奉城镇上海箱包城、玫瑰园商贸城分别提供了 20 万平方米，17 万平方米的商业；金山枫泾上海服装城约 5.1 万平方米，南汇惠南五角世贸商城约 5 万平方米。另外，浦东竹园商务区的 96 广场新增 6.5 万平方米商业，该项目为地上 2 层商业建筑为主，以休闲广场为核心，结合特色餐饮、休闲娱乐、综合购物的社区商业中心。

而从成交观察，在 2008 年前 11 个月成交量最大的商业项目中，远郊地区的项目占到 9 席。从项目类型观察，专业市场与住宅配套商业各有 5 项，参建形式的专业市场项目低价成交，如，金山亭林的长三角物流中心，以 4 000 元 / 平方米均价，成交 5.6 万平方米；奉贤奉城上海箱包城（4.1 万平方米），成交均价仅 1 700 元 / 平方米；玫瑰园商贸城（3.9 万平方米），成交均价仅 2 300 元 / 平方米。从住宅配套商业项目所处区位观察，多处于人口导入区域，如，浦东三林三林世博家园（2.2 万平方米），南汇周浦菱翔苑（1.7 万平方米）。

3. 市场投入稀少，各主流开发园区需求较大

2008 年前 11 个月上海全市工业物业的供求量较去年同期均出现了下滑，其中，供应量 18 万平方米，较去年同比减少了 71%；成交量为 34 万平方米，同比减少了 28% 左右。

从新增供应的项目观察，2008 年有工业物业供应的区域很少，主要集中在松江和闸北两区，松江地区 10 万平方米新增供应，全部来自新桥地区的名企公馆项目，该项目主要规划的是 4 ～ 5 层的总部办公楼项目。闸北区新增的 5 万平方米工业物业全部来自市北现代服务业聚集区多媒体谷的研发楼，项目对外租赁经营。另外，浦东张江高科技园区内的张江创业源新增 2.7 万平方米。

从 2008 年前 11 个月成交量最大的 10 个工业物业项目观察，上榜项目分别来自四个区，浦东新区、徐汇区、闵行区、闸北区；项目全部处于上海的主要开发园区内，如，位于漕河泾开发区内的上海现代科技服务业集聚区（5.8 万平方米），科技绿洲（2.9 万平方米），三期厂房（1.29 万平方米）；浦东外高桥保税园区的仲盛工业城（5.7 万平方米），金桥开发区南区的中邦商务园（3.15 万㎡），张江高科技园区内张江创新园（1.7 万平方米）；闸北市北现代服务业聚集区的东方环球企业园（2.4 万平方米）。

08 年办公楼市场延续了 2007 年第四季度的上涨势头，许多上海优质写字楼业主近期再度上调了新租约及续约的租金报价。同时，优质写字楼的空置率降至 2% 以下。由于浦西的供应紧缺在年内都难以缓解，所以外滩中心，恒隆广场和嘉里中心等著名的甲级写字楼纷纷提高了租金，恒隆二期平均租金环比涨幅甚至高达 7% 以上；浦东方面，活跃的预租成交以及现有物业无面积可租的局面，也促使时代金融中心等写字楼在三月份的大楼完工前果断地调高了租金。

2008 年甲级办公楼浦西、浦东均将出现新增供应量，其中浦东增量尤为明显（如黄金置地、未来资产大厦、渣打银行大厦、证大五道口等）为 85 万平方米，浦西增量为 29.7 万平方米。08 年第一季度统计上海甲级写字楼的大部分新增供应都将在 2008 年下半年入市，因此在目前这一时间点上的供需失衡仍继续推高租金报价。对于那些急于扩张的租户来说，大量新物业的上市将缓解当前的供应紧张；但另一方面，日益增长的需求和活跃的预租交易（目前已达新上市物业面积的 30%）将支持租金上涨之势贯穿于 2008 年。

第二节 上海市区域市场分析

上海内环以内的区域主要分成两类：中心高档区域和新兴发展区域。前者主要是静安、黄浦、卢湾、徐汇和浦东新区陆家嘴区域，后者主要是长宁、闸北、普陀、虹口、浦东新区世纪公园区域。

闵行区、宝山区、嘉定区、金山区、松江区、青浦区、南汇区、奉贤区、崇明县属于外环区域。

2008 年的楼市收到全球金融危机重创，观望气氛弥漫全年，成交量一降再降跌入低谷。2008 年内环内区域的成交量和 2007 年相比急剧萎缩 7 成以上。内中环区域成交量和 2007 年相比萎缩 62%。

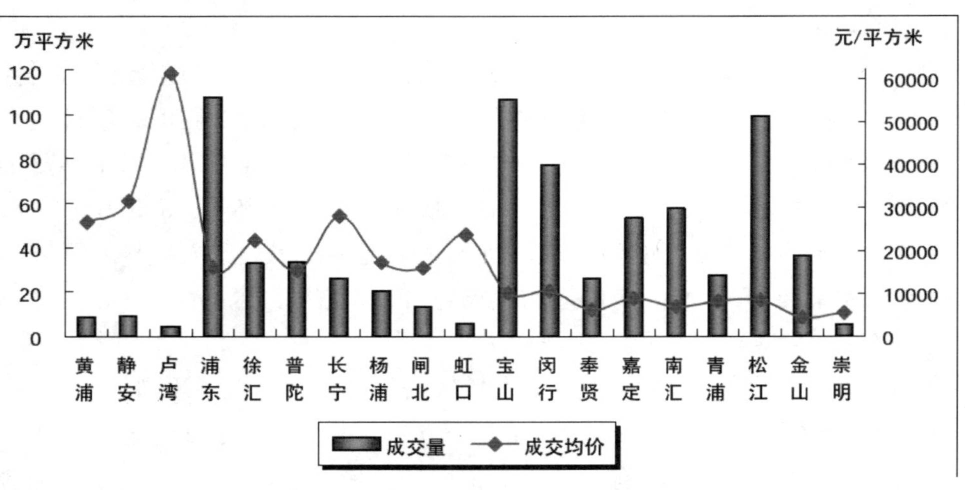

图 14-7 2008 年上海市各区商品住宅成交量与价格走势图

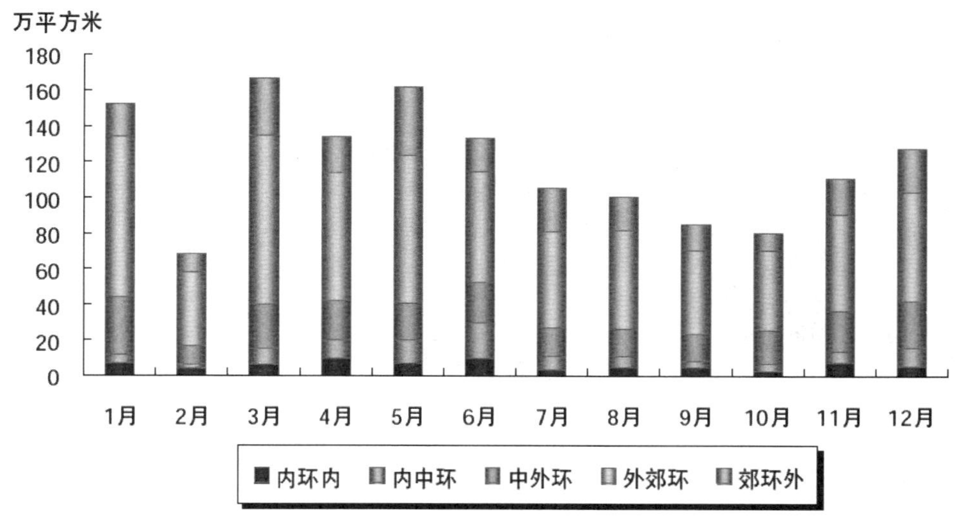

图 14-8 2008 年各月分区域住宅成交情况

中外环区域由于房屋购置成本相对较低，且充斥了部分动迁配套住宅，加上供给充足，还维持了 2007 年的 5 成左右，相对内环内区域的内中环区域反而影响较小。

外郊换区域是 2008 年成交最大的区域，这个政府的 5 年 2 000 万平方米的经济适用房政策有较大关系，第一年 400 万平方米的经济适用房就集中在这个区域。外郊环区域的住宅成交量占到了全年住宅成交量的 51%。中外环的住宅成交量占到全年住宅总成交量的 18%，是上海楼市的两大主要市场。

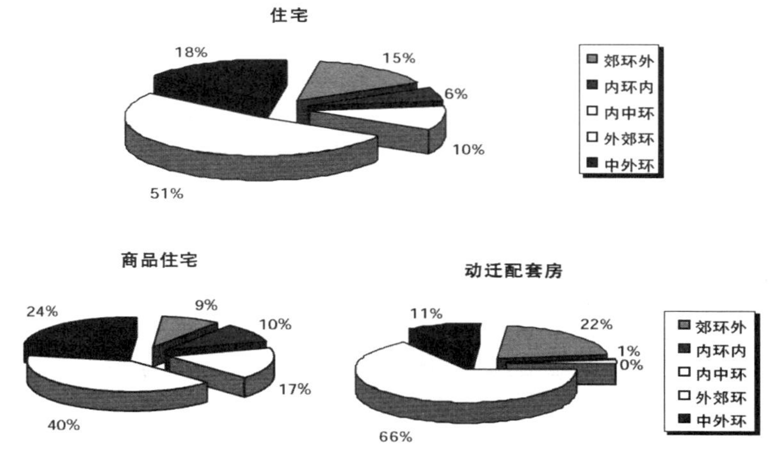

图 14-9 2008 年上海住宅、商品住宅与动迁配套房各环间成交结构

浦东跃至成交榜首，宝山松江闵行分列二三四位。从成交排行上来看，浦东、宝山、松江、闵行仍是商品住宅的主要成交区域，约占全市的 50% 的成交量静安、卢湾、黄埔三个中心城区由于开发地有限，供应量仍然稀缺，区域成交量各占 1% 左右的市场份额。

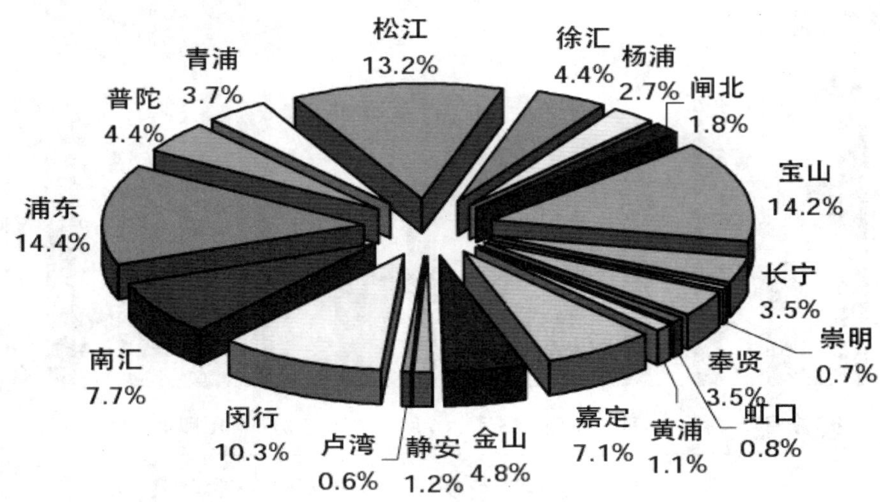

图 14-10　2008 年上海各区县商品住宅成交比重

第三节　各区房地产建设基本情况

一、全市基本情况

2008 年全市施工面积 10 390.67 万平方米，竣工面积 2 475.04 万平方米，其中住宅面积 1763.33 万平方米。实际销售面积 2 296.12 万平方米，其中住宅面积 1 965.86 万平方米。实际销售额 1895.45 亿元。

二、各区县基本情况

（一） 浦东新区

2008 年浦东新区施工面积 1 964.30 万平方米，竣工面积 477.85 万平方米，其中住宅面积 255.77 万平方米。实际销售面积 343.35 万平方米，其中住宅面积 259.43 万平方米。实际销售额 329.81 亿元。拆迁户数 15 614 户，其中居民住宅 14 956 户。拆迁面积 352.08 万平方米，其中居民住宅 288.25 万平方米。

（二） 黄埔区

2008 年黄埔区施工面积 161.09 万平方米，竣工面积 19.09 万平方米，其中住宅面积 11.78 万平方米。实际销售面积 8.84 万平方米，其中住宅面积 5.63 万平方米。实际销售额 18.76 亿元。拆迁户数 3 092 户，其中居民住宅 2951 户。拆迁面积 29.76 万平方米，其中居民住宅 9.95 万平方米。

（三） 卢湾区

2008 年卢湾区施工面积 91.02 万平方米，竣工面积 12.38 万平方米，其中住宅面积 1.44 万平方米。实际销售面积 5.52 万平方米，其中住宅面积 3.76 万平方米。实际销售额 7.53 亿元。拆迁户数 2 208 户，其中居民住宅 2 208 户。拆迁面积 15.33 万平方米，其中居民住宅 5.48 万平方米。

（四） 徐汇区

2008 年徐汇区施工面积 258.08 万平方米，竣工面积 75.90 万平方米，其中住宅面积 50.85 万平方米。实际销售面积 105.14 万平方米，其中住宅面积 94.40 万平方米。实际销售额 97.48 亿元。

拆迁户数 4 093 户，其中居民住宅 4 022 户。拆迁面积 37.63 万平方米，其中居民住宅 27.96 万平方米。房地产业总体仍处于低迷状态。全年完成商品房投资 44.69 亿元，比上年下降 18.5%；商品房施工面积 247.69 万平方米，下降 19.6%；竣工面积 70.70 万平方米，下降 20.3%。全年商品房预售 2225 套，下降 48.6%；面积 28.84 万平方米，下降 43.9%；金额 61.91 亿元，下降 31%。商品房销售（不含预转销）4 675 套，增长 52.4%；面积 44.61 万平方米，增长 14.5%；金额 44.28 亿元，增长 10.3%。商品房销售年均售价为 9 926 元 / 平方米，较上年下跌 382 元 / 平方米。全年存量房成交过户 9 305 套，面积 77.44 万平方米，金额 114.77 亿元，分别下降 33.1%、36.7% 和 24.5%。

（五）长宁区

2008 年长宁区施工面积 256.07 万平方米，竣工面积 44.45 万平方米，其中住宅面积 3.13 万平方米。实际销售面积 30.19 万平方米，其中住宅面积 24.26 万平方米。实际销售额 58.54 亿元。拆迁户数 1411 户，其中居民住宅 1 342 户。拆迁面积 11.88 万平方米，其中居民住宅 7.28 万平方米。

（六）静安区

2008 年静安区施工面积 217.48 万平方米，竣工面积 38.27 万平方米，其中住宅面积 12.08 万平方米。实际销售面积 16.86 万平方米，其中住宅面积 10.81 万平方米。实际销售额 21.21 亿元。拆迁户数 3 131 户，其中居民住宅 3 037 户。拆迁面积 16.45 万平方米，其中居民住宅 12.19 万平方米。

（七）普陀区

2008 年普陀区施工面积 683.32 万平方米，竣工面积 125.06 万平方米，其中住宅面积 76.78 万平方米。实际销售面积 100.86 万平方米，其中住宅面积 56.61 万平方米。实际销售额 102.84 亿元。拆迁户数 2 574 户，其中居民住宅 2 574 户。拆迁面积 16.96 万平方米，其中居民住宅 16.96 万平方米。

（八）闸北区

2008 年闸北区施工面积 303.71 万平方米，竣工面积 19.02 万平方米，其中住宅面积 9.03 万平方米。实际销售面积 27.92 万平方米，其中住宅面积 20.17 万平方米。实际销售额 25.12 亿元。拆迁户数 1 729 户，其中居民住宅 1 698 户。拆迁面积 8.61 万平方米，其中居民住宅 5.50 万平方米。

（九）虹口区

2008 年虹口区施工面积 265.02 万平方米，竣工面积 59.98 万平方米，其中住宅面积 42.68 万平方米。实际销售面积 23.56 万平方米，其中住宅面积 7.49 万平方米。实际销售额 28.82 亿元。拆迁户数 4 353 户，其中居民住宅 4 181 户。拆迁面积 16.70 万平方米，其中居民住宅 12.28 万平方米。

（十）杨浦区

2008 年杨浦区施工面积 518.66 万平方米，竣工面积 65.39 万平方米，其中住宅面积 37.64 万平方米。实际销售面积 58.53 万平方米，其中住宅面积 51.84 万平方米。实际销售额 49.32 亿元。拆迁户数 1 435 户，其中居民住宅 1 406 户。拆迁面积 5.47 万平方米，其中居民住宅 5.09 万平方米。

（十一）闵行区

2008 年闵行区施工面积 1 176.37 万平方米，竣工面积 248.70 万平方米，其中住宅面积 243.22 万平方米。实际销售面积 267.20 万平方米，其中住宅面积 259.54 万平方米。实际销售额 203.29 亿元。

（十二）宝山区

2008 年宝山区施工面积 972.49 万平方米，竣工面积 307.81 万平方米，其中住宅面积 235.91 万平方米。实际销售面积 249.87 万平方米，其中住宅面积 209.48 万平方米。实际销售额 213.35 亿元。

（十三）嘉定区

2008 年嘉定区施工面积 622.41 万平方米，竣工面积 244.70 万平方米，其中住宅面积 174.82 万平方米。实际销售面积 209.21 万平方米，其中住宅面积 180.57 万平方米。实际销售额 152.48 亿元。

（十四）金山区

2008 年金山区施工面积 162.16 万平方米，竣工面积 58.52 万平方米，其中住宅面积 47.81 万平方米。实际销售面积 77.25 万平方米，其中住宅面积 72.82 万平方米。实际销售额 41.73 亿元。

（十五）松江区

2008 年嘉定区施工面积 1 015.27 万平方米，竣工面积 117.37 万平方米，其中住宅面积 101.48 万平方米。实际销售面积 246.46 万平方米，其中住宅面积 220.78 万平方米。实际销售额 203.03 亿元。

（十六）青浦区

2008 年青浦区施工面积 360.33 万平方米，竣工面积 80.95 万平方米，其中住宅面积 67.51 万平方米。实际销售面积 81.77 万平方米，其中住宅面积 71.23 万平方米。实际销售额 64.43 亿元。

（十七）南汇区

2008 年南汇区施工面积 1 058.86 万平方米，竣工面积 377.33 万平方米，其中住宅面积 327.49 万平方米。实际销售面积 363.80 万平方米，其中住宅面积 343.96 万平方米。实际销售额 223.46 亿元。

（十八）奉贤区

2008 年奉贤区施工面积 265.26 万平方米，竣工面积 57.89 万平方米，其中住宅面积 56.11 万平方米。实际销售面积 74.75 万平方米，其中住宅面积 68.13 万平方米。实际销售额 50.68 亿元。

（十九）崇明县

2008 年崇明区施工面积 38.78 万平方米，竣工面积 8.39 万平方米，其中住宅面积 7.80 万平方米。实际销售面积 5.01 万平方米，其中住宅面积 4.94 万平方米。实际销售额 3.74 亿元。

第十五章　上海主要区域房地产市场

第一节　浦东新区房地产市场

一、浦东新区房地产投资建设概况

2008 年，浦东新区房地产投资 总额为 279.97 亿元，较 2007 年微幅上升。全社会固定资产投资 872.68 亿元，房地产占总投资的比例为 32.1%，较 2006 年的 31.5% 略为上升。

表 15-1　2008 年上海市浦东新区房地产投资建设情况

	单位	1-12 月
一、投资情况		
投资总额	亿元	279.97
住宅	亿元	142.05
办公楼	亿元	61.89
商业营业用房	亿元	44.79
二、资金来源情况		
1、上年末结余资金	亿元	156.55
2、本年资金来源	亿元	418.00
国内贷款	亿元	133.65
利用外资	亿元	4.69
自筹资金	亿元	140.45
三、开发情况		
1、施工面积	万平方米	1 964.30
住宅	万平方米	1 058.98
新开工面积	万平方米	473.69
住宅	万平方米	216.87
2、竣工面积	万平方米	477.85
住宅	万平方米	255.77
四、房产指数（季报）		
1、商品房销售价格指数	点	111.9
住宅	点	112.4
2、办公用房租赁价格指数	点	103.5

注：资料来源于上海统计网之浦东统计。

二、浦东新区房地产成交情况

2008 年浦东新区商品房出售总数 33 896 套，共 433.03 万平方米。其中，普通住宅 25 824 套，共 303.68 平方米，均比去年同期有所下降。

表 15-2 2008 年上海市浦东新区房地产交易情况

	12 月	1-12 月	增长（%）
1. 商品房出售套数（套）	3 892	33 896	-24.6
住宅	3 079	25 824	-30.3
商品房出售面积（万平方米）	42.71	433.03	-19.0
住宅	32.53	303.68	-33.6
商品房出售金额（亿元）	29.55	376.76	-26.7
住宅	19.5	263.93	-40.5
2. 商品房预售套数（套）	1623	10 375	-41.4
住宅	1 553	8 602	-42.3
商品房预售面积（万平方米）	16.33	114.79	-48.7
住宅	15.83	97.72	-47.3
商品房预售金额（亿元）	24.62	217.96	-25.6
住宅	23.39	181.15	-18.6
3. 存量房交易套数（套）	2 794	23 579	-37.9
住宅	2 659	22 012	-38.6
存量房交易面积（万平米）	26.49	229.36	-36.9
住宅	21.43	189.62	-41.8
存量房成交额（亿元）	27.27	270.2	-29.1
住宅	23.88	235.53	-30.8

注：资料来源于上海统计网之浦东统计。

三、住宅市场

浦东新区建交委表示 2008 年 1 到 11 月份完全市场商品增量住宅（含预售和现售，不包含配套商品房）成交均价 19 551 元／平方米，比去年同期增长 48%。浦东新区政府颁布的 2008 年统计快报的数据表明，2008 年浦东新区商品房销售价格指数上升 11.9 点，其中商品住宅销售价格指数上升 12.4 点。浦东新区 2008 年全年预售商品住宅平均每套单价 210 万元，平均每平方米单价 18 537 元；存量商品住宅 2008 年全年平均每套单价 107 万元，平均每平方米单价 12 421 元；2008 年全年现售商品住宅平均每套单价 102 万元，平均每平方米单价 8 691 元。

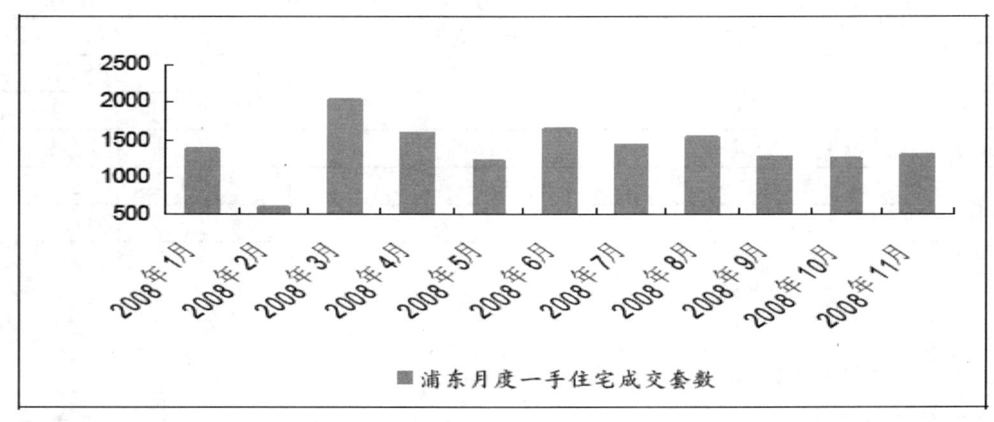

图 15-1 2008 年 1 ～ 11 月浦东一手住宅成交套数

四、写字楼市场

浦东新区一直属于全市办公楼供给比较集中的地区，需求旺盛，2008 年，浦东新区新增办公楼供应量 19 万平方米。2008 年第三季度，上海全市甲级写字楼空置率达 9.4%，浦东甲级写字楼空置率达到 11%，较 2008 年同期上涨了 9.5%。到 2008 年 11 月，浦东新区甲级写字楼空置率达到 16.8%，平均租金为 9.2 元 / 平方米 / 天，环比跌 7.7%，为 3 年来首次下跌。小陆家嘴、张扬路沿线、竹园商贸区写字楼市场出租率都保持在 97% 以上。

表 15-3　2008 年 11 月份浦东陆家嘴地区写字楼租赁基本情况

	项目	租金（美元 /m2/ 天）	出租率
浦东陆家嘴地区	中银大厦	1.90	98%
	金茂大厦	2.45	98%
	汇丰大厦	2.60	94%

资料来源：上海市场研究有限公司

第二节　松江区房地产市场

一、松江区房地产商品住宅销售状况

2008 年 12 月共成交商品住宅 1 059 套，排名全市第 5，成交面积 12.81 万平方米，排名全市第 4。目前，松江九号线已全线贯通，可供销售房源充足，一旦房地产消费启动，将对松江产生积极影响。全区销售面积为 61.75 万平方米，期房销售面积为 105.06 万平方米，同比分别下降 62.6% 和 61.8%；现房销售额为 46.85 亿元，期房销售额为 115.41 亿元，同比分别下降 55% 和 41.8%。房地产税收 33.78 亿元，剔除结转因素，比上年减少 42.4%。

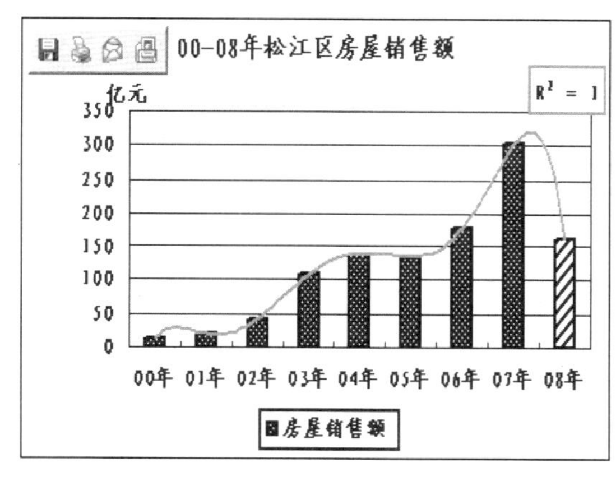

图 15-2　2000 ～ 2008 年松江区房屋销售额

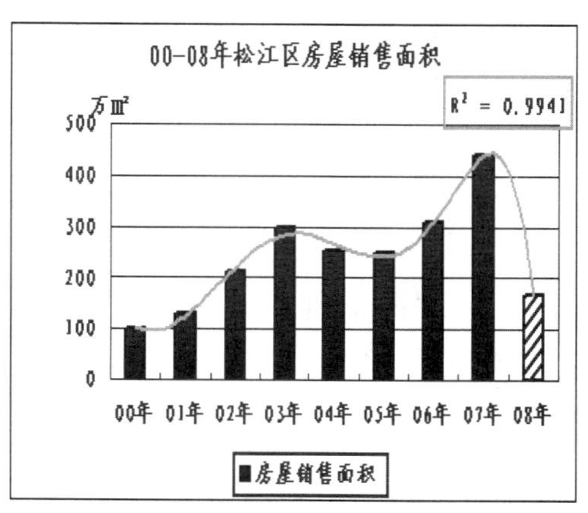

图 15-3　2000 ～ 2008 年松江区房屋销售面积

金融风暴和自身周期共同影响，房地产市场进入调整期。2008 年松江区房屋销售面积和销售额同比的跌幅都随之呈现逐渐扩大的事态。

表 15-4 松江区房屋销售情况变化表

季度	全区增加值增速(%)	全区房屋销售面积增速(%)	全区房屋销售额增速(%)
一季度	15.6	-35.4	-33.9
二季度	15.0	-50.2	-33.3
三季度	13.7	-60.1	-45.0
四季度	12.8	-62.1	-46.3

二、房地产开发企业到位资金明显下降

2008年，松江区房地产开发企业到位资金合计252.95亿元，同比下降23%，扣除上年结余资金，各房地产企业本年资金来源合计201.5亿元，同比下降28.8%．其中以利用外资、定金及预付款、个人按揭贷款等其他资金来源跌幅最大，同比下降42.2%。

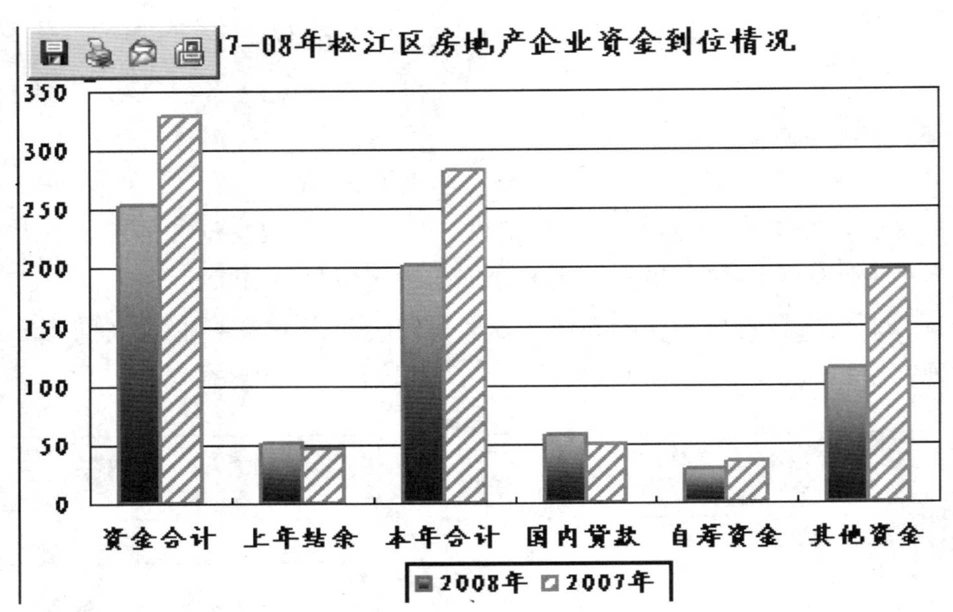

图 15-4 07～08年松江区房地产企业资金到位情况

三、房地产房屋竣工面积为近年最低

2008年，松江区房屋竣工面积仅为114.05万平方米，同比减少75.6%。从历史数据来看，这也是从2005年以来该项指标最低值。由此可见，收到市场经济不景气的负面影响，松江区房地产开发企业纷纷放缓了在建工程进度，推迟了各项工程的竣工期。

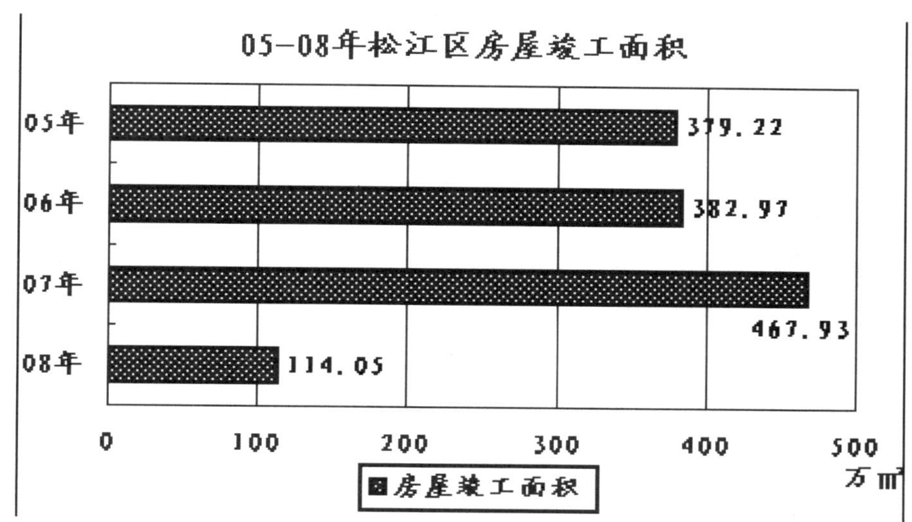

图 15-5　05 ～ 08 年松江区房屋竣工面积

四、房地产开发投资平稳增长

2008 年 1 ～ 12 月，松江区完成房地产投资 109 亿元，比去年增长 7%。占固定资产投资比重 53.1%，同比上升 1.1 个百分点。房地产投资对全区固定资产投资的贡献依旧强势。

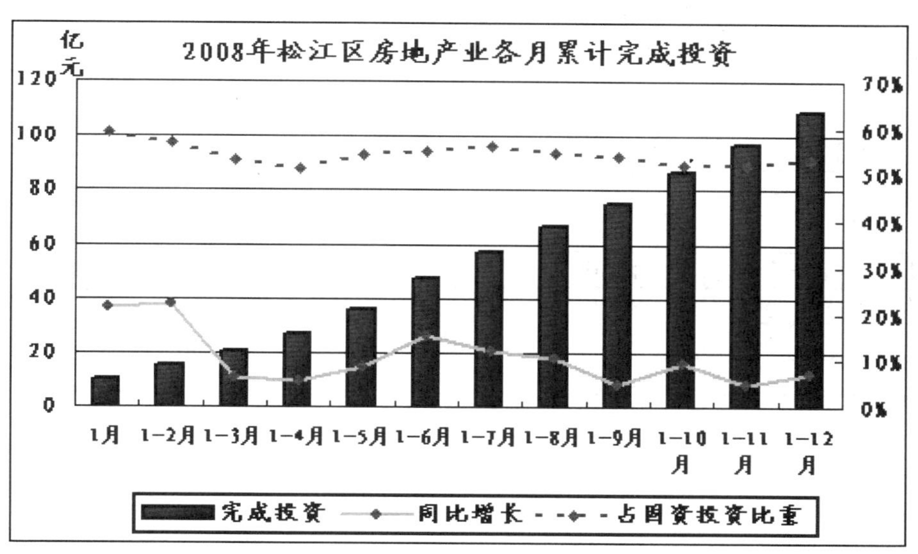

图 15-6　2008 年松江区房地产业各月累计完成投资

五、施工面积略有上涨，新开工面积大幅增加

2008 年房屋施工面积 1 036.59 万平方米，增长 3.1%，其中新开工面积 398.24 万平方米，增长 63.9%。新开工率大刀 38.4%，较 2007 年上涨 14.2 个百分点。

六、住房空置面积进一步减少

2008 年，松江区商品房空置面积为 85.13 万平方米，同比减少 25.5%，跌幅较 2007 年末扩大 11.8 个百分点。其中住宅空置面积为 48.37 万平方米，同比减少 34.8% 空置面积能够从一定程度上反映处松江区房地产市场支援配置的效率正在逐年提高。

第三节 宝山区房地产市场

2008年房屋供应量与成交量均出现大幅下滑，供应同比下降23.7%，成交同比下降43.3%，尤其是成交量的急剧下降，导致宝山区住宅供求比已由2007年的供不应求转变为供大于求。全年成交均价同比去年上升17%。

一、房屋供应量明显下降

受市场持续低迷影响，消费者观望气氛浓厚，导致2008年宝山区在新楼盘的推出速度和量上明显低于去年同期水平，2007年供应量291万平方米，2008年供应量221.9万平方米，同比下降23.7%。

表15-5 宝山区房地产按用途开发情况

指　标	单位	房屋合计	按用途分			
			住宅	办公用房	商业营业用房	其他用房
施工面积	平方米	9 422 721	7 446 094	435 432	719 755	821 440
新开工面积	平方米	2 273 037	1 785 555	110 652	202 328	174 502
竣工面积	平方米	3 634 470	2 865 295	210 935	274 478	283 762
竣工价值	万元	893 787	630 060	115 938	75 832	71 957

表15-6 宝山区房住宅按类型分开发情况

指标	单位	住宅合计	90平方米以下	按类型分		
				别墅	高档公寓	其他住宅
施工面积	平方米	7 446 094	3 628 942	97 998	208 962	7 139 134
新开工面积	平方米	1 785 555	1 091 580	9 918	208 962	1 566 675
竣工面积	平方米	2 865 295	1 372 285	23 325		2 841 970
商品住宅竣工套数	套	29 464	16 518	133		29 331
竣工价值	万元	630 060	321 992	2 886		627 174

二、房屋成交量急剧萎缩

由于受国家政府调控的影响，从总体看上，与2007年相比，我区2008年的房屋成交量大幅下滑。2007年成交量348.1万平方米，2008年成交量197.2万平方米，同比下降43.3%。一季度因春节及雨雪天气等原因，成交量呈现先抑后扬态势，但二季度房地产市场并未迎来传统意义上的销售旺季，市场持续观望，买卖双方互相博弈。三季度没有出现房地产市场的“金九月”，商品房成交量延续了二季度的下跌态势。四季度由于国家出台了一系列利好政策及不少楼盘增加打折幅度、推出特价房等，抵消了高价房成交的因素，四季度房屋成交量有所上升。2008年全年成交套数排名前10位的楼盘中，成交套数合计4 664套，较2007年下降37.2%。

表 15-7 宝山区房地产按用途销售情况

指　　标	单位	房屋合计	按用途分			
			住宅	办公用房	商业营业用房	其他用房
现房销售面积	平方米	760 115	631 832	91 286	17 991	19 006
现房销售额	万元	556 733	437 816	92 682	21 239	4 996
现房平均销售价格	元／平方米	7 324	6 929	10 153	11 805	2 629
期房销售面积	平方米	1 318 778	1 224 221	42 629	51 928	
期房销售额	万元	1 209 328	1 070 309	59 446	79 573	
期房平均销售价格	元／平方米	9 170	8 743	13 945	15 324	
期末出租房屋面积	平方米	28 331		5 512	16 536	6 283
期末空置面积	平方米	510 364	256 269	128 111	78 252	47 732
空置 1 年以下	平方米	342 852	186 855	92 930	31 953	31 114

表 15-8 宝山区房住宅按类型分销售情况

指　　标	单位	住宅合计	90 平方米以下	按类型分		
现房销售面积	平方米	63 1832	375 745	48 324	34 754	548 754
现房销售额	万元	437 816	235 248	62 922	23 611	351 283
现房平均销售价格	元	6 929	6 261	13 021	6 794	6 401
现房销售套数	套	5 742	4 134	158	262	5 322
期房销售面积	平方米	1 224 221	707 894	4 547	2 268	1 217 406
期房销售额	万元	1 070 309	552 981	12 580	1 480	1 056 249
期房平均销售价格	元	8 743	7 812	27 667	6 526	8 676
期房销售套数	套	13 250	8 599	20	17	13 213
期末空置面积	平方米	256 269	84 227	13 286		242 983
空置 1 年以下	平方米	186 855	67 077	9 217		177 638

三、房屋价格仍有所上升

自上半年国家实行政策调控以来，我国的部分城市房价都出现了较大幅度的下调，但我区新建商品房上半年的成交价格还是有所上升。下半年，在全球金融危机和政府出台房产新政促进楼市回暖双重因素影响下，房屋价格小幅下跌。从成交均价来看，2007 年全年区域住宅成交价格为 6 829 元／平方米，2008 年全年区域住宅成交价格为 7 993 元／平方米，同比上升 17.0%。2008 年全年成交套数排名前 10 位的楼盘中，成交均价为 10 094 元／平方米，同比上涨 24.5%。

表 15-9 宝山区房屋建筑销售情况

指　　标	单位	2008 年	增长 %
房屋建筑、销售			
施工面积	平方米	9 422 721	11.8
新开工面积	平方米	2 273 037	-7.0
竣工面积	平方米	3 634 470	44.3
竣工价值	万元	893 787	74.4
现房销售面积	平方米	760 115	4.8
现房销售额	万元	556 733	38.3
期房销售面积	平方米	1 318 778	-50.6

期房销售额	万元	1 209 328	-35.0
期末出租面积	平方米	28 331	7.5 倍
期末空置面积	平方米	510 364	38.4
空置 1 年以下	平方米	34 2852	51.8

四、区域分化现象逐步显现

由于宝山处于城乡结合部，面积相对较大。不同地段、不同楼盘的售价与成交量相差明显。靠近市中心的楼盘因比较稀缺，销售情况总体良好，外环以北区域楼盘由于轨道交通的延伸及楼盘所处地配套设施逐步完善，总体销售情况保持良好，有后续新楼盘推出的楼盘成交量也要优于消费者选择余地较小的楼盘。2008 年全年成交套数排名前 10 位的楼盘中，中外环占到 5 个，外郊环 3 个，郊环外 2 个。

第十六章　上海周边房地产市场

第一节　上海周边房地产市场概况

一、浙江省房地产市场概况

2008年对浙江省房地产市场来说是极不寻常的一年。浙江省统计局昨天发布的2008年全省房地产投资运行情况分析显示焦点装修家居网，受美国次贷危机引发的金融危机、市场预期不佳等因素的影响，房地产开发投资呈现先上升后回落，商品房销售不断下降的态势。

1. 销售降幅明显，盈利能力大幅减弱

2008年以来，浙江省商品房销售面临巨大压力，目前市场观望气氛浓厚，销售面积下降明显。2008年，全省商品房销售面积2 880万平方米，比上年下降36.6%。其中，住宅销售面积下降39.0%。同时，商品房空置面积不断上升，2008年全省空置面积增长12.5%，其中，住宅空置面积增长7.6%。但90平方米以下商品房销售相对较好，增长45.6%。

据国家统计局浙江调查总队抽样调查数据显示，2008年全省商品房销售价格下降搜狗，盈利能力大幅减弱。四季度商品房销售价格景气指数为78.1，分别比上年同期和去年三季度回落37.4和19.0点，商品房价格景气指数是去年以来首次大幅回落。

2. 商品房出现供大于求的迹象

浙江省统计局表示，以2008年全省及各市城镇居民可支配收入，每户家庭成员数3人为基础，采用2008年浙江省及各市住宅平均价格，一套住宅平均建筑面积（100平方米），可以计算得到目前的房价收入比达到9.1，大大高于国际公认的合理区间3-6。

从各市的情况看，温州和杭州的房价收入比最高，分别为12.5和11.5；宁波、舟山和丽水的这一指标在都在9.0以上。这充分表明目前房价对于部分居民目前的可支配收入而言，已经不能形成强有力的支撑。

而且，从2008年全省房地产开发投资相关数据看，浙江开发土地面积、房屋施工面积等指标均保持了一定的增速，表明未来一段时期商品房供给将不断加快。如果目前房地产市场持续低迷的行情得以延续焦点装修家居网，未来一段时间商品房不可避免存在供大于求。

二、江苏省房地产市场概况

1. 房地产投资保持两位数增长，但增速回落趋势明显

2008年上半年，全省房地产开发投资保持上年以来发展态势，增势强劲，但进入下半年后，由于受市场销售持续下降、开发资金明显趋紧等多种因素影响，投资增速开始逐月放缓，回落趋势比较明显。据统计，全年全省房地产业完成开发投资3 064.5亿元，同比增长21.8%，增速同比回落 10.1个百分点，比1～11月份的23.5%回落1.7个百分点，比前三季度回落5.4个百分点，比上半年回落14. 3个百分点；其中住宅完成投资2 296.6亿元，同比增长22.2%，增速同比回落9.6个百分点，比1～11月份回落3.7个百分点，比前三季度回落8.4个百分点，比上半年回落21.7个百分点，住宅投资增速回落更为明显。商品房中的办公楼、商业营业用房

和其它商品房投资分别完成90.7亿元、430亿元、247.2亿元，同比分别增长30.8%、24.5%、11. 4%，增速同比分别加快9.3个、回落2.3个和35.3个百分点。从三大区域看，在全省房地产投资增速总体回落的背景下，苏中、苏北的增速高于苏南。2008年苏南地区完成开发投资2 081.9亿元，同比增长20. 0%，增速同比回落9.8个百分点，比上半年回落18个百分点；苏中地区完成422.1亿元，同比增长 25.6%，增速同比回落6.3个百分点，比上半年回落6.7个百分点；苏北地区完成560.4亿元，同比增长26.1%，增速同比回落15.1个百分点，比上半年回落5.5个百分点。

2. 投资总量继续位居全国第一，增速略高于全国平均水平

2008年，全省房地产开发投资总量仍居全国各省、市之首，已连续四年在全国保持领先水平，比位居第二的广东多 132.1亿元，增速略高于全国平均水平，在东部11个省市中居中游水平。据国家统计局反馈资料显示，2008年全国房地产投资完成30 580亿元，比上年同期增长20.9%，增速同比回落9.3个百分点，其中住宅投资完成2 2081.4亿元，同比增长22.6%，增速同比回落9.5个百分点。江苏房地产投资完成3 064.5亿元，首次突破三千亿元大关，同比增长 21.8%，占全国总量的10%。从东部地区十一个省、市投资完成情况来看，江苏总量居第一，增速居第六位，与沪、粤、浙、鲁四省市相比，江苏增速仅低于山东（1 975.6亿元，同比增长29.9%），分别高于广东（2 932.3亿元，增长16.5%）、浙江（1 999.3亿元，增长9. 8%）和上海（1 366.9亿元，增长 4.5%）。

3. 商品房开发规模和供应量继续扩大，住房供应结构不断改善

2008年，全省继续加大住宅特别是90平方米及以下和经济适用房的资金投入力度，使得全省商品房的开发规模和市场供应总量继续扩大，住房的供应结构也得到进一步的改善，主要表现在90平方米及以下商品住宅在住宅中所占的比重不断提高。2008年全省商品房施工面积达28 188. 1万平方米，同比增长22.0%，其中新开工面积为10 015.8万平方米，同比增长11. 5%；商品房的竣工面积为6 705万平方米，同比增长17.3%。在商品房总计中，住宅的施工面积、新开工面积和竣工面积分别为21 968.5万平方米、7 908.4万平方米、5 489.8万平方米，同比分别增长19.1%、6.9%、18.3%；其中90平方米及以下商品住宅的施工面积、新开工面积、竣工面积分别为4 298.6万平方米、1 678.4万平方米、935.5万平方米，同比分别增长45.3%、25.2%、48.2%，其在住宅中所占的比重分别为19.6%、21.2%、17.0%，同比均提高3个百分点以上，也均高于上半年所占的比重。

4. 中小户型住宅受市场青睐，销售持续保持较快增长态势

去年年初以来，在房地产市场整体低迷，商品房销售持续下降的情况下，中小户型商品住宅却因其总价相对较低，比较适应市场需求和现实购买力而颇受消费者的青睐，销售持续保持较快增长态势。据统计，2008年在全省商品房销售面积同比下降26.6%，其中商品住宅销售面积同比下降28.1%的严峻市场形势下，商品住宅中90平方米及以下商品住宅的销售面积突破了一千万平方米，达到1 026.1万平方米，同比增长9.5%，其销售量占商品住宅总销量的比重由上年同期的14.2%提高到21.7%，同比提高了7.5个百分点，分别高于一季度的16.7%、上半年的19.5%、前三季度的 19.8%，比重呈逐季上升之势。去年以来，我省90平方米及以下商品住宅的开发量和供应量在商品住宅中所占比重虽然呈逐季上升之势，但就目前情况来看，其比重仍然偏低，住房供应结构性矛盾仍较突出，一时还难以满足市场需求。因此，加大中小户

型和中低价位商品房开发力度，切实改善住宅供应结构，努力增加有效供应，是当前房地产市场急需解决的关键问题之一，也是在当前市场持续低迷时刺激消费、增加成交、减缓销售下滑的较为有效的办法和途径。

5. 商品房销售下滑势头有所遏制，政策效应开始有所显现

去年以来，全省商品房销售一直呈下滑之势，且下半年后降幅明显逐月扩大。但自10月份后，随着各地纷纷出台"救市"新政，12月国家和省也出台了"关于促进房地产市场健康发展的若干意见"(国家6条、省10条政策措施)，有效刺激了楼市成交量的回暖，政策效应正在逐步显现。去年12月份当月，全省商品房的销售面积达1 085.6万平方米，同比虽仍下降17.1%，但比9月的销售量增长了1.7倍，比11月的销量增长2.3倍。其中住宅的销售面积达909.5万平方米，同比下降22.2%，但比9月当月销量增长1. 6倍，比11月当月销售增长了2.3倍，12月商品房和住宅的销售量均达到了去年单月最高水平。在12月当月销售量大幅回升的拉动下，2008年全省商品房销售量达到5 412.3万平方米，同比下降26.6%，降幅比1～11月累计的28. 7%缩小了 2.1个百分点，降幅年内首次出现缩减之势。

表16-1　2008年全省各季商品房销售情况　　单位：万平方米

	销售面积		增幅%	
		其中：住宅		其中：住宅
1～3月份	10 96.54	975.86	-12.4	-11.1
1～6月份	2 462.68	2 172.26	-17.5	-18.1
1～9月份	3 635.23	3 215.14	-24.4	-24.9
1～11月份	4 326.62	3 820.79	-28.7	-29.4
1～12月份	5 412.26	4 730.26	-26.6	-28.1

第二节　杭州房地产市场

一、总体情况分析

2008年杭州市房地产市场主要表现为：

1. 商品住宅销售量大幅度下滑，全年供过于求

截至到12月15日，杭州主城区共成交商品房17 176套，成交面积1 984 526.2平方米，同比分别下降了42.8%和50.8%；从数据上可以看出，总体市场成交十分低迷，而供应量则相当充足，全年新增供应量32 071套，供求比高达1.87：1，呈现严重供过于求。但是供过于求只是相对的，因为2008年也不乏热销楼盘，象万家花城、万象城·悦府等楼盘开盘1～2个月内即基本售磬。通过分析我们可以看出，市场购买力不足，并不是市场上没有购房需求，而是商品住宅无论是单价还是总价都明显地超出了普通消费者的承受能力。当然股市等金融资本市场的急剧下挫和长期低迷，也极大的限制了消费者的购房需求。

2. 新增供应充足，可售住宅存量突破2万套，未来供应密集，销售压力剧增

1～12月份杭州主城区批准预售住宅32 071套，批准预售面积369.9万平方米，同比分别增长了37.2%和18.1%。从全年的供应来看，有7个月批准预售住宅套数超3 000套，尤以7～11月份供应最为密集，占全年供应套数的一半以上。从可售房源来看，可售量节节攀高，1月初仅5 400余套，

到了8月份突破1万套，截至到现在已达20 960套，面积达260.8万平方米；根据对各板块楼盘统计，预计2009年可上市商品住宅预售量约3.5万套，上市住宅面积约400万平方米，由此可推算2009年可供销售住宅总量达55 960套，面积达到创记录的660.8万平方米，而今年成交住宅仅17 403套；按2008年的销售节奏，2009年的住宅供应需要3.2年才能完全消化，可见2009年的销售压力非常大。

3. 结构调整明显，中小户型供应显著增加

2008年新上市楼盘中，大部分需执行90/70政策，因而中小户型的供应增加明显。实际情况也如此，2008年新增供应套数增加了37.2%，而面积仅增加18.1%，中小户型明显增加。另据不完全统计，新增供应中绝大部分楼盘90平方米以下小户型比例超过40%，个别楼盘甚至达到80%小户型。从实际的成交来看，在房价不断高企的情况下，在消费者预期收入及购房预算一定的情况下，消费者选择小户型的比例越来越高。

4. 全年住宅成交均价增长幅度较大，但11月份后价格开始回调

2008年9月份起万科魅力之城、逸天广场、现代景苑、南北西岸、金色蓝庭等近三十个楼盘先后打折低开促销，但丝毫不影响2008年全年住宅销售价格大幅度增长。据计算，1～12月住宅平均销售价格为14 916.8元/平方米，同比增长40.9%；但从11月份起，在各项宏观调控政策及经济增长预期下行等因素共同作用下，住宅销售价格开始缓慢回调，11月住宅销售价格为15 196.6元/平方米，环比10月下降了1.5个百分点，12月份前半月住宅销售价格已下降至13 481.4元/平方米。

5. 高端住宅价格稳定，成交相对火暴

虽然普通住宅成交低迷，受二套房贷及从紧的货币政策等影响较大，但高端住宅楼盘动辄几百上千万元，因而受宏观调控政策的影响很小。高端住宅市场不仅价格表现平稳，而且销售率较中低档楼盘普遍要高，如万象城·悦府、城市芯宇、绿城·新绿园、蔚蓝公寓、金色城品、金基.晓庐、和家园、西溪蝶园、阳光海岸等楼盘。据统计，而成交价格在2万元/平方米以上的住宅共成交了2 541套，占总成交量的14.7 %。

二、供求关系分析

就2008年的楼市来说，全年呈现供过于求态势，下半年供过于求特别明显，供求比均在2.0以上，2008年供求比为1.87:1（按供应销售套数比）。1～6月份供求相对比较平稳，从7月份开始，供过于求矛盾凸显，到10月份达到顶峰，随后开始逐渐回落，供过于求现象仍十分严重。

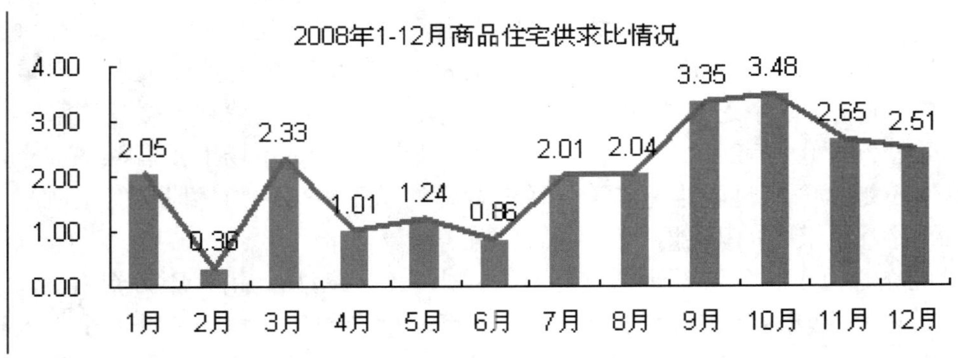

图16-1 2008年杭州商品住宅供求比情况

就各个区域来看，普遍呈现供过于求，供过于求较严重的区域有下沙区、滨江区和西湖区，供销比都在 2.2 以上，拱墅区供销情况较好，但也高达 1.5，其次是江干区、上城区和下城区等。从后市来看，下沙、西湖区、滨江区等供过于求矛盾会更加突出。

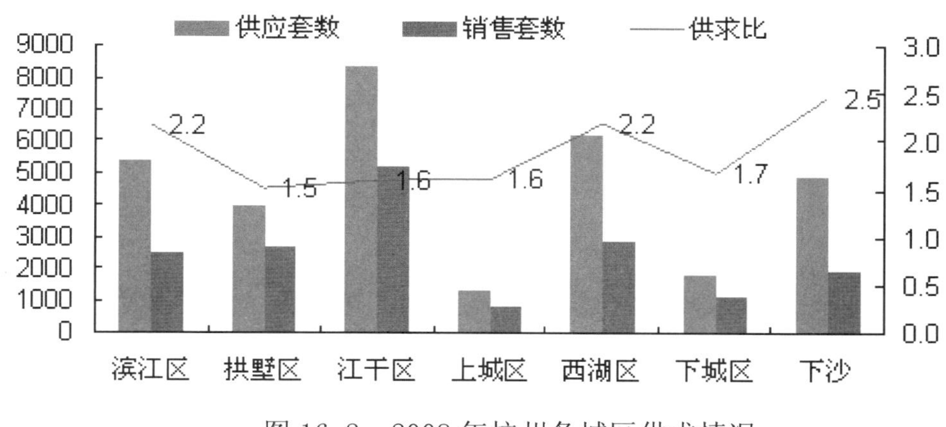

图 16-2　2008 年杭州各城区供求情况

从 2008 年全年成交情况来看，以 5 月份为分界点，前 5 个月呈现出成交量逐月上升态势，但 5 月房交会后，成交量急剧下降，逐月低迷。进入 10 月份后，从中央到地方等多种救市利好政策刺激下，楼市开始缓慢回升，预计 12 月成交量与去年同期基本持平。

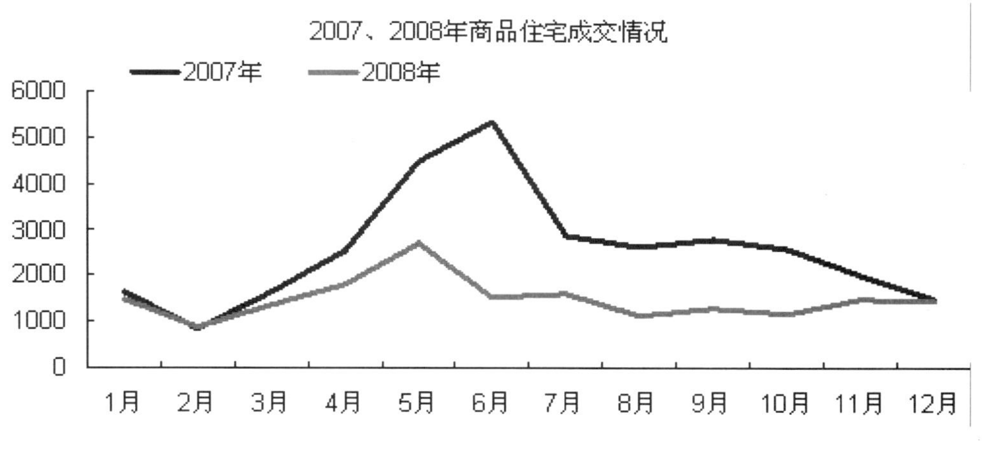

图 16-3　2007 ～ 2008 年商品住宅成交情况

从成交商品住宅均价来看，10　000 元 / 平方米以下成交的比例为 27.8%，10000 ～ 1　6000 元 / 平米成交的比例高达 50.6%；另外值得注意的是，20　000 元 / 平方米以上的房源成交比例也高达 14.7%。从以上数据我们可以看出，“万元房”已得到了部分消费者的认同，高端住宅市场广阔，购买力充足；但是相对更广泛的消费者来说，购买萎缩严重，房价泡末仍然较大。

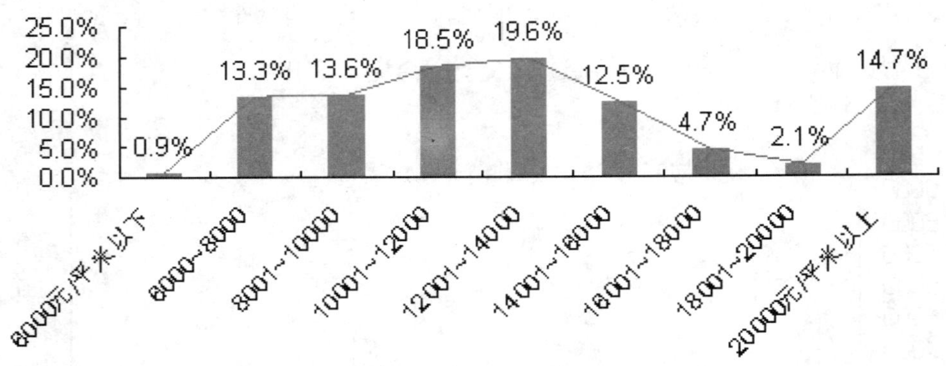

图 16-4　2008 年已成交住宅价格

就各价位段成交区域来看，10 000 元 / 平方米以下房源主要集中在下沙板块、下城区华丰板块、西湖区三墩板块、滨江区、江干区九堡板块等离市区 10 公里以上区域；10 000 ～ 15 000 元 / 平方米房源则集中在江干区九堡板块（9 月份之前成交的）、滨江区一桥往西沿江一带楼盘、拱墅区桥西板块、西湖区申花板块等区域，而 15 000 ～ 20 000 元 / 平方米房源主要集中在西湖区文教区一带、江干区九堡板块沿江楼盘、滨江区一桥和三桥之间沿江楼盘、拱墅区桥西板块部分楼盘（排屋及精装修房）等，2 万元 / 平方米以上房源则主要集中市区、江干区钱江新城、西湖区文教区一带、上城区、下城区环城北路以南。

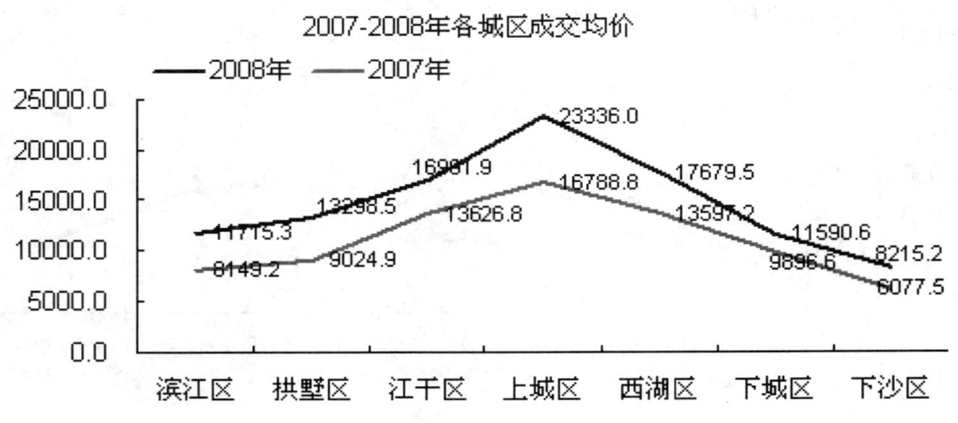

图 16-5　2007 ～ 2008 年各城区成交均价

第三节　南京房地产市场

2008 年以来，南京房地产市场整体态势由供销两旺的局面完全转变为量价齐跌的局面。这一剧烈的市场变化，主要归因于国内外经济形势恶化导致房地产市场需求走弱，其次国家针对楼市的调控政策也对楼市有较大影响。从宏观方面看，美国次贷危机引发的全球金融危机，并逐渐向实体经济传导，中国直接受到市场需求萎缩、出口锐减、原材料价格波动的强烈冲击，同时，中国自身在前几年高速发展过程中的积累的诸多深层次结构性问题逐渐显现，国内经济进入一轮调整周期。国内国际的经济形势恶化和未来走势的不确定性，导致房地产市场的支付能力和支付信心在短短几个月内迅速减少，在南京房地产市场上具体表现为：商品房销售面积今年以来总体表现为持续下降、商品房销售价格由涨幅趋缓到开始下降、房地产企业资金链日趋紧张、房地产项目以打折促销和低价入市为主。

一、房地产开发经营分析

2008 年 1 ～ 10 月，南京市完成房地产开发投资 436.33 亿元，比去年同期增长 17.21%。其中共完成住宅投资额 354.47 亿元，同比增长 33.23%。1 ～ 10 月全市共完成商品房销售额 254.98 亿元，同比减少 42.05%。

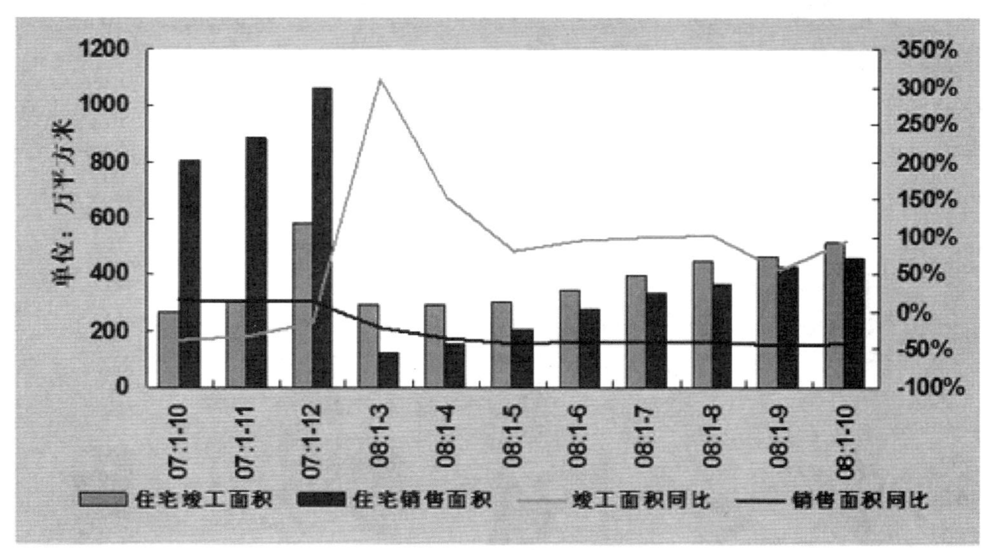

图 16-6　住宅竣工面积与销售面积

2008 年 1 ～ 10 月，南京住宅的累积销售面积为 460.18 万平方米，同比下降 42.98 %，其中现房销售面积为 88.48 万平方米，同比下降 31.87%，期房销售面积 393.8 万平方米，同比下降 45.74 %；实现住宅累积销售额 213.92 亿元，同比减少 42.42%，其中现房销售额为 34.94 亿元，同比下降 36.01%，期房销售额为 196.98 亿元，同比下降 43.42%。

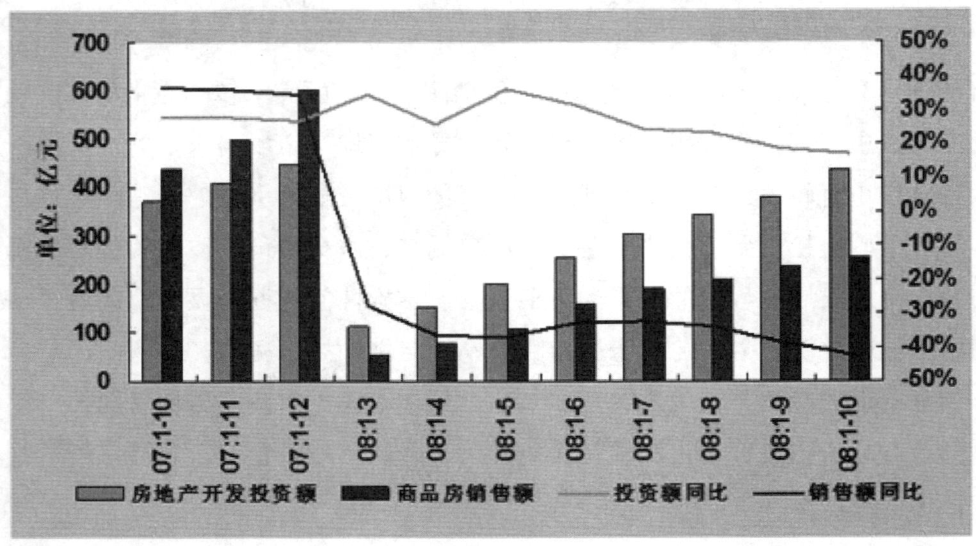

图 16-7 房地产开发投资额与商品房销售额

二、商品住宅分析

由于南京 2008 年商品住宅销售始终低迷，开发商推盘比较谨慎，特别是下半年。总体说来 2008 年 1 ～ 11 月新增供应量比 2007 年同期明显减少，2008 年 1 ～ 11 月批准上市总套数 55 015 套，同比 2007 年减少 18 279 套，降幅为 25.94%；批准上市总面积 5 871 492 平方米，同比 2007 年减少 1 889 546 平方米，降幅 24.35%。虽然供应明显下滑，但相对销售量而言还供大于求。截止到 11 月底，南京住宅可售套数为 51 833 套，以南京楼市 1 ～ 11 月平均月销量 3 288 套计算，要全部消化掉现有存量需要约 16 个月，总体供求形势不容乐观。

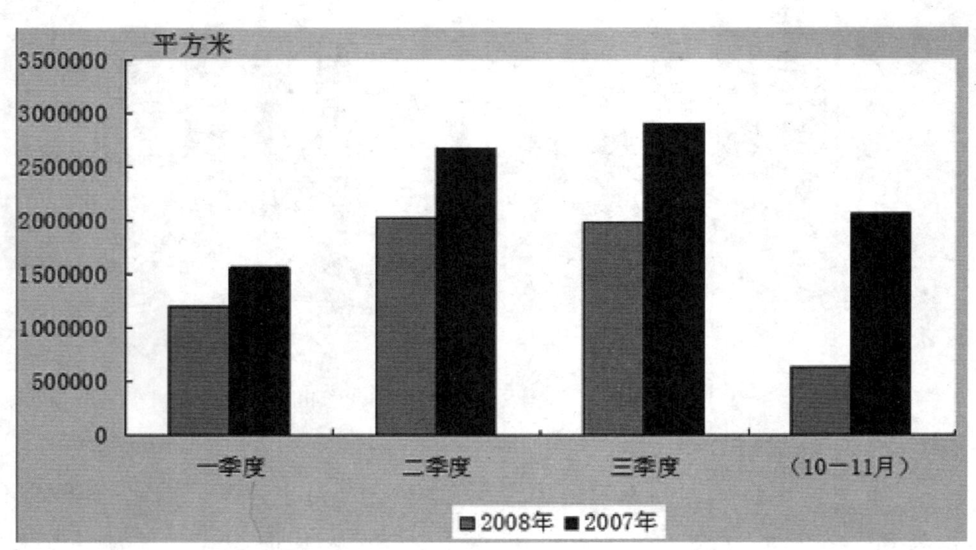

图 16-8 南京商品房 2007 ～ 2008 年商品房新增供应面积对比

2008年前两季度主要受楼市宏观调控政策影响，后两季度更多受国内外经济形势恶化影响，南京楼市持续低迷，成交量相比2007年同期大幅下滑。2008年1～11月南京共成交商品住宅36 163套，与去年同期相比减少49 256套，同比降幅57.66%。成交量最大的是浦口、江宁、河西三个板块，也就是新三区，约占总销售量的70%。

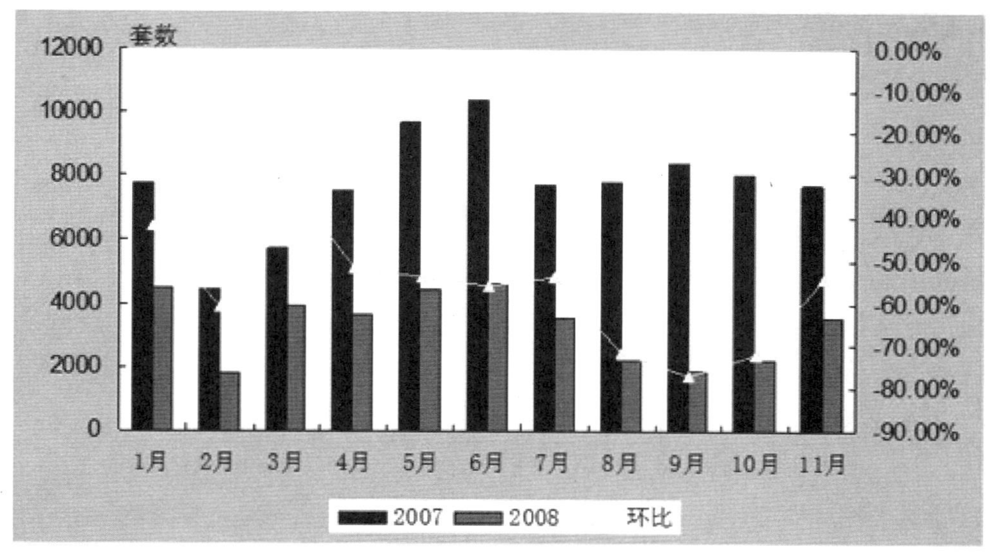

图16-8　2007～2008年南京商品住宅成交量对比

第六篇
附 录

ALMANAC OF
SHANGHAI REAL ESTAT

第十七章　房地产政策法规汇编

第一节　综合类

中华人民共和国城乡规划法

第一章　总　则

第一条　为了加强城乡规划管理，协调城乡空间布局，改善人居环境，促进城乡经济社会全面协调可持续发展，制定本法。

第二条　制定和实施城乡规划，在规划区内进行建设活动，必须遵守本法。

本法所称城乡规划，包括城镇体系规划、城市规划、镇规划、乡规划和村庄规划。城市规划、镇规划分为总体规划和详细规划。详细规划分为控制性详细规划和修建性详细规划。

本法所称规划区，是指城市、镇和村庄的建成区以及因城乡建设和发展需要，必须实行规划控制的区域。规划区的具体范围由有关人民政府在组织编制的城市总体规划、镇总体规划、乡规划和村庄规划中，根据城乡经济社会发展水平和统筹城乡发展的需要划定。

第三条　城市和镇应当依照本法制定城市规划和镇规划。城市、镇规划区内的建设活动应当符合规划要求。

县级以上地方人民政府根据本地农村经济社会发展水平，按照因地制宜、切实可行的原则，确定应当制定乡规划、村庄规划的区域。在确定区域内的乡、村庄，应当依照本法制定规划，规划区内的乡、村庄建设应当符合规划要求。

县级以上地方人民政府鼓励、指导前款规定以外的区域的乡、村庄制定和实施乡规划、村庄规划。

第四条　制定和实施城乡规划，应当遵循城乡统筹、合理布局、节约土地、集约发展和先规划后建设的原则，改善生态环境，促进资源、能源节约和综合利用，保护耕地等自然资源和历史文化遗产，保持地方特色、民族特色和传统风貌，防止污染和其他公害，并符合区域人口发展、国防建设、防灾减灾和公共卫生、公共安全的需要。

在规划区内进行建设活动，应当遵守土地管理、自然资源和环境保护等法律、法规的规定。

县级以上地方人民政府应当根据当地经济社会发展的实际，在城市总体规划、镇总体规划中合理确定城市、镇的发展规模、步骤和建设标准。

第五条　城市总体规划、镇总体规划以及乡规划和村庄规划的编制，应当依据国民经济和社会发展规划，并与土地利用总体规划相衔接。

第六条　各级人民政府应当将城乡规划的编制和管理经费纳入本级财政预算。

第七条　经依法批准的城乡规划，是城乡建设和规划管理的依据，未经法定程序不得修改。

第八条　城乡规划组织编制机关应当及时公布经依法批准的城乡规划。但是，法律、行政法规规定不得公开的内容除外。

第九条　任何单位和个人都应当遵守经依法批准并公布的城乡规划，服从规划管理，并有权就涉及其利害关系的建设活动是否符合规划的要求向城乡规划主管部门查询。

任何单位和个人都有权向城乡规划主管部门或者其他有关部门举报或者控告违反城乡规划的行为。城乡规划主管部门或者其他有关部门对举报或者控告，应当及时受理并组织核查、处理。

第十条　国家鼓励采用先进的科学技术，增强城乡规划的科学性，提高城乡规划实施及监督管理的效能。

第十一条　国务院城乡规划主管部门负责全国的城乡规划管理工作。

县级以上地方人民政府城乡规划主管部门负责本行政区域内的城乡规划管理工作。

第二章　城乡规划的制定

第十二条　国务院城乡规划主管部门会同国务院有关部门组织编制全国城镇体系规划，用于指导省域城镇体系规划、城市总体规划的编制。

全国城镇体系规划由国务院城乡规划主管部门报国务院审批。

第十三条　省、自治区人民政府组织编制省域城镇体系规划，报国务院审批。

省域城镇体系规划的内容应当包括：城镇空间布局和规模控制，重大基础设施的布局，为保护生态环境、资源等需要严格控制的区域。

第十四条　城市人民政府组织编制城市总体规划。

直辖市的城市总体规划由直辖市人民政府报国务院审批。省、自治区人民政府所在地的城市以及国务院确定的城市的总体规划，由省、自治区人民政府审查同意后，报国务院审批。其他城市的总体规划，由城市人民政府报省、自治区人民政府审批。

第十五条　县人民政府组织编制县人民政府所在地镇的总体规划，报上一级人民政府审批。其他镇的总体规划由镇人民政府组织编制，报上一级人民政府审批。

第十六条　省、自治区人民政府组织编制的省域城镇体系规划，城市、县人民政府组织编制的总体规划，在报上一级人民政府审批前，应当先经本级人民代表大会常务委员会审议，常务委员会组成人员的审议意见交由本级人民政府研究处理。

镇人民政府组织编制的镇总体规划，在报上一级人民政府审批前，应当先经镇人民代表大会审议，代表的审议意见交由本级人民政府研究处理。

规划的组织编制机关报送审批省域城镇体系规划、城市总体规划或者镇总体规划，应当将本级人民代表大会常务委员会组成人员或者镇人民代表大会代表的审议意见和根据审议意见修改规划的情况一并报送。

第十七条　城市总体规划、镇总体规划的内容应当包括：城市、镇的发展布局，功能分区，用地布局，综合交通体系，禁止、限制和适宜建设的地域范围，各类专项规划等。

规划区范围、规划区内建设用地规模、基础设施和公共服务设施用地、水源地和水系、基本农田和绿化用地、环境保护、自然与历史文化遗产保护以及防灾减灾等内容，应当作为城市总体规划、镇总体规划的强制性内容。

城市总体规划、镇总体规划的规划期限一般为二十年。城市总体规划还应当对城市更长远的发展作出预测性安排。

第十八条　乡规划、村庄规划应当从农村实际出发，尊重村民意愿，体现地方和农村特色。

乡规划、村庄规划的内容应当包括：规划区范围，住宅、道路、供水、排水、供电、垃圾收集、畜禽养殖场所等农村生产、生活服务设施、公益事业等各项建设的用地布局、建设要求，以及对耕地等自然资源和历史文化遗产保护、防灾减灾等的具体安排。乡规划还应当包括本行政区域内的村庄发展布局。

第十九条 城市人民政府城乡规划主管部门根据城市总体规划的要求，组织编制城市的控制性详细规划，经本级人民政府批准后，报本级人民代表大会常务委员会和上一级人民政府备案。

第二十条 镇人民政府根据镇总体规划的要求，组织编制镇的控制性详细规划，报上一级人民政府审批。县人民政府所在地镇的控制性详细规划，由县人民政府城乡规划主管部门根据镇总体规划的要求组织编制，经县人民政府批准后，报本级人民代表大会常务委员会和上一级人民政府备案。

第二十一条 城市、县人民政府城乡规划主管部门和镇人民政府可以组织编制重要地块的修建性详细规划。修建性详细规划应当符合控制性详细规划。

第二十二条 乡、镇人民政府组织编制乡规划、村庄规划，报上一级人民政府审批。村庄规划在报送审批前，应当经村民会议或者村民代表会议讨论同意。

第二十三条 首都的总体规划、详细规划应当统筹考虑中央国家机关用地布局和空间安排的需要。

第二十四条 城乡规划组织编制机关应当委托具有相应资质等级的单位承担城乡规划的具体编制工作。

从事城乡规划编制工作应当具备下列条件，并经国务院城乡规划主管部门或者省、自治区、直辖市人民政府城乡规划主管部门依法审查合格，取得相应等级的资质证书后，方可在资质等级许可的范围内从事城乡规划编制工作：

（一）有法人资格；

（二）有规定数量的经国务院城乡规划主管部门注册的规划师；

（三）有规定数量的相关专业技术人员；

（四）有相应的技术装备；

（五）有健全的技术、质量、财务管理制度。

规划师执业资格管理办法，由国务院城乡规划主管部门会同国务院人事行政部门制定。

编制城乡规划必须遵守国家有关标准。

第二十五条 编制城乡规划，应当具备国家规定的勘察、测绘、气象、地震、水文、环境等基础资料。

县级以上地方人民政府有关主管部门应当根据编制城乡规划的需要，及时提供有关基础资料。

第二十六条 城乡规划报送审批前，组织编制机关应当依法将城乡规划草案予以公告，并采取论证会、听证会或者其他方式征求专家和公众的意见。公告的时间不得少于三十日。

组织编制机关应当充分考虑专家和公众的意见，并在报送审批的材料中附具意见采纳情况及理由。

第二十七条 省域城镇体系规划、城市总体规划、镇总体规划批准前，审批机关应当组织专家和有关部门进行审查。

第三章 城乡规划的实施

第二十八条 地方各级人民政府应当根据当地经济社会发展水平，量力而行，尊重群众意愿，有计划、分步骤地组织实施城乡规划。

第二十九条　城市的建设和发展，应当优先安排基础设施以及公共服务设施的建设，妥善处理新区开发与旧区改建的关系，统筹兼顾进城务工人员生活和周边农村经济社会发展、村民生产与生活的需要。

镇的建设和发展，应当结合农村经济社会发展和产业结构调整，优先安排供水、排水、供电、供气、道路、通信、广播电视等基础设施和学校、卫生院、文化站、幼儿园、福利院等公共服务设施的建设，为周边农村提供服务。

乡、村庄的建设和发展，应当因地制宜、节约用地，发挥村民自治组织的作用，引导村民合理进行建设，改善农村生产、生活条件。

第三十条　城市新区的开发和建设，应当合理确定建设规模和时序，充分利用现有市政基础设施和公共服务设施，严格保护自然资源和生态环境，体现地方特色。

在城市总体规划、镇总体规划确定的建设用地范围以外，不得设立各类开发区和城市新区。

第三十一条　旧城区的改建，应当保护历史文化遗产和传统风貌，合理确定拆迁和建设规模，有计划地对危房集中、基础设施落后等地段进行改建。

历史文化名城、名镇、名村的保护以及受保护建筑物的维护和使用，应当遵守有关法律、行政法规和国务院的规定。

第三十二条　城乡建设和发展，应当依法保护和合理利用风景名胜资源，统筹安排风景名胜区及周边乡、镇、村庄的建设。

风景名胜区的规划、建设和管理，应当遵守有关法律、行政法规和国务院的规定。

第三十三条　城市地下空间的开发和利用，应当与经济和技术发展水平相适应，遵循统筹安排、综合开发、合理利用的原则，充分考虑防灾减灾、人民防空和通信等需要，并符合城市规划，履行规划审批手续。

第三十四条　城市、县、镇人民政府应当根据城市总体规划、镇总体规划、土地利用总体规划和年度计划以及国民经济和社会发展规划，制定近期建设规划，报总体规划审批机关备案。

近期建设规划应当以重要基础设施、公共服务设施和中低收入居民住房建设以及生态环境保护为重点内容，明确近期建设的时序、发展方向和空间布局。近期建设规划的规划期限为五年。

第三十五条　城乡规划确定的铁路、公路、港口、机场、道路、绿地、输配电设施及输电线路走廊、通信设施、广播电视设施、管道设施、河道、水库、水源地、自然保护区、防汛通道、消防通道、核电站、垃圾填埋场及焚烧厂、污水处理厂和公共服务设施的用地以及其他需要依法保护的用地，禁止擅自改变用途。

第三十六条　按照国家规定需要有关部门批准或者核准的建设项目，以划拨方式提供国有土地使用权的，建设单位在报送有关部门批准或者核准前，应当向城乡规划主管部门申请核发选址意见书。

前款规定以外的建设项目不需要申请选址意见书。

第三十七条　在城市、镇规划区内以划拨方式提供国有土地使用权的建设项目，经有关部门批准、核准、备案后，建设单位应当向城市、县人民政府城乡规划主管部门提出建设用地规划许可申请，由城市、县人民政府城乡规划主管部门依据控制性详细规划核定建设用地的位置、面积、允许建设的范围，核发建设用地规划许可证。

建设单位在取得建设用地规划许可证后，方可向县级以上地方人民政府土地主管部门申请用地，经县级以上人民政府审批后，由土地主管部门划拨土地。

第三十八条 在城市、镇规划区内以出让方式提供国有土地使用权的，在国有土地使用权出让前，城市、县人民政府城乡规划主管部门应当依据控制性详细规划，提出出让地块的位置、使用性质、开发强度等规划条件，作为国有土地使用权出让合同的组成部分。未确定规划条件的地块，不得出让国有土地使用权。

以出让方式取得国有土地使用权的建设项目，在签订国有土地使用权出让合同后，建设单位应当持建设项目的批准、核准、备案文件和国有土地使用权出让合同，向城市、县人民政府城乡规划主管部门领取建设用地规划许可证。

城市、县人民政府城乡规划主管部门不得在建设用地规划许可证中，擅自改变作为国有土地使用权出让合同组成部分的规划条件。

第三十九条 规划条件未纳入国有土地使用权出让合同的，该国有土地使用权出让合同无效；对未取得建设用地规划许可证的建设单位批准用地的，由县级以上人民政府撤销有关批准文件；占用土地的，应当及时退回；给当事人造成损失的，应当依法给予赔偿。

第四十条 在城市、镇规划区内进行建筑物、构筑物、道路、管线和其他工程建设的，建设单位或者个人应当向城市、县人民政府城乡规划主管部门或者省、自治区、直辖市人民政府确定的镇人民政府申请办理建设工程规划许可证。

申请办理建设工程规划许可证，应当提交使用土地的有关证明文件、建设工程设计方案等材料。需要建设单位编制修建性详细规划的建设项目，还应当提交修建性详细规划。对符合控制性详细规划和规划条件的，由城市、县人民政府城乡规划主管部门或者省、自治区、直辖市人民政府确定的镇人民政府核发建设工程规划许可证。

城市、县人民政府城乡规划主管部门或者省、自治区、直辖市人民政府确定的镇人民政府应当依法将经审定的修建性详细规划、建设工程设计方案的总平面图予以公布。

第四十一条 在乡、村庄规划区内进行乡镇企业、乡村公共设施和公益事业建设的，建设单位或者个人应当向乡、镇人民政府提出申请，由乡、镇人民政府报城市、县人民政府城乡规划主管部门核发乡村建设规划许可证。

在乡、村庄规划区内使用原有宅基地进行农村村民住宅建设的规划管理办法，由省、自治区、直辖市制定。

在乡、村庄规划区内进行乡镇企业、乡村公共设施和公益事业建设以及农村村民住宅建设，不得占用农用地；确需占用农用地的，应当依照《中华人民共和国土地管理法》有关规定办理农用地转用审批手续后，由城市、县人民政府城乡规划主管部门核发乡村建设规划许可证。

建设单位或者个人在取得乡村建设规划许可证后，方可办理用地审批手续。

第四十二条 城乡规划主管部门不得在城乡规划确定的建设用地范围以外作出规划许可。

第四十三条 建设单位应当按照规划条件进行建设；确需变更的，必须向城市、县人民政府城乡规划主管部门提出申请。变更内容不符合控制性详细规划的，城乡规划主管部门不得批准。城市、县人民政府城乡规划主管部门应当及时将依法变更后的规划条件通报同级土地主管部门并公示。

建设单位应当及时将依法变更后的规划条件报有关人民政府土地主管部门备案。

第四十四条 在城市、镇规划区内进行临时建设的，应当经城市、县人民政府城乡规划主管部门批准。临时建设影响近期建设规划或者控制性详细规划的实施以及交通、市容、安全等的，不得批准。

临时建设应当在批准的使用期限内自行拆除。

临时建设和临时用地规划管理的具体办法，由省、自治区、直辖市人民政府制定。

第四十五条　县级以上地方人民政府城乡规划主管部门按照国务院规定对建设工程是否符合规划条件予以核实。未经核实或者经核实不符合规划条件的，建设单位不得组织竣工验收。

建设单位应当在竣工验收后六个月内向城乡规划主管部门报送有关竣工验收资料。

第四章　城乡规划的修改

第四十六条　省域城镇体系规划、城市总体规划、镇总体规划的组织编制机关，应当组织有关部门和专家定期对规划实施情况进行评估，并采取论证会、听证会或者其他方式征求公众意见。组织编制机关应当向本级人民代表大会常务委员会、镇人民代表大会和原审批机关提出评估报告并附具征求意见的情况。

第四十七条　有下列情形之一的，组织编制机关方可按照规定的权限和程序修改省域城镇体系规划、城市总体规划、镇总体规划：

（一）上级人民政府制定的城乡规划发生变更，提出修改规划要求的；

（二）行政区划调整确需修改规划的；

（三）因国务院批准重大建设工程确需修改规划的；

（四）经评估确需修改规划的；

（五）城乡规划的审批机关认为应当修改规划的其他情形。

修改省域城镇体系规划、城市总体规划、镇总体规划前，组织编制机关应当对原规划的实施情况进行总结，并向原审批机关报告；修改涉及城市总体规划、镇总体规划强制性内容的，应当先向原审批机关提出专题报告，经同意后，方可编制修改方案。

修改后的省域城镇体系规划、城市总体规划、镇总体规划，应当依照本法第十三条、第十四条、第十五条和第十六条规定的审批程序报批。

第四十八条　修改控制性详细规划的，组织编制机关应当对修改的必要性进行论证，征求规划地段内利害关系人的意见，并向原审批机关提出专题报告，经原审批机关同意后，方可编制修改方案。修改后的控制性详细规划，应当依照本法第十九条、第二十条规定的审批程序报批。控制性详细规划修改涉及城市总体规划、镇总体规划的强制性内容的，应当先修改总体规划。

修改乡规划、村庄规划的，应当依照本法第二十二条规定的审批程序报批。

第四十九条　城市、县、镇人民政府修改近期建设规划的，应当将修改后的近期建设规划报总体规划审批机关备案。

第五十条　在选址意见书、建设用地规划许可证、建设工程规划许可证或者乡村建设规划许可证发放后，因依法修改城乡规划给被许可人合法权益造成损失的，应当依法给予补偿。

经依法审定的修建性详细规划、建设工程设计方案的总平面图不得随意修改；确需修改的，城乡规划主管部门应当采取听证会等形式，听取利害关系人的意见；因修改给利害关系人合法权益造成损失的，应当依法给予补偿。

第五章　监督检查

第五十一条　县级以上人民政府及其城乡规划主管部门应当加强对城乡规划编制、审批、实施、修改的监督检查。

第五十二条　地方各级人民政府应当向本级人民代表大会常务委员会或者乡、镇人民代表大会报告城乡规划的实施情况，并接受监督。

第五十三条　县级以上人民政府城乡规划主管部门对城乡规划的实施情况进行监督检查，有权采取以下措施：

（一）要求有关单位和人员提供与监督事项有关的文件、资料，并进行复制；

（二）要求有关单位和人员就监督事项涉及的问题作出解释和说明，并根据需要进入现场进行勘测；

（三）责令有关单位和人员停止违反有关城乡规划的法律、法规的行为。

城乡规划主管部门的工作人员履行前款规定的监督检查职责，应当出示执法证件。被监督检查的单位和人员应当予以配合，不得妨碍和阻挠依法进行的监督检查活动。

第五十四条　监督检查情况和处理结果应当依法公开，供公众查阅和监督。

第五十五条　城乡规划主管部门在查处违反本法规定的行为时，发现国家机关工作人员依法应当给予行政处分的，应当向其任免机关或者监察机关提出处分建议。

第五十六条　依照本法规定应当给予行政处罚，而有关城乡规划主管部门不给予行政处罚的，上级人民政府城乡规划主管部门有权责令其作出行政处罚决定或者建议有关人民政府责令其给予行政处罚。

第五十七条　城乡规划主管部门违反本法规定作出行政许可的，上级人民政府城乡规划主管部门有权责令其撤销或者直接撤销该行政许可。因撤销行政许可给当事人合法权益造成损失的，应当依法给予赔偿。

第六章　法律责任

第五十八条　对依法应当编制城乡规划而未组织编制，或者未按法定程序编制、审批、修改城乡规划的，由上级人民政府责令改正，通报批评；对有关人民政府负责人和其他直接责任人员依法给予处分。

第五十九条　城乡规划组织编制机关委托不具有相应资质等级的单位编制城乡规划的，由上级人民政府责令改正，通报批评；对有关人民政府负责人和其他直接责任人员依法给予处分。

第六十条　镇人民政府或者县级以上人民政府城乡规划主管部门有下列行为之一的，由本级人民政府、上级人民政府城乡规划主管部门或者监察机关依据职权责令改正，通报批评；对直接负责的主管人员和其他直接责任人员依法给予处分：

（一）未依法组织编制城市的控制性详细规划、县人民政府所在地镇的控制性详细规划的；

（二）超越职权或者对不符合法定条件的申请人核发选址意见书、建设用地规划许可证、建设工程规划许可证、乡村建设规划许可证的；

（三）对符合法定条件的申请人未在法定期限内核发选址意见书、建设用地规划许可证、建设工程规划许可证、乡村建设规划许可证的；

（四）未依法对经审定的修建性详细规划、建设工程设计方案的总平面图予以公布的；

（五）同意修改修建性详细规划、建设工程设计方案的总平面图前未采取听证会等形式听取利害关系人的意见的；

（六）发现未依法取得规划许可或者违反规划许可的规定在规划区内进行建设的行为，而不予查处或者接到举报后不依法处理的。

第六十一条 县级以上人民政府有关部门有下列行为之一的，由本级人民政府或者上级人民政府有关部门责令改正，通报批评；对直接负责的主管人员和其他直接责任人员依法给予处分：

（一）对未依法取得选址意见书的建设项目核发建设项目批准文件的；

（二）未依法在国有土地使用权出让合同中确定规划条件或者改变国有土地使用权出让合同中依法确定的规划条件的；

（三）对未依法取得建设用地规划许可证的建设单位划拨国有土地使用权的。

第六十二条 城乡规划编制单位有下列行为之一的，由所在地城市、县人民政府城乡规划主管部门责令限期改正，处合同约定的规划编制费一倍以上二倍以下的罚款；情节严重的，责令停业整顿，由原发证机关降低资质等级或者吊销资质证书；造成损失的，依法承担赔偿责任：

（一）超越资质等级许可的范围承揽城乡规划编制工作的；

（二）违反国家有关标准编制城乡规划的。

未依法取得资质证书承揽城乡规划编制工作的，由县级以上地方人民政府城乡规划主管部门责令停止违法行为，依照前款规定处以罚款；造成损失的，依法承担赔偿责任。

以欺骗手段取得资质证书承揽城乡规划编制工作的，由原发证机关吊销资质证书，依照本条第一款规定处以罚款；造成损失的，依法承担赔偿责任。

第六十三条 城乡规划编制单位取得资质证书后，不再符合相应的资质条件的，由原发证机关责令限期改正；逾期不改正的，降低资质等级或者吊销资质证书。

第六十四条 未取得建设工程规划许可证或者未按照建设工程规划许可证的规定进行建设的，由县级以上地方人民政府城乡规划主管部门责令停止建设；尚可采取改正措施消除对规划实施的影响的，限期改正，处建设工程造价百分之五以上百分之十以下的罚款；无法采取改正措施消除影响的，限期拆除，不能拆除的，没收实物或者违法收入，可以并处建设工程造价百分之十以下的罚款。

第六十五条 在乡、村庄规划区内未依法取得乡村建设规划许可证或者未按照乡村建设规划许可证的规定进行建设的，由乡、镇人民政府责令停止建设、限期改正；逾期不改正的，可以拆除。

第六十六条 建设单位或者个人有下列行为之一的，由所在地城市、县人民政府城乡规划主管部门责令限期拆除，可以并处临时建设工程造价一倍以下的罚款：

（一）未经批准进行临时建设的；

（二）未按照批准内容进行临时建设的；

（三）临时建筑物、构筑物超过批准期限不拆除的。

第六十七条 建设单位未在建设工程竣工验收后六个月内向城乡规划主管部门报送有关竣工验收资料的，由所在地城市、县人民政府城乡规划主管部门责令限期补报；逾期不补报的，处一万元以上五万元以下的罚款。

第六十八条 城乡规划主管部门作出责令停止建设或者限期拆除的决定后，当事人不停止建设或者逾期不拆除的，建设工程所在地县级以上地方人民政府可以责成有关部门采取查封施工现场、强制拆除等措施。

第六十九条 违反本法规定，构成犯罪的，依法追究刑事责任。

第七章 附 则

第七十条 本法自2008年1月1日起施行。《中华人民共和国城市规划法》同时废止。

第二节 土地管理类

国务院关于促进节约集约用地的通知

国发〔2008〕3号

各省、自治区、直辖市人民政府，国务院各部委、各直属机构：

我国人多地少，耕地资源稀缺，当前又正处于工业化、城镇化快速发展时期，建设用地供需矛盾十分突出。切实保护耕地，大力促进节约集约用地，走出一条建设占地少、利用效率高的符合我国国情的土地利用新路子，是关系民族生存根基和国家长远利益的大计，是全面贯彻落实科学发展观的具体要求，是我国必须长期坚持的一条根本方针。现就有关问题通知如下：

一、按照节约集约用地原则，审查调整各类相关规划和用地标准

（一）强化土地利用总体规划的整体控制作用。各类与土地利用相关的规划要与土地利用总体规划相衔接，所确定的建设用地规模必须符合土地利用总体规划的安排，年度用地安排也必须控制在土地利用年度计划之内。不符合土地利用总体规划和年度计划安排的，必须及时调整和修改，核减用地规模。

（二）切实加强重大基础设施和基础产业的科学规划。要按照合理布局、经济可行、控制时序的原则，统筹协调各类交通、能源、水利等基础设施和基础产业建设规划，避免盲目投资、过度超前和低水平重复建设浪费土地资源。

（三）从严控制城市用地规模。城市规划要按照循序渐进、节约土地、集约发展、合理布局的原则，科学确定城市定位、功能目标和发展规模，增强城市综合承载能力。要按照节约集约用地的要求，加快城市规划相关技术标准的制定和修订。尽快出台新修订的人均用地、用地结构等城市规划控制标准，合理确定各项建设建筑密度、容积率、绿地率，严格按国家标准进行各项市政基础设施和生态绿化建设。严禁规划建设脱离实际需要的宽马路、大广场和绿化带。

（四）严格土地使用标准。要健全各类建设用地标准体系，抓紧编制公共设施和公益事业建设用地标准。要按照节约集约用地的原则，在满足功能和安全要求的前提下，重新审改现有各类工程项目建设用地标准。凡与土地使用标准不一致的建设标准和设计规范，要及时修订。要采取先进节地技术、降低路基高度、提高桥隧比例等措施，降低公路、铁路等基础设施工程用地和取弃土用地标准。建设项目设计、施工和建设用地审批必须严格执行用地标准，对超标准用地的，要核减用地面积。今后，各地区、各部门不得开展涉及用地标准并有悖于节约集约用地原则的达标评比活动，已经部署开展的相关活动要坚决停下来。

二、充分利用现有建设用地，大力提高建设用地利用效率

（五）开展建设用地普查评价。各地要在第二次土地调查的基础上，认真组织开展建设用地普查评价，对现有建设用地的开发利用和投入产出情况做出评估，并按照法律法规和政策规定，处理好建设用地开发利用中存在的问题。今后各项建设要优先开发利用空闲、废弃、闲置和低效利用的土地，努力提高建设用地利用效率。

（六）严格执行闲置土地处置政策。土地闲置满两年、依法应当无偿收回的，坚决无偿收回，重新安排使用；不符合法定收回条件的，也应采取改变用途、等价置换、安排临时使用、纳入政府储备等途径及时处置、充分利用。土地闲置满一年不满两年的，按出让或划拨土地价款的20%征收土地闲置费。对闲置土地特别是闲置房地产用地要征缴增值地价，国土资源部要会同有关部门抓紧研究制订具体办法。2008年6月底前，各省、自治区、直辖市人民政府要将闲置土地清理处置情况向国务院做出专题报告。

（七）积极引导使用未利用地和废弃地。国土资源部门要对适宜开发的未利用地做出规划，引导和鼓励将适宜建设的未利用地开发成建设用地。积极复垦利用废弃地，对因单位撤销、迁移等原因停止使用，以及经核准报废的公路、铁路、机场、矿场等使用的原划拨土地，应依法及时收回，重新安排使用；除可以继续划拨使用的以外，经依法批准由原土地使用者自行开发的，按市场价补缴土地价款。今后，要严格落实被损毁土地的复垦责任，在批准建设用地或发放采矿权许可证时，责任单位应依法及时足额缴纳土地复垦费。

（八）鼓励开发利用地上地下空间。对现有工业用地，在符合规划、不改变用途的前提下，提高土地利用率和增加容积率的，不再增收土地价款；对新增工业用地，要进一步提高工业用地控制指标，厂房建筑面积高于容积率控制指标的部分，不再增收土地价款。财政、税务部门要严格落实和完善鼓励节约集约用地的税收政策。国土资源部要会同有关部门，依照《中华人民共和国物权法》的有关规定，抓紧研究制订土地空间权利设定和登记的具体办法。

（九）鼓励开发区提高土地利用效率。国土资源部要研究建立土地利用状况、用地效益和土地管理绩效等评价指标体系，加快开发区土地节约集约利用评估工作。凡土地利用评估达到要求并通过国家审核公告的开发区，确需扩区的，可以申请整合依法依规设立的开发区，或者利用符合规划的现有建设用地扩区。对符合“布局集中、产业集聚、用地集约”要求的国家级开发区，优先安排建设用地指标。

三、充分发挥市场配置土地资源基础性作用，健全节约集约用地长效机制

（十）深入推进土地有偿使用制度改革。国土资源部要严格限定划拨用地范围，及时调整划拨用地目录。今后除军事、社会保障性住房和特殊用地等可以继续以划拨方式取得土地外，对国家机关办公和交通、能源、水利等基础设施（产业）、城市基础设施以及各类社会事业用地要积极探索实行有偿使用，对其中的经营性用地先行实行有偿使用。其他建设用地应严格实行市场配置，有偿使用。要加强建设用地税收征管，抓紧研究各类建设用地的财税政策。

（十一）完善建设用地储备制度。储备建设用地必须符合规划、计划，并将现有未利用的建设用地优先纳入储备。储备土地出让前，应当处理好土地的产权、安置补偿等法律经济关系，完成必要的前期开发，缩短开发周期，防止形成新的闲置土地。土地前期开发要引入市场机制，按照有关规定，通过公开招标方式选择实施单位。经过前期开发的土地，依法由市、县人民政府国土资源部门统一组织出让。

（十二）合理确定出让土地的宗地规模。土地出让前要制订控制性详细规划和土地供应方案，明确容积率、绿地率和建筑密度等规划条件。规划条件一经确定，不得擅自调整。合理确定出让土地的宗地规模，督促及时开发利用，形成有效供给，确保节约集约利用每宗土地。未按合同约定缴清全部土地价款的，不得发放土地证书，也不得按土地价款缴纳比例分割发放土地证书。

（十三）严格落实工业和经营性用地招标拍卖挂牌出让制度。工业用地和商业、旅游、娱乐、

商品住宅等经营性用地（包括配套的办公、科研、培训等用地），以及同一宗土地有两个以上意向用地者的，都必须实行招标拍卖挂牌等方式公开出让。国土资源部门要会同发展改革、城市规划、建设、水利、环保等部门制订工业用地招标拍卖挂牌出让计划，拟定出让地块的产业类型、项目建议、规划条件、环保要求等内容，作为工业用地出让的前置条件。工业和经营性用地出让必须以招标拍卖挂牌方式确定土地使用者和土地价格。严禁用地者与农村集体经济组织或个人签订协议圈占土地，通过补办用地手续规避招标拍卖挂牌出让。

（十四）强化用地合同管理。土地出让合同和划拨决定书要严格约定建设项目投资额、开竣工时间、规划条件、价款、违约责任等内容。对非经营性用地改变为经营性用地的，应当约定或明确政府可以收回土地使用权，重新依法出让。

（十五）优化住宅用地结构。合理安排住宅用地，继续停止别墅类房地产开发项目的土地供应。供应住宅用地要将最低容积率限制、单位土地面积的住房建设套数和住宅建设套型等规划条件写入土地出让合同或划拨决定书，确保不低于 70% 的住宅用地用于廉租房、经济适用房、限价房和 90 平方米以下中小套型普通商品房的建设，防止大套型商品房多占土地。

四、强化农村土地管理，稳步推进农村集体建设用地节约集约利用

（十六）高度重视农村集体建设用地的规划管理。要按照统筹城乡发展、节约集约用地的原则，指导、督促编制好乡（镇）土地利用总体规划和镇规划、乡规划、村庄规划，划定村镇发展和撤并复垦范围。利用农民集体所有土地进行非农建设，必须符合规划，纳入年度计划，并依法审批。严格禁止擅自将农用地转为建设用地，严格禁止“以租代征”将农用地转为非农业用地。

（十七）鼓励提高农村建设用地的利用效率。要在坚持尊重农民意愿、保障农民权益的原则下，依法盘活利用农村集体建设用地。按规划稳妥开展农村集体建设用地整理，改善农民生产生活条件。农民住宅建设要符合镇规划、乡规划和村庄规划，住宅建设用地要先行安排利用村内空闲地、闲置宅基地。对村民自愿腾退宅基地或符合宅基地申请条件购买空闲住宅的，当地政府可给予奖励或补助。

（十八）严格执行农村一户一宅政策。各地要结合本地实际完善人均住宅面积等相关标准，控制农民超用地标准建房，逐步清理历史遗留的一户多宅问题，坚决防止产生超面积占用宅基地和新的一户多宅现象。

五、加强监督检查，全面落实节约集约用地责任

（十九）建立健全土地市场动态监测制度。要对土地出让合同、划拨决定书的执行实施全程监管，及时向社会公开供地计划、结果及实际开发利用情况等动态信息。国土资源部门要对土地供应和开发利用情况进行定期评价分析，研究完善加强土地调控、促进节约集约用地的政策措施。

（二十）完善建设项目竣工验收制度。要将建设项目依法用地和履行土地出让合同、划拨决定书的情况，作为建设项目竣工验收的一项内容。没有国土资源部门的检查核验意见，或者检查核验不合格的，不得通过竣工验收。

（二十一）加强各类土地变化状况的监测。运用遥感等现代技术手段，做好年度土地变更调查，建立土地利用现状数据库，全面掌握各类土地变化状况。国家每年选择若干个省级行政区，进行全行政区域的土地利用状况监测。重点监测各地新增建设用地、耕地减少和违法用地等情况，监测结果要向社会公开。

（二十二）加强对节约集约用地工作的监管。国土资源部要会同监察部等有关部门持续开展

用地情况的执法检查，重点查处严重破坏、浪费、闲置土地资源的违法违规案件，依法依纪追究有关人员的责任。要将企业违法用地、闲置土地等信息纳入有关部门信用信息基础数据库。金融机构对房地产项目超过土地出让合同约定的动工开发日期满一年，完成土地开发面积不足 1/3 或投资不足 1/4 的企业，应审慎贷款和核准融资，从严控制展期贷款或滚动授信；对违法用地项目不得提供贷款和上市融资，违规提供贷款和核准融资的，要追究相关责任人的责任。

（二十三）建立节约集约用地考核制度。制定单位 GDP 和固定资产投资规模增长的新增建设用地消耗考核办法。实行上一级人民政府对下一级人民政府分级考核，考核结果由国土资源部门定期公布，作为下达土地利用年度计划的依据。

各地区、各部门要充分认识节约集约用地的重要性和紧迫性，增强节约集约用地的责任感，切实转变用地观念，转变经济发展方式，调整优化经济结构，将节约集约用地的要求落实在政府决策中，落实到各项建设中，科学规划用地，着力内涵挖潜，以节约集约用地的实际行动全面落实科学发展观，实现经济社会的可持续发展。

国务院

二〇〇八年一月三日

土地调查条例

第一章　总　则

第一条　为了科学、有效地组织实施土地调查，保障土地调查数据的真实性、准确性和及时性，根据《中华人民共和国土地管理法》和《中华人民共和国统计法》，制定本条例。

第二条　土地调查的目的，是全面查清土地资源和利用状况，掌握真实准确的土地基础数据，为科学规划、合理利用、有效保护土地资源，实施最严格的耕地保护制度，加强和改善宏观调控提供依据，促进经济社会全面协调可持续发展。

第三条　土地调查工作按照全国统一领导、部门分工协作、地方分级负责、各方共同参与的原则组织实施。

第四条　土地调查所需经费，由中央和地方各级人民政府共同负担，列入相应年度的财政预算，按时拨付，确保足额到位。

土地调查经费应当统一管理、专款专用、从严控制支出。

第五条　报刊、广播、电视和互联网等新闻媒体，应当及时开展土地调查工作的宣传报道。

第二章　土地调查的内容和方法

第六条　国家根据国民经济和社会发展需要，每 10 年进行一次全国土地调查；根据土地管理工作的需要，每年进行土地变更调查。

第七条　土地调查包括下列内容：

（一）土地利用现状及变化情况，包括地类、位置、面积、分布等状况；

（二）土地权属及变化情况，包括土地的所有权和使用权状况；

（三）土地条件，包括土地的自然条件、社会经济条件等状况。

进行土地利用现状及变化情况调查时，应当重点调查基本农田现状及变化情况，包括基本农田的数量、分布和保护状况。

第八条 土地调查采用全面调查的方法，综合运用实地调查统计、遥感监测等手段。

第九条 土地调查采用《土地利用现状分类》国家标准、统一的技术规程和按照国家统一标准制作的调查基础图件。

土地调查技术规程，由国务院国土资源主管部门会同国务院有关部门制定。

第三章 土地调查的组织实施

第十条 县级以上人民政府国土资源主管部门会同同级有关部门进行土地调查。

乡（镇）人民政府、街道办事处和村（居）民委员会应当广泛动员和组织社会力量积极参与土地调查工作。

第十一条 县级以上人民政府有关部门应当积极参与和密切配合土地调查工作，依法提供土地调查需要的相关资料。

社会团体以及与土地调查有关的单位和个人应当依照本条例的规定，配合土地调查工作。

第十二条 全国土地调查总体方案由国务院国土资源主管部门会同国务院有关部门拟订，报国务院批准。县级以上地方人民政府国土资源主管部门会同同级有关部门按照国家统一要求，根据本行政区域的土地利用特点，编制地方土地调查实施方案，报上一级人民政府国土资源主管部门会同同级有关部门核准后施行。

第十三条 在土地调查中，需要面向社会选择专业调查队伍承担的土地调查任务，应当通过招标投标方式组织实施。

承担土地调查任务的单位应当具备以下条件：

（一）具有法人资格；

（二）有与土地调查相关的资质和工作业绩；

（三）有完备的技术和质量管理制度；

（四）有经过培训且考核合格的专业技术人员。

国务院国土资源主管部门应当会同国务院有关部门加强对承担土地调查任务单位的管理，并公布符合本条第二款规定条件的单位名录。

第十四条 土地调查人员应当坚持实事求是，恪守职业道德，具有执行调查任务所需要的专业知识。

土地调查人员应当接受业务培训，经考核合格领取全国统一的土地调查员工作证。

第十五条 土地调查人员应当严格执行全国土地调查总体方案和地方土地调查实施方案、《土地利用现状分类》国家标准和统一的技术规程，不得伪造、篡改调查资料，不得强令、授意调查对象提供虚假的调查资料。

土地调查人员应当对其登记、审核、录入的调查资料与现场调查资料的一致性负责。

第十六条 土地调查人员依法独立行使调查、报告、监督和检查职权，有权根据工作需要进行现场调查，并按照技术规程进行现场作业。

土地调查人员有权就与调查有关的问题询问有关单位和个人，要求有关单位和个人如实提供相关资料。

土地调查人员进行现场调查、现场作业以及询问有关单位和个人时，应当出示土地调查员工作证。

第十七条 接受调查的有关单位和个人应当如实回答询问，履行现场指界义务，按照要求提供相关资料，不得转移、隐匿、篡改、毁弃原始记录和土地登记簿等相关资料。

第十八条 各地方、各部门、各单位的负责人不得擅自修改土地调查资料、数据，不得强令或者授意土地调查人员篡改调查资料、数据或者编造虚假数据，不得对拒绝、抵制篡改调查资料、数据或者编造虚假数据的土地调查人员打击报复。

第四章 调查成果处理和质量控制

第十九条 土地调查形成下列调查成果：

（一）数据成果；

（二）图件成果；

（三）文字成果；

（四）数据库成果。

第二十条 土地调查成果实行逐级汇交、汇总统计制度。

土地调查数据的处理和上报应当按照全国土地调查总体方案和有关标准进行。

第二十一条 县级以上地方人民政府对本行政区域的土地调查成果质量负总责，主要负责人是第一责任人。

县级以上人民政府国土资源主管部门会同同级有关部门对调查的各个环节实行质量控制，建立土地调查成果质量控制岗位责任制，切实保证调查的数据、图件和被调查土地实际状况三者一致，并对其加工、整理、汇总的调查成果的准确性负责。

第二十二条 国务院国土资源主管部门会同国务院有关部门统一组织土地调查成果质量的抽查工作。抽查结果作为评价土地调查成果质量的重要依据。

第二十三条 土地调查成果实行分阶段、分级检查验收制度。前一阶段土地调查成果经检查验收合格后，方可开展下一阶段的调查工作。

土地调查成果检查验收办法，由国务院国土资源主管部门会同国务院有关部门制定。

第五章 调查成果公布和应用

第二十四条 国家建立土地调查成果公布制度。

土地调查成果应当向社会公布，并接受公开查询，但依法应当保密的除外。

第二十五条 全国土地调查成果，报国务院批准后公布。

地方土地调查成果，经本级人民政府审核，报上一级人民政府批准后公布。

全国土地调查成果公布后，县级以上地方人民政府方可逐级依次公布本行政区域的土地调查成果。

第二十六条 县级以上人民政府国土资源主管部门会同同级有关部门做好土地调查成果的保存、管理、开发、应用和为社会公众提供服务等工作。

国家通过土地调查，建立互联共享的土地调查数据库，并做好维护、更新工作。

第二十七条 土地调查成果是编制国民经济和社会发展规划以及从事国土资源规划、管理、保护和利用的重要依据。

第二十八条 土地调查成果应当严格管理和规范使用，不作为依照其他法律、行政法规对调查对象实施行政处罚的依据，不作为划分部门职责分工和管理范围的依据。

第六章 表彰和处罚

第二十九条 对在土地调查工作中做出突出贡献的单位和个人，应当按照国家有关规定给予表彰或者奖励。

第三十条 地方、部门、单位的负责人有下列行为之一的，依法给予处分；构成犯罪的，依法追究刑事责任：

（一）擅自修改调查资料、数据的；

（二）强令、授意土地调查人员篡改调查资料、数据或者编造虚假数据的；

（三）对拒绝、抵制篡改调查资料、数据或者编造虚假数据的土地调查人员打击报复的。

第三十一条 土地调查人员不执行全国土地调查总体方案和地方土地调查实施方案、《土地利用现状分类》国家标准和统一的技术规程，或者伪造、篡改调查资料，或者强令、授意接受调查的有关单位和个人提供虚假调查资料的，依法给予处分，并由县级以上人民政府国土资源主管部门、统计机构予以通报批评。

第三十二条 接受调查的单位和个人有下列行为之一的，由县级以上人民政府国土资源主管部门责令限期改正，可以处5万元以下的罚款；构成违反治安管理行为的，由公安机关依法给予治安管理处罚；构成犯罪的，依法追究刑事责任：

（一）拒绝或者阻挠土地调查人员依法进行调查的；

（二）提供虚假调查资料的；

（三）拒绝提供调查资料的；

（四）转移、隐匿、篡改、毁弃原始记录、土地登记簿等相关资料的。

第三十三条 县级以上地方人民政府有下列行为之一的，由上级人民政府予以通报批评；情节严重的，对直接负责的主管人员和其他直接责任人员依法给予处分：

（一）未按期完成土地调查工作，被责令限期完成，逾期仍未完成的；

（二）提供的土地调查数据失真，被责令限期改正，逾期仍未改正的。

第七章 附 则

第三十四条 军用土地调查，由国务院国土资源主管部门会同军队有关部门按照国家统一规定和要求制定具体办法。

中央单位使用土地的调查数据汇总内容的确定和成果的应用管理，由国务院国土资源主管部门会同国务院管理机关事务工作的机构负责。

第三十五条 县级以上人民政府可以按照全国土地调查总体方案和地方土地调查实施方案成立土地调查领导小组，组织和领导土地调查工作。必要时，可以设立土地调查领导小组办公室负责土地调查日常工作。

第三十六条 本条例自公布之日起施行。

建设项目用地预审管理办法

中华人民共和国国土资源部令 第42号

《建设项目用地预审管理办法》已经2008年11月12日国土资源部第13次部务会议修正通过，现予以公布，自2009年1月1日起施行。

部 长 徐绍史

二〇〇八年十一月二十九日

建设项目用地预审管理办法

（2001 年 6 月 28 日国土资源部第 5 次部务会议通过，2004 年 10 月 29 日国土资源部第 9 次部务会议修订，2008 年 11 月 12 日国土资源部第 13 次部务会议修正）

第一条 为保证土地利用总体规划的实施，充分发挥土地供应的宏观调控作用，控制建设用地总量，根据《中华人民共和国土地管理法》、《中华人民共和国土地管理法实施条例》和《国务院关于深化改革严格土地管理的决定》，制定本办法。

第二条 本办法所称建设项目用地预审，是指国土资源管理部门在建设项目审批、核准、备案阶段，依法对建设项目涉及的土地利用事项进行的审查。

第三条 预审应当遵循下列原则：

（一）符合土地利用总体规划；

（二）保护耕地，特别是基本农田；

（三）合理和集约节约利用土地；

（四）符合国家供地政策。

第四条 建设项目用地实行分级预审。

需人民政府或有批准权的人民政府发展和改革等部门审批的建设项目，由该人民政府的国土资源管理部门预审。

需核准和备案的建设项目，由与核准、备案机关同级的国土资源管理部门预审。

第五条 需审批的建设项目在可行性研究阶段，由建设用地单位提出预审申请。

需核准的建设项目在项目申请报告核准前，由建设单位提出用地预审申请。

需备案的建设项目在办理备案手续后，由建设单位提出用地预审申请。

第六条 依照本办法第四条规定应当由国土资源部预审的建设项目，国土资源部委托项目所在地的省级国土资源管理部门受理，但建设项目占用规划确定的城市建设用地范围内土地的，委托市级国土资源管理部门受理。受理后，提出初审意见，转报国土资源部。

涉密军事项目和国务院批准的特殊建设项目用地，建设用地单位可直接向国土资源部提出预审申请。

应当由国土资源部负责预审的输电线塔基、钻探井位、通讯基站等小面积零星分散建设项目用地，由省级国土资源管理部门预审，并报国土资源部备案。

第七条 已批准项目建议书的审批类建设项目与需备案的建设项目申请用地预审的，应当提交下列材料：

（一）建设项目用地预审申请表；

（二）建设项目用地预审申请报告，内容包括拟建项目的基本情况、拟选址占地情况、拟用地面积确定的依据和适用建设用地指标情况、补充耕地初步方案、征地补偿费用和矿山项目土地复垦资金的拟安排情况等；

（三）项目建议书批复文件或者项目备案批准文件；

（四）单独选址建设项目拟选址位于地质灾害防治规划确定的地质灾害易发区内的，提交地质灾害危险性评估报告；

（五）单独选址建设项目所在区域的国土资源管理部门出具是否压覆重要矿产资源的证明材料。

直接审批可行性研究报告的审批类建设项目与需核准的建设项目，申请用地预审的不提交前款第（三）、（四）、（五）项材料。

本条第一款规定的用地预审申请表，由国土资源部统一规定。

第八条 直接审批可行性研究报告的审批类建设项目与需核准的建设项目，项目单位应当在用地预审完成后，申请用地审批前，依据相关法律法规的规定，办理地质灾害危险性评估与矿产资源压覆情况证明等手续。

第九条 受国土资源部委托负责初审的国土资源管理部门在转报用地预审申请时，应当提供下列材料：

（一）依据本办法第十一条的有关规定，对申报材料作出的初步审查意见。

（二）标注项目用地范围的县级以上土地利用总体规划图及相关图件；

（三）属于《土地管理法》第二十六条规定情形，建设项目用地需修改土地利用总体规划的，应当出具经相关部门和专家论证的规划修改方案、规划修改对规划实施影响评估报告和修改规划听证会纪要。

第十条 符合本办法第七条规定的预审申请和第九条规定的初审转报件，国土资源管理部门应当受理和接收。不符合的，应当场或在五日内书面通知申请人和转报人，逾期不通知的，视为受理和接收。

受国土资源部委托负责初审的国土资源管理部门应当自受理之日起二十日内完成初审工作，并转报国土资源部。

第十一条 预审应当审查以下内容：

（一）建设项目选址是否符合土地利用总体规划，是否符合国家供地政策和土地管理法律、法规规定的条件；

（二）建设项目用地规模是否符合有关建设用地指标的规定；

（三）建设项目占用耕地的，补充耕地初步方案是否可行；

（四）征地补偿费用和矿山项目土地复垦资金的拟安排情况；

（五）属《土地管理法》第二十六条规定情形，建设项目用地需修改土地利用总体规划的，规划的修改方案、规划修改对规划实施影响评估报告等是否符合法律、法规的规定。

第十二条 国土资源管理部门应当自受理预审申请或者收到转报材料之日起二十日内，完成审查工作，并出具预审意见。二十日内不能出具预审意见的，经负责预审的国土资源管理部门负责人批准，可以延长十日。

第十三条 预审意见应当包括对本办法第十一条规定内容的结论性意见和对建设用地单位的具体要求。

第十四条 预审意见是有关部门审批项目可行性研究报告、核准项目申请报告的必备文件。

第十五条 建设项目用地预审文件有效期为两年，自批准之日起计算。已经预审的项目，如需对土地用途、建设项目选址等进行重大调整的，应当重新申请预审。

未经预审或者预审未通过的，不得批复可行性研究报告、核准项目申请报告；不得批准农用地转用、土地征收，不得办理供地手续。预审审查的相关内容在建设用地报批时，未发生重大变化的，不再重复审查。

第十六条　本办法自2009年1月1日起施行。

关于对本市征地土地补偿费标准调整的说明

经市政府批准，新的征收集体土地土地补偿费标准于2008年9月1日起施行。这是本市继2006年8月征地青苗补偿费标准调整、2007年6月征地财物补偿标准调整以后，进一步完善征地补偿制度，切实维护被征地农村集体经济组织和被征地农民利益的又一重要举措。

根据《中华人民共和国土地管理法》的规定，征收集体土地的补偿包括土地补偿费、安置补助费以及地上附着物和青苗补偿费。

征地土地补偿费以当地经济发展水平、区位价值、土地供求关系、城镇居民最低生活保障水平和农业产值水平等多种因素的综合结果为调整依据，它是支付让渡土地所有权的费用，也是对失地农民、农村集体经济组织多年来对被征土地付出和投入的补偿。

征地青苗补偿费以全市农村主导性农作物为基础，以前三年平均亩产值和增长率作为基本依据，按稻谷、棉花等粮棉五大类和瓜菜、茄果等蔬菜八大类实施补偿。

征地财物补偿标准，分为非居住房屋及附属设施、农田水利设施、农村桥梁等九大类别，基本上涵盖了目前上海地区农村集体土地地上附着物的各个种类和各个种类中最基本、最常见、最具代表性的物类。结合当前农村经济的特点，各类别中增加了大量的补偿项目，如“水产”，原来只按照鱼塘的类别予以补偿，现行标准不仅区别了鱼塘的类别，还单列了虾、蟹、甲鱼等品种。苗木花卉类中，增加了上百种补偿项目，并分别明确了价格。

此外，征地安置补助费主要用于失地农民的养老以及小城镇保险的落实工作。

以上这些补偿类别作为征地成本的重要组成部分，在征地实施时直接补偿给农村集体经济组织或征地范围内的财产所有权人。各类补偿费用在整个征地成本中所占比例各不相同，其中土地补偿费只是征地补偿中很小的一部分，征地成本大部分费用发生在被征地劳动力安置、财物补偿和房屋拆迁补偿。由于各个地块区位、土劳比例、动拆迁程度不尽相同，各类补偿所占比例也不一样。经抽样对本市某地块征地成本的比例构成进行测算，其中，土地补偿费占征地成本的3.1%、人员安置费占7.8%、地上附着物补偿费占16.3%、青苗补偿费占0.1%、房屋动迁补偿费占55.8%、政府规费占1.8%（其中包括自2008年7月1日起停收和取消的征地管理费和征地不可预见费）、其它费用（乡镇企业安置土地费用等）占到15.1%。

为认真做好本次征地土地补偿费标准的调整工作，从2005年下半年起，市房地资源局会同市农委、市统计局等部门，对本市征地土地补偿费的基本情况进行了一系列的调研。经过测算、专家论证和综合协调，拟定了上海市征地土地补偿费标准的调整方案。2007年10月，市房地资源局按规定组织召开了听证会，听取了农民、农村集体经济组织、建设单位的代表以及专业技术单位的意见。同时，还征求了市政府法制办等相关委办局和本市14个有集体土地的区（县）政府的意见，吸收了各方面的合理建议，多次对调整方案作了比较全面的修改完善。

新的征地土地补偿费标准，根据国土资源部《关于开展制订征地统一年产值标准和征地区片综合地价工作的通知》（国土资发［2005］144 号）等有关文件精神，将全市 14 个有集体土地的区县划分为 31 个区片、14 个等级标准。调整的原则：在统筹兼顾各方利益的基础上，充分保障被征地农民利益；多种因素统筹考虑、综合平衡；相同区域实行同地同价。

这次土地补偿费标准调整具有以下特点：一是相同区域实现了同地同价。但考虑到原常年蔬菜乡镇的征地土地补偿费相对较高，为了实现平稳过渡，新标准较大幅度提高了其主导性地类非耕地的补偿标准，对原标准相对较高的耕地土地补偿费，在原基础上略有提高，并准备在今后的不断调整中逐步完善。二是确保被征地农村集体经济组织和农民在标准调整后普遍得益。此次调整涨幅较大。实施新标准后，个别原补偿标准高于新标准的，以原标准为基础增加 20%。调整幅度不到 20% 的，按提高 20% 的幅度予以补偿。三是对长期从事水产养殖或花木种殖，产值（收入）相对较高的个别地块，由区县政府具体负责认定并协调用地单位，在该被征土地按规定标准补偿的基础上，再按不超过 30% 的幅度适当增加补偿。新出台的土地补偿费标准较好地维护了被征地农民和农村集体经济组织的合法权益。

上海市房屋土地资源管理局

2008 年 9 月 1 日

关于调整本市征地土地补偿费标准的实施意见

沪房地资法［2008］551 号

各区（县）房地局、浦东新区建设交通委，市建设用地事务中心：

根据上海市发展和改革委员会、上海市财政局《关于同意调整本市征地土地补偿费标准的复函》（沪发改价商［2008］011 号），现印发市政府同意的《上海市征地土地补偿费标准》（以下简称新标准），并提出以下实施意见：

一、新标准自 2008 年 9 月 1 日起实施。但新标准实施前已签订征地费包干协议并经市建设用地事务中心鉴证生效的征地项目，仍按原补偿标准执行。

二、实施新标准后，本市原 37 个常年蔬菜乡镇等少数地块征地土地补偿费的原标准高于新标准的，以原标准为基础增加 20%；与新标准相比原标准提高幅度不到 20% 的，在原标准基础上按提高 20% 的的幅度补足差额；新标准高于原标准 20% 以上的，按新标准执行。

本市原 37 个蔬菜乡镇的建设用地、未利用地的土地补偿按新标准执行。

经区县政府批准的常年蔬菜地，参照本条第一款执行。

三、实施新标准后，经区县政府认定，个别地块长期从事水产养殖或花木种植等，产值（收入）相对较高的，在新标准的基础上，再按不超过 30% 的幅度增加补偿。

以上意见，请遵照执行。

上海市房屋土地资源管理局

二〇〇八年九月一日

附 表：

上海市征地土地补偿费标准

（2008 年 9 月 1 日起执行）

区、县	（原常年蔬菜乡镇）	建设用地、未利用地		农用地	
		元／亩	元／平方米	元／亩	元／平方米
长宁区	新泾镇	26,400	39.6	43,200	64.8
徐汇区	华泾镇	26,400	39.6	43,200	64.8
普陀区	长征镇	26,400	39.6	37,200	55.8
	桃浦镇	26,400	39.6	37,200	55.8
闸北区	彭浦镇	26,400	39.6	37,200	55.8
闵行区	（乡、镇）	农用地、建设用地和未利用地			
		元／亩		元／平方米	
	莘庄镇	26,400		39.6	
	颛桥镇	23,840		35.8	
	吴泾镇				
	浦江镇				
	马桥镇				
	（原常年蔬菜乡镇）	建设用地、未利用地		农用地	
		元／亩	元／平方米	元／亩	元／平方米
	虹桥镇	26,400	39.6	43,200	64.8
	梅陇镇	26,400	39.6	43,200	64.8
	七宝镇	26,400	39.6	43,200	64.8
	华漕镇（含龙柏街道）	26,400	39.6	40,800	61.2
松江区	（乡、镇）	农用地、建设用地和未利用地			
		元／亩		元／平方米	
	东部工业区	24,640		37.0	
	方松街道				
	中山街道	23,200		34.8	
	永丰街道				
	佘山度假区				
	西部工业区				
	洞泾镇				
	车墩镇				
	石湖荡镇	20,880		31.3	
	佘山镇				
	科技园区				
	叶榭镇	18,480		27.7	
	新浜镇				
	五厍园区				
	泖港镇				
	（原常年蔬菜乡镇）	建设用地、未利用地		农用地	
		元／亩	元／平方米	元／亩	元／平方米
	九亭镇	24,640	37.0	33,600	50.4
	泗泾镇	23,200	34.8	30,000	45.0
	新桥镇	24,640	37.0	30,000	45.0

奉贤区	（乡、镇）	农用地、建设用地和未利用地			
		元／亩		元／平方米	
	南桥镇	20,880		31.3	
	庄行镇	19,200		28.8	
	青村镇				
	金汇镇				
	柘林镇				
	四团镇				
	奉城镇				
	（原常年蔬菜乡镇）	建设用地、未利用地		农用地	
		元／亩	元／平方米	元／亩	元／平方米
	原青村镇（已合并）	19,200	28.8	33,600	50.4
青浦区	（乡、镇）	农用地、建设用地和未利用地			
		元／亩		元／平方米	
	徐泾镇	24,640		37.0	
	夏阳、盈浦				
	重固镇	22,480		33.7	
	赵巷镇				
	香花桥街道	20,160		30.2	
	朱家角镇				
	金泽镇	17,440		26.2	
	练塘镇				
	（原常年蔬菜乡镇）	建设用地、未利用地		农用地	
		元／亩	元／平方米	元／亩	元／平方米
	华新镇	22,480	33.7	37,200	55.8
	白鹤镇	22,480	33.7	37,200	55.8
	赵屯镇（已合并）	22,480	33.7	33,600	50.4
崇明县	（乡、镇）	农用地、建设用地和未利用地			
		元／亩		元／平方米	
	横沙乡	16,880		25.3	
	城桥镇				
	陈家镇				
	长兴乡				
	中兴镇	16,000		24.0	
	新河镇				
	新村乡				
	向化镇				
	竖新镇				
	三星镇				
	庙镇				
	绿华镇				
	建设镇				
	港沿镇				
	港西镇				
	堡镇				
	（原常年蔬菜乡镇）	建设用地、未利用地		农用地	
		元／亩	元／平方米	元／亩	元／平方米
	合兴镇（已合并）	16,000	24.0	30,000	45.0

宝山区	（乡、镇）	农用地、建设用地和未利用地			
		元／亩		元／平方米	
	淞南镇	26,400		39.6	
	友谊街道				
	高境镇（原常年蔬菜乡镇地区参照江湾镇）				
	杨行镇	23,200		34.8	
	宝山城市工业园区				
	顾村镇				
	罗店镇	21,760		32.6	
	月浦镇				
	罗泾镇	20,880		31.3	
	（原常年蔬菜乡镇）	建设用地、未利用地		农用地	
		元／亩	元／平方米	元／亩	元／平方米
	庙行镇	26,400	39.6	37,200	55.8
	大场镇	26,400	39.6	37,200	55.8
	祁连镇（已合并）	26,400	39.6	33,600	50.4
	江湾镇（已合并）	26,400	39.6	37,200	55.8
嘉定区	（乡、镇）	农用地、建设用地和未利用地			
		元／亩		元／平方米	
	新成路街道	23,200		34.8	
	南翔镇				
	马陆镇				
	菊园新区				
	工业区				
	徐行镇	20,880		31.3	
	外冈镇				
	华亭镇				
	（原常年蔬菜乡镇）	建设用地、未利用地		农用地	
		元／亩	元／平方米	元／亩	元／平方米
	江桥镇（含真新街道）	26,400	39.6	37,200	55.8
	黄渡镇	26,400	39.6	37,200	55.8
	安亭镇	26,400	39.6	33,600	50.4
	封浜镇（已合并）	26,400	39.6	37,200	55.8

<table>
<tr><td rowspan="17">金山区</td><td rowspan="2">（乡、镇）</td><td colspan="4">农用地、建设用地和未利用地</td></tr>
<tr><td>元／亩</td><td></td><td>元／平方米</td><td></td></tr>
<tr><td>枫泾镇</td><td colspan="2" rowspan="7">17,440</td><td colspan="2" rowspan="7">26.2</td></tr>
<tr><td>亭林镇</td></tr>
<tr><td>金山工业区</td></tr>
<tr><td>漕泾镇</td></tr>
<tr><td>山阳镇</td></tr>
<tr><td>朱泾镇</td></tr>
<tr><td>金山卫镇（原金山卫镇）</td></tr>
<tr><td>金山卫镇（原钱圩镇）</td><td colspan="2" rowspan="4">16,880</td><td colspan="2" rowspan="4">25.3</td></tr>
<tr><td>张堰镇</td></tr>
<tr><td>吕巷镇</td></tr>
<tr><td>廊下镇</td></tr>
<tr><td rowspan="2">（原常年蔬菜乡镇）</td><td colspan="2">建设用地、未利用地</td><td colspan="2">农用地</td></tr>
<tr><td>元／亩</td><td>元／平方米</td><td>元／亩</td><td>元／平方米</td></tr>
<tr><td>原金山卫镇（已合并）</td><td>17,440</td><td>26.2</td><td>33,600</td><td>50.4</td></tr>
<tr><td>原亭林镇（已合并）</td><td>17,440</td><td>26.2</td><td>33,600</td><td>50.4</td></tr>
<tr><td rowspan="21">浦东新区</td><td rowspan="2">（乡、镇）</td><td colspan="4">农用地、建设用地和未利用地</td></tr>
<tr><td colspan="2">元／亩</td><td colspan="2">元／平方米</td></tr>
<tr><td>高桥镇</td><td colspan="2" rowspan="5">25,520</td><td colspan="2" rowspan="5">38.3</td></tr>
<tr><td>高东镇</td></tr>
<tr><td>高行镇</td></tr>
<tr><td>金桥镇</td></tr>
<tr><td>张江镇</td></tr>
<tr><td>曹路镇</td><td colspan="2" rowspan="4">23,200</td><td colspan="2" rowspan="4">34.8</td></tr>
<tr><td>唐镇</td></tr>
<tr><td>川沙新镇</td></tr>
<tr><td>合庆镇</td></tr>
<tr><td rowspan="2">（原常年蔬菜乡镇）</td><td colspan="2">建设用地、未利用地</td><td colspan="2">农用地</td></tr>
<tr><td>元／亩</td><td>元／平方米</td><td>元／亩</td><td>元／平方米</td></tr>
<tr><td>花木镇</td><td>26,400</td><td>39.6</td><td>37,200</td><td>55.8</td></tr>
<tr><td>北蔡镇</td><td>25,520</td><td>38.3</td><td>33,600</td><td>50.4</td></tr>
<tr><td>不含临江村、红旗村、懿德村、南皋村、天花庵村五个村的三林镇区域</td><td>25,520</td><td>38.3</td><td>33,600</td><td>50.4</td></tr>
<tr><td>含临江村、红旗村、懿德村、南皋村、天花庵村五个村的三林镇区域</td><td>23,840</td><td>35.8</td><td>33,600</td><td>50.4</td></tr>
<tr><td>洋泾镇（已合并）</td><td>26,400</td><td>39.6</td><td>37,200</td><td>55.8</td></tr>
<tr><td>严桥镇（已合并）</td><td>26,400</td><td>39.6</td><td>37,200</td><td>55.8</td></tr>
<tr><td>六里镇（已合并）</td><td>26,400</td><td>39.6</td><td>37,200</td><td>55.8</td></tr>
<tr><td>杨思镇（已合并）</td><td>26,400</td><td>39.6</td><td>37,200</td><td>55.8</td></tr>
</table>

<table>
<tr><td rowspan="19">南汇区</td><td rowspan="2">（乡、镇）</td><td colspan="4">农用地、建设用地和未利用地</td></tr>
<tr><td colspan="2">元／亩</td><td colspan="2">元／平方米</td></tr>
<tr><td>康桥镇</td><td colspan="2">23,200</td><td colspan="2">34.8</td></tr>
<tr><td>周浦镇</td><td colspan="2">21,760</td><td colspan="2">32.6</td></tr>
<tr><td>新场镇</td><td colspan="2" rowspan="12">20,160</td><td colspan="2" rowspan="12">30.2</td></tr>
<tr><td>万祥镇</td></tr>
<tr><td>书院镇</td></tr>
<tr><td>泥城镇</td></tr>
<tr><td>芦潮港镇</td></tr>
<tr><td>惠南镇</td></tr>
<tr><td>航头镇</td></tr>
<tr><td>祝桥镇</td></tr>
<tr><td>宣桥镇</td></tr>
<tr><td>六灶镇</td></tr>
<tr><td>老港镇</td></tr>
<tr><td>大团镇</td></tr>
<tr><td rowspan="2">（原常年蔬菜乡镇）</td><td colspan="2">建设用地、未利用地</td><td colspan="2">农用地</td></tr>
<tr><td>元／亩</td><td>元／平方米</td><td>元／亩</td><td>元／平方米</td></tr>
<tr><td>周西乡（已合并）</td><td>23,200</td><td>34.8</td><td>37,200</td><td>55.8</td></tr>
</table>

第三节　房屋管理类

上海市城市规划管理局关于印发《关于加强本市保障性住房项目规划管理的若干意见》的通知

沪规法〔2008〕756 号

各区（县）规划局，各派出机构：

为贯彻落实市委、市政府关于推进本市保障性住房建设的有关指示精神，切实解决本市城镇中低收入家庭住房困难问题，科学编制城乡规划，引导城市旧区健康发展，我局研究制订了《关于加强本市保障性住房项目规划管理的若干意见》，并经 2008 年 9 月 16 日局长办公会议通过，现予发布，自下发之日起施行。

希望各单位在执行本若干意见过程中，积极贯彻、及时总结，并向市规划局反馈完善修改的意见和建议。

二〇〇八年九月十七日

关于加强本市保障性住房项目规划管理的若干意见

保障性住房建设是关系民生、构建和谐社会的重要工作。根据市委、市政府关于保障性住房建设的有关精神，为切实改善本市中低收入家庭的居住条件，积极推进保障性住房建设，促进城市健康有序发展，现对本市保障性住房项目的规划管理提出如下意见。

一、适用范围

本意见适用于经市政府有关部门认定的保障性住房项目，即居住对象主要为本市城镇中低收入住房困难家庭的经济适用住房、廉租住房，配建保障性住房的就近安置住房项目参照适用。

二、基本原则

1、先有规划，后有建设

根据《城乡规划法》，保障性住房建设规划应当纳入城市近期建设规划中，并明确近期建设的时序、发展方向和空间布局。

保障性住房项目建设前，市和区县规划管理部门应当根据经批准的城市或镇控制性详细规划核定规划参数，明确规划管理要求。未编制控制性详细规划的，不得建设；对已有控制性详细规划、经评估确有必要调整原有规划参数的，应当按照法定程序先行调整控制性详细规划后，方可启动项目建设。

2、聚焦重点，全力推进

规划管理部门应当积极推动保障性住房建设，把保障性住房建设和旧区改造工作有机结合起来。对符合规划要求、条件成熟的项目，要加快推进，确保规划落地。规划管理部门在制定详细规划和核定规划条件时，要考虑保障性住房项目建设的复杂性和特殊性，在不突破强制性技术标准的前提下，应深化研究保障性住房项目的开发强度，集约利用城市土地，有效提高用地效率，合理利用城市空间资源。

3、统筹兼顾，不留新的后遗症

保障性住房项目建设，既要积极推进，尽快改善本市居住困难群体的生活条件；更要立足百年大计，统筹兼顾城市整体环境和功能的提升。在保障旧区改造的住房安全、房屋质量和居住水平等前提下，应当合理利用城市空间，有效配置地区公共服务和市政公用配套设施，方便群众生活。要坚持合理规划，规范管理，不能随意降低规划配置标准，导致“二次改造”或留下新的后遗症。

三、合理确定规划指标，有力推动保障性住房建设

规划管理部门和建设实施单位应当在国家和地方现行的居住区规划设计标准指导下，本着因地制宜、实事求是的原则，积极探索保障性住房建设的新思路，通过精心编制详细规划和城市设计，合理确定规划管理指标，引导保障性住房项目又好又快发展。保障性住房项目规划编制中可按以下规定控制：

1、住宅容积率

中心城范围内的保障性住房项目，单个开发地块住宅净容积率（以下同）原则上控制不超过3.0，有条件的地块可适当提高，但最高不得超过3.5；位于郊区外环线附近的新建保障性住房项目，原则上控制不超过2.5，有条件的地块可适当提高，但最高不得超过3.0。

2、绿地率

中心城范围内的保障性住房项目，基地内绿地按标准配置确有困难的，绿地率可适当降低，但应根据控制性详细规划在附近地区内综合平衡；位于郊区外环线附近的新建保障性住房项目，按标准配置绿化确有困难的，经征得绿化管理部门同意，绿地率可适当降低，但不得低于25%。

3、住宅建筑密度

原则上不宜超过30%。在满足居住功能的前提下，鼓励保障性住宅房型、朝向等多样化设计，体现紧凑型、小户型住房的建设导向；并注重合理确定户型比例，适合不同社会人群的居住需求，

同时也可以充分利用城市空间，有效降低建筑高度，减少对周边环境的影响。

4、停车泊位

保障性住房项目应当尽可能选址于交通便捷地区，并应在地区交通规划制定和实施中优先保证公共交通设施的配套完善，做到合理规划，同步建设，确保居民出行方便。保障性住房项目应根据中低收入家庭的实际需求及房型设计合理配置停车位，非机动车位应当按照标准配置，机动车泊位可适当减少，一般按照中心城内0.3辆/户，中心城外0.4辆/户标准配置，确因场地限制，无法满足机动车停车位设置标准的，可根据基地情况，由规划、交通部门按有关规定核定车位比例。

5、公共服务和市政公用设施

保障性住房项目应当按照地区控制性详细规划的要求，合理配置公共服务和市政公用设施。要按照“社区配套保基本”的原则，以满足群众基本需求为出发点，突出保障与居民生活密切相关的社区公共服务和市政公用设施，完善社区卫生、文化、健身等基本生活配套功能，确保规划确定的街坊级公共服务和市政设施配套到位；居住区级和地区级公共服务设施、市政公用设施可在地区规划制定中综合考虑，统筹解决。

保障性住房项目基地中确实难以按规划要求配置居住区级、地区级公共服务设施、市政公用设施的，应经相关区、县人民政府认可，经法定程序调整规划后方可相应缩减配置规模或在相近地块内另行安排。

四、细化规划成果，听取公众意见

保障性住房建设关系千家万户，在规划制定和项目管理过程中应充分听取利益相关人的意见，深化细化规划方案，达到社会、经济和环境利益相统一。在编制或调整控制性详细规划时，应当按照修建性详细规划标准对规划方案深度加以细化，更加客观准确地分析保障性住房建设对周边环境的影响，并严格按照法定程序进行规划的公示、评审和审批，促进公众的民主参与和监督，进一步推动保障性住房建设的健康有序发展。

关于印发2008年上海市住房建设计划的通知

沪房地资综[2008]82号

各区县房地局：

经市政府同意，现颁发2008年上海市住房建设计划如下。

一、编制的目的和依据

编制2008年住房建设计划，既是贯彻落实科学发展观，加快建立符合我国国情和上海实际的住房建设和消费模式的客观需要，又是调整住房供应结构、稳定住房价格，促进房地产市场持续健康稳定发展的必要途径，更是强化政府住房保障职能，切实解决城市低收入家庭住房困难的重要措施。

编制2008年上海住房建设计划的依据是：本市国民经济与社会发展规划、《上海市住房建设规划（2006-2010年）》、《上海市解决城市低收入家庭住房困难发展规划（2008—2012年）》。

二、指导思想

以邓小平理论和“三个代表”重要思想为指导，深入贯彻党的十七大和市九次党代会精神，全面落实科学发展观和构建社会主义和谐社会的重大战略思想，进一步贯彻中央宏观调控政策，坚持以居住为主、以市民消费为主、以普通商品住房为主，进一步完善诚信、规范、透明、法治的房地产市场体系和分层次、成系统的住房保障体系，以保障广大群众的基本住房需要为重点，切实调整住房结构，合理引导住房消费，确保广大群众住有所居。2008 年住房建设坚持以下四项原则：

1、坚持与市民多层次的住房消费需求相适应。进一步完善住房供应政策，优化供应结构，加大中低价位、中小套型普通商品住房供应；积极推进住房保障体系建设，重点加快经济适用住房和廉租住房建设，不断适应市民梯度消费、逐步改善的住房需求。

2、坚持与经济社会发展相协调。根据上海经济社会发展和现代化国际大都市建设的要求，努力使住房建设的规模和结构与经济社会发展相协调。

3、坚持与资源节约型、环境友好型城市建设相一致。以“资源节约、环境友好”为导向，坚持土地资源节约集约、高效利用，加大闲置土地消化和利用的力度，大力推进节能省地型住房建设，降低资源和能源消耗，使住房建设与资源环境承载能力相协调。

4、坚持与房地产市场调控相结合。以实现房地产供求总量基本平衡、结构基本合理、价格基本稳定为目标，坚持市场主导与政府调控有机结合，不断提高市场调控和管理水平，促进房地产业持续健康稳定发展。

三、主要目标

根据“十一五”上海住房建设规划和 2008 年上海住房需求，特别是解决低收入和中低收入家庭住房困难的实际需要，结合 2007 年年底前已供住宅用地和住房建设的开发情况，2008 年上海住房建设的目标是：

1、建设总量和结构

2008 年住房建设施工面积 6950 万平方米。其中，2007 年结转的住房建设施工面积 4950 万平方米；当年新开工住房面积约 2000 万平方米。按照中央关于调整和优化住房供应结构的要求，2008 年积极扩大中低价位、中小套型普通商品住房的新开工住房数量，其中，新建、配建经济适用住房和廉租住房 400 万平方米。

2、供应总量和结构

2008 年竣工住房面积（含配套商品房）约 2500 万平方米，在建及新开工住房（含配套商品房）建设项目中预计可达到预售标准的面积约 2000 万平方米。同时，根据《上海市解决城市低收入家庭住房困难发展规划（2008-2012 年）》，2008 年将新增廉租住房受益家庭 2 万户，累计受益家庭达到 5 万户。为此，要通过将一部分配套商品房转化为廉租房源，并收购部分中低价位、中小套型普通商品住房、房改售后房和公有住房，筹措一批廉租住房实物配租的房源，扩大实物配租比例。

3、土地供应

2008 年住宅用地供应 800—1000 公顷，其中经济适用住房和廉租住房用地不低于 20%。

四、建设布局

按照“总量控制、区域平衡、项目落地”的总体要求，以集中建设的经济适用住房和廉租住房项目为重点，加快落实住宅建设项目，确保住房建设计划顺利实施。

1、各区县新开工和竣工住房面积

2008 年，本市浦东、黄浦、卢湾、徐汇等 10 个中心城区，住宅新开工和竣工面积分别占全市住房开工、竣工面积的30%左右；宝山、闵行、嘉定等近郊区，住宅新开工面积和竣工面积分别占全市住房开、竣工面积的26%左右；南汇、松江、青浦等远郊区县，住宅新开工和竣工面积分别占全市住房开、竣工面积的44%左右。

2008年各区县住房新开工和竣工计划

区（县）	新开工面积	竣工面积
合计	2000	2500
浦东	350	310
黄浦	10	15
卢湾	10	12
徐汇	35	55
长宁	10	50
静安	10	13
普陀	30	70
闸北	40	56
虹口	35	56
杨浦	70	60
宝山	100	210
闵行	320	350
嘉定	100	120
金山	50	148
松江	270	385
青浦	120	140
南汇	330	310
奉贤	40	75
崇明	70	65

2、各区县住房建设项目主要区域分布

浦东：高桥、张江、三林、曹路、浦江；

闵行：颛桥、古美、华漕、七宝、春申、浦江；

宝山：顾村、罗泾、罗店、西城区；

嘉定：安亭、嘉定新城、江桥、丰庄；

南汇：临港新城、康桥、航头地区；

奉贤、金山：漕泾工业区、星火工业区、南桥新城；

松江、青浦：大学城、松江新城、泗泾地区、赵巷地区；

崇明：南门新城、堡镇。

五、主要任务

2008年，是落实本市解决城市低收入家庭住房困难发展规划的启动年，也是实施“十一五住房建设规划”承上启下的关键一年。要结合住房建设计划的实施，及时研究解决住房建设中出现的新问题，尤其要加强经济适用住房和廉租住房的制度建设，着力改善民生、促进社会和谐。

1、加强住宅用地管理，优先确保经济适用住房的土地供应

加大土地供应的调控力度，加快住房用地供应节奏，保持住房供需的基本平衡。一是优先保

证经济适用住房和廉租住房的土地供应。各区（县）在未完成经济适用住房年度土地供应计划前，不得供应商品住房用地。二是严格执行国家有关调控政策，继续停止别墅类房地产开发项目的土地供应，严格限制低密度、大套型住房的供应比例。三是细化土地出让前置条件、在土地招拍挂文件、土地出让合同中，严格规定住房建筑套密度、住房面积净密度、套型结构比例和建设进度计划等要求，加大住房建设进度和供应结构的监管力度。

2、加快经济适用住房建设，优化住房供应结构

在建设机制上，要按照“政府主导、市场运作、市区联手、定向供应”的原则，实行管办分离，并明确市和区县分工。市政府主要负责统一规划、统筹协调；区县政府主要承担具体组织实施。一方面，要通过集中建设和在普通商品住房项目中配建的方式，加快经济适用住房建设和供应。另一方面，要完善经济适用住房项目周边区域的市政、公建配套设施，与经济适用住房项目同步规划、同步设计、同步建设、同步交付。在供应机制上，完善申请、审核、公示和登记轮候办法，建立登记轮候册，实行轮候分配的制度。

3、积极筹措房源和完善廉租住房制度，扩大政策受益面

按照国务院 24 号文件和建设部《廉租住房保障办法》的精神，结合本市 2000 年以来推进廉租住房建设的实际，加快修订《上海市廉租住房保障实施办法》，着力完善廉租住房制度。要按照以区县自筹为主，市级统筹作适当补充的原则，建立健全廉租房源的筹措机制，通过收购、新建、配建等方式，多渠道筹措廉租实物房源，逐步扩大实物配租比例。同时，一要完善廉租对象收入认定的动态调整机制，不断扩大政策受益面，加快实现“应保尽保”。二要健全实物配租和退出机制。

同时，加快建立住房租赁新机制。一方面要建立全市统一、市区联动的保障性住房租赁服务平台，加强区县层面的租赁服务功能，提供便民服务。另一方面，要抓紧研究制订租房贴费政策，支持和鼓励低收入和中低收入家庭更多地依靠租赁解决住房问题。

4、推进旧区和旧住房改造，多渠道改善居住条件

加大力度，加快推进旧区和二级旧里以下房屋改造。尤其要以居住环境差、居民改造愿望迫切的成片二级旧里以下房屋为重点，加快旧住房拆除重建改造试点，积极探索旧区改造的新机制、新办法、新途径。在此基础上，针对建筑结构差、年久失修、基本达到使用年限的旧住房，要按照政府主导、市区协作、合力推进的要求，加快研究制定拆除重建改造的政策法规、技术规范和配套措施，分类指导，综合推进。

积极落实旧住房综合改造。坚持“拆、改、留”并举，采取平改坡综合改造、成套率改造和“拆落地”整体改建等多种方法，切实改善广大居民的居住条件。

同时，按照“政府主导、统筹规划、单位负责、市场运作”的原则，完善相关工作机制，逐步改善来沪从业人员居住条件。

5、转变发展方式，推进节能省地型住宅建设

在节地方面，在保障住宅适用性的前提下，降低套均用地面积，促进土地资源节约集约利用；节能方面，在严格执行新建住宅节能 50% 国家标准的基础上，2008 年试点推进节能 65% 的标准，全面推进建筑围护结构保温节能技术，大力推广太阳能等可再生能源的利用；在节水方面，重点鼓励采用节水型器具和新建居住区雨水收集利用新技术；在节材方面，积极推进工业化、装配式的住宅装修方式，提高全装修住宅在新建商品住宅中的比例。

要进一步贯彻落实中央“国八条”和“国六条”等关于房地产市场调控的各项政策措施，加大调控力度，严格执行国家有关个人住房消费贷款政策，严格执行房地产市场外资准入和管理规定，合理引导住房消费，控制投资需求，抑制投机需求。

六、 保障措施

1、建立住房建设计划实施的分级负责制。强化各级政府、各相关部门对住房建设的管理责任。市政府主要负责政策制定和统筹协调；区县政府负责项目的落实和计划的具体实施。

2、加强住房建设项目的全过程管理和监测力度。加强项目开工前的审批管理，在项目审批、土地供应、规划审批、设计审查等环节，加强动态管理，健全日常监测制度，按照交易前、交易中和交易后三个阶段，有重点地加强跟踪管理。同时，深入开展房地产市场秩序专项整治，严厉查处房地产市场中的违法违规行为，规范房地产市场运行秩序。

3、加强住房建设的政策研究和法规建设。在严格执行国家调控措施的同时，结合本市实际，加强对房地产市场发展中出现的新情况和新问题的研究，并以此为基础，加强房地产法规建设，完善相关管理办法和措施，促进房地产市场管理的规范化和法制化建设。

4、完善房地产统计和信息披露制度。在发布并严格执行住房建设规划、年度计划的同时，建立健全统一的房地产信息发布制度，定期发布住房项目开竣工、销售以及有关政策等地产市场信息，通过引导市场预期，促进住房理性投资和消费，促进房地产市场健康有序发展。

特此通知。

上海市房屋土地资源管理局

二〇〇八年一月三十一日

第四节　规划建设类

关于印发上海市2009年住房建设计划的通知

沪房地资综[2008]207号

各区县房地局：

经市政府同意，现颁发上海市2009年住房建设计划如下。

一、编制的目的和依据

编制2009年住房建设计划，既是贯彻落实科学发展观，加快建立符合我国国情和上海实际的住房建设和消费模式的客观需要，又是调整住房供应结构、稳定住房价格，促进房地产市场持续健康稳定发展的必要途径，更是贯彻落实《国务院关于解决城市低收入家庭住房困难的若干意见》（国发[2007]24号）精神、强化政府住房保障职能，切实解决城市低收入家庭住房困难的重要措施。

编制2009年上海住房建设计划的依据是：本市国民经济与社会发展规划、《上海市住房建设规划（2006-2010年）》、《上海市解决城市低收入家庭住房困难发展规划（2008—2012年）》、《贯彻国务院关于解决城市低收入家庭住房困难若干意见的实施意见》（沪府发[2007]45号）。

二、指导思想

1、坚持以居住为主、以市民消费为主、以普通商品住房为主。优化住房供应结构，加大中低价位、中小套型普通商品住房供应，加快经济适用住房和廉租住房建设，努力使广大群众住有所居。

2、加快建立健全住房保障体系。根据广覆盖、保基本、分层次、重公平、促稳定的原则，构筑分层次、成系统的住房保障体系，多渠道地筹措房源，积极解决本市低收入和中低收入家庭的住房困难。

3、加快建立健全房地产市场体系。以实现房地产供求总量基本平衡、结构基本合理、价格基本稳定为目标，坚持市场主导与政府调控有机结合，加大房地产市场运行的监管力度，不断提高市场调控和管理水平，促进房地产市场持续健康稳定发展。

三、主要目标

根据“十一五”上海住房建设规划和2009年上海住房需求，特别是解决低收入和中低收入家庭住房困难的实际需要，结合住宅用地的供应和储备情况以及住房建设的开发情况，2009年上海住房建设的目标是：

1、建设总量和结构

2009年住房建设施工面积6300万平方米。其中，当年新开工住房面积约1800万平方米。在当年新开工面积中，新建、配建经济适用住房和廉租住房400万平方米，配套商品房400万平方米，二者合计约占新开工住房面积的45%。

2、供应总量和结构

2009年竣工住房面积2200万平方米，在建及新开工住房（含配套商品房）建设项目中预计可达到预售标准的面积约2400万平方米。同时，根据《上海市解决城市低收入家庭住房困难发展规划（2008-2012年）》，2009年将新增廉租住房受益家庭2万户，累计受益家庭达到7万户。为此，要通过将一部分配套商品房转化为廉租房源，并收购部分中低价位、中小套型普通商品住房、房改售后房和公有住房，筹措一批廉租住房实物配租的房源，扩大实物配租比例。

3、土地供应

2009年住宅用地供应约1000-1200公顷，其中经济适用住房和廉租住房用地不低于25%。

四、空间布局

按照“总量控制、区域平衡、项目落地”的总体要求，以集中建设的经济适用住房和廉租住房项目为重点，加快落实住宅建设项目，确保住房建设计划顺利实施。

1、区域分布

在2009年全市住宅新开工面积中，浦东、黄浦、卢湾、徐汇等10个中心城区占28%左右；宝山、闵行、嘉定等近郊区占34%左右；南汇、松江、青浦等远郊区县占38%左右。按照环线分布，全市住宅新开工内环线内约占5%，内外环线间占25%，外环线外占70%。

2、经济适用房和廉租房分布

充分考虑中低收入家庭生活对交通设施条件的要求，合理配置经济适用住房和廉租住房建设项目用地，优先在交通便利、基础设施和公共配套设施完善的区域安排供地，主要集中在轨道交通沿线、中环线和外环线附近建设。另外，结合中心城区产业调整、工厂置换来安排一定量的廉租房和经济适用房用地。

五、主要任务

2009年，是落实本市解决城市低收入家庭住房困难发展规划的推进年。要结合住房计划的实施，及时研究解决住房建设中出现的新问题，不断完善有关政策、法规，着力改善民生、促进社会和谐。

1、加强住宅用地管理，优先确保经济适用住房的土地供应

按照全市住房发展目标，实施高效、集约的住房用地供应政策，保持住房供需的基本平衡。一是优先保证经济适用住房和廉租住房的土地供应，在符合各项规划控制原则和规范的前提下，可适当提高住房建筑的容积率。二是加强对住宅用地的项目预审，适时适量适地推出住宅建设新增用地，在土地招拍挂文件、土地出让合同中，严格规定住房建筑套密度、住房面积净密度、套型结构比例和建设进度计划等要求。三是加强对闲置土地的处置力度，提高土地利用效率。

2、扩大经济适用住房建设规模，优化住房供应结构

根据《上海市解决城市低收入家庭住房困难发展规划（2008-2012年）》，2009年将扩大经济适用房建设规模。一方面，要通过集中建设和在普通商品住房项目中配建的方式，加快经济适用住房建设和供应。经济适用住房主要采取集中建设和配建方式。集中建设主要在一个建设项目中通过土地划拨方式，全部建设经济适用住房。配建主要是在本市新出让土地使用权和已出让土地使用权的普通商品住宅用地中，根据本市不同区域，按一定比例建造经济适用住房。另一方面，完善经济适用住房项目周边区域的市政、公建配套设施，与经济适用住房项目同步规划、同步设计、同步建设、同步交付。

3、以廉租住房制度为重点，多渠道解决城市低收入家庭住房困难

按照国务院24号文件和建设部《廉租住房保障办法》的精神，结合本市推进廉租住房建设的实际，着力完善廉租住房制度。本市廉租住房保障实行货币补贴和实物配租等方式相结合。一是要按照以区县自筹为主，市级统筹作适当补充的原则，建立健全廉租住房房源的筹措机制，通过收购、新建、配建等方式，多渠道筹措廉租实物房源，逐步扩大实物配租比例；二是发放租赁补贴，由廉租住房保障对象自行从市场租赁住房；三是调整和完善公有住房租金减免办法，逐步将承租公有住房的低收入家庭和重点优抚家庭纳入廉租住房保障体系。

同时，在符合城市规划和土地利用总体规划的前提下，按照“政府主导、统筹规划、单位负责、市场运作”的原则，在经济开发区、工业园区等外来务工人员集中的区域，新建或改建部分集体宿舍和集体公寓，定向出租给来沪务工人员，改善来沪从业人员居住条件。

4、加大财政投入力度，推进旧区和旧住房改造

加大财政投入力度，发挥政府在旧区改造中的主导作用，调动各方积极性，加快推进旧区和二级旧里以下房屋改造。尤其要以居住环境差、居民改造愿望迫切的成片二级旧里以下房屋为重点，加快旧住房拆除重建改造，要按照政府主导、市区协作、合力推进的要求，完善重建改造的政策法规、技术规范和配套措施，分类指导，综合推进。重点推进闸北、黄浦、杨浦、普陀、虹口等中心城区的旧区和二级旧里以下房屋改造。

积极落实旧住房综合改造。坚持“拆、改、留”并举，采取平改坡综合改造、成套率改造和“拆落地”整体改建等多种方法，切实改善广大居民的居住条件。

5、完善配套设施建设，提升居住质量

加强对工程规划、设计、施工、四新成果应用、节能环保、配套设施建设等各个环节的指导

和服务，确保工程建设质量，建设节能环保型住宅。继续加强住房与配套同步设计、同步实施、同步交付制度，提高居住区品质，适应居民提升居住质量的要求。

6、加强政策研究和法规建设，完善住房保障制度体系

在严格执行国家调控措施的同时，结合本市实际，加强对房地产市场发展中出现的新情况和新问题的研究，并以此为基础，加强房地产法规建设，完善相关管理办法和措施，促进房地产市场管理的规范化和法制化建设。特别是要完善经济适用住房的供应销售管理制度，按照申请、审核、公示和登记轮候等办法，建立登记轮候册，实行轮候分配的制度。完善廉租住房管理的制度和法规，完善廉租对象收入认定的动态调整机制，不断扩大政策受益面，加快实现“应保尽保”，健全实物配租和退出机制。

六、保障措施

1、建立住房建设计划实施的分级负责制。强化各级政府、各相关部门对住房建设的管理责任。市政府主要负责政策制定和统筹协调；区县政府负责项目的落实和计划的具体实施。

2、加强住房建设项目的全过程管理和监测力度。加强项目开工前的审批管理，在项目审批、土地供应、规划审批、设计审查等环节，加强动态管理，健全日常监测制度，按照交易前、交易中和交易后三个阶段，有重点地加强跟踪管理。同时，深入开展房地产市场秩序专项整治，严厉查处房地产市场中的违法违规行为，规范房地产市场运行秩序。

3、完善房地产统计和信息披露制度。在发布并严格执行住房建设规划、年度计划的同时，建立健全统一的房地产信息发布制度，定期发布住房项目开竣工、销售以及有关政策等房地产市场信息，通过引导市场预期，促进住房理性投资和消费，促进房地产市场健康有序发展。

上海市房屋土地资源管理局

二〇〇八年三月三十一日

上海市城市规划管理局关于印发《上海市控制性详细规划局部调整规定（试行）》的通知

沪规划（2007）1107号

各区（县）规划局、各派出机构：

为了进一步加强规划管理，完善规划管理体制机制，提高规划管理效能，规范控制性详细规划局部调整方案的编制与审批，根据建设部《城市规划编制办法》和《上海市城市规划条例》等有关规定，我局制定了《上海市控制性详细规划局部调整规划管理规定（试行）》，经2007年8月24日局长办公会议讨论通过，现印发给你们，自2007年11月1日起试行。

此前我局发布的文件中涉及控制性详细规划调整的规划管理规定与本《规定》不一致的，以本《规定》为准。

执行中如有问题和建议，请及时反馈我局。

二〇〇七年十月二十三日

上海市控制性详细规划局部调整规定（试行）

第一条 （目的与依据）

为进一步加强规划管理，提高城市规划的科学性和合理性，规范控制性详细规划局部调整的编制与审批，保障城市规划有效实施，根据建设部《城市规划编制办法》和《上海市城市规划条例》等有关规定，结合本市实际情况，制定本管理规定。

第二条 （原则与适用）

经法定程序批准的控制性详细规划是本市城市规划实施管理的法定依据，必须严格执行，任何单位和个人不得擅自调整。

凡因城市总体规划、分区规划、单元规划等上位规划发生重大变更，或者因设立重大建设项目，确需对已经法定程序批准的控制性详细规划主要功能或总体布局等产生调整的，按照法定程序修编控制性详细规划，并报原审批部门审批。

因本规定第三条所列情形而确需对已经法定程序批准的控制性详细规划进行局部调整的，必须按照规划合理、程序规范和信息公开的原则，按本规定的相关程序和要求执行。

第三条 （定义）

因相关的专业系统规划、专项规划（含控制线规划）或因建设项目其它规划实施条件发生变化，导致已经批准的控制性详细规划确定的部分规划控制线、局部地块用地性质等强制性控制指标调整的，属控制性详细规划局部调整。

因重要地区编制城市设计或修建性详细规划确需对已经批准的控制性详细规划作局部调整，经本规定第五条规定的程序认定后方可进行。

控制性详细规划局部调整分为技术性局部调整和一般性局部调整。

（一）以下情形可以认定为控制性详细规划技术性局部调整：

1、符合城市规划导向、满足地区功能发展要求以及用地性质兼容性规定等要求的规划用地性质、用地布局或地块边界的调整。

（1）住宅用地调整为社区公共服务设施用地、公共绿地的；

（2）中心城范围内住宅用地调整为商业办公用地，且对周边无不良影响和不增加容积率的；

（3）中心城范围内规划保留的工业用地，周边为居住用地的，将工业用地调整为社区公共服务设施用地、公共绿地的；

（4）经相关权益方协商同意，局部调整相邻地块边界的；

（5）经征得相关主管部门同意，对交通和市政等基础设施规模和布局进行局部调整，且符合相关专业系统规划、满足功能和服务半径要求的；

2、在规划建筑总量平衡的前提下，进行局部地块规划建筑容量转移，且满足日照、绿化等环境和交通、市政基础设施承载力的（已签订国有土地出让合同的除外）；

3、为满足功能和城市空间景观的要求，在符合安全、交通、环境、日照等管理要求的前提下，局部增加工业、商业办公、居住、公共服务设施或市政交通基础设施等地块建筑高度、面宽、密度的；

4、为有利沿街建筑立面景观或使用功能的连续，局部减少建筑退让道路红线距离，且满足道路交通功能、消防间距等要求的；

5、因城市公共活动功能的需要，在保持绿地总量平衡、满足城市公共空间景观要求的前提下，局部降低其中某地块绿地率的；

6、因道路、河道、电力高压线等工程实施而局部调整红线、蓝线、黄线等规划控制线，且在规划总体控制要求基本不变的前提下调整相关建设地块规划指标的；

7、经市规划局认定的其它情形。

（二）除本条（一）所规定情形之外，涉及对已经法定程序批准的控制性详细规划确定的用地性质、规划指标、结构布局等强制性控制指标有一定调整，且对周边产生一定影响的，可以认定为控制性详细规划一般性局部调整。

第四条 （编制要求）

（一）因专业系统规划、专项规划（含控制线规划）编制或调整导致对已经批准的控制性详细规划的局部调整，由市规划局会同相关专业部门、区县规划部门等随专业系统规划、专项规划的编制或调整，依照控制性详细规划编制成果规范，同步编制控制性详细规划局部调整方案（含图则）。

（二）因编制修建性详细规划、城市设计或因规划实施条件变化确需对已经批准的控制性详细规划作局部调整或深化的，应经市规划局依申请审核同意，由区县规划部门组织编制控制性详细规划局部调整方案。

第五条 （审批程序）

上述随专业系统规划、专项规划（含规划控制线）编制或调整的控制性详细规划局部调整方案（含图则）同步上报后，按规定程序一并审批。

确有特殊原因（如规划控制线编制）而无法同步编制和上报控制性详细规划局部调整方案的，由市规划局根据批准后的专业系统规划、专项规划（含规划控制线）另行制定。

对第四条（二）依申请的控制性详细规划局部调整，按以下程序审批。

（一）任务申请与审核

区、县规划部门经区、县人民政府同意后，应向市规划局提出控制性详细规划局部调整的申请。申请报告内容应符合本管理规定附件 1 的要求。

市规划局收到申请报告后应在 10 个工作日内予以审核。审核同意的，应予批复并认定属一般性局部调整或技术性局部调整，明确相关规划研究和编制以及公众参与等要求；审核不予同意的，应书面函复并告知理由。

（二）规划编制与上报

区、县规划部门应按照市规划局对控制性详细规划局部调整申请报告的批复，组织具有相应资质的规划设计单位编制控制性详细规划局部调整方案。控制性详细规划局部调整方案编制的内容应符合本规定附件 2 的规定。

对于一般性局部调整（涉及保密要求的除外），区、县规划局参照《上海市制定控制性详细规划听取公众意见的暂行规定》，将控制性详细规划局部调整的相关内容在规划所在区域和政府网站上公示不少于 20 天，并收集公众意见，汇总形成公众参与报告书。

区、县规划部门应按成果规范要求将控制性详细规划局部调整方案上报市规划局。对符合上报要求的，市规划局应予受理；对不符合规定要求的，不予受理。

（三）规划审批

市规划局应当根据对申请报告的批复，对上报的控制性详细规划局部调整方案组织审核和审批。

1、对于控制性详细规划技术性局部调整，市规划局在10个工作日内通过内部会审予以审批。根据需要，市规划局会同相关区、县规划部门可组织专家和专业部门审议以及听取公众意见（所需时间不计入审批时间）。

2、对于控制性详细规划一般性局部调整，市规划局在20个工作日内应组织专家和专业部门审议，形成控制性详细规划局部调整审议意见，并结合公众参与报告书等予以审批。

3、对于历史文化风貌保护区规划一般性局部调整，应符合本规定并应按“特别论证制度”予以审批。

4、对于已签订土地出让合同的控制性详细规划一般性局部调整，除涉及公众利益外不予调整。

5、对不符合任务书批复要求的，书面通知区、县规划部门予以修改后另行报批。

根据需要，相关区、县规划部门可参与相关审查会议。

第六条 （经市政府批准的控制性详细规划的局部调整）

对于经市政府批准的控制性详细规划进行的局部调整，在报经市政府同意后，根据控制性详细规划局部调整审议意见和公众参与报告书，由市规划局审批并报市政府备案。

第七条 （经区、县政府批准的控制性详细规划的局部调整）

（一）对于浦东新区、郊区区、县政府经法定程序批准的控制性详细规划进行的局部调整，参照本规定的程序报原审批部门审批。

（二）控制性详细规划局部调整的批复及成果，应按规定报市规划局备案。

第七条 （信息公开）

控制性详细规划局部调整方案批准后，规划成果等审批结果应按照《上海市城市规划管理信息审核及发布工作规则》予以发布。

第八条 （其它）

（一）未按本管理规定及相关规定进行控制性详细规划局部调整的，调整规划无效；因违规调整规划而审批建设项目造成后果的，按照《上海市城市规划管理条例》追究有关审批单位和责任人的责任。

（二）本规程从2007年11月1日起试行。

附件1：

关于控制性详细规划局部调整申请报告的内容要求

2、关于控制性详细规划局部调整方案的内容要求

附件1：

关于控制性详细规划局部调整申请报告的内容要求

本规定第五条第一款规定的控制性详细规划局部调整申请报告应当包括以下内容：

1、规划名称及概况。包括申请调整规划的范围的地理位置、历史背景、建设现状、交通条件，以及规划调整范围与周边地区的关系等。

2、原控制性详细规划编制和实施情况的简要评价。

3、申请规划局部调整必要性的论证。包括社会经济发展情况、上层次规划情况、原规划存在的主要问题等。

4、规划局部调整拟解决的主要问题。

5、对一般性局部调整征求相关利害关系人意见的情况。

附件 2：

关于控制性详细规划局部调整方案编制的内容要求

本规定第五条第二款规定的控制性详细规划局部调整方案应当符合控制性详细规划编制成果规范，具体包括以下内容：

1、控制性详细规划局部调整方案名称及概况。包括地理位置、历史背景、用地现状、交通条件、与周边关系等。

2、原控制性详细规划的各项控制指标和要求。

3、控制性详细规划局部调整的具体内容。

4、控制性详细规划局部调整的理由、依据。包括社会和经济效益；对城市空间形态、历史文化风貌的影响情况；对环境和交通的影响情况；对市政配套设施、社区公共服务设施的影响情况等。

5、控制性详细规划局部调整修订（补充）图则。

关于印发《上海市住房建设规划（2008-2012 年）》的通知

沪房地资综 [2008]727 号

各区（县）房地局：

根据住房和城乡建设部的要求，我局会同相关部门编制了《上海市住房建设规划（2008-2012 年）》，向社会公开征求意见后，经市政府同意，现予印发，请各单位遵照执行。

附件：上海市住房建设规划（2008-2012 年）

上海市房屋土地资源管理局

二〇〇八年十一月三日

上海市住房建设规划（2008-2012 年）

第一章 总则

一、编制目的

为促进上海市经济社会全面、协调、可持续发展，落实中央宏观调控政策，全面推进“四个中心”和上海现代化国际大都市建设，加强对近期上海住房，特别是廉租住房、经济适用住房和普通商品房建设的指导与统筹，进一步完善住房供应机制，编制本规划。

二、编制依据

（一）《国务院办公厅转发建设部等部门关于做好稳定住房价格工作意见的通知》（国办发 [2005] 26 号）、《国务院办公厅转发建设部等部门关于调整住房供应结构稳定住房价格意见的通知》（国办发 [2006]37 号）、《关于落实新建住房结构比例要求的若干意见》（建住房 [2006]165

号）、《国务院关于解决城市低收入家庭住房困难的若干意见》（国发[2007]24 号）、《关于做好住房建设规划与住房建设年度计划制定工作的指导意见》（建规[2008]46 号）等政策文件。

（二）《上海市土地利用总体规划》、《上海市城市总体规划（1999 年—2020 年）》、《上海市国民经济和社会发展第十一个五年规划纲要》、《上海市住房建设规划（2006—2010 年）》和《上海市解决城市低收入家庭住房困难发展规划（2008—2012 年）》等有关规划文件。

三、指导思想

以邓小平理论和“三个代表”重要思想为指导，全面贯彻落实科学发展观和构建社会主义和谐社会的重大战略思想，坚决贯彻中央宏观调控政策，以调整住房供应结构、稳定住房价格、解决中低收入群众住房困难为工作重点，建立健全“两大体系”，即诚信、规范、透明、法治的房地产市场体系，分层次、多渠道、成系统的住房保障体系，引导和促进房地产业持续、健康、稳定发展，为上海市民提供更多适宜的住房，促进和谐社会建设。

四、编制原则

（一）住房建设与经济社会发展相一致原则。根据上海市经济社会发展的总体水平和现代化国际大都市的发展方向，合理确定上海住房的建设规模和发展速度，发挥好住房建设对经济社会发展的促进作用。

（二）住房建设与市民多层次的住房需求相适应原则。进一步完善住房保障体系和房地产市场体系，优化住房供应结构，重点发展廉租住房、经济适用住房，切实保障中低收入住房困难家庭的基本居住条件；大力发展中小套型、中低价位普通商品住房，不断适应不同层次、不同收入市民的梯度消费需求。

（三）住房建设与资源环境承载力相协调原则。结合上海人口总量、结构的发展，以建设“资源节约、环境友好”型社会为导向，以全面建设节能省地型住房为抓手，大力推进住宅产业现代化，降低资源和能源的消耗，积极推行和引导合理的住房建设和消费模式，促进人口、资源、环境协调发展。

（四）住房建设与房地产市场调控相结合原则。坚持“以居住为主、以市民消费为主、以普通商品住房为主”的原则，加强供应和需求双向调控，发挥好住房建设对稳定房地产市场的促进作用。

五、规划的期限和范围

本住房建设规划的期限为 2008—2012 年；规划范围包括上海市管辖的 19 个行政区（县）。

第二章 住房建设现状与发展趋势

一、住房建设现状

“九五”、“十五”以来，随着城镇住房制度改革的不断深化，上海房地产业快速健康发展，已成为全市经济发展的支柱产业。上海住房建设各项指标不断优化，市民居住条件明显改善。至 2007 年末，全市城镇住房保有量为 43283 万平方米（建筑面积），城镇居民人均住房建筑面积为 32.2 平方米，住房成套率达到 94.7%。廉租住房制度不断完善，全市累计享受廉租住房政策的家庭达到 3 万户。新建住房结构逐步调整，工程质量、配套质量以及科技含量等整体水平进一步提高。同时，通过“拆、改、留、修”并举，大力推进“平改坡”和旧住房综合改造，改善了大批旧住房的居住功能。市民的居住条件和环境有了明显的改善。然而上海的住房建设发展还有不平衡：集中表现在住房供应结构不尽合理，总体房价偏高，中低收入的市民购买、租赁的经济适用型住房供应不足，廉租住房房源偏紧等，这些都需要进一步调整完善。

二、住房发展趋势

根据上海“四个中心”和国际化大都市的总体建设目标，上海经济社会和城市建设将保持持续较快发展，为住房建设提供良好的发展环境；世博会的筹办和社会主义新农村建设，将为住房建设带来新一轮的发展动力。未来五年，上海仍然面临人口增长较快的压力，中心城区特别是旧区人口向外（重点是中心城以外的郊区）疏解仍然是人口发展布局的方向，上海未来的发展将遵循城乡一体、协调发展的原则，城镇结构向中心城——新城——新市镇——中心村的方向发展。随着国际化、现代化、城镇化进程的加快，住房消费需求在较长时间内仍将维持较高水平，特别是保障性住房的需求较大。同时，住房建设也面临着资源的短缺、环境承载力小等不利因素的制约。

随着上海经济社会发展和市民生活水平提高，不断满足市民不同层次的住房需求，加强保障性住房的建设和供应，仍然是规划期间住房建设面临的主要任务。

第三章 住房建设目标

规划期内，住房建设应立足于本市经济社会发展的实际和资源环境的承载能力，进一步完善以市场为主导，多渠道、多层次的住房供应体系，逐步建立符合国情和本市实际的住房建设模式和消费模式，重点发展中低价位、中小套型的普通商品住房和保障性住房，解决低收入和中低收入家庭的住房困难问题。

一、总体目标

（一）建设总量和结构

规划期内，新开工住房建筑面积约为9300万平方米。新开工面积中，经济适用住房和廉租住房等保障性住房约2000万平方米。新审批、新开工的商品住房建设，套型建筑面积90平方米以下住房面积所占比重达到开发建设总面积的70%以上。

规划期内，竣工住房面积约1亿平方米，其中，经济适用住房、廉租住房等保障性住房近1500万平方米。

（二）土地供应

规划期内，全市新增住房建设用地供应总量约为5000公顷左右，同时加快已批未建土地的开发建设。优先确保经济适用住房和廉租住房所需的建设用地供应；中低价位、中小套型住房建设用地比重占年度住房建设用地总量的70%以上。

（三）住房保障

继续扩大保障性住房政策的覆盖面。根据《上海市解决城市低收入家庭住房困难发展规划（2008—2012年）》，到2012年底，廉租住房受益家庭共新增不少于10万户，累计廉租受益家庭达到13万户，实物配租比例逐步扩大到20%至30%；累计建设廉租和经济适用住房30万套。

（四）旧住房改造

完成中心城区成片二级旧里以下旧房400万平方米的旧区改造任务。完成包括成套改造、综合整治及“平改坡综合改造”在内的旧住房综合改造5700万平方米。

（五）住房建设标准

按照“高起点规划、高水平设计、高质量施工、高标准管理”的要求建设住宅，新建住宅中“四高”优秀小区的创建达到40%左右。完善住宅配套实施建设。全面落实《关于本市新建住宅节能省地发展的指导意见》，大力发展节能省地型住宅，经济适用住房单套面积控制在60平方米左右。

形成符合我国国情和上海实际的住宅建设和消费模式，进一步推进住宅建设的可持续发展。

二、住房建设年度安排

规划期内，根据上海社会经济和房地产市场发展趋势，科学合理确定住房建设年度安排。

2008年，新增住宅用地供应800—1000公顷，优先确保经济适用住房和廉租住房用地。新开工住房建筑面积2000万平方米，其中经济适用住房和廉租住房400万平方米；竣工住房面积2500万平方米。

2009年，新增住宅用地供应1000公顷左右，优先确保经济适用住房和廉租住房用地。新开工住房建筑面积1800万平方米，其中经济适用住房和廉租住房400万平方米；竣工住房面积2000万平方米。

2010-2012年，根据规划总体目标、上年度的实际完成情况以及市场需求变化，科学合理确定住房建设年度安排，并纳入规划年度实施计划和土地供应年度计划，定期向社会公布。

第四章 住房建设布局

一、住房建设布局原则

（一）与城市总体规划发展方向相一致的原则。按照“1966”的城镇体系规划，上海将建设一个中心城、若干重点新城、中心镇和中心村。郊区城镇住宅建设的环境质量和水平优于中心城，引导中心城人口疏解和郊区人口向城镇集中。

（二）与产业布局相协调的原则。与区（县）功能定位、产业结构和就业结构相协调，增强住房空间布局的合理性、类型的多样性，推动产业与居住的平衡发展，促进工作与生活的适宜性。

（三）与公共交通及市政公建设施相配套的原则。充分考虑居民工作生活对交通设施条件的需求，在轨道交通站点和公共交通干线周边优先安排廉租住房、经济适用住房和中小套型普通商品住房建设。

（四）促进社会和谐与公平的原则。按照“大融合、小分散”的空间分布模式，鼓励和引导各种类型、各个层次、不同群体住房的相对混合布局，促进相互交流和社会和谐。

二、住房建设规划布局

根据上海城市总体发展规划以及《上海市国民经济和社会发展第十一个五年规划纲要》，结合上海住房发展现状，考虑未来城市主体功能区的划分，针对不同区域发展定位和功能特点，分层次进行规划布局。

（一）住房建设总体规划布局

中心城进一步优化布局，控制高强度开发、高密度住宅布局。旧区改造坚持拆、改、留、修并举，注重保护具有传统特色的住宅及由特色住宅群构成的城市历史风貌街区，加强环境景观建设，加快推进旧区改造。有力推进人口疏解、功能提升、环境改善和景观优化。

郊区实施“三个集中”，依托市政基础设施建设和产业发展布局，充分发挥新城在人口集中、产业集聚、土地集约利用中的重要作用，突出重点，有序推进，建设一批新型居住区，集中力量建设新城。

充分利用各城镇的历史基础和发展优势，加快推进试点城镇建设，稳步发展新市镇和中心村，形成一批相对独立、各具特色的小城镇。推进农民居住向城镇集中。倡导标准化设计，提高农民住房的规划和建设水平。

（二）经济适用住房和廉租住房规划布局

充分考虑低收入和中低收入家庭生活对交通设施条件的要求，合理配置经济适用住房和廉租住房建设项目用地，优先在交通便利、基础设施和公建配套设施比较完善的区域安排供地，主要集中在轨道交通沿线、中环线和外环线附近建设。结合市重大工程配套商品房基地已建成的市政、公建配套设施，将部分基地转化为经济适用住房和廉租住房，并在基地周边再新建一部分；结合中心城区产业调整，积极利用“退二进三”、停产闲置以及旧区改造等用地，安排部分经济适用住房和廉租住房建设；结合新城、新市镇的建设，安排部分经济适用住房和廉租住房建设；结合存量土地消化和闲置土地处置安排部分经济适用住房和廉租住房建设。

第五章 政策措施

一、加强住宅用地管理，优先确保保障性住房的土地供应

（一）优先确保经济适用住房和廉租住房的土地供应。各区（县）在安排年度土地利用计划时，优先安排经济适用住房和廉租住房项目的土地供应，在未完成经济适用住房和廉租住房年度土地供应计划前，不得供应商品住房用地。

（二）严格执行国家有关调控政策。继续停止别墅类房地产开发项目的土地供应，严格限制低密度、大套型住房的供应比例。在土地招拍挂文件、土地出让合同中，严格规定住房建筑套密度、住房面积净密度、套型结构比例和建设进度计划等要求，加大住房建设进度和供应结构的监管力度。

（三）推进节约集约用地。一是加快消化存量和闲置土地，对于清理出的闲置住宅用地处置，优先用于经济适用住房和廉租住房建设；二是大力发展节能省地型住宅开发，提高土地的利用效率；三是积极推进“三个集中”，稳妥推进农民宅基地置换试点。

二、完善住房保障体系与政策，多渠道解决城市中低收入家庭住房困难

（一）完善廉租住房制度，加快解决低收入家庭住房困难。加快制订《上海市廉租住房保障实施办法》，重点是建立廉租对象收入认定的动态调整机制，不断扩大政策受益面；建立健全廉租住房房源的筹措机制，通过新建、配建、收购、改建和鼓励社会捐赠等渠道，增加廉租房源供应，逐步扩大实物配租比例；完善和细化廉租供应住房申请、审核和退出的具体办法，并健全实物配租供应和退出机制。

（二）建立健全经济适用住房制度，积极解决中低收入家庭的住房困难。加快制订《上海市经济适用住房管理试行办法》，重点是建立健全经济适用住房的市区（县）联动建设机制；建立健全经济适用住房申请、审核和供应分配机制；建立健全经济适用住房产权管理机制。

（三）加快建立保障性住房租赁服务机制。建立全市统一、市区联动的保障性住房租赁服务平台，形成市、区（县）、街道（镇）三级管理、联动服务的网络体系，增强区（县）层面的租赁服务功能。同时，研究制订租房贴费政策和相关税费支持政策。鼓励居民通过租赁来逐步改善居住条件。

（四）改善引进人才和来沪务工人员居住条件。推动政府、企业、社会共同参与人才公寓建设。在符合城市规划和土地利用总体规划的前提下，按照“政府主导、统筹规划、企业尽责、市场运作”的原则，在经济开发区、工业园区等外来从业人员集中的区域，新建或改建部分集体宿舍和集体公寓，定向出租给来沪从业人员。做好规划设计和建设管理，坚持经济适用、合理布局、科学设计、确保质量，同时应适当配备必要的文化、体育活动等设施设备。

三、扩大保障性住房建设规模，优化住房供应结构

（一）重点确保经济适用住房和廉租住房建设。细化经济适用住房的建设规模和选址，加紧落实项目用地，在2008年内基本确定经济适用住房和廉租住房的规划用地，并从规划上先予控制，再按年度计划进行开发建设，确保规划期内2000万平方米目标的实现。在建设机制上，要按照“政府主导、市场运作、市区联手、定向供应”的原则，明确市和区（县）分工。市政府主要负责统一规划、统筹协调；区（县）政府主要承担具体组织实施。要通过单独选址、集中建设的方式和在普通商品住房项目中按一定比例配建经济适用住房、在经济适用住房项目中按一定比例配建廉租住房的方式，加快保障性住房建设和供应。

（二）稳步推进配套商品房建设。配套商品房建设是解决动迁居民居住困难、优化供应结构、保障城市建设的重要途径。一要合理确定建设规模和进度，根据市场供需把握开发与供应的节奏；二要继续完善供地方式，在限套型、限房价、竞地价、竞房价的基础上完善项目公开招投标方式；三要进一步提高建设水平，切实落实基地周边的产业、市政、公建等规划。

（三）继续优化普通商品住房建设。要采取土地、财税、金融等综合措施，大力发展中低价位、中小套型的普通商品住房。按照区域控制、总量和项目相结合的原则，继续优化供地结构，确保中低价位、中小套型普通商品住房的用地供应，严格按照住房和城乡建设部有关规定控制套型面积比例。

四、全面推进住宅产业现代化，进一步提高新建住宅的综合性能

（一）健全住宅质量管理体制。完善住宅质量管理机制和管理方式，实现“全覆盖、全过程、全方位”管理，重点推进创“无渗漏”住宅质量的管理工作，继续抓好住宅质量通病防治，不断满足市民对住房质量和功能的要求。

（二）完善市政公建配套网络与功能。一要加强以经济适用住房、配套商品房和中低价位普通商品住房等新建住宅小区为主的市政、公建配套设施建设，确保医院、学校、商业网点、社区服务中心等公建服务设施以及道路、公交等市政配套设施与住宅开发的同步建设；二要完善郊区居住区交通网络，形成与住宅发展布局相匹配的市政设施网络。

（三）大力推进节能省地型住房建设。优化居住区规划布局和建筑设计，促进新技术、新材料、新产品、新工艺的集成应用。在节能方面，全面推进建筑围护结构保温节能，大力推进太阳能等可再生能源的利用。在节地方面，重点研究推进中小户型的住宅建设，提高住宅空间和土地的利用率。在节水方面，着重推进节水型器具和居住区及公建的雨水的收集利用。在节材方面，以推行住宅装修一次到位为突破口，同时推广可循环、高性能、低耗材的建筑材料利用。在环保方面，以减少居住区污染物排放、改善室内外生态环境为重点，提高居住区的综合环境质量。

五、坚持“拆、改、留、修”并举，改善市民居住条件

（一）加快推进旧区改造。发挥政府在旧区改造中的主导作用，调动各方积极性，加快推进旧区改造。尤其要以居住环境差、居民改造愿望迫切的成片二级旧里以下房屋为重点，加快推进闸北、黄浦、杨浦、普陀、虹口等中心城区的旧区房屋改造，逐步扩大就近安置试点。同时，有步骤地推进中心城区“城中村”改造。

（二）积极落实“平改坡”综合改造及旧住房综合整治。以“平改坡”等旧小区改造为载体，通过新建、改建、扩建、置换等手段补充完善公建配套设施。对于城市规划予以保留、建筑结构较好、但标准较低的旧住房，积极有序地进行“平改坡”和综合改造。

（三）加强住房养护修缮管理。通过完善住宅养护、修缮管理的有关规定，制定强制性的养

护与修缮制度和技术标准，并在执行标准中强化养护、修缮和安全管理，提高既有住宅的耐久性和安全性。

（四）加快优秀历史文化风貌区及优秀历史保护建筑修缮和保护性开发利用。按照“建设也是发展，保护也是发展”的要求，实行最严格的制度来实施优秀历史建筑的保护。

六、规范房地产市场秩序，加强市场监督管理

（一）加强住房建设项目的全过程管理和监测力度。加强项目开工前的审批管理，在项目审批、土地供应、规划审批、设计审查等环节，加强动态管理。健全住房市场监测制度，加大对供求、价格变化的监测力度。

（二）完善房地产统计和信息披露制度。健全统一的房地产信息发布制度，通过引导市场预期，促进住房理性投资和消费，促进房地产市场健康有序发展。完善房地产信息的共享机制，建立多部门参与的房地产市场预警与金融风险防范监测体系。

（三）进一步规范房地产市场交易秩序。按照“诚信、透明、规范、法治”的要求，继续完善房地产市场各项制度，强化市场监管和服务，深入开展房地产市场秩序专项整治，严厉查处房地产市场中的违法违规行为，规范房地产市场运行秩序。进一步构筑信息透明、交易安全的房地产登记体系。

七、加强政策研究和法规建设，完善住房保障制度体系

在严格执行国家调控措施的同时，结合本市实际，加强对房地产市场发展中出现的新情况和新问题的研究，并以此为基础，加强房地产法规建设，完善相关管理办法和措施，促进房地产市场管理的规范化和法制化建设。制订《房地产开发经营管理条例》，完善经济适用住房的供应销售管理制度，完善廉租住房管理的制度和法规。

第六章 规划实施的保障机制

一、强化统筹协调，落实分级负责制

住房建设规划的实施是一个系统工程，需要多方面配合与协作。一是加强与相关规划的衔接配合。做好与国民经济和社会发展规划和城市近期建设规划的衔接，以及与交通、市政、产业等相关专业规划的衔接和协调，形成规划实施的合力。二是建立分级负责制。市级主要负责政策制定、计划编制、组织协调等；各区（县）负责细化规划指标，加强规划落地，落实保障性住房的建设和供应任务，并做好建设的时序安排。

二、发挥年度计划的指导作用

住房建设规划把规划目标初步分解到各年。在具体落实中，应根据目标实际完成情况以及上海经济社会发展和住房供需情况的动态监测，适时适度地进行调整，制定年度住房建设计划。年度住房建设计划作为项目审核、规划许可和土地出让的具体依据，各级政府、各相关部门应严格执行。

三、建立动态监控机制，加强规划实施的监督管理

建立规划实施的动态监控机制，完善住房建设规划的公共参与机制，加强规划效能监察。规划实施一段时期后，围绕规划提出的主要目标、重点任务和政策措施，要组织开展规划实施评估，全面分析检查规划的实施效果及各项政策措施落实情况，推动规划有效实施，并为动态调整和修订规划提供依据。

第七章 附则

本规划经上海市人民政府批准后实施，由上海市住房保障和房屋管理局负责解释。

注解：

1、经济适用住房：指面向中低收入家庭出售，享受政府政策优惠，限定建设标准、供应对象、销售价格的政策性保障住房。

2、廉租住房：是指针对解决城市低收入家庭住房困难，按照限定建设标准建设、筹措的政策性保障住房。该类房屋只租不售。

3、配套商品房：是指政府提供优惠政策，限定建设标准，供应本市重大工程、重点旧区改造等建设项目被拆迁居民的政策性商品住房。

4、城市低收入住房困难家庭：指本市行政区域内家庭收入、住房状况符合规定保障条件的家庭，其保障条件及标准详见当年廉租住房政策文件。

5、上海旧住房综合改造主要包括旧住房综合整治、旧住房成套改造、“平改坡”综合改造三种方式。这三种改造方式是根据房屋现状采用的不同改造方式。

旧住房成套改造是通过加固结构、调整房屋平面布局，增添和完善配套设施，达到厨卫独用的房屋改造。

旧住房综合整治是对屋面外墙渗漏、上下水管道不畅堵塞、电线老化、小区路面破损等影响居民生活的“急、难、愁”进行修缮整治。

旧小区平改坡综合改造是对多层住宅平屋面改造成坡屋面并对房屋进行修缮，改善小区配套。

6、1966城镇体系：按照上海城市规划，上海将建成四级城镇体系，即“1个中心城区”、“9个新城”、“60个左右新市镇”、“600个左右中心村”。

7、住宅建筑套密度：每公顷住宅用地上拥有的住宅套数。

8、住宅建筑净密度：每公顷住宅用地上拥有的住宅建筑面积。

第五节 财税金融类

关于廉租住房经济适用住房和住房租赁有关税收政策的通知

财税[2008]24号

各省、自治区、直辖市、计划单列市财政厅（局）、国家税务局、地方税务局，新疆生产建设兵团财务局：中华会计网校

为贯彻落实《国务院关于解决城市低收入家庭住房困难的若干意见》（国发[2007]24号）精神，促进廉租住房、经济适用住房制度建设和住房租赁市场的健康发展，经国务院批准，现将有关税收政策通知如下：

一、支持廉租住房、经济适用住房建设的税收政策

（一）对廉租住房经营管理单位按照政府规定价格、向规定保障对象出租廉租住房的租金收入，免征营业税、房产税。

（二）对廉租住房、经济适用住房建设用地以及廉租住房经营管理单位按照政府规定价格、

向规定保障对象出租的廉租住房用地，免征城镇土地使用税。

开发商在经济适用住房、商品住房项目中配套建造廉租住房，在商品住房项目中配套建造经济适用住房，如能提供政府部门出具的相关材料，可按廉租住房、经济适用住房建筑面积占总建筑面积的比例免征开发商应缴纳的城镇土地使用税。

（三）企事业单位、社会团体以及其他组织转让旧房作为廉租住房、经济适用住房房源且增值额未超过扣除项目金额 20%的，免征土地增值税。

（四）对廉租住房、经济适用住房经营管理单位与廉租住房、经济适用住房相关的印花税以及廉租住房承租人、经济适用住房购买人涉及的印花税予以免征。

开发商在经济适用住房、商品住房项目中配套建造廉租住房，在商品住房项目中配套建造经济适用住房，如能提供政府部门出具的相关材料，可按廉租住房、经济适用住房建筑面积占总建筑面积的比例免征开发商应缴纳的印花税。

（五）对廉租住房经营管理单位购买住房作为廉租住房、经济适用住房经营管理单位回购经济适用住房继续作为经济适用住房房源的，免征契税。中华会计网校

（六）对个人购买经济适用住房，在法定税率基础上减半征收契税。

（七）对个人按《廉租住房保障办法》（建设部等 9 部委令第 162 号）规定取得的廉租住房货币补贴，免征个人所得税；对于所在单位以廉租住房名义发放的不符合规定的补贴，应征收个人所得税。

（八）企事业单位、社会团体以及其他组织于 2008 年 1 月 1 日前捐赠住房作为廉租住房的，按《中华人民共和国企业所得税暂行条例》（国务院令第 137 号）、《中华人民共和国外商投资企业和外国企业所得税法》有关公益性捐赠政策执行；2008 年 1 月 1 日后捐赠的，按《中华人民共和国企业所得税法》有关公益性捐赠政策执行。个人捐赠住房作为廉租住房的，捐赠额未超过其申报的应纳税所得额 30% 的部分，准予从其应纳税所得额中扣除。

廉租住房、经济适用住房、廉租住房承租人、经济适用住房购买人以及廉租住房租金、货币补贴标准等须符合国发[2007]24 号文件及《廉租住房保障办法》（建设部等 9 部委令第 162 号）、《经济适用住房管理办法》（建住房[2007]258 号）的规定；廉租住房、经济适用住房经营管理单位为县级以上人民政府主办或确定的单位。

二、支持住房租赁市场发展的税收政策

（一）对个人出租住房取得的所得减按 10%的税率征收个人所得税。

（二）对个人出租、承租住房签订的租赁合同，免征印花税。

（三）对个人出租住房，不区分用途，在 3%税率的基础上减半征收营业税，按 4%的税率征收房产税，免征城镇土地使用税。

（四）对企事业单位、社会团体以及其他组织按市场价格向个人出租用于居住的住房，减按 4%的税率征收房产税。中华会计网校

租住房、经济适用住房相关的新的优惠政策自 2007 年 8 月 1 日起执行，文到之日前已征税款在以后应缴税款中抵减。与住房租赁相关的新的优惠政策自 2008 年 3 月 1 日起执行。其他政策仍按现行规定继续执行。

各地要严格执行税收政策，加强管理，对执行过程中发现的问题，及时上报财政部、国家税务总局。

特此通知。

财政部 国家税务总局

二〇〇八年三月三日

国务院办公厅关于当前金融促进经济发展的若干意见

国办发〔2008〕126号

各省、自治区、直辖市人民政府，国务院各部委、各直属机构：

为应对国际金融危机的冲击，贯彻落实党中央、国务院关于进一步扩大内需、促进经济增长的十项措施，认真执行积极的财政政策和适度宽松的货币政策，加大金融支持力度，促进经济平稳较快发展，经国务院批准，提出如下意见：

一、落实适度宽松的货币政策，促进货币信贷稳定增长

（一）保持银行体系流动性充足，促进货币信贷稳定增长。根据经济社会发展需要，创造适度宽松的货币信贷环境，以高于GDP增长与物价上涨之和约3至4个百分点的增长幅度作为2009年货币供应总量目标，争取全年广义货币供应量增长17%左右。密切监测流动性总量及分布变化，适当调减公开市场操作力度，停发3年期央行票据，降低1年期和3个月期央行票据发行频率。根据国内外形势适时适度调整货币政策操作。

（二）追加政策性银行2008年度贷款规模1000亿元，鼓励商业银行发放中央投资项目配套贷款，力争2008年金融机构人民币贷款增加4万亿元以上。

（三）发挥市场在利率决定中的作用，提高经济自我调节能力。增强贷款利率下浮弹性，改进贴现利率形成机制，完善中央银行利率体系。按照主动性、可控性和渐进性原则，进一步完善人民币汇率形成机制，增强汇率弹性，保持人民币汇率在合理均衡水平上基本稳定。

二、加强和改进信贷服务，满足合理资金需求

（四）加强货币政策、信贷政策与产业政策的协调配合。坚持区别对待、有保有压原则，支持符合国家产业政策的产业发展。加大对民生工程、“三农”、重大工程建设、灾后重建、节能减排、科技创新、技术改造和兼并重组、区域协调发展的信贷支持。积极发展面向农户的小额信贷业务，增加扶贫贴息贷款投放规模。探索发展大学毕业生小额创业贷款业务。支持高新技术产业发展。同时，适当控制对一般加工业的贷款，限制对高耗能、高排放行业和产能过剩行业劣质企业的贷款。

（五）鼓励银行业金融机构在风险可控前提下，对基本面比较好、信用记录较好、有竞争力、有市场、有订单但暂时出现经营或财务困难的企业给予信贷支持。全面清理银行信贷政策、法规、办法和指引，根据当前特殊时期需要，对《贷款通则》等有关规定和要求做适当调整。

（六）支持中小企业发展。落实对中小企业融资担保、贴息等扶持政策，鼓励地方人民政府通过资本注入、风险补偿等多种方式增加对信用担保公司的支持。设立包括中央、地方财政出资和企业联合组建在内的多层次中小企业贷款担保基金和担保机构，提高金融机构中小企业贷款比重。对符合条件的中小企业信用担保机构免征营业税。

（七）鼓励金融机构开展出口信贷业务。将进出口银行的人民币出口卖方信贷优惠利率适用

范围，扩大到具有自主知识产权、自主品牌和高附加值出口产品。允许金融机构开办人民币出口买方信贷业务。发挥出口信用保险在支持金融机构开展出口融资业务中的积极作用。

（八）加大对产业转移的信贷支持力度。支持金融机构创新发展针对产业转移的信贷产品和审贷模式，探索多种抵押担保方式。鼓励金融机构优先发放人民币贷款，支持国内过剩产能向境外转移。

（九）加大对农村金融政策支持力度，引导更多信贷资金投向农村。坚持农业银行为农服务方向，拓展农业发展银行支农领域，扩大邮政储蓄银行涉农业务范围，发挥农村信用社为农民服务的主力军作用。县域内银行业金融机构新吸收的存款，主要用于当地发放贷款。建立政府扶持、多方参与、市场运作的农村信贷担保机制。在扩大农村有效担保物范围基础上，积极探索发展农村多种形式担保的信贷产品。指导农村金融机构开展林权质押贷款业务。

（十）落实和出台有关信贷政策措施，支持居民首次购买普通自住房和改善型普通自住房。加大对城市低收入居民廉租房、经济适用房建设和棚户区改造的信贷支持。支持汽车消费信贷业务发展，拓宽汽车金融公司融资渠道。积极扩大农村消费信贷市场。

三、加快建设多层次资本市场体系，发挥市场的资源配置功能

（十一）采取有效措施，稳定股票市场运行，发挥资源配置功能。完善中小企业板市场各项制度，适时推出创业板，逐步完善有机联系的多层次资本市场体系。支持有条件的企业利用资本市场开展兼并重组，促进上市公司行业整合和产业升级，减少审批环节，提升市场效率，不断提高上市公司竞争力。

（十二）推动期货市场稳步发展，探索农产品期货服务“三农”的运作模式，尽快推出适应国民经济发展需要的钢材、稻谷等商品期货新品种。

（十三）扩大债券发行规模，积极发展企业债、公司债、短期融资券和中期票据等债务融资工具。优先安排与基础设施、民生工程、生态环境建设和灾后重建等相关的债券发行。积极鼓励参与国家重点建设项目的上市公司发行公司债券和可转换债券。稳步发展中小企业集合债券，开展中小企业短期融资券试点。推进上市商业银行进入交易所债券市场试点。研究境外机构和企业在境内发行人民币债券，允许在内地有较多业务的香港企业或金融机构在港发行人民币债券。完善债券市场发行规则与监管标准。

四、发挥保险保障和融资功能，促进经济社会稳定运行

（十四）积极发展“三农”保险，进一步扩大农业保险覆盖范围，鼓励保险公司开发农业和农村小额保险及产品质量保险。稳步发展与住房、汽车消费等相关的保险。积极发展建工险、工程险等业务，为重大基础设施项目建设提供风险保障。做好灾后重建保险服务，支持灾区群众基本生活设施和公共服务基础设施恢复重建。研究开放短期出口信用保险市场，引入商业保险公司参与竞争，支持出口贸易。

（十五）发挥保险公司机构投资者作用和保险资金投融资功能，鼓励保险公司购买国债、金融债、企业债和公司债，引导保险公司以债权等方式投资交通、通信、能源等基础设施项目和农村基础设施项目。稳妥推进保险公司投资国有大型龙头企业股权，特别是关系国家战略的能源、资源等产业的龙头企业股权。

（十六）积极发展个人、团体养老等保险业务，鼓励和支持有条件企业通过商业保险建立多层次养老保障计划，研究对养老保险投保人给予延迟纳税等税收优惠。推动健康保险发展，支持

相关保险机构投资医疗机构和养老实体。提高保险业参与新型农村合作医疗水平，发展适合农民需求的健康保险和意外伤害保险。

五、创新融资方式，拓宽企业融资渠道

（十七）允许商业银行对境内外企业发放并购贷款。研究完善企业并购税收政策，积极推动企业兼并重组。

（十八）开展房地产信托投资基金试点，拓宽房地产企业融资渠道。发挥债券市场避险功能，稳步推进债券市场交易工具和相关金融产品创新。开展项目收益债券试点。

（十九）加强对社会资金的鼓励和引导。拓宽民间投资领域，吸引更多社会资金参与政府鼓励项目，特别是灾后基础设施重建项目。出台股权投资基金管理办法，完善工商登记、机构投资者投资、证券登记和税收等相关政策，促进股权投资基金行业规范健康发展。按照中小企业促进法关于鼓励创业投资机构增加对中小企业投资的规定，落实和完善促进创业投资企业发展的税收优惠政策。

（二十）充分发挥农村信用社等金融机构支农主力军作用，扩大村镇银行等新型农村金融机构试点，扩大小额贷款公司试点，规范发展民间融资，建立多层次信贷供给市场。

（二十一）创新信用风险管理工具。在进一步规范发展信贷资产重组、转让市场的基础上，允许在银行间债券市场试点发展以中小企业贷款、涉农贷款、国家重点建设项目贷款等为标的资产的信用风险管理工具，适度分散信贷风险。

六、改进外汇管理，大力推动贸易投资便利化

（二十二）改进贸易收结汇与贸易活动真实性、一致性审核，便利企业特别是中小企业贸易融资。加快进出口核销制度改革，简化手续，实现贸易外汇管理向总量核查、非现场核查和主体监管转变。适当提高企业预收货款结汇比例，将一般企业预收货款结汇比例从10%提高到25%，对单笔金额较小的出口预收货款不纳入结汇额度管理。调整企业延期付款年度发生额规模，由原来不得超过企业上年度进口付汇额的10%提高为25%。简化企业申请比例结汇和临时额度的审批程序，缩短审批时间。允许更多符合条件的中外资企业集团实行外汇资金集中管理，提高资金使用效率。支持香港人民币业务发展，扩大人民币在周边贸易中的计价结算规模，降低对外经济活动的汇率风险。

七、加快金融服务现代化建设，全面提高金融服务水平

（二十三）进一步丰富支付工具体系，提高支付清算效率，加快资金周转速度。进一步增强现金供应的前瞻性，科学组织发行基金调拨，确保现金供应。配合实施积极财政政策，扩大国库集中支付涉农、救灾补贴等财政补助资金范围，实现民生工程、基础设施、生态环境建设和灾后重建所需资金直达最终收款人，确保各项财政支出资金及时安全拨付到位。优化进出口产品退税的国库业务流程，提高退税资金到账速度。加快征信体系建设，继续推动中小企业和农村信用体系建设，进一步规范信贷市场和债券市场信用评级，为中小企业融资创造便利条件。

八、加大财税政策支持力度，增强金融业促进经济发展能力

（二十四）放宽金融机构对中小企业贷款和涉农贷款的呆账核销条件。授权金融机构对符合一定条件的中小企业贷款和涉农贷款进行重组和减免。借款人发生财务困难、无力及时足额偿还贷款本息的，在确保重组和减免后能如期偿还剩余债务的条件下，允许金融机构对债务进行展期或延期、减免表外利息后，进一步减免本金和表内利息。

（二十五）简化税务部门审核金融机构呆账核销手续和程序，加快审核进度，提高审核效率，促进金融机构及时化解不良资产，防止信贷收缩。涉农贷款和中小企业贷款税前全额拨备损失准备金。对农户小额贷款、农业担保和农业保险实施优惠政策，鼓励金融机构加大对“三农”的信贷支持力度。研究金融机构抵债资产处置税收政策。结合增值税转型完善融资租赁税收政策。

（二十六）发挥财政资金的杠杆作用，调动银行信贷资金支持经济增长。支持地方人民政府建立中小企业贷款风险补偿基金，对银行业金融机构中小企业贷款按增量给予适度的风险补偿。鼓励金融机构建立专门为中小企业提供信贷服务的部门，增加对中小企业的信贷投放。对符合条件的企业引进先进技术和产品更新换代等方面的外汇资金需求，通过进出口银行提供优惠利率进口信贷方式给予支持。

九、深化金融改革，加强风险管理，切实维护金融安全稳定

（二十七）完善国际金融危机监测及应对工作机制。密切监测国际金融危机发展动态，研究风险的可能传播途径，及时对危机发展趋势和影响进行跟踪和评估。高度关注国内金融市场流动性状况、金融机构流动性及资产负债变化。必要时启动应对预案，包括特别流动性支持、剥离不良资产、补充资本金、对银行负债业务进行担保等，确保金融安全稳定运行。

（二十八）完善金融监管体系。进一步加强中央银行与金融监管部门的沟通协调，加强功能监管、审慎监管，强化资本金约束和流动性管理，完善市场信息披露制度，努力防范各种金融风险。

（二十九）商业银行和其他金融机构要继续深化各项改革，完善公司治理，强化基础管理、内部控制和风险防范机制，理顺落实适度宽松货币政策的传导机制。正确处理好金融促进经济发展与防范金融风险的关系，在经济下行时避免盲目惜贷。切实提高金融促进经济发展的质量，防止低水平重复建设。

（三十）支持和鼓励地方人民政府为改善金融服务创造良好条件。地方人民政府应在保护银行债权、防止逃废银行债务、处置抵贷资产、合法有序进行破产清算等方面营造有利环境。继续推进地方金融机构改革，维护地方金融稳定，推动地方信用体系建设，培育诚实守信的社会信用文化，促进地方金融生态环境改善。

国务院办公厅
二〇〇八年十二月八日

第十八章　管理与服务机构

第一节　政府管理机构

【上海市住房保障和房屋管理局】经中共中央、国务院批准新组建的上海市住房保障和房屋管理局，将上海市房屋土地资源管理局的住房建设管理和房地产市场调控、物业行业管理等职责，上海市建设和交通委的动迁管理职责，整合划入上海市住房保障和房屋管理局。原上海市房屋土地资源管理局不再保留。

地址：上海市大沽路100号，电话：23111111。

一、主要职责

（一）贯彻执行有关住房保障、住房建设、住房制度改革、房地产市场监管以及房屋管理的法律、法规、规章和方针、政策；研究起草住房保障、住房建设、住房制度改革、房地产市场监管以及房屋管理方面的地方性法规、规章草案和政策，并组织实施有关法规、规章和政策。

（二）根据本市国民经济和社会发展总体规划，研究制定住房保障和住房产业发展专业规划，并组织实施。

（三）推进国家住宅产业技术标准和行业规范的实施，综合协调、推进本市住宅产业现代化及节能省地型住宅产业发展；组织研究制定住宅产业科技进步规划及产业政策；参与住宅基地详细规划方案的审核、扩初设计的审批以及土地招标拍卖挂牌文件中相关建设指标的确定。

（四）负责编制住房保障、住房建设、住房竣工及配套设施等发展规划，会同市有关部门对本市住宅设计标准以及居住区公共服务设施标准进行编制和调整，经市有关部门批准后组织实施，并对实施情况进行监督检查。

（五）负责建立和完善本市住房保障体系，制定住房分配制度改革政策和公有住房出售、出租等政策，编制各类保障性住房工作年度计划并组织实施。

（六）负责本市住宅质量和性能管理；负责新建住宅交付使用的许可审批；对区县住宅建设管理部门新建住宅交付使用的审核发证工作实施监督检查，协同市有关部门对住宅开发企业、工程监理机构的资质进行审核或备案。

（七）制定本市各类房屋测绘、房屋权属登记、房屋权属管理等制度并监督执行；负责房屋测绘，房屋权属登记发证、房屋权属档案等管理工作；建立统一的房屋权属信息系统并实施管理。

（八）组织开展房地产市场监测分析工作，建立健全并组织实施本市房地产市场信息系统和预警预报体系；组织性、拟定稳定房地产市场的政策、措施并监督执行；安全线负责房地产业相关的开发经营行为、交易行为、交易资金监管和房屋租赁管理工作，以及房地产开发、估价、经纪相关的行政管理。

（九）负责物业管理的行业管理；指导、监督业主委员会的运作以及住宅专项维修资金的管理。

（十）负责居住类房屋的修缮、改造和安全稳定的行政管理；推进旧区改造项目；负责优秀历史建筑的保护管理工作；受上海市国有资产监督管理委员会的委托，负责直管公房资产的监督和管理；负责落实私房政策和私房历史遗留问题及宗教房产代经管理；会同市有关部门推进建成住宅的功能完善工作。

（十一）制定本市房屋征收与拆迁的规章制度并监督执行；牵头制定房屋拆迁规划和年度拆迁计划并监督实施；审查核发房屋拆迁行政许可，建立房屋征收和拆迁监管信息系统，组织协调拆迁违规行为的查处工作。

（十二）组织指导协调并监督住房建设、房地产市场、物业管理的行政执法工作；依法对各种违法行为进行行政处罚，依法处理各种房产权属纠纷。

（十三）负责住房保障和房屋管理等方面的科技、教育工作；组织协调本系统信息化建设。

（十四）负责房地产市场、住房保障和房屋管理等方面的统计和分析，及时向市政府、有关部门和社会报送、提供发展动态和信息。

（十五）参与住房保障和房屋管理有关资金的管理；参与公有住房租金调整；负责住宅建设配套工程费的征收，并按批准的年度计划使用和管理。

（十六）负责有关行政复议受理和行政诉讼应诉工作。

（十七）承办市政府交办的其他事项。

二、内设机构

根据上述职责，市住房保障和房屋管理局设16个内设机构。（一）办公室（信访办公室）、（二）政策法规处、（三）组织人事处、（四）计划财务处（审计处）、（五）科技教育处、（六）住房发展处、（七）执法监督处、（八）住房保障管理处（市廉租住房管理办公室）、（九）住房建设监管处、（十）住房配套管理处、（十一）房产权籍管理处、（十二）房地产市场监管处、（十三）房屋拆迁管理处、（十四）房屋修缮和改造管理处（历史建筑保护处）、（十五）物业管理处、（十六）落实私房政策处；按有关规定设置纪检监察机构和机关党委。

【上海市规划和国土资源管理局】经中共中央、国务院批准新组建的上海市规划和国土资源管理局，将上海市城市规划管理局的职责、上海市房屋土地资源管理局的土地和矿产资源管理职责，整合划入上海市规划和国土资源管理局。不再保留上海市城市规划管理局。

地址：上海市北京西路99号，电话：63193188

一、主要职责

（一）贯彻执行有关城乡规划、土地、地质矿产的法律、法规、规章和方针、政策；研究起草有关城市规划编制和规划实施、土地、地质矿产的地方性法规、规章草案和政策，并组织实施。

（二）参与编制社会、经济发展与城市建设中长期规划和年度计划；根据本市国民经济和社会发展总体规划，具体组织编制城市总体规划、分区规划、重要地区的详细规划及市政府其他指令性规划，对其他专业系统规划进行综合协调与平衡；指导区县编制职责范围内的各类规划；依法审核、审批各类规划。

（三）根据本市国民经济和社会发展总体规划，研究制定土地利用总体规划、矿产资源保护与合理利用规划、地质灾害防治规划等中长期规划；负责编制并组织实施地质勘查年度计划；会同市有关部门，编制土地开发利用年度计划，经批准后组织实施。

（四）负责城市地名、城市规划设计、城市建设档案等管理工作，组织实施重大问题调研；领导、指导测绘管理部门开展测绘管理工作；负责城市规划设计单位的资质管理工作；负责历史文化名城、历史风貌保护区、历史文化名镇、优秀历史建筑和市级以上历史文物古迹的规划管理工作。

（五）依法实行建设项目选址意见书、建设用地规划许可证、建设工程规划许可证管理制度；对建设项目审批后到竣工验收前规划执行情况实行跟踪监督。

（六）负责土地使用权和集体土地所有权登记管理工作，负责地籍和土地利用现状调查管理，依法对土地权属争议进行调处，指导建立地籍数据库和土地利用现状数据库。

（七）统一管理城乡土地资源，确保本市耕地保有量和基本农田面积不减少，保障农业生产发展的需要；负责城镇建设用地规模的总量控制和用途管制，并承担监管责任；依法负责土地划拨、征收征用、农用地转用、政府土地储备等各类建设用地以及土地开垦、整理、复垦的审批和管理。

（八）组织实施城市规划、土地、地质矿产的行政执法工作；依法对各种违法行为进行行政处罚；依法处理各类城市规划、土地、地质矿产的纠纷。

（九）依法负责土地收回、土地储备和各类建设用地的审批和管理，拟订并实施节约集约用地评价；研究制定深化土地使用制度改革的政策措施，并按规定组织实施土地使用权的出让、租赁、作价出资、转让、交易和政府收购的管理；指导农村集体非农土地使用权的流转管理。

（十）依法管理矿产资源的开发、利用和保护；承担矿产资源储量及其探矿权、采矿权的管理；征收矿产资源补偿费；负责地质勘查、地质灾害防治、地质遗迹保护的行业管理和具体实施；负责地质环境调查、监督和管理；负责地面沉降的监测和防治，并承担监管责任；会同市有关部门，按规定负责矿泉水和地热资源开采中有关管理职责。

（十一）加强国土资源资产管理；建立基准地价等公示地价制度，依法参与管理土地、矿产等资源性资产；负责土地储备资金收支预算的审核，负责编报年度土地出让收支决算及土地储备资金收支项目决算，负责编制市级土地出让收入支出预算，负责本市土地储备成本认定工作，负责本市地质矿产资源费用的征收使用。

（十二）承担国土资源服务行业监管职责；监测土地市场和建设用地利用情况，监管地价，参与拟订涉及国土资源的调控政策和措施。

（十三）承担有关行政复议受理和行政诉讼应诉工作。

（十四）承办市政府交办的其他事项。

二、内设机构

上海市规划和国土资源管理局机关行政编制为220名。其中，局长1名、副局长5名、总工程师1名，正副处级领导职数55名。非领导职数按照《公务员法》有关规定设置。下设十八个处室，分别是：（一）办公室（政策研究室、外事办、信访办）；（二）组织人事处；（三）政策法规处；（四）财务管理处；（五）科技管理处（总师办）；（六）总体规划管理处；（七）详细规划管理处；（八）建筑规划管理处；（九）市政规划管理处；（十）监督管理处；（十一）历史风貌保护处（城市雕塑管理处）；（十二）地名管理处；（十三）土地综合计划处（耕地保护处）；（十四）土地利用处；（十五）土地权籍管理处；（十六）矿产资源管理处（地质环境和勘查管理处）；（十七）行政许可处；（十八）监察室；（十九）直属机关党委（文明办）、工会、团委；

第二节 行业协会及学会

【上海市房地产行业协会】简称上海房协，是由本市房地产开发经营企业以及相关企事业单位依法自愿组成的全市性同业组织，是实行行业服务和自律管理的具有法人资格的非营利性的社会团体。行业业务主管部门是上海市房屋土地资源管理局，协会业务主管部门是上海市行业协会发展署，协会登记主管部门是上海市社会团体管理局。本会同时接受上述三个主管部门的业务指导和监督管理。

业务范围：房地产开发经营的行业调研、行业培训、行业评比、优秀住宅评选、会展服务、中介咨询，国内外行业信息交流和汇编等。

地址：江苏路480弄68号　邮编：200050　电话：62125656　传真：62126654

E-mail:shfxszbgs@onlne.sh.cn

【上海市房产经济学会】成立于1981年5月，现有5 000多名会员。设有秘书处、学术部、咨询服务部、编辑部、组织联络部等职能部门。学会在坚持改革开放、从计划经济向市场经济转变、建设有中国特色社会主义的前提下，进行房地产经济理论的研究与探索。在实践发展中，不断的研究其发展轨迹，并作出新的理论概括，以新的理论制导新的实践，推动上海房地产经济的发展。与此同时，学会业取得了丰硕的科研成果，并初步形成房地产经济理论的框架体系。 学会的理论刊物为《上海房地》（有刊号，公开发行），信息刊物为（房地产研究与动态》。学会有18个分会和8个专业委员会，覆盖全市各区（县）和有关高校、科研、金融、企事业、综合、经济管理等部门，形成了一支房地产经济理论研究的骨干队伍，为上海房地产经济理论研究与发展奠定了基础。

地址：江西中路170号三楼　邮编：200002　电话：63210193　63210242

传真：63211550　E-mail:jiely@citiz.net

【上海市房地产经纪人协会】成立于1996年12月。协会是由本市房地产业从事居间介绍、代理营销、房屋置换、咨询策划等服务活动的企事业单位，依法自愿组成的非营利性房地产经纪行业组织，经上海市社团管理局核准登记，具有法人资格的社会团体。上海市行业协会发展署是该协会的主管部门；上海市房屋土地资源管理局是本协会的业务主管单位。

协会目前拥有会员单位近500家。其中民营和外资企业占有相当的比例。尤其是上房置换、新澳投资、太平洋房屋、信义房屋、戴德梁行、智恒、等众多知名的房地产经纪企业加盟协会，他们占有较大的市场份额，为促进流通，活跃房地产市场，发挥了积极作用。现任会长许明义，现有副会长12名，常务理事21名，理事单位34名。协会设有秘书处、办公室、信息部、培训部、财务部。并已在静安、虹口、长宁、徐汇、黄浦、卢湾、杨浦等区建立了7个工作委员会。

地址：上海市长乐路786号　邮编：200040

电话：54049698×217、54039889　传真：54030229

【上海市房地产海外联谊会】成立于1989年8月19日，其业务主管部门为上海市房屋土地资源管理局。主要职能是：起到海内外房地产及相关行业投资与政府部门之间的一个桥梁作用，并为广大投资者做好服务及促进工作，为上海房地产的振兴持续发展作贡献。主要任务为：一、发展对外联系，沟通上海与港、澳、台同胞，海外侨胞，外籍华人及其商会、同行会、校友会等社会团体之间的联系。二、开展对外宣传，招商引资，为外商投资开发上海牵线搭桥。三、提供咨询服务。为到上海开发的外商申报有关报批手续；提供营销策划、咨询服务、中介服务、物业管理、办理权证等从土地批租到商品房销售的“一条龙”服务。四、沟通信息，将房地产及相关行业的法律、法规、楼盘及中介咨询信息等，适时提出市场分析，并汇总相关资料定期汇编成册（《房地产海联会专版》），分发给会员单位及相关部门。五、协助政府及时了解外商意见及建议，同时传达政府有关政策法规，组织各种大型研讨会，沟通外商投资者与政府间的对话。六、开展对外经济技术文化艺术等民间交流，每年定期举行有关房地产政策、信息、市场分析等方面的讲座及讨论会；组织国内外考察交流活动。

【上海市物业管理协会】成立于 1994 年 12 月，其英文译缩写为 ASPM。是由上海市物业管理企业依法自愿组成的具有行业管理性质的社会团体。现有团体会员 949 家，其中国有企业 301 家，集体企业 277 家，私营企业 252 家，港澳台投资企业 48 家，中外合资企业 52 家，外商独资企业 19 家。个人会员 36 人，下设 19 个工作委员会。协会目前拥有企业会员占全市物业管理企业总数 42%，占全行业生产总值 50% 以上。宗旨是遵循国家有关法律、法规和规章，培育、发展上海市物业管理的市场，发挥政府和企业的桥梁、纽带作用和行业内服务、自律、协调、指导作用，维护物业管理企业合法权益，推动行业健康发展。

协会每年均要有计划地开展工作，采取各种形式及时向会员单位宣传国家和政府关于本行业的法律、法规和规章。向政府有关部门反映行业的情况，建设和要求。协助市人大、政府及有关部门制定法律、法规和部门规章、规范性文件。不定期地开展行业调研，总结推广先进单位经验，探索、研究、解决行业发展进程中的新情况和新问题。协助、参与政府主管部门开发物业管理企业的创优达标等工作。组织各种类型培训活动。定期出版《上海物业》（双月刊）为会员单位提供服务。不定期开展与兄弟

省、市、港、澳、台及国际物业管理界同行的联系与合作。

【上海市房地产估价师协会】成立于 1997 年 1 月 16 日，通过了协会章程，选举产生了第一届理事会，张重光任首届会长。2001 年 3 月 23 日，协会召开了第二届会员大会，审议修改了协会章程，选举产生了第二届理事会，吴赛珍任第二届会长。协会是由在上海市注册执业的房地产（土地）国家机构和从事房地产估价工作的注册房地产估价师、土地估价师组成的社会团体。依照中华人民共和国和国务院颁布的《社会团体登记管理条例》的规定，本协会已经上海市社会团体管理局登记，领取社会团体法人登记证书，取得社会法人资格。

【上海市房地产估价师协会（房屋拆迁估价专家委员会）】是上海市房地产估价师协会的分支机构，已经上海市房地资源局、上海市社团管理局审核，于 2002 年 4 月 30 日批准成立。2002 年 4 月 11 日协会二届二次常务理事会议审定了首批专家委员会名单（30 名）。2002 年 6 月 21 日，协会二届三次理事会议选举产生了专家委员会主任、副主任。

第十九章 学术研究机构

【复旦大学房地产研究中心】

是下属于复旦大学的一个专门性研究机构，成立于1995年。它依托复旦大学经济学院、金融研究院、管理学院的多元化量能，与国内外相关科研与教学机构密切合作，积累了丰富的社会资源与合作关系。诸如上海市房地产科学研究院、新华社上海分社房地产研究中心、同济大学城规学院、上海财经大学不动产研究所以及各行业协会均与中心有良好的合作关系。

【上海财经大学不动产研究所】

成立于1998年。现任所长为上海财经大学副校长、教授、博士生导师、上海市人民政府特聘决策咨询专家、上海市建设委员会科技委员、财政部跨世纪学科带头人、上海市曙光计划青年学者——王洪卫。在王洪卫所长的领导下，研究所承担了多项国家级、省部级的不动产研究课题。

地址：上海市杨浦区国定路777号

【东方房地产学院】

现为华东师范大学二级实体学院之一。学院始建于1995年11月，由华东师范大学与国家建设部房地产产业司、上海市房地局、建设银行上海市分行、中房上海房地产开发总公司联合共建。学院坚持“产学研结合、育人为本、科研领先、紧贴行业、争创一流”的办学理念，在房地产经济理论研究、学科建设、人才培养、为政府决策咨询及行业改革发展服务等方面，均取得了可喜的成绩。

学院设有房地产经营管理本科专业、产业经济学硕士点和企业管理硕士点房地产经营管理方向，招收培养世界经济专业国际房地产方向博士研究生。毕业生广受社会欢迎，大都成为政府有关部门、行业和企业界的领导和骨干。学院现招收本科生、硕士生和博士生。同时，学院还积极开展继续教育，为房地产管理干部和从业人员进行培训。

学院设有房地产经济研究所，积极开展房地产经济理论和课题研究。多年来，在房地产学科与教材建设、为政府决策咨询服务等方面做出了积极的贡献。同时，学院还重视国际房地产研究与对外交流，先后与美国、英国、日本、韩国等国家和我国港台地区的高等学校和行业协会建立了合作交流关系。

地址：上海市中山北路3663号华东师范大学文科大楼12楼

电话：021-62232870　　传真：021-62540367

【上海易居房地产研究院】

2005年正式成立，院长为张永岳，是本市首家具有独立法人实体地位的民办非企业的专业房地产研究机构。研究院致力于深入探索房地产行业研发系统的创新，不断加强房地产业领域重大理论和应用问题的研究，持续推动房地产产学研一体化的发展，以求建立较为完善的房地产研究运作机制。目前，该院设立了市场研究中心、教育培训中心、技术开发中心、投资咨询中心等四个职能机构。此外，研究院还设立了产业环境、地产营销、建筑产品等研究室及开放式公共服务平台，以便能对一些前沿课题进行专题研究和深入探索，并吸引相关领域的行业专家进行研发创新及教育培训。

【上海社会科学院房地产业研究中心】

成立于1988年，由上海社会科学院会同政府管理部门和著名房地产企业组成的专业研究机构。研究重点集中在房地产业和房地产市场的重大理论与实际问题。既为政府提供政策研究，也为企业发展与项目决策提供咨询。

【上海大学房地产学院】

上海大学房地产学院是由上海大学与上海市房屋土地资源管理局联合组建的学院，地处青浦区徐泾地区（地址：高泾路588号），毗邻虹桥国际机场，占地160余亩，建筑面积八万平方米。于2004年5月正式揭牌，同年首次招收计划内全日制本专科生。学院以本科教育为主，积极发展研究生教育和中外合作办学。学院现有房地产经济、房地产经营管理、工程项目管理、财务管理、土地资源管理、物业管理、智能化楼宇管理等专业。学院以建设成行业特色鲜明、教育质量优异、办学设施先进、经济与社会效益显著的国内一流的高等院校为目标，努力办成全国房地产行业高层次职后教育基地、学术研究与国际交流中心。

【上海市房地产科学研究院】

上海市房地产科学研究院始建于1975年3月，是一所在全国房地产行业中创立最早、规模最大、专业设置齐全、技术力量雄厚的科研院所。建院30多年来，房科院已逐渐发展成为一个多学科、综合型的科研院所。

自1985年房科院被确定为上海科研系统科技体制改革试点单位以来，房科院在体制机制、学科建设、人才培养与引进、经济效益等方面均取得了一定的成绩。其中，在科研工作方面共获得9项国家建设部级的科技成果奖、12项上海市科技进步奖、19项专利。目前房科院的业务范围涉及房地产经济研究、历史建筑保护、房屋质量检测评估、既有建筑综合改造、住宅产业现代化、建筑结构加固工程、房屋防水及新型材料等。同时还受建设部，开展对全国房地产行业技术标准进行归口管理。

房科院坚持以科学发展观统领自身的发展，以科技创新为先导，以面向行业，面向市场，服务社会为宗旨，注重功能定位，为适应房地产行业飞速发展和房科院自身发展的需要，促进科学研究、产品开发、技术服务相结合，提高房科院科技创新能力，起到引领房地产行业科技创新的作用。

【上海北孚地产研究所】

上海北孚地产研究所由上海北孚（集团）有限公司、华东师范大学东方房地产学院、上海市经济学会城建专业委员会、上海市土地学会学术部四方合作成立，中国房地产界知名专家领衔主持，是一所具有较强实力的产学研一体化专业研究机构；其重要研究成果《上海北孚地价指数》填补了国内地产指数的空白，为业内三大权威指数之一；同时曾先后完成相关政府部门委托的土地利用规划前期研究等各类专题报告，以及相关企业委托的项目投资决策分析等一系列实践业务，受到委托方的高度评价。

第二十章 优秀企业展示

【上海房地产经营（集团）有限公司】成立于1983年，由上海市房产经营公司改制而成，是一家以房地产开发经营为主业的国家房地产开发一级资质企业。至2003年12月，公司注册资本3亿元，其中：中华企业股份有限公司持股90%，上海房地（集团）公司持股10%。公司现拥有控股和参股子公司十余家，围绕房地产开发经营主业，以物业经营、商业建设、房屋自控设备为依托，经营范围涉及房地产密切相关的多个领域。

历年来，公司在项目开发中，注重利用品牌效应，积极拓展主营业务，以浦江两岸综合开发和中心城区建设为主线，打造具有都市特征和现代气息的建筑精品。公司以财富广场和上海港国际客运中心为代表的浦江两岸项目，成为了上海新一代世界金融中心的标志。中心区域项目“御品大厦”是南京西路商圈中闹中取静的经典豪宅，被评为中国建筑艺术奖住宅类社会贡献奖。公司同时致力于开发普通商品住宅，其中，上海春城住宅小区以其全新的居住理念、高起点的规划设计、令人信赖的品质、不同凡响的物业定位，打造了一流品质住宅社区的典范，先后荣获上海市优秀住宅生态环境奖、上海市建筑工程“白玉兰”奖、第三届上海市优秀住宅评选住宅科技应用奖、2004年上海最受欢迎楼盘评选活动综合金奖等奖项。

未来的发展中，公司将立足于房地产项目的开发经营，坚持以住宅建设为主、以商业、办公等建设项目为辅的产品发展定位，追求稳步、健康、和谐的良性发展，做实做强房地产主业和各相关领域。

【中华企业股份有限公司】由中华企业公司改制，采取社会募集方式设立而成的上市公司，1993年9月24日，公司股票在上海证券交易所上市交易，公司简称：中华企业（股票代码：600675）。

中华企业是上海解放后第一家专业从事房地产开发经营的企业，创建于1954年。建国初期，公司受上海市政府委托，承办外商在沪的房地产转让、租赁和买卖业务。五十年代末，公司在沪率先建造和出售了首批侨汇住宅。改革开放的八、九十年代，公司营建的各类商品房已达百万余平方米，项目遍布上海各区县及部分外省市，品牌项目代表有：“中华企业大厦、淮海中华大厦、静安中华大厦、东方中华园、虹桥中华园”等；上海最早最大的侨汇住宅“玉兰花园”、“海怡花园”等；最具影响力的“上海春城、光明大厦、房地大厦、启华大厦、港泰广场、华侨大厦”等；被誉为九十年代上海十大建筑景观的“古北新区”，涌现出“巴黎花园、罗马花园、鹿特丹花园”等精品楼宇，近期开发建设的“古北国际花园、古北国际广场、古北国际财富中心”等高档住宅和商务楼；以及古北佘山国际别墅。

跨入新世纪以后，公司步入了又一个新的发展时期。中华企业实施重大的资产重组，完成了对上海房产经营（集团）公司和上海古北（集团）公司的购并，三家国家一级资质的大型房地产企业实现了强强合作，中华企业的品牌和整体形象得到迅速提高，并确立了新时期的发展战略目标：立足上海、融入长三角、面向海内外，经过不懈的努力，将中华企业建设成为以房地产为上海房地产行业的领先者，国内外著名的大型房地产企业集团公司。

公司积极参与浦江两岸新一轮的开发建设，已率先建成了“财富广场”和正在建设中的“上海港国际客运中心”；积极投入中心地区包括旧区改造在内的城市建设、郊县一城九镇、南汇周浦和航头、宝山罗店、浦东花木等区域的开发，以及苏州等长三角地区的项目开发建设，着力打造具有海派建筑风格的精品项目。

中华企业拥有一支素质高、业务精、作风硬的管理队伍，其管理范围涉及设计、工程、营销、物业、财会、审计、法律、行政等，涵盖了房产开发建设生产全过程；员工中具有中高级职称的占员工总数的70%。中华企业严格执行上市公司的规则，建立并完善包括股东大会、董事会、监事会、工程项目、营销、财务、审计和档案等一整套公司管理的规章制度；公司全面推行精细化管理和项目流程管理，基本做到了每项工作有流程，流程操作有记录，操作过程中有检查和监督；总之，公司所有工作都处于受控状态，从而确保公司生产的产品质量，维护“中华企业”品牌的社会美誉度。

中华企业以做“百年老店”为长期目标，以为上海地区的城市建设、为改善百姓居住条件为己任，积极参与上海市的房产开发建设，坚持稳健发展的经营理念，为提高上海市房地产业整体水平和社会经济发展多作贡献。

在多年的开发经营中，中华企业获得了诸多殊荣：

1994 年被国家建设部批准为城市综合开发一级企业、“中国房地产综合效益百强企业”；1995—1996 年，被评为上海市房地产开发优秀企业；1989—2006 年连续 9 次被评为上海市文明单位；2002 年起先后被列入道琼斯中国 88 成份股、上证 180 指数和沪深 300 指数；2003 年～ 2005 年上海房地产开发企业 50 强，均列前十位。2003 年中国房地产上市公司 10 强企业，2004 ～ 2006 年中国房地产十大影响力品牌企业、中国房地产上市公司 20 强企业等。

2005 年被评为上海市房地产开发十大著名企业，2005 ～ 2006 年由中国企业家联合会、中国企业家协会评定为中国服务业 500 强企业（列 257 位和 251 位）。由中房企业家协会评定为 2005 ～ 2007 年中国房地产 50 强企业（列 24、28、42 位）。2006 年中国最佳投资者关系管理百强企业。2007 年“中华企业”被评为上海市优秀服务商标、上海市著名商标。2004 ～ 2008 年连续 5 届被中国房地产业协会、国务院研究中心、清华大学房研所和中国指数研究所联合评定为中国房地产百强 TOP10 企业。

2008 年中华企业被评为“沪深房地产上市公司投资价值 TOP10”企业；“2008 年上海企业 100 强”(第 89 名、房地产行业企业第 3 名)；“2008 年中国房地产企业 200 强”(金球奖第 42 名、销售第 39 名，纳税第 30 名、慈善捐助第 36 名）；上海市档案管理市级先进企业。

【上海东苑房地产开发（集团）有限公司】起步于 1993 年，是一家致力于上海城市化建设、推动住宅发展的综合性房地产开发集团，下辖房地产开发、营销代理和物业管理等十多家全资及合资子公司。具有房地产开发一级资质。

十几年来，东苑集团一直秉承“发展住宅产业，营造居住文化”的先进理念，在绿化环境、建筑风格、商业氛围等方面，将居住者的文化、功能需求全面加以渗透，以卓越的品质、诚信的作风和创新的思维，为“创造诗意生活新空间”而不懈努力。2003 年上海东苑房地产开发（集团）有限公司 荣获首届上海市房地产开发企业 50 强第七位，2004 年上海东苑房地产开发（集团）有限公司荣获 “2004 年度上海房地产关注品牌（商标） ”， 2005 年上海东苑房地产开发（集团） 有限公司荣获年度中国建设系统企业信用 AAA 级。

东苑集团近年来的开发总量和综合排名，均获得上海房地产开发企业前五十强之誉。如今已相继开发了东苑绿世界、东苑半岛花园、东苑世纪名门、东苑现代缘墅、塞纳左岸、东苑新天地、东苑米蓝城等超过百万平方米的数十个社区，并获得各种荣誉几十项。开发的项目受到了普遍赞誉和一致好评，并深受消费者的欢迎和喜爱。

早在 1998 年公司开发的东苑锦都花园荣获上海优秀住宅房型奖，2000 年开发的东苑绿世界荣获年度四高优秀小区，2000 年开发的东苑半岛花园荣获 “ 创新风暴” 全国住宅设计 “ 综合金奖 ”、 “ 全国人居经典 ” 综合大奖、第三届 “ 上海优秀住宅 ” 绿化景观奖、，2002 年开发的东苑世纪名门荣获年四高优秀小区，2003 开发的塞纳左岸荣获第三届 “ 上海市优秀住宅 ” 银奖、上海市 “ 四高 ” 优秀小区称号 2005 年开发的东苑米蓝城荣获 2005 上海优秀生态水景住宅“金巢奖”，2006 年开发的东苑福邸获得中国上海成熟社区最佳人气户型奖。

【绿地集团】集团是中国综合性地产领军企业，在 2008 中国企业 500 强排名中位列第 183 位，在中国房地产企业排名中位居第 2 位，在上海市百强企业集团中排名第 17 位。2007 年，业务销售收入、资产规模、经营性现金流量三个指标均突破 300 亿元，2008 年三项指标力争突破“三个 500 亿元”。

绿地集团创立 16 年来，始终坚持“营造美好生活”的企业宗旨和“和谐绿地、共建共享”的发展理念，通过产业经营与资本经营并举发展，形成了目前“房地产主业突出，能源、金融等相关产业并举发展”的产业布局。房地产开发经营作为绿地集团的核心主导产业，建设项目遍及上海、南京、合肥、南昌、苏州、无锡、徐州、芜湖、蚌埠、安庆、郑州、新乡、重庆、成都、贵阳、西安、银川、天津、呼和浩特、太原、廊坊、沈阳、长春、哈尔滨、牡丹江等全国 19 个省 30 多个城市，并与上海四大企业集团共同在俄罗斯圣彼得堡投资建设波罗的海明珠项目；商业地产、建筑、能源、金融、汽车服务等产业也已经具有了较大的规模和较强的实力。

绿地集团具有很强的社会责任感，发展不忘回报社会。成立 16 年来，累计无偿投资 4 亿多元在上海建成了一批城市标志性公共绿地，此外，在慈善、公益、拥军等方面累计捐赠 2.3 亿多元。绿地集团先后获得了全国“五一劳动奖状”、全国精神文明建设工作先进单位、“中华慈善奖”提名奖、上海市慈善之星等荣誉称号。“绿地”商标先后获评上海市著名商标、上海市最具影响力服务商标、中国驰名商标。

绿地集团已经制定了中期发展战略，力争到 2011 年左右实现销售收入 1300 亿元，跻身世界企业 500 强。

【上海西部企业（集团）有限公司】公司具有国家一级房地产开发资质，集团以房地产开发为龙头，物业管理为重点，并涉及建筑施工、建材营销、房屋销售和置换、商贸仓储、绿化园艺、动拆迁、技术服务、文化产业等领域。集团拥有 33 个子（分）公司，总资产为 73 亿；房地产开发总量共 200 多万平方米，总投资 70 多亿元，经连续三年跻身上海房地产开发企业 50 强行列；怀着“交给您的是一个家，留给时代的是一件作品”的使命感，集团有心琢玉，精心打造，先后开发了西部名都花园、西部俊园、西部秀苑、西部名邸、御华名苑、西部大厦、南昌凤凰城（二期在建）、如皋新城（在建）、如皋佳苑（在建）、宝山美兰金邸、浅水湾恺悦名城（在建）等中高档楼盘以及上海市中低价“四高”示范居住区水岸秀苑（江桥2号地块）和水岸金桥苑（江桥9号地块）。多个楼盘荣获上海市建筑行业最高荣誉奖“白玉兰奖”和上海市“四高”优秀小区。

集团下属从事物业管理的9家子公司，均通过了ISO9001国际质量体系认证，其中2家获全国物业管理企业一级资质，6家获上海市物业管理企业二级资质，物业管理总量达到1200多万平方米；集团志在占领医院后勤保障社会化的制高点，先后成功承接了长征医院、华山医院、华东医院、儿科医院、上房医院等物业管理，开创了沪上医院特殊物业领域的先河。集团在文化产业进行了可贵的尝试，先后全额投资了大型原创舞剧《霸王别姬》、《红楼梦》和大型杂技芭蕾舞剧《天鹅湖》以及电视剧《99玫瑰》等剧目。其中《霸王别姬》荣获中国舞蹈界最高奖“荷花奖”六项大奖，并作为第五届中国上海国际艺术节开幕式演出剧目，曾赴澳、日、英、法等国巡回演出，《红楼梦》被推荐为第六届中国上海国际艺术节开幕式演出剧目。2005年投资原创舞剧《花木兰》，并作为第七届中国上海国际艺术节开幕式演出剧目。

集团在云南西双版纳州磨憨边境贸易区投资建设了边贸货场。拓展了投资领域，积累了异地开发的宝贵经验。

由集团子公司设计、施工的北京远洋大厦、浦东陆家嘴中心绿地、喷泉、灯光照明工程已成为京沪标志性景观。

集团已经连续14年获上海市重点工程实事立功竞赛优秀公司称号；2004年入选上海市守合同重信用AAA级企业，并被中国企业信用协会授予“诚信明星房地产开发企业”；经上海市服务诚信先进单位认定委员会认定为“上海市服务诚信先进单位”；2005年获上海房地产18年·十大国有房地产企业称号；2005年被建设部评为全国建设系统企业文化建设先进单位；2008年被国家档案局、中央档案馆评为全国档案工作优秀集体称号。集团现有员工2000余人，拥有全国著名劳动模范徐虎为代表的一批优秀员工。

【上海市城市建设投资开发总公司】（简称上海城投）成立于1992年7月，是经上海市人民政府授权从事城市基础设施投资、建设和运营的大型专业投资产业集团公司。2003年5月起，从上海市建设和管理委员会划入隶属于市国有资产监督和管理委员会。15年来，上海城投累计筹措资金约2000亿元，先后在道路、桥隧、地铁、环境整治、供排水、燃气及动迁房和重大工程配套商品房等诸方面投资建成了六十多项重大基础设施，为明显缓解上海多年的“交通拥挤、住房紧张、环境污染”三大矛盾、提高城市综合竞争力、确保城市安全运营作出重大贡献。

近几年来，在市委、市政府、市国资两委的领导下，在市发改委、建委、财政局等部门的指导、支持、关心下，上海城投已从单一的政府融资平台转型为政府投资主体、重大项目建设主体和城市运营主体，资产和人员规模迅速扩大，四大核心主业基本形成，主营业务更加清晰，内控和监管体系逐步完善，财务结构和资金状况明显改善，融资能力和信用等级稳步提高，重大工程项目顺利推进，城建资金管理机制进一步完善，内部基础管理得到加强，集团化管理机制基本建立，党建和精神文明建设进一步加强，综合竞争力稳步提升，上海城投的总体面貌发生了深刻变化。

【上海现代房地产实业有限公司】1990年上海现代房地产实业有限公司成立，公司一贯重视“劳者有其屋”的主张，积极参与建筑技术的自主创新，经过近二十年的不懈努力，完成了国家重点技术创新项目——MB轻型房屋钢结构体系的研究，并获得国际发明专利。这一成果能解决住房供量与低效的矛盾，使大多数中低收入的家庭都能购买与自己支付能力相适应的住房，这一愿望即将变成现实。

轻型房屋钢结构体系，又称MB建筑体系，1999年列为国家技术创新项目，由建设部科技发展促进中心与上海现代房地产实业有限公司共同承担的“轻型房屋钢结构体系”是采用合金钢方管钢内灌混凝土为柱，帽型钢管内灌注混凝土为梁及压型钢板或帽型钢井格梁上铺设一次性模板与混凝土组合成楼板的一种新结构建筑体系。MB建筑体系本质上源于传统建筑形式中的冷弯薄壁型钢结构和钢与混凝土组合结构，其区别于传统建筑形式的主要特点及优点即以建筑产业化为长远目标，实现建筑产品的规格化、工业化生产，实现建筑施工中的整体吊装、实现建筑施工由湿作业向干作业转化、实现建筑围护结构的轻质化、环保化等一系列生产工艺的变革。MB建筑体系按其使用范围可分为低层轻钢轻板住宅（MB－1体系）以及多、高层轻钢轻板住宅（MB－2体系）。

项目的主要开发内容为： 1. 低层（1－3层）轻钢轻板住宅（MB－1体系） 适用于市郊豪华住宅建筑和农村经济住宅建筑。采用薄壁轻钢龙骨为受力构件组成的空间桁架结构作为承重体系，并利用复合稻草板等轻质、环保材料作为围护结构，在施工中分片、分榀组装2. 多、高层轻钢轻板住宅（MB-2体系） 适用于城市多、高层住宅建筑。采用钢与混凝土组合框架结构作为承重体系，采用轻钢－复合稻草板作为围护结构，在施工中实现承重结构分模块整体吊装、整体墙板挂装的工业化生产方式。 该体系的核心技术于1999年12月24日正式获得发明专利。

MB轻钢轻板房屋体系主要材料采用新型建材，如耐候钢、铝合金板、稻草板等，不用粘土砖，改革秦砖汉瓦；整体刚度好，有利于抗震，每平方米建筑自重平均降低70%左右，约为混凝土结构的1/3；干作业法，施工文明，施工速度比传统结构至少加快一倍，施工周期大为缩短，开发商投入回收快；所有购配件都在工厂中制作完成，其规格、质量、精度都能在工厂内通过质量管理体系得到保证；复合围护结构传热系数完全符合节能住宅的标准，稻草板、石膏板与防水材料的复合使用，使防水、防火性能俱佳；中高层、高层一般只采用微型桩，降低了基础费用，总造价可与混凝土结构持平；用户参与设计，按自己的意见进行灵活隔断给排水管也可自由移动，为用户提供了创意空间。 采用MB轻钢轻板房屋体系的另一个突出特点是全部构构配件全部在工厂内生产制作完成，其规格、质量、精度都能在工厂内通过质量管理体系得到保证。同时，这也使得现场安装更为准确、方便、快速。

上海现代房地产实业有限公司通过20年的积累，正喷薄而发，通过MB体系，建立全新的房地产开发模式，为大多数人的住房问题探索出一条新的道路。

【上海凯迪企业（集团）有限公司】2002年6月17日，上海凯迪企业发展有限公司成立。2003年7月23日，经上海市工商行政管理局批准，上海凯迪企业发展有限公司更名为上海凯迪企业（集团）有限公司。截止2009年3月，上海凯迪注册资本为2.28亿元，净资产超过10亿元，总资产超过25亿元。经过多年的发展，上海凯迪已逐步从普通住宅类房地产开发公司，发展成专注于城市现代服务业集聚区从业人员的自住和改善型住宅、以及城市现代服务业集聚区内的商业地产的综合性房地产开发企业。2000年至2007年，上海凯迪累计已开发房产面积61.7万平方米，荣膺第二届上海房地产开发企业50强第十一位、2005年度全国房地产百强第38位、2009年度全国房地产百强企业“百强之星”等称号。同时，上海凯迪具有中国房地产开发企业一级资质，企业资信等级为AAA级、是中国农业银行总行的优质贷款客户。

上海凯迪目前正在开发销售或后续的项目有“凯迪·澳澜湾别墅”、“凯迪·浦东枫丹白露别墅三期”、“凯迪·卢湾公馆公寓”、“杨浦凯迪金融大厦”、“凯迪·杨浦新江湾城商办楼”、“凯迪·宝山杨行镇商办楼”、“凯迪·徐汇虹桥晶舍公寓”、“凯迪·崇明五星级酒店”、“凯迪·虹口众富苑商业办公楼小区”。项目主要分布在卢湾中央商务区和世界博览会园区、徐家汇商圈和漕河泾高科技开发区、上海五角场商圈、崇明生态旅游文化中心区、浦东南汇国际空港现代服务区、宝山现代物流和商贸服务区、青浦佘山赵巷别墅区等现代服务业集聚区域内，地理位置优异，发展前景可观。

【上海万科 房地产有限公司】1992年，上海万科第一个项目万科城市花园项目正式启动，上海从此有了城市大型社区的典范。1993年11月，上海万科物业管理有限公司注册成立。1994年，上海万科城市花园第一批业主入住。 1995年5月，万科商务广场投入使用。1996年6月，与复旦大学合作成立上海民办复旦万科实验学校（位于城市花园内）；同年11月，上海万科城市花园获评“全国城市物业管理优秀示范住宅小区（大厦）”。1997年，上海万科城市花园二期海棠苑荣获上海市“白玉兰”奖。1998年8月，万科推出“万客会”，建立了全国首家由房产商发起的客户俱乐部。1999年，上海万科城市花园二期紫薇苑荣获国家建设部“鲁班奖”。2000年10月，万科集团入选《福布斯》评出的“全球300家最佳中小企业”。2001年，万科推出全新的造镇计划，假日风景应时诞生。2002年6月，春申万科城获“2002中国创新夺标——创新示范楼盘”称号。2003年，万科倾力打造兰乔圣菲，为上海筑就国际化贵族社区；同年朗润园项目获上海市第一个一级生态型住宅小区创建项目称号。2004年7月，朗润园／蓝山小城同时获2004年度上海“最受欢迎楼盘”特别大奖，同年8月上海万科获ISO认证证书。2005年，万科建设和谐社区，成就万科新里程；同年9月春申万科城荣获“2005年詹天佑大奖优秀住宅小区金奖”。2006年，红郡项目获2006年度上海最受欢迎楼盘“特别大奖”。2007年2月，上海万科新里程一期B标工厂化住宅楼全面启动。植根上海、承启无限。经历了将近18年的发展，上海万科始终秉持“对客户，意味着了解你的生活，创造一个展现自我的理想空间。对投资者，意味着了解你的期望，回报一份令人满意的理想收益。对员工，意味着了解你的追求，提供一个成就自我的理想平台。对社会，意味着了解时代需要，树立一个现代企业的理想形象。”的经营宗旨，一路走来，从发展到壮大。并已成为中国房地产行业领跑者。

【复地（集团）股份有限公司】复地（集团）股份有限公司（以下简称“复地”）是中国大型的房地产开发集团，香港联交所主板H股上市公司（代码02337.HK），公司总部设于中国上海。

1994年，复地开始房地产开发和管理业务，秉承“以人为蓝图”的经营理念，持续为中国城市新兴中产阶层打造高性价比的生活、工作和休闲空间。目前开发项目已遍及上海、北京等超大型国际都市；天津、武汉、重庆、成都、西安、长春等区域中心城市；以及杭州、南京、无锡等长三角核心城市。

近年来，复地年均开发管理各类房地产项目超过40个（期），在建项目有复地国际公寓、复城国际、复地雅园 、复地北桥城、复地艺墅等分布全国各地的二十多个房地产项目，建筑面积保持在200万平方米以上。

复地集团积极参加社会公益事业，从1995年开始，复地集团连续十三年赞助上海大华地区的贫困学生和教育机构，帮助数百名贫困学子圆了上学的梦想；2003年，为抗击非典，复地集团积极捐资65万元人民币用于各项医疗服务；2006年，复地集团上缴税收共计5亿多元；2006年11月，复地举办“复地雪域童年”教育捐赠，帮助滇藏地区怀有梦想的孩子张开了飞翔的翅膀；2007年，复地集团上缴税收共计约9亿元；2007年10月起，“复地·我有一个梦”大型公益活动红遍中国，捐助全国100所希望小学捐建“快乐体育园地”； 008年5月，复地集团联合复星集团主要关联企业向四川地震灾区捐赠4000万元及相关物资。

第二十一章 大事记（2008年）

1月

1月1日，即日起，沪上各商业银行全面按照央行、银监会规定的二套房界定标准，全面执行新规定。客户申请房贷必须提供“结婚证”、“离婚证”或者“未婚证明”，若不能提供类似证明，银行将不受理申请。

1月3日，国务院发文《国务院关于促进节约集约用地的通知》，《通知》指出“土地闲置满两年、依法应当无偿收回的，坚决无偿收回，重新安排使用；不符合法定收回条件的，也应采取改变用途、等价置换、安排临时使用、纳入政府储备等途径及时处置、充分利用。土地闲置满一年不满两年的，按出让或划拨土地价款的20%征收土地闲置费”。

1月8日，上海房地局公布2008年首个土地出让公告，共出让3幅位于浦东竹园公园商贸区的地块，均为金融性质用途。

1月25日，央行首次上调存款类金融机构人民币存款准备金率0.5个百分点，由原来的14-5%提高到15%。这是自从2007年年底中央确立了从紧货币政策之后，央行已先后两次启用了货币政策工具。业内认为，2008年央行首次大动作意味着从紧货币政策将作为主基调贯穿于2008年。

1月25日，新江湾城F地块出让，惟一的竞标方美国开发商铁狮门毫无悬念地以挂牌价67.517亿元，折合楼板价7500元/平方米将其拿下，刷新了上海土地拍卖的纪录。

2月

2月3日，上海公布2008年住房建设计划。公告显示，2008年上海新开工住房面积约2000万平方米，其中新建、配建经济适用房和廉租房400万平方米。竣工住房面积约2500万平方米，在建及新开工住房建设项目中预计可达预售标准的约2000万平方米。同时，住宅用地供应800至1000公顷，其中经济适用房和廉租房用地比例不低于20%。

2月18日，在央行上海总部召开的2008年上海市外汇管理工作会议明确指出，要加强与房地产主管部门的沟通，切实规范外资流入房地产市场的管理，将联手本市房地局严查外资炒楼。会议称，要利用“当前有利时机”，“努力增加国内需要的重要原材料、重要物资的国家储备”，深入推动企业“走出去”的战略实施。

2月21日，万科旗下的上海万科房地产有限公司在元宵节对旗下部分楼盘进行集中优惠销售，优惠幅度达到5%。这是万科继在广州、深圳等地之后，第一次在上海地区采取类似促销手段，此次优惠也是万科在上海促销力度最大的一次。

2月21日，上海市房地局公布了今后5年住房保障规划。根据该规划，除了家庭人均居住面积和家庭人均收入，金融资产也将成为上海市享受住房保障家庭准入条件之一。2008年是开局之年，上海将保证开工建设400万平方米经济适用住房。首批经济适用住宅建设规模约100万平方米，目前已着手前期准备工作，二季度开工建设。

3月

3月1日，上海市土地交易市场正式开业，今后全市新增经营性和工业招拍挂出让用地将全面纳入土地交易市场集中交易，并逐步向土地二级市场延伸。

3月17日，2008上海之春房展会结束。整个来看，房价变动不大，但是，各类打折标牌遍布展位，几乎所有楼盘都有各种折扣，各类促销成了本次房展的一道独特风景线。

3月19日，国家税务总局网站密集刊出了财政部、国家税务总局的一系列通知，明确了廉租房、经济适用房和住房租赁发展等方面的有关税收政策。其中，《关于廉租住房经济适用住房和住房租赁有关税收政策的通知》规定，对廉租住房经营管理单位按照政府规定价格、向规定保障对象出租廉租住房的租金收入免征营业税、房产税；对廉租住房、经济适用住房建设用地以及廉租住房经营管理单位按照政府规定价格、向规定保障对象出租的廉租住房用地，免征城镇土地使用税。

4月

4月1日，上海老牌大型地产公司上海中祥集团的董事长秦金龙，因涉嫌在数年前企业改制过程中隐匿一块400余亩的别墅用地，日前已被上海市检察机关批准逮捕。

4月8日，中国上海的房地产企业华程房产在法国巴黎的纽约－泛欧证券交易所成功上市，这是两周以来第二家中国企业成功登陆巴黎交易所创业板。

04月9日，海土地交易市场举行首场土地竞拍。在出让的8幅土地中，有两幅流标，3幅只有一个竞买人，其中最受关注的南汇区惠南镇金粤广场储备地块只有两家开发商参与竞标，而2443.2元／平方米的成交楼板价不到去年高峰时期的一半。上海土地市场在经历疯狂之后，地价恢复理性的速度和当初疯涨一样迅速。

4月22日，上海市房地局原副局长、上海市土地学会会长殷国元案，在上海市第一中级人民法院开庭。

4月29日，国家土地督察上海局在上海揭牌，其督察范围涵盖上海、浙江、福建三省市和宁波、厦门两个计划单列市。国家土地督察上海局的办公地址是在上海市大木桥路123号上海市人事局内。

5月

5月10日，经济适用房申请标准初步拟定，标准规定符合人均建筑面积14平方米以下、人均月收入低于2100元以及家庭金融资产为20万元以下的家庭，即有资格申请经济适用房。

5月12日，上海城市投资建设有限公司借壳原水股份顺利上市，随着公司名下城投置地大量优质资产的注入，又一家上市地产巨舰形成。公司股票也由原来的“原水股份”变更为“城投控股”，股票代码不变。

5月20日，上海首个实施动迁征询制度的旧区改造试点地块，浦东新区塘桥社区徐家弄地块，已有超过75%居民签约。这标志着该地块项目实质性征询正式完成，旧区改造和动迁将正式启动。这也成为上海市旧区改造事先征询制试点后，首个正式生效的旧区改造地块。

5月30日，为避免出现违规批地，中国中纪委、国土资源部等五个部委联合发表《违反土地管理规定行为处分办法》，县级以上政府未按期缴纳新增建设用地的有偿使用费，将责令限期缴纳；严重者，给予降级或者撤职甚至开除处分。

6月

6月7日，全球资产管理巨头黑石集团终于出手中国房地产市场，以11亿元买下上海市长寿路一商业项目，这是黑石集团在中国楼市的首单买卖。

6月7日，中国人民银行决定上调存款类金融机构人民币存款准备金率1个百分点，这是央行年内第五次上调存款准备金率，上调后，存款类金融机构人民币存款准备金率达到百分之十七点五的历史高位。

6月24日，上海楼市传来了首例退订已拍得地块的消息。该地块位于普陀长风生态商务区4号东南地块（以下简称“长风地块”），曾以11.04亿元超出底价3.14亿元250%的价格被一家房地产企业竞的，一举成为当时的“普陀地王”。

7月

7月1日，从本日起，商务部开始委托省级商务主管部门，对外商投资房地产业备案材料进行核对，并由地方商务主管部门进行审批及核对。业内认为，外商投资房地产备案权下放，或将加快外资进入。

7月30日，美国总统布什签署了总额达3000亿美元的房市援助法案。该法案旨在帮助美国两大住房抵押贷款融资机构房利美和房地美摆脱困境，救助美国房市。

8月

8月11日，上海市房屋土地资源管理局发布挂牌出让6幅国有建设用地使用权公告，涉及徐汇、普陀、宝山、嘉定、奉贤5个地区。值得关注的是，仅顾村镇陈富路地块一幅土地面积就超过24万平方米，这是近年来一级市场出让中少有的巨幅地块，估计挂牌价在13亿元左右。

8月13日，苏宁环球发布澄清公告表示，南京苏宁房地产公司和黄浦区房屋土地资源管理局已经签署协议，解除了上海南京东路163号地块出让合同。163号地块去年8月以44.04亿元成交，以6.69万元/平方米楼板价成为全国最贵“单价地王”。

8月15日，由城建集团承建的经济适用房和廉租房工程在上海华泾基地正式开工建设，工程将于2009年底竣工交付使用。这意味着上海经济适用房和廉租房工程项目已　开工建设。

8月18日，韩正市长批准《关于本市贯彻落实〈国务院办公厅关于规范国有土地使用权出让收支管理的通知〉精神的通知》、《市级国有土地使用权出让收支预决算管理实施意见》、《关于土地储备成本认定暂行办法》三个文件，上海将建平台专管土地出让收支。

8月20日，上海奉贤南桥新城首期开发区域规划昨日公布。作为上海市“十一五”规划的九个新城之一的奉贤南桥新城，其首期开发区域将打造成为一个以现代服务业中心和休闲游憩中心为特色，以居住生活、商务办公、休闲游憩、商业服务等功能为主的城市综合新区。

8月30日，万科开始的中秋楼盘集体优惠活动，其中万科新里程甚至创下接近35%的巨大优惠幅度。

9月

9月5日，由于出让底价超过市场接受范围，长风生态商务区7C北块地块流标，这是近几年长风生态商务区在对外推地首尝败绩的地块，也是上海住宅用地今年第一次出现流标。

9月7日，美财政部长保尔森和联邦住房金融局（FHFA）局长詹姆斯·洛克哈特联合召开新闻发布会宣布，联邦住房金融局暂时接管因次贷危机濒临破产的房利美（FannieMae）、房地美（FreddieMac），这两家美国第一大和第二大住房抵押贷款融资机构，启动了美国有史以来规模最大的金融救助计划。

9月15日，央行宣布降息，并下调存款准备金率。业内人士认为，降息虽具备积极性的信号作用，但恐怕还难以撼动楼市低迷的预期。

10月

10月1日，“2008秋季假日楼市”在上海展览中心开幕。面对前低迷的楼市，房产商使出浑身解数，但参观市民仍处观望状态。

10月2日，美国参议院以74票对25票通过了布什政府提出的救市方案。专家分析，如果将附加内容包括在内，这一救援方案的总金额实际已经扩大到了8500亿美元。

10月14日，上海市公积金管理中心发布《关于再次调整本市住房公积金贷款额度上限的通知》，从当日起上调补充住房公积金贷款的最高额度，符合条件的家庭最高可贷60万元。这是继其他城市之后，上海加入救市大军。上海市有关领导表明，上海会根据经济发展的情况和房地产市场的变化，进一步研究一些必要的、地方政府可调控范围内的政策。

10月22日，中央各项救市政策陆续出台，如：11月1日起，对个人首次购买90平方米及以下普通住房的，契税税率暂统一下调到1%；对个人销售或购买住房暂免征收印花税；对个人销售住房暂免征收土地增值税。地方政府可制定鼓励住房消费的收费减免政策。这一系列政策的出台，必将利好整个楼市的健康发展。

10月22日，为配套中央的一系列救市政策，上海同时也出台了“十四条”救市政策，上海市政府，再次发出调控“组合拳”，其政策出台之迅急、支持力度之大让市场各方的思想准备仍显不足，对上海房地产市场而言，可谓“空前利好”。

10 月 30 日，央行再次降息 0.27%，这已经是央行两个月以来第三次降息。

11 月

11 月 3 日，上海的普通住房新标准在正式执行。在普通住房新标准、税费优惠和房贷新政的作用下，市场内小户型的成交率先取得突破。

11 月 9 日，国家为刺激经济增长，出台一系列刺激内需的巨额投资计划，尤以高达 4 万亿元的投资规模吸引世界瞩目，所有投资主要用于加快民生工程、基础设施、生态环境建设和灾后重建等十个方面，以进一步扩大内需。

11 月 27 日，从本日起央行下调金融机构一年期人民币存贷款基准利率各 1.08 个百分点，其他期限档次存贷款基准利率作相应调整。同时，下调中央银行再贷款、再贴现等利率。经济学家认为，央行下调利率 1.08 个百分点，为 1997 年 10 月 23 日降息 1.80 个百分点以来最大降息幅度。虽然降息幅度大于市场预期，但仍在情理之中。

11 月 27 日，由韩正市长签发市政府第 8 号令《上海市人民政府关于修改〈上海市土地使用权出让办法〉的决定》公布。《修改决定》以及修改后重新公布的《上海市土地使用权出让办法》，针对目前本市土地使用中税费项目较多、且有重复征收的现象，市政府对相关收费项目进行了梳理归并，决定取消“土地使用金”的征收，以减轻企业负担。

11 月 29 日，设计总高度达 632 米的上海中心大厦于本日进行主楼桩基开工，它将超过 420．5 米的金茂大厦和 492 米的上海环球金融中心，成为中国第一高楼，也将成为完全符合“绿色建筑”标准的摩天大楼。上海中心建成后将与金茂大厦、上海环球金融中心形成“品”字型超高层建筑群。

12 月

12 月 5 日，上海市规划和国土资源管理局挂牌出让 3 幅经营性用地，其中总建筑面积约 18.86 万平方米的闸北区 281 街坊地块挂牌起始价高达 21.7 亿元，成为今年推出的最贵地块。而此次 52 号公告也是新成立的上海规土局发布的首个经营性用地挂牌公告。

12 月 11 日，第 24 届上海房地产交易会开幕，这是中央和上海地方推出一系列经济刺激政策后首个房交会，备受业内关注。本次交易会现场也并未有大范围购房打折活动，但多数房产商有关优惠可以协商。

12 月 20 日，国务院出台《国务院办公厅关于促进房地产市场健康发展的若干意见》。

12 月 23 日，中国人民银行再次下调一年期人民币存贷款基准利率各 0.27 个百分点，其他期限档次存贷款基准利率作相应调整。同时，下调中央银行再贷款、再贴现利率。这是央行今年来第五对人民币存贷款基准利率进行调整。

12 月 27 日，上海市政府出台救市新方案——《关于贯彻国务院办公厅文件精神促进本市房地产市场健康发展实施意见的通知》(沪府办发<2008>55 号)。这一文件，主要是对 12 月 20 日《国务院办公厅关于促进房地产市场健康发展的若干意见》细化和落实。两个文件的先后出台，说明了中央和地方在目前房地产市场成交量持续低迷，房价加速下滑的严峻形势下，对稳市和救市的迫切。

第二十二章 部分房地产开发企业名录

部分房地产开发企业（一级资质）

单位名称	法人代表	资质
大华（集团）有限公司	金惠明	一级
复地（集团）股份有限公司	郭广昌	一级
杭州开元物业管理有限公司上海松江分公司		一级
上海宝华企业集团有限公司	高华	一级
上海宝宸（集团）有限公司		一级
上海昌鑫（集团）有限公司		一级
上海长宁房地产经营有限公司	周焕兴	一级
上海城建（集团）公司	朱家祥	一级
上海城投置地（集团）有限公司		一级
上海达安企业发展有限公司		一级
上海东苑房地产开发（集团）有限公司		一级
上海房地产经营（集团）有限公司		一级
上海公房实业有限公司		一级
上海古北（集团）有限公司		一级
上海顾村房地产开发（集团）有限公司		一级
上海广隆置业发展有限公司		一级
上海虹房（集团）有限公司		一级
上海华丽家族（集团）有限公司		一级
上海黄浦投资（集团）发展有限公司	王政	一级
上海嘉定区房地产（集团）有限公司	凌福昌	一级
上海建工房产有限公司	倪豪	一级
上海江海置业有限公司	张伯时	一级
上海金丰投资股份有限公司		一级
上海金桥（集团）有限公司		一级
上海金外滩（集团）发展有限公司		一级
上海经华物业管理有限公司		一级
上海景瑞地产（集团）股份有限公司	陈新戈	一级
上海静安地产（集团）有限公司		一级
上海凯达物业有限公司		一级
上海凯迪企业（集团）有限公司	钱汉新	一级
上海康桥半岛（集团）有限公司	谢世东	一级
上海联源物业发展有限公司		一级
上海六角物业管理有限公司		一级
上海绿地新龙基置业有限公司		一级
上海明泉企业（集团）有限公司	王云	一级
上海农工商房地产（集团）有限公司		一级
上海鹏欣房地产开发有限公司		一级
上海强生物业公司		一级
上海仁恒房地产有限公司		一级
上海三湘（集团）有限公司	黄辉	一级
上海上房物业管理有限公司	李文洁	一级
上海申豪房地产有限公司		一级
上海申能物业管理有限公司	徐致丰	一级
上海盛勤物业管理有限公司		一级
上海石油科技工程有限公司		一级
上海实业发展股份有限公司		一级
上海市黄浦区房地产开发实业总公司		一级
上海市嘉定区房产经营（集团）有限公司		一级
上海市浦东新区房地产（集团）有限公司		一级
上海市上投房地产有限公司	寿伟光	一级
上海市漕河泾新兴技术开发区发展总公司		一级
上海通联房地产有限公司		一级
上海万科房地产有限公司	刘爱明	一级
上海新黄浦置业股份有限公司		一级
上海信达银泰置业有限公司		一级
上海亿兆房地产发展有限公司	裘德康	一级
上海永南物业管理有限公司		一级
上海永南物业管理有限公司		一级
上海永业企业（集团）有限公司		一级
上海中房置业股份有限公司		一级
上海中福地产置业有限公司		一级
上海中虹（集团）有限公司		一级
上海中环投资开发（集团）有限公司		一级
上海中祥（集团）有限公司	秦金龙	一级
上海中星（集团）有限公司		一级
上海紫都置业发展有限公司	胡兵	一级
上海瀛通（集团）有限公司	陈伟峰	一级
上实物业管理（上海）有限公司	巢爱莲	一级
天地源股份有限公司		一级
中邦置业集团有限公司		一级
中海发展（上海）有限公司	葛亚非	一级

部分房地产开发企业（二级资质）

单位名称	法人代表	资质
东方集团上海外经贸房地产开发经营有限公司	梁景安	二级
金大元集团（上海）有限公司	顾文元	二级
经纬置地有限公司		二级
景港控股集团有限公司		二级
上海爱建股份有限公司	陈振鸿	二级
上海安居房产开发有限责任公司		二级
上海昂立房地产开发有限公司	叶文良	二级
上海奥林匹克置业投资有限公司	吴振绵	二级
上海宝地置业有限公司		二级
上海宝虹房地产实业有限公司		二级
上海北蔡房地产发展有限公司		二级
上海北方城市发展投资有限公司	朱贤麟	二级
上海北桥房地产有限公司		二级
上海贝越实业有限公司	贝秋荣	二级
上海不夜城联合发展（集团）有限公司	张冬平	二级
上海曹峰置业有限公司	王正春	二级

单位名称	法人代表	资质
上海曹路房地产开发经营公司	施爱琴	二级
上海长峰房地产开发有限公司		二级
上海长甲置业有限公司	赵长甲	二级
上海城建置业发展有限公司	祝勇	二级
上海城凯置业有限公司	褚阿根	二级
上海大家置业有限公司	徐崇峰	二级
上海电力房地产有限公司		二级
上海东方城市花园有限公司	山佳明	二级
上海东方金马房地产有限公司		二级
上海东方康桥房地产发展有限公司	王伟贤	二级
上海东上海联合置业有限公司	龚建忠	二级
上海东旺房地产有限公司	郑建国	二级
上海东紫房地产发展有限公司		二级
上海房地（集团）公司		二级
上海飞洲房地产开发有限公司		二级
上海奉贤城建（集团）有限公司		二级
上海奉贤城乡建设投资开发有限公司		二级
上海奉贤住宅建设有限公司		二级
上海复兴建设发展有限公司		二级
上海刚泰置业有限公司		二级
上海港房地产经营开发公司		二级
上海高新房地产发展有限公司	王可炯	二级
上海高远置业（集团）有限公司		二级
上海光大房地产有限公司		二级
上海广电房地产有限公司	蒋松涛	二级
上海广顺房地产开发公司		二级
上海国飞绿色置业有限公司		二级
上海国际汽车城置业有限公司		二级
上海海东房地产有限公司	陈树荣	二级
上海飞洲房地产开发有限公司		二级
上海奉贤城建（集团）有限公司		二级
上海奉贤城乡建设投资开发有限公司		二级
上海奉贤住宅建设有限公司		二级
上海复兴建设发展有限公司		二级
上海刚泰置业有限公司		二级
上海港房地产经营开发公司		二级
上海高新房地产发展有限公司	王可炯	二级
上海高远置业（集团）有限公司		二级
上海光大房地产有限公司		二级
上海广电房地产有限公司	蒋松涛	二级
上海广顺房地产开发公司		二级
上海国飞绿色置业有限公司		二级
上海国际汽车城置业有限公司		二级
上海海东房地产有限公司	陈树荣	二级
上海海欣建设发展有限公司	罗金通	二级
上海航新房地产有限公司		二级
上海豪都房地产开发经营有限公司	屠海鸣	二级
上海和田城市建设开发公司		二级
上海恒大房产股份有限公司	刘爱明	二级
上海恒杰房地产开发有限公司	朱益民	二级
上海恒信源置业有限公司		二级
上海虹康房产建设有限公司		二级
上海虹桥经济技术开发区联合发展有限公司	钱达仁	二级
上海虹阳置业有限公司		二级
上海宏润地产有限公司		二级

单位名称	法人代表	资质
上海宏泰房地产有限公司		二级
上海沪中房地产联合发展总公司	陈国兴	二级
上海沪莘置业发展有限公司		二级
上海花木房地产开发经营公司		二级
上海华辰房地产开发有限公司		二级
上海华纺房地产发展有限公司	卓恺平	二级
上海华飞投资集团股份有限公司		二级
上海华敏置业（集团）有限公司	李小敏	二级
上海华能天地房地产有限公司		二级
上海华升房地产开发有限公司	蒋家艳	二级
上海华业房地产发展有限公司	陆国先	二级
上海华岳房地产开发经营有限公司		二级
上海环城置业发展有限公司	丁康	二级
上海黄浦建设发展有限公司	钱家琪	二级
上海汇成房产经营公司		二级
上海汇达建设发展实业有限公司	严建华	二级
上海汇峰房地产开发有限公司		二级
上海吉晨卫生后勤服务管理有限公司	黄晨	二级
上海嘉房置业发展有限公司		二级
上海嘉实房地产发展有限公司	章永泉	二级
上海佳铭房产有限公司	徐学青	二级
上海建德企业（集团）有限公司	周志成	二级
上海建都房地产开发有限公司		二级
上海江南造船厂房地产开发经营公司	都文忠	二级
上海交大南洋房地产（集团）有限公司		二级
上海界龙房产开发有限公司		二级
上海金晨物业经营管理有限公司		二级
上海金房置业有限公司		二级
上海金明投资集团有限公司	卢泽明	二级
上海金鹏房地产开发有限公司		二级
上海金桥出口加工区房地产发展有限公司		二级
上海金桥房地产发展有限公司		二级
上海金山房产经营有限公司		二级
上海锦江国际地产有限公司	华庆建	二级
上海精文置业（集团）有限公司		二级
上海静安城建投资有限公司	周宝森	二级
上海静安新成置业有限公司	王永康	二级
上海九韵置业有限公司		二级
上海巨龙房地产有限公司		二级
上海开天房地产开发经营有限公司	金裕龙	二级
上海凯通置业有限公司		二级
上海蓝印实业有限公司		二级
上海丽华房地产有限公司	郁玉生	二级
上海联讯物业管理有限公司	李建超	二级
上海联洋港力物业管理有限公司		二级
上海联益房地产实业公司	郭小云	二级
上海联鑫房地产有限公司		二级
上海莲森实业（集团）有限公司	马献平	二级
上海良友物业管理有限公司	沈国辉	二级
上海临江控股（集团）有限公司	谈意道	二级
上海龙仓置业有限公司		二级
上海龙华房地产有限公司		二级
上海龙盟房地产开发有限公司	项斌	二级
上海隆庆物业管理有限公司	马卫昌	二级
上海隆宇企业发展有限公司	钱思解	二级

单位名称	法人代表	资质
上海陆家嘴（集团）有限公司	杨小明	二级
上海陆家嘴东城开发有限公司	徐而进	二级
上海陆家嘴金融贸易区开发股份有限公司	杨小明	二级
上海陆洋经济联合发展有限公司		二级
上海绿庭四季花城房地产开发有限公司	许良彦	二级
上海绿宇房地产开发有限公司	寿柏年	二级
上海绿洲房地产（集团）有限公司	李凯良	二级
上海绿洲花园置业有限公司		二级
上海轮胎橡胶（集团）公司房地产开发经营公司		二级
上海罗店房地产有限责任公司	刘道忠	二级
上海罗南房地产有限公司		二级
上海梦达房地产有限公司		二级
上海明旺房地产有限公司	张智刚	二级
上海明兴房地产开发经营有限公司	黄汉兴	二级
上海铭源房地产开发经营有限公司	李铮理	二级
上海南方房地产有限公司	俞培德	二级
上海南房（集团）有限公司		二级
上海彭浦商品住宅开发总公司	陈月宝	二级
上海鹏欣（集团）有限公司	姜照柏	二级
上海浦陈房地产开发经营有限公司		二级
上海浦程房地产发展有限公司	朱根林	二级
上海浦东发展置业有限公司	郭亚兵	二级
上海浦东金三角房地产实业有限公司	厉瞬敏	二级
上海浦东商业建设有限公司		二级
上海浦东上南房产有限公司	沈正荣	二级
上海浦东伟业房地产开发有限公司		二级
上海浦东新区房地产实业总公司		二级
上海浦联房地产发展公司	孟林兴	二级
上海浦西房地产开发有限公司	程卫东	二级
上海祁连房地产开发总公司		二级
上海汽车工业房地产开发公司		二级
上海千秋置业股份有限公司	杨敏杰	二级
上海乾溪置业总公司		二级
上海桥升商贸置业有限公司		二级
上海青浦房地产有限公司		二级
上海日月明房地产开发（集团）有限公司		二级
上海荣联房地产有限公司		二级
上海三盛房地产（集团）有限责任公司	田平波	二级
上海山阳房产开发有限公司	朱龙明	二级
上海山鑫置业有限公司		二级
上海上钢物业公司	李庆荣	二级
上海上科实业有限公司	吴菲菲	二级
上海上实城市发展投资有限公司	马成樑	二级
上海申城房地产开发实业总公司	董放	二级
上海申马房地产实业有限公司	张志清	二级
上海申能房地产有限公司	沈懋松	二级
上海申亚房地产有限公司		二级
上海申昶房地产开发有限公司	盛凤祥	二级
上海盛大房地产开发有限公司	石建极	二级
上海盛帆房地产开发有限公司		二级
上海盛源房地产（集团）有限公司		二级
上海圣陶沙置业有限公司		二级
上海圣骊房地产有限公司		二级
上海石化城市建设综合开发公司	于小粮	二级
上海世博土地控股有限公司		二级

单位名称	法人代表	资质
上海世茂房地产有限公司	许荣茂	二级
上海市宝山区房产经营公司	张培明	二级
上海市城市建设综合开发有限公司	梁镇海	二级
上海市房地产实业有限公司		二级
上海市工业区开发总公司	王信才	二级
上海市工业系统房地产联合总公司	王信华	二级
上海市公房资产经营（集团）有限公司	李法彤	二级
上海市机电工业房地产公司	潘凤杰	二级
上海市嘉定区建设工程（集团）有限公司	朱参参	二级
上海市静安区房地产开发经营公司		二级
上海市南汇区房地产开发经营总公司		二级
上海市浦东土地发展（控股）公司		二级
上海市申懋房地产经营公司	瞿宏伟	二级
上海市市政房地产经营公司		二级
上海市天宸股份有限公司		二级
上海市外高桥保税区新发展有限公司		二级
上海市莘庄工业区申莘房地产有限公司		二级
上海四平物业管理有限公司	陈益明	二级
上海松城房地产有限公司	沈杏芳	二级
上海松辽房地产公司		二级
上海松投房地产开发经营有限公司	徐军	二级
上海泰宇房地产（集团）有限公司	黄贤芳	二级
上海泰元置业有限公司		二级
上海天鸿房地产开发有限公司		二级
上海铁路房地产开发经营有限公司	俞光耀	二级
上海通达房地产有限公司	冯伟建	二级
上海同济房地产有限公司	王明忠	二级
上海同盛投资集团房地产有限公司		二级
上海外高桥保税区开发股份有限公司	舒榕斌	二级
上海万博房地产开发有限公司	黄志源	二级
上海万科长宁置业有限公司	刘爱明	二级
上海万临置业有限公司	宋祥麟	二级
上海万业企业股份有限公司		二级
上海万业企业两湾置业发展有限公司	程光	二级
上海万兆房地产发展有限公司		二级
上海伟立房地产有限公司		二级
上海卫百辛（集团）有限公司	施建平	二级
上海物资集团房地产有限公司		二级
上海欣源置业发展（集团）有限公司		二级
上海新城万嘉房地产有限公司		二级
上海新发展房地产开发有限公司		二级
上海新湖房地产开发有限公司		二级
上海新黄浦（集团）公司		二级
上海新梅房地产开发有限公司	张静静	二级
上海新青浦置业有限公司		二级
上海新申房产建设有限公司		二级
上海新世界智富置业有限公司	柳晓明	二级
上海新松江置业（集团）有限公司	徐炳荣	二级
上海新杨浦置业有限公司		二级
上海新泾房地产开发有限公司	王桂忠	二级
上海信盛置业有限公司	郑朝龙	二级
上海兴海房产综合开发公司	张竞耀	二级
上海兴江房地产综合开发公司		二级
上海兴景房地产经营有限公司		二级
上海兴荣房地产发展有限公司		二级

单位名称	法人代表	资质
上海兴盛实业发展（集团）有限公司		二级
上海徐房（集团）有限公司		二级
上海徐汇商建房地产有限公司	朱瑾	二级
上海亚大物业发展有限公司		二级
上海亚联置业有限公司	郁建中	二级
上海洋泾物业公司	计闯	二级
上海阳城房地产有限公司	金建明	二级
上海阳光欧洲城投资发展（集团）有限公司	吴金海	二级
上海阳厦物业管理有限公司	赵文伍	二级
上海一方置业发展有限公司	唐钟录	二级
上海仪电置业发展公司		二级
上海营巢房产开发有限公司	王新其	二级
上海营巢物业管理有限公司	王雨春	二级
上海永乐物业有限责任公司		二级
上海永圣房地产有限公司		二级
上海永业股份有限公司	钱军	二级
上海友谊集团置业有限公司	浦静波	二级
上海宇泰房地产有限公司		二级
上海源程置业有限公司	傅胜毅	二级
上海源恺城建开发有限公司		二级
上海月浦房地产开发有限责任公司		二级
上海云峰（集团）有限公司		二级
上海运杰置业有限公司		二级
上海张江（集团）有限公司		二级
上海张江房地产有限公司	顾国平	二级
上海张江高科技园区开发股份有限公司		二级
上海振华房地产开发经营有限公司	邱隆	二级
上海证大置业有限公司	戴志康	二级
上海中城企业集团房地产有限公司	陈国旋	二级
上海中大股份有限公司		二级
上海中汇投资发展总公司		二级
上海中亚城市建设综合开发公司	许文友	二级
上海中友房产开发有限公司		二级
上海仲义建设实业有限公司		二级
上海周康房地产有限公司	杨昌硕	二级
上海珠江投资有限公司	林海涛	二级
上海住德房地产开发有限公司	王建忠	二级
上海住宅科技置业发展有限公司		二级
上海紫元房地产有限公司	周满娟	二级
上海紫竹置业（集团）有限公司	龚建忠	二级
上海馨城物业管理有限公司	王建华	二级
上海莘城实业有限公司	薛晓路	二级
上海莘盛发展有限公司	叶立培	二级
上海莘松房地产有限公司		二级
上海莘闵房地产有限公司		二级
上海闵行房地（集团）有限公司		二级
上海闵行房地产发展有限公司		二级
上海闵行置业发展有限公司		二级
上海漕河泾开发区高科技园发展有限公司		二级
上海昕城房地产有限公司		二级
上海晟地集团有限公司	陈伟兴	二级
上海颛桥房地产有限公司		二级
上海鑫昌房地产开发经营有限公司		二级
振丰（上海）有限公司	姚征	二级
上海中建房产（集团）有限公司		二级
上海中金房地产（集团）有限公司	周传有	二级
上海中凯企业集团有限公司	边华才	二级
上海中盛房地产有限公司	张宗宝	二级
上海中通置业（集团）有限公司		二级
上海中星集团新城房产有限公司		二级
上海中星集团振城房地产有限公司	是飞舟	二级

部分房地产开发企业（三级资质）

单位名称	法人代表	资质
宝钢发展有限公司		三级
东方海外（上海）投资有限公司		三级
广东黄河实业集团上海房地产有限公司	郑强辉	三级
嘉里发展（上海）有限公司		三级
上海爱法房地产经营开发有限公司		三级
上海爱仁物业有限公司		三级
上海安都房地产发展有限公司		三级
上海安基置业有限公司	钱美君	三级
上海安联投资发展有限公司		三级
上海安盛房产开发有限公司	陈勤帮	三级
上海安新华诚实业发展有限公司	陆美芳	三级
上海安鑫物业管理有限公司	陆啸天	三级
上海百达物业管理有限公司		三级
上海百益物业管理有限公司		三级
上海堡镇房地产开发有限公司		三级
上海宝安企业有限公司		三级
上海宝恒物流经济发展有限公司		三级
上海宝鸿房产开发有限公司	邱伟敏	三级
上海宝建集团宝山市政房地产开发有限公司		三级
上海宝林房地产开发有限公司		三级
上海北杰旺房地产有限公司	丁明年	三级
上海贝申房地产开发有限公司		三级
上海碧云房地产开发有限公司	朱耀家	三级
上海博佳房地产开发有限公司		三级
上海博捷房地产开发有限公司		三级
上海博锦房地产开发中心有限公司		三级
上海博泰房地产发展有限公司		三级
上海财富兴园置业发展有限公司	张小传	三级
上海彩虹房地产有限公司		三级
上海仓桥房产经营有限公司	唐菊芳	三级
上海昌大房地产发展有限公司	蒋元昌	三级
上海昌辉企业发展有限公司	苏萍	三级
上海车墩房地产开发有限公司	金海林	三级
上海辰辉房地产开发有限公司	姚徐德	三级
上海辰凯置业有限公司		三级
上海陈氏集团有限公司	陈建富	三级
上海城桥房地产开发经营有限公司	庞志云	三级
上海乘龙实业有限公司	潘荣贵	三级
上海诚曜物业服务有限公司		三级
上海驰华房地产开发有限公司	俞美凤	三级

单位名称	法人代表	资质
上海驰振物业管理有限公司		三级
上海崇明房地产开发有限公司	陈浪	三级
上海川沙界龙联合发展有限公司	费钧德	三级
上海春郭房地产开发有限公司	施跃鸣	三级
上海大柏树房地产开发经营有限公司		三级
上海大豪城乡建设有限公司	徐文华	三级
上海大闻房地产有限公司		三级
上海大业房地产开发有限公司	黄苏东	三级
上海大众房地产开发经营公司		三级
上海德鑫物业管理有限公司	全志伟	三级
上海地杰置业有限公司	袁伯银	三级
上海地空房地产开发经营有限公司	应保根	三级
上海地纬（集团）股份有限公司	郁鑫	三级
上海东波房地产开发经营有限公司	黄稚燕	三级
上海东方城乡房地产开发经营有限公司		三级
上海东方金马房产发展有限公司		三级
上海东方明珠置业有限公司	孙文秋	三级
上海东宏房地产开发有限公司	瞿建平	三级
上海东湖物业管理公司		三级
上海东开置业有限公司	单建芳	三级
上海东晓物业管理有限公司	王文松	三级
上海东亚房地产股份有限公司		三级
上海东苑利景置业有限公司	侯抗胜	三级
上海东苑兆业房地产发展有限公司	侯抗胜	三级
上海方舟房地产开发有限公司	朱小弟	三级
上海奉浦房地产开发有限公司		三级
上海奉贤正阳置业有限公司		三级
上海福高物业管理有限公司		三级
上海福乐思特房地产发展有限公司	黄崇圣	三级
上海福阳置业有限公司	谭黎明	三级
上海复旦科技园股份有限公司	杨玉良	三级
上海复欣物业管理发展有限公司	袁德炯	三级
上海复鑫房地产开发有限公司		三级
上海富都世界发展有限公司		三级
上海富林房地产发展有限公司		三级
上海东晓物业管理有限公司	王文松	三级
上海东亚房地产股份有限公司		三级
上海东苑利景置业有限公司	侯抗胜	三级
上海东苑兆业房地产发展有限公司	侯抗胜	三级
上海方舟房地产开发有限公司	朱小弟	三级
上海奉浦房地产开发有限公司		三级
上海奉贤正阳置业有限公司		三级
上海福高物业管理有限公司		三级
上海福乐思特房地产发展有限公司	黄崇圣	三级
上海福阳置业有限公司	谭黎明	三级
上海复旦科技园股份有限公司	杨玉良	三级
上海复欣物业管理发展有限公司	袁德炯	三级
上海复鑫房地产开发有限公司		三级
上海富都世界发展有限公司		三级
上海富林房地产发展有限公司		三级
上海富盛经济开发区开发有限公司		三级
上海富淘房地产有限公司	石钗妹	三级
上海富友房产有限公司	高艳	三级
上海富中置业有限公司	严富源	三级
上海港欣房地产开发有限公司	孙立初	三级

单位名称	法人代表	资质
上海高城建设有限公司		三级
上海贡霄房地产开发有限公司	施克诚	三级
上海谷元房地产开发有限公司	高天国	三级
上海光鸿房产有限公司	林祖光	三级
上海广安置业发展有限公司		三级
上海广普置业有限公司	毛辰	三级
上海国亭置业有限公司		三级
上海海燕房地产经营有限公司		三级
上海海杨物业管理有限公司	李汇东	三级
上海海鑫房地产发展有限公司	傅国世	三级
上海汉石投资管理有限公司	姚培明	三级
上海好世置业有限公司	高桥裕治	三级
上海浩城置业有限公司		三级
上海衡泰房地产有限公司		三级
上海恒和置业有限公司	何青	三级
上海恒力房地产发展有限公司	顾宝林	三级
上海恒舜置业有限公司	潘凤杰	三级
上海虹桥东苑置业有限公司	沈慧琴	三级
上海虹桥房地产有限公司		三级
上海虹桥高尔夫俱乐部有限公司	杨思汉	三级
上海虹翔物业有限公司	孙翌	三级
上海虹叶置业发展有限公司	谭国平	三级
上海鸿宝实业有限公司		三级
上海鸿顺置业发展有限公司	卢福	三级
上海洪福房地产有限公司	姜林忠	三级
上海宏城房地产开发有限公司		三级
上海宏利房地产开发有限公司		三级
上海宏士达房地产开发有限公司		三级
上海弘辉房地产开发有限公司	杜自弘	三级
上海弘基企业发展有限公司		三级
上海弘扬房地产开发有限公司		三级
上海华宝房地产发展有限公司		三级
上海华高房地产开发经营有限公司	温祥荣	三级
上海华江建设发展有限公司		三级
上海华隆房地产发展有限公司	吴渭凉	三级
上海华闽房地产开发有限公司	吴蓉蓉	三级
上海华商房产发展公司	张引浩	三级
上海华盛建设（集团）有限公司		三级
上海华顺物业发展有限公司	严中立	三级
上海华天物业管理有限公司	梁安琪	三级
上海华霞房地产公司	宋金明	三级
上海华夏房地产开发经营有限公司	柳向林	三级
上海华阳房地产开发有限公司	薛金林	三级
上海华艺房地产开发经营有限公司		三级
上海华谊集团房地产有限公司		三级
上海华漕房地产开发有限公司		三级
上海环恒房地产有限公司	蔡国平	三级
上海环源房地产开发有限公司	邢志浩	三级
上海黄浦地产发展有限公司		三级
上海慧创现代服务园发展有限公司	丁雪祥	三级
上海汇宝房地产发展有限公司	韩泰准	三级
上海汇华房地产开发有限公司		三级
上海汇京置业发展有限公司		三级
上海汇丽房地产开发有限公司	吴镔	三级
上海汇裕置业有限公司	张海威	三级

单位名称	法人代表	资质
上海汇鑫房地产有限公司	曹贻德	三级
上海吉联房地产开发经营有限公司	黄怀吉	三级
上海嘉宝奇伊房地产经营有限公司		三级
上海嘉定城市建设投资有限公司	顾文其	三级
上海嘉定区菊园房地产开发有限公司		三级
上海嘉定区住宅建设综合开发有限责任公司	李俭	三级
上海嘉定商晟房产经营有限公司		三级
上海嘉宏房地产有限责任公司	钱明	三级
上海嘉乐房地产开发有限公司	武忠兴	三级
上海佳龙物业管理中心	顾德国	三级
上海佳源置业有限公司	方壮源	三级
上海佳苑房地产发展有限公司	李怀靖	三级
上海佳运置业有限公司	沈仁兴	三级
上海家化置业有限公司	简劲宏	三级
上海鉴诚韵置业有限公司	蔡明桥	三级
上海建发物业有限公司		三级
上海建汇置业有限公司		三级
上海建佳房地产开发有限公司		三级
上海建浦房地产有限公司		三级
上海建晟置业发展有限公司		三级
上海江桥建设开发有限公司	沈明兴	三级
上海江湾房地产开发经营有限公司		三级
上海江兴置业有限公司	倪金彪	三级
上海金栋房地产开发有限公司	金守红	三级
上海金福外滩置业有限公司		三级
上海金高房地产有限责任公司	陈美付	三级
上海金合房地产有限公司	何晓	三级
上海金沪房地产发展有限公司	黄少荣	三级
上海金金置业有限公司	唐宝良	三级
上海金廊房地产开发有限公司		三级
上海金明房地产开发有限公司		三级
上海金牛房地产有限公司	沈伟平	三级
上海金磐房地产开发有限公司	石建极	三级
上海金品房产经营有限公司		三级
上海金山土地开发服务公司	吴巧龙	三级
上海金山土地整理发展有限公司		三级
上海金山卫房地产经营有限公司		三级
上海金山新城区建设发展有限公司	应建敏	三级
上海金山嘴房地产开发有限公司	朱龙明	三级
上海金纬房地产发展有限公司		三级
上海金午置业有限公司		三级
上海金玉兰物业管理有限公司		三级
上海锦城房地产有限公司	叶贵勋	三级
上海锦茸房地产开发经营有限公司	马立峰	三级
上海锦绣华城房地产开发有限公司	陈宁	三级
上海锦源房地产有限公司		三级
上海锦之嘉酒店管理有限公司	郑湧	三级
上海晶松房地产开发有限公司	沈华其	三级
上海京都置业有限公司	陈天庸	三级
上海精舍物业管理有限公司	朱应菁	三级
上海景洪房地产开发有限公司		三级
上海景坤房地产开发有限公司	阮欢	三级
上海景秀置业发展有限公司	王正舜	三级
上海静安公房资产经营有限公司		三级
上海竞成物业管理有限公司	高建国	三级

单位名称	法人代表	资质
上海久华房地产有限公司		三级
上海久青房地产开发经营有限公司	李仲秋	三级
上海九亭房地产开发有限公司	陈惠其	三级
上海菊缘房地产发展有限公司		三级
上海均瑶集团置业投资有限公司		三级
上海骏丰物业有限公司	衣振涛	三级
上海开城物业管理有限公司	平关龙	三级
上海开伦房地产开发经营有限责任公司	钱宜	三级
上海凯托房地产发展有限公司	张文耀	三级
上海康达房地产实业有限公司	席建华	三级
上海康桥房地产开发经营有限公司		三级
上海康苑物业管理有限公司	沈玉芳	三级
上海莱利物业管理有限公司		三级
上海兰开房地产开发有限公司	夏怡婷	三级
上海立地房地产有限公司	钟晓青	三级
上海联农房产有限公司		三级
上海林立房地产开发有限公司		三级
上海临港泥城经济发展有限公司	黄吉仁	三级
上海临港新城投资建设有限公司		三级
上海凌桥房地产有限公司		三级
上海六合房地产有限公司		三级
上海龙锡置业有限公司	谈龙彬	三级
上海氯碱化工房产开发经营有限公司	王锦淮	三级
上海绿庭房地产开发有限公司		三级
上海罗事房地产发展有限公司		三级
上海梅龙镇集团置业有限公司		三级
上海梅山房地产开发经营有限公司	周荣龙	三级
上海美尔置业发展有限公司	孙忠清	三级
上海庙行房地产开发经营公司	朱国忠	三级
上海民强物业管理有限公司	杨春	三级
上海明峰置业有限公司	洪伟义	三级
上海明光房地产发展有限公司	章巨焕	三级
上海明华房地产有限公司		三级
上海明佳房地产经营开发有限公司		三级
上海南市房地产经营有限公司	鲍伟忠	三级
上海南外滩（集团）有限公司	吴群逸	三级
上海南杨置业发展有限公司		三级
上海欧港置业有限公司	周仕供	三级
上海欧美亚置业有限公司	林国弟	三级
上海欧筑实业发展有限公司	杨毫	三级
上海朋大置业有限公司		三级
上海朋鑫房地产有限公司	彭平观	三级
上海鹏远房地产开发有限公司	姜照柏	三级
上海飘鹰房地产开发中心		三级
上海平安欣仑物业发展有限公司	孙建德	三级
上海普达物业管理有限公司		三级
上海浦东川城房地产经营开发有限公司	杨秋菊	三级
上海浦东富成房地产有限公司	张四维	三级
上海浦东华夏实业总公司房地产开发公司	桂国杰	三级
上海浦东南汇房地产有限公司		三级
上海浦南房地产开发有限公司		三级
上海齐茂房地产开发有限公司	蔡黎明	三级
上海前晋企业（集团）有限公司		三级
上海强健房地产开发有限公司	张志敏	三级
上海强生房地产开发经营公司	张同恩	三级

单位名称	法人代表	资质
上海清水颐园房地产有限公司		三级
上海庆宁置业有限公司		三级
上海泉山房地产开发有限公司	陶基劲	三级
上海群达置业有限公司	赵斌	三级
上海仁杰河滨园房地产有限公司	庄惠平	三级
上海人保房地产开发经营公司		三级
上海日扬房地产有限公司		三级
上海茸达房地产经营有限公司	朱新华	三级
上海茸投建设发展有限公司	姚建云	三级
上海瑞禾房地产发展有限公司	姚百祥	三级
上海瑞虹房地产有限公司	张顺飞	三级
上海瑞华置业（集团）有限公司		三级
上海瑞锦房地产开发有限公司	张锦明	三级
上海三凌物业管理公司		三级
上海索营置业有限公司		三级
上海泰鸿实业有限公司	晁坚	三级
上海泰江置业发展有限公司	林华中	三级
上海泰日房地产有限公司		三级
上海唐盛物业管理有限公司		三级
上海天诚置业公司	孙敏	三级
上海天亿置业发展有限公司	刘爱明	三级
上海天昱通房地产开发有限责任公司	沈银发	三级
上海通城房地产经营开发有限公司		三级
上海通盛（集团）发展有限公司	潘万盛	三级
上海同丰房地产开发有限公司		三级
上海同丰物业有限公司	0	三级
上海同进置业有限公司	孙益功	三级
上海同润投资（集团）有限公司	范荣	三级

单位名称	法人代表	资质
上海三新企业发展有限公司		三级
上海三友房地产有限公司	俞兴泉	三级
上海莎海实业（集团）有限公司	王卫兵	三级
上海沙林物业管理有限公司		三级
上海上泰置业有限公司		三级
上海绍盛房地产发展有限公司	娄冬虎	三级
上海申东房地产开发有限公司		三级
上海申丰房地产开发有限公司		三级
上海申惠房地产开发经营有限公司	顾瑞芬	三级
上海申鹏物业管理有限公司	李大明	三级
上海申新房地产开发有限公司	杭鹏浩	三级
上海申宇房地产开发有限公司		三级
上海申舟房产开发经营公司		三级
上海胜浦房地产发展有限公司		三级
上海时蓄企业发展有限公司		三级
上海实久公司		三级
上海市北工业园区（集团）有限公司	丁明年	三级
上海市城镇建设发展有限公司		三级
上海市崇明东门物业管理公司		三级
上海市房屋实业有限公司	孙明基	三级
上海市虹口区房产开发经营有限公司	戚伟国	三级
上海市虹口区公房资产经营有限公司	乐吉伟	三级
上海市黄浦区职工住宅开发有限公司		三级
上海市金辉工业房地产发展公司	冯祖新	三级
上海市龙威房地产有限公司	黄骏	三级
上海市卢湾区房产经营有限公司		三级
上海市浦东新区丰联物业经营部		三级
上海市杨浦区房屋建设开发公司	赵立华	三级
上海市职工住宅合作社	陈志平	三级
上海双鸥置业有限公司		三级
上海双拥文化园投资开发有限公司	张敏	三级
上海顺风物业管理有限公司		三级
上海思致置业有限公司		三级
上海四季海螺置业有限公司	薛伟	三级
上海四金物业管理有限公司	朱国萍	三级
上海松江工业区房地产开发有限公司	李伟	三级
上海松江建通房地产开发有限公司	沈海林	三级
上海松江新城建设工程服务有限公司		三级
上海松盛物业管理有限公司		三级
上海松征房地产开发有限公司		三级
上海隧峰房地产开发公司	刘梓铭	三级
上海外高桥新市镇开发管理有限公司	陈卫星	三级
上海万峰房地产有限公司		三级
上海万科投资管理有限公司	刘爱明	三级
上海万宇房地产（集团）有限公司		三级
上海威亚物业管理有限公司		三级
上海维罗纳置业发展有限公司	董希北	三级
上海吴淞住宅建设开发有限公司		三级
上海五角场房地产开发公司	邢志浩	三级
上海五隆置业发展有限公司	李明官	三级
上海西北盛唐房地产有限公司	叶子生	三级
上海西郊庄园企业（集团）有限公司	王树清	三级
上海西郊庄园资产经营管理有限公司	王树清	三级
上海西庭网球公寓开发有限公司	Richard Johannes Van Den Berg	三级
上海西洲置业有限公司	干建平	三级
上海香溢房地产有限公司		三级
上海象源丽都置业有限公司		三级
上海欣达房地产经营有限公司	陆利刚	三级
上海欣荣房地产开发有限公司		三级
上海欣晟房地产开发有限公司		三级
上海新崇房地产开发有限公司	张俊	三级
上海新纺物业经营管理有限公司		三级
上海新高桥开发有限公司	舒榕斌	三级
上海新和置业管理有限公司	潘亚立	三级
上海新虹房产经营开发公司		三级
上海新宏安房地产开发公司	许建中	三级
上海新环源房地产开发有限公司		三级
上海新嘉房地产发展有限公司	吴荣辉	三级
上海新梅双塔物业管理有限公司		三级
上海新世纪创业有限公司	汪建玎	三级
上海新世纪房产服务有限公司		三级
上海新舒房地产开发有限公司	曾文星	三级
上海新天地置业发展有限公司	倪昌亮	三级
上海新望房地产经营有限公司		三级
上海新兴技术开发区联合发展有限公司		三级
上海新徐房地产开发有限公司	廖茸桐	三级
上海新耀房地产开发有限公司	王海松	三级

单位名称	法人代表	资质
上海新竹房地产有限公司		三级
上海新竹物业管理有限公司		三级
上海信建房地产集团有限公司	赵正科	三级
上海信缘物业管理有限公司	朱小晶	三级
上海星腾房产开发有限公司	桂祖达	三级
上海兴城建设发展有限公司		三级
上海兴高房地产有限公司	陈美付	三级
上海兴申房地产经营有限公司	苏长荣	三级
上海兴跃房地产投资有限公司	孙镇跃	三级
上海行通房地产发展有限公司	王友芳	三级
上海兄弟见龙苑房产开发有限公司		三级
上海徐汇房产经营有限公司		三级
上海徐泾房地产有限公司	金建国	三级
上海轩宇物业管理有限公司	朱正冕	三级
上海亚东房地产有限公司		三级
上海亚龙企业有限公司	张文荣	三级
上海亚通置业发展有限公司		三级
上海言青房产开发有限公司	许成旺	三级
上海雁荡物业管理有限公司		三级
上海杨浦科技创业中心有限公司	王荣	三级
上海杨泰房地产开发有限公司		三级
上海阳明房地产发展有限公司		三级
上海耀庆物业管理有限公司		三级
上海宜凝房地产开发有限公司	陈殿军	三级
上海宜凝物业管理有限公司	张德安	三级
上海亿峰置业有限公司	高凤飞	三级
上海意得实业投资有限公司	林汝琴	三级
上海益海房地产开发有限公司	奚德龙	三级
上海银都商城发展有限公司	陈秀钦	三级
上海银河房地产经营有限公司		三级
上海银欣房地产有限公司		三级
上海英达方物业有限公司		三级
上海英达莱置业有限公司	何川	三级
上海永久房地产开发经营有限公司	顾觉新	三级
上海永理置业管理有限公司		三级
上海永龙房地产有限公司		三级
上海永业企业集团物业管理有限公司		三级
上海由由房地产开发有限公司	陈立华	三级
上海玉宇房地产开发有限公司	朱昌言	三级
上海裕都房地产开发有限公司	张钧	三级
上海裕康房地产有限公司		三级
上海原申投资有限公司		三级
上海源东房地产开发有限公司		三级
上海远景房地产开发有限公司		三级
上海跃进房地产开发有限公司	励一鸣	三级
上海悦达房地产发展有限公司	胡友林	三级
上海云间房地产开发有限公司	陈哲人	三级
上海泽欣房地产开发有限公司	李国华	三级
上海展讯置业发展有限公司	LIU SUSAN XIAOXING	三级
上海张江高科技园区置业有限公司		三级
上海张江微电子港有限公司	刘小龙	三级
上海张杨商业建设联合发展有限公司	毛德明	三级

单位名称	法人代表	资质
上海浙航物业管理有限公司		三级
上海振川物业有限公司	刘勇	三级
上海振龙房地产开发有限公司	陈榕生	三级
上海振亭房地产开发有限公司	曾振波	三级
上海振威投资发展有限公司		三级
上海正达房地产开发经营公司		三级
上海证大三角洲置业有限公司	戴志康	三级
上海置沪房地产开发有限公司	龚一平	三级
上海中城集团物业公司	许建国	三级
上海中福（集团）有限公司	高象柱	三级
上海中钱房地产开发有限公司	潘辽原	三级
上海中万置业投资有限公司	任国龙	三级
上海中新房地产开发有限公司		三级
上海钟鼎房地产开发有限公司	孙恩菊	三级
上海仲盛物业有限公司		三级
上海众立房地产开发有限公司		三级
上海众行物业管理有限公司		三级
上海众众房地产开发有限公司		三级
上海众众实业发展有限公司		三级
上海洲海房地产开发有限公司	郝秀伦	三级
上海朱家角城建开发有限公司	王其生	三级
上海住富房地产发展有限公司	施建东	三级
上海住联房地产发展有限公司	朱卫杰	三级
上海祝桥新镇投资发展有限公司	顾林昌	三级
上海孜诚置业有限公司	朱励	三级
上海总泉置业有限公司	任海琴	三级
上海佘山房地产经营开发有限公司		三级
上海莘南房地产开发有限公司		三级
上海峥宸房地产有限公司	沈文贵	三级
上海怡泰房地产开发（集团）有限公司	蔡勇	三级
上海闵行城建开发有限公司		三级
上海闵行公房资产经营有限公司	陈耀辉	三级
上海闵行区杜行沿浦房地产经营有限公司		三级
上海闵行区商业建设有限公司		三级
上海泗泾房地产开发经营有限公司	慎永明	三级
上海漕河泾房产开发有限公司		三级
上海漕河泾开发区经济技术发展有限公司		三级
上海漕河泾开发区新经济园发展有限公司	王振富	三级
上海潼港置业有限公司		三级
上海瀛海置业有限公司	陆飞	三级
上海宸东房地产开发有限公司	冯鸣	三级
上海樽轩实业有限公司		三级
上海颛盛房地产有限公司		三级
上海颛元置业有限公司		三级
上海鑫隆房地产开发有限公司	周箴达	三级
上海鑫荣房地产综合开发有限公司		三级
新昌瑞安物业管理（上海）有限公司		三级
伊顿物业管理（上海）有限公司		三级
友富（上海）有限公司		三级
远中建设开发集团（上海）有限公司		三级
中房上海房地产开发总公司奉贤分公司		三级
中集申发建设实业有限公司	麦伯良	三级
中铁二十四局集团上海房地产开发有限公司	倪杰	三级

第二十三章　部分物业管理企业名录

部分物业管理企业（一级资质）

单位名称	法人	电话	资质
上海保利物业酒店管理有限责任公司	邓运	68801600	一级
上海宝钢源康物业管理有限公司	杨建君	56110204	一级
上海百联物业管理有限公司	陈觉民	63517334	一级
上实物业管理（上海）有限公司	杨云中	64749200	一级
深圳市长城物业管理股份有限公司		58578238；13761102361	一级
深圳市开元国际物业管理有限公司		13602650826	一级
狮城怡安（上海）物业管理有限公司	徐新	54071833	一级
天津顺驰物业管理有限公司上海分公司	王凯	62251166*6502	一级
新工（厦门）物业管理服务有限公司上海分公司	许保华	13816631518	一级
中海物业管理（上海）有限公司	葛亚非	64662288	一级
仲量联行测量师事务所（上海）有限公司	David Anthony Lee Young	61335486	一级
保利广州物业管理有限公司上海分公司	黎家河	51629566	一级
北京戴德梁行物业管理有限公司	张国正	13601908631	一级
北京世邦魏理仕物业管理服务有限公司上海分公司	施柏特	24011200	一级
广东康景物业服务有限公司上海分公司	孙川	63901828-812	一级
广州市三原物业管理有限公司上海分公司	冯高	64938369	一级
杭州开元物业管理有限公司上海松江分公司	朱淑莉	67820230	一级
江苏新城物业管理有限公司			一级
上海漕河泾开发区物业管理有限公司	孙礼芳	54902564	一级
上海中远物业管理发展有限公司	李振宇	65016868	一级
上海中企物业管理有限公司	朱建华	62884508	一级
上海中星集团申城物业有限公司	沈杰	58602003	一级
上海招商局物业管理有限公司	张万和	62177377	一级
上海真如物业有限公司	王和平	52665077	一级
上海永绿置业有限公司	吴晓晖	59182049	一级
上海延吉物业管理有限公司	周强	65485705	一级
上海新世纪房产服务有限公司	周和平	68863887	一级
上海新长宁（集团）仙霞物业有限公司	张金秀	62599294	一级
上海新独院物业管理有限公司	毛永明	58127700	一级
上海新金桥物业管理有限公司	潘建中	58547356	一级
上海外高桥物业管理有限公司	朱文豹	58681690	一级
上海万科物业服务有限公司	徐金明	54978800	一级
上海威斯特物业经营有限公司	华建平	56059689	一级
上海文化物业管理有限公司	杨侃	55512121	一级
上海圣维仕物业管理有限公司	罗维	62780489	一级
上海生乐物业管理有限公司	张伟超	53071133	一级
上海上房物业管理有限公司	李文洁	62491222	一级
上海上置物业管理有限公司	李耀民	65224710	一级
上海申能物业管理有限公司	徐致丰	63900305	一级
上海瑞创物业管理有限公司	许景武	62749547	一级
上海锐翔物业管理有限公司	张圣哲	62449611	一级
上海仁恒物业管理有限公司	庄惠平	51380088	一级
上海浦东房地产集团物业管理有限公司	杨永康	58314533	一级
上海浦江物业有限公司	肖兴涛	63302406	一级
上海明华物业公司	顾凤惠	63294612	一级
上海农工商旺都物业管理有限公司	张志敏	64682025	一级
上海陆家嘴物业管理有限公司	毛德明	50810333	一级

单位名称	法人	电话	资质
上海联源物业发展有限公司	陆俊德	62031742	一级
上海科瑞物业管理发展有限公司	张鑫国	52712415	一级
上海虹达物业管理有限公司	朱有荣	55385621	一级
上海虹桥经济技术开发区物业经营管理有限公司	应祖同	62095135	一级
上海宏阳物业有限公司	陈澄如	56667233	一级
上海复瑞物业管理有限公司	杨建国	66392626	一级
上海复欣物业管理发展有限公司	陈振华	63261621	一级
上海富都物业管理有限公司	宋安琪	58735432	一级
上海德律风物业有限公司	江永兴	62669898	一级
上海地铁东方置业发展有限公司	周震义	64474054	一级
上海东方航空物业有限公司	唐发明	51137913	一级
上海东湖物业管理公司	李风	64667880	一级

部分物业管理企业（二级资质）

单位名称	法人	电话	资质
上海诚成物业管理有限公司	茅伟雄	63172153	二级
上海诚信中宁物业管理有限公司	罗登科	66403179	二级
上海驰骋物业管理有限公司	裴建群	63139742	二级
上海川北物业有限公司	楼华强	56713650	二级
上海春川物业服务有限公司	徐洪林	54233686	二级
上海达安物业管理有限公司	姜莲生	62300901；62300904	二级
上海达益物业发展有限公司	李文昌	63295529	二级
上海大柏树物业有限公司	黄培东	65530505	二级
上海大桥物业管理有限公司	陆松桥	65431460	二级
上海大众物业管理有限责任公司	张文华	61612008	二级
上海采林物业管理有限公司	陈才林	64260060	二级
上海曹杨物业有限公司	盛金城	62570219	二级
上海昌悦物业管理有限公司	徐永华	50923171	二级
上海长风物业有限公司	张继杰	62163602	二级
上海畅苑物业管理有限公司	缪金荣	50258507	二级
上海城投置业管理有限公司	邹明荣	58885588*2622	二级
上海保集物业管理有限公司	邬美君	56430654	二级
上海保利皇都物业管理有限公司	李琳	54886396	二级
上海宝房友宜物业管理有限公司	杨柳彬	66792887	二级
上海宝嘉物业管理有限公司	王惠国	66055827	二级
上海宝矿钻石物业有限公司	邬立忠	63831819	二级
上海宝月物业管理有限责任公司	仲国锦	56193624	二级
上海北安物业管理有限公司	刘学金	56913912	二级
上海北城物业有限公司	陈卫东	56087286	二级
上海北外滩物业管理有限公司	刘水淋	65416074	二级
上海爱建物业管理有限公司	万雯娟	64872755*26	二级
上海爱仁物业有限公司	花爱民	51500778	二级
上海爱生特商用物业管理有限公司	黄文华	51114588*788	二级
上海安必盛物业管理有限公司	俞世杰	54941016	二级
上海安得物业管理有限公司	黄振荣	52185456	二级
上海安居物业有限公司	盛小涵	50855259	二级
上海安荣物业管理服务有限公司	傅平	52567929*307	二级
上海奥林匹克物业管理有限公司	陈穗建	67637947	二级
大华集团上海物业管理有限公司	潘文瑶	66400588	二级
戴德梁行房地产咨询（上海）有限公司	梁振英	22080088*720	二级
第一太平戴维斯物业顾问（上海）有限公司	RANDALL PATRICK HALL	63916688	二级
港力物业管理（上海）有限公司	李炎鸿	63593311	二级
港联物业服务（上海）有限公司	黄建邦	62881958	二级
宏腾物业服务（上海）有限公司	ANTHONY SEAH CHOON TONG	63912323*332	二级
深圳市盛孚物业管理有限公司上海分公司	董声俊	021-64934031	二级
华润置地（上海）物业管理有限公司	王印	65986611	二级
新昌瑞安物业管理（上海）有限公司	樊卓雄	63906111	二级
家利物业管理（上海）有限公司	周伟淦	54042900	二级
远雄物业上海有限公司	洪贤德	62350471	二级
皆斯内（上海）物业管理服务有限公司	Andreas Ermann	62685941	二级
中外运上海集团物业发展有限公司	童宝庭	65211255	二级
锦秋物业管理（上海）有限公司	吴蓓琪	56138154	二级
中信泰富（上海）物业管理有限公司	凌大卫	62180180	二级
上海闵碧物业管理有限公司	马传宝	64304569	二级
上海闵华物业管理有限公司	郑必春	64356009	二级
上海瀛海三幸物业管理有限公司	沈建国	66051016	二级
上海琮元物业管理有限公司	顾雨杰	54910268	二级

单位名称	法人	电话	资质
上海鑫铭物业管理有限公司	李兵	54707225	二级
上海鑫源物业经营管理有限公司	康文华	58113775	二级
上海仲源物业有限公司	邵连祥	54151596	二级
上海诸翟物业管理有限公司	陆成	62218474	二级
上海孜诚置业有限公司	朱励	57822323	二级
上海馨城物业管理有限公司	王建华	51693650*8008	二级
上海芸绮物业管理有限公司	沈建中	50305553	二级
上海莘旺物业管理有限公司	姜桂品	64883924	二级
上海怡东物业管理有限公司	高海祥	50905262	二级
上海证大物业管理有限公司	王伯富	58336515	二级
上海至诚联环物业管理有限公司	凌永富	54243630	二级
上海置友物业管理有限公司	周剑平	63231570*84	二级
上海中邦物业管理有限公司	王敏	58386666	二级
上海中城集团物业公司	许建国	63041206	二级
上海中房物业管理有限公司	肖立荣	64685834	二级
上海中福联合物业管理有限公司	龚洪昌	63601246	二级
上海中虹物业管理有限公司	袁富宝	65921915	二级
上海中环陆家嘴物业管理有限公司	钱润	66398991	二级
上海中慧物业管理有限公司	陈明良	64854351	二级
上海中建物业管理有限公司	宋成魁	62826211；6280358 转	二级
上海中凯物业有限公司	叶荣强	50521311	二级
上海中山物业有限公司	鲍秉灏	62030116	二级
上海中西物业管理有限公司	张明亮	62109510	二级
上海中一物业管理有限公司	邱天明	56942048	二级
上海悦华物业管理有限公司	徐翔达	65216600	二级
上海张江物业发展公司	顾国平	58550629	二级
上海振南物业公司	朱彬伟	58753106	二级
上海永福物业有限公司	王英男	64660218	二级
上海永乐物业有限责任公司	梁国新	62629676	二级
上海永南物业管理有限公司	黄石	63523288	二级
上海永平置业有限公司	卫忠	64678008*115	二级
上海永业企业集团物业管理有限公司	丁志杨	63262308	二级
上海由由物业管理有限公司	吴亚林	50899906；50899488	二级
上海邮政物业管理有限公司	盛伏	63243942	二级
上海友谊集团物业管理有限公司		58772072	二级
上海豫园旅游商城物业管理有限公司	蒋建军	63288446	二级
上海颐景园物业管理有限公司	陈亚维	33731507*22	二级
上海仪电置业发展公司	朱大祁	54036565	二级
上海仪房物业有限公司	陆文达	62100392	二级
上海银帆物业管理有限公司	李强	58545898*6066	二级
上海银顺物业管理有限公司	陈志雄	58423683	二级
上海英达方物业有限公司	蒋伯仁	62256633*6015	二级
上海徐房物业有限公司	胡永年	54300839	二级
上海徐体物业管理有限公司	吴贤康	54085882	二级
上海亚大物业发展有限公司	史佩明	52782463	二级
上海杨房物业管理有限公司	戴建冬	65011022	二级
上海阳光投资（集团）物业管理有限公司	袁玉俊	33725115	二级
上海阳厦物业管理有限公司	赵文伍	65384758	二级
上海新市北企业管理服务有限公司	王若冰	66313927	二级
上海新桃源物业管理有限公司	李洪刚	57701917	二级
上海新新物业管理有限公司	范成瑜	66581766	二级
上海新寓物业管理有限公司	贺亮	56750146	二级
上海兴城物业有限公司	葛文锦	63241709	二级
上海兴桥盛物业有限公司	孙振东	65395540	二级
上海欣源物业管理有限公司	何建平	63211616*3019	二级

单位名称	法人	电话	资质
上海新长宁集团大楼物业有限公司	葛锡坤	62083380	二级
上海新长宁集团华阳物业有限公司	刘成砖	62116928	二级
上海新长宁集团天山物业有限公司	刘伯虎	62349987	二级
上海新长宁集团新程物业有限公司	张冶钧	52178952	二级
上海新长宁集团新华物业有限公司	朱木深	62800967	二级
上海新诚物业管理有限公司	陆斌	50482037	二级
上海新驰物业有限公司	张爱华	62516213	二级
上海新东慧物业管理有限公司	沈慧琴	34317698	二级
上海新贵盛物业管理有限公司	赵炜	33523002	二级
上海新湖物业管理有限责任公司	叶正猛	13381730603	二级
上海新金翔物业管理有限公司	张圣哲	63541039；13524400000	二级
上海新青浦物业管理有限公司	朱强	39222206	二级
上海吴安物业管理有限公司	朱燕西	62096618	二级
上海吴泾物业管理有限公司	华泵明	64508624	二级
上海五角场物业管理有限公司	赵振华	65103294	二级
上海五星浦江物业经营服务有限公司	王蓓	64674238	二级
上海西潭子物业管理有限公司	陈文兵	27246378	二级
上海先行信汇物业管理有限公司	陈鑫德	58658526*803	二级
上海现代金晨物业管理有限公司	胡永年	64078389	二级
上海协沁物业管理有限公司	徐善庆	54995770*230	二级
上海欣城物业有限公司	窦甲胜	50713767	二级
上海欣达房产服务公司	邹嘉珊	68760420	二级
上海欣康物业经营管理有限公司	徐振明	58120007	二级
上海欣茂物业管理有限公司	倪云珠	65147737*8028	二级
上海外经贸物业管理有限公司	梁景安	65228467	二级
上海外滩物业有限公司	肖兴涛	63308848	二级
上海万庄物业管理有限公司	洪志毅	68314372	二级
上海文广物业管理有限公司	杨成山	62565132	二级
上海文通物业有限公司	陆文达	62726666*842	二级
上海泰喜物业管理有限公司	陈华	63501375	二级
上海天为物业管理服务有限公司	王焕余	34092600	二级
上海同济物业管理有限公司	吴俊东	65980556*3212	二级
上海同进物业服务有限公司	孙益功	58968159	二级
上海同科物业管理有限公司	钱刚	55883709	二级
上海市申江两岸开发建设投资（集团）有限公司	余力	63306500	二级
上海顺达物业管理有限公司	李克非	63122933	二级
上海四平物业管理有限公司	陈益明	65134986	二级
上海松开物业管理有限公司	潘菊华	67737002	二级
上海松茂物业管理有限公司	周明辉	67642572	二级
上海孙林物业管理有限公司	吴孙林	63188633	二级
上海盛勤陆家嘴物业管理有限公司	万建国	54031207	二级
上海盛勤物业管理有限公司	尹顺林	62804613	二级
上海胜百电力物业管理有限公司	赵根发	64724753	二级
上海实红物业管理有限公司	孙振富	52385151	二级
上海实开物业管理有限公司	吕清远	64876044	二级
上海世德物业管理有限公司	施银节	13061610903	二级
上海世江物业管理有限公司	陆生华	67735574	二级
上海市工联物业公司	崔道华	64277121	二级
上海上安物业管理有限公司	颜维新	56628796	二级
上海上钢物业公司	李庆荣	58836378	二级
上海申华金融大厦有限公司	姜国祥	63216814	二级
上海申通物业管理有限公司	陈海涛	62820140*8023	二级
上海申厦物业有限公司	陈屹	63265798	二级
上海茸盛物业管理有限公司	张银涛	67732375	二级
上海瑞福房产物业有限公司	周汉民	63233562	二级

单位名称	法人	电话	资质
上海瑞强物业管理有限公司	金鹤鸣	62107800*828	二级
上海赛宝物业发展有限公司	朱国正	57946974	二级
上海三凯物业经营管理有限公司	蒯振宪	50460221	二级
上海三湘物业管理有限公司	张红仙	65366830*0708	二级
上海仟宸置业发展有限公司	孙辉	63305670	二级
上海强生物业公司	王珍义	63230230	二级
上海乔爱物业管理有限公司	郭祖晃	67641069	二级
上海青浦第一物业管理有限公司	石坤华	59203087	二级
上海青浦青房物业管理有限公司	王妙林	59850002	二级
上海轻工物业管理有限公司	张兆琪	62495672	二级
上海平凉物业管理有限公司	许国强	55213936	二级
上海普陀大楼物业有限公司	方永福	52904061	二级
上海普陀物业有限公司	王崇武	66266295	二级
上海浦东东龙物业有限公司	盛龙德	68390990	二级
上海浦东华沙物业有限公司	王文喜	58902667	二级
上海浦东利群物业有限公司	陆福祥	58965864	二级
上海浦东潍坊物业管理公司	韩东海	58205300	二级
上海浦东新区北房物业公司	施勤生	58914267	二级
上海浦东新区高桥物业发展公司	陆宝兴	58671517	二级
上海浦东新区花木物业公司	张四福	68457272	二级
上海浦东新区新川物业公司	张慧娟	58984285	二级
上海浦发大厦置业有限公司	陈俊伟	38839999	二级
上海浦华物业管理有限公司	吴世颖	68366609	二级
上海民盈城投物业管理有限公司	邱彧	63298390	二级
上海明君物业管理有限公司	刘明君	59888707	二级
上海南房集团物业管理有限公司	张纪明	63783995	二级
上海南汇惠房物业管理有限公司	姚龙飞	68037310	二级
上海南汇团房物业管理有限公司	顾根龙	58081396	二级
上海南汇新房物业管理有限公司	汤德兴	58172019	二级
上海南汇周房物业管理有限公司	郑三星	58112222	二级
上海能宝物业有限责任公司	张建中	69188342	二级
上海隆庆物业管理有限公司	马卫昌	13301731809	二级
上海陆家嘴贝思特物业管理有限公司	陈松	68410615	二级
上海绿安物业管理发展有限公司	吴晓晖	52208110	二级
上海绿洲物业管理有限公司	徐平康	59173519	二级
上海美佳物业管理有限公司	曾鸿海	62756060*6206	二级
上海美兰湖物业管理有限公司	顾必雅	56590768	二级
上海美隆物业管理有限公司	谭为忠	62945297；62945287	二级
上海民德物业管理有限公司	王永林	68456822	二级
上海联讯物业管理有限公司	李建超	50390435*803	二级
上海联洋港力物业管理有限公司	姜三根	68546905	二级
上海良宇物业管理有限公司	王晓峰	62270023	二级
上海燎原物业有限公司	周建伟	62778740	二级
上海凯基置业有限公司	陈远腾	58548100；50319225	二级
上海康旺物业有限公司	火钧	58117222	二级
上海科房物业管理有限公司	张弘	55399911	二级
上海老西门物业管理有限公司	忻善康	63773388	二级
上海景瑞物业管理有限公司	张伟峰	66293601	二级
上海静安地产集团物业有限公司	孙金坤	62721309	二级
上海九海金狮物业管理有限公司	余志良	64158818*2611	二级
上海巨星物业有限公司	郭锡骅	62476072	二级
上海开伦物业管理有限公司	李兴元	58911365	二级
上海凯晨物业管理有限公司	吴登林	65742080	二级
上海锦城物业管理有限公司	张圣哲	63306428	二级
上海锦江物业管理公司	王华江	63264000-325	二级

单位名称	法人	电话	资质
上海锦龙物业管理有限公司	许经锡	64399000	二级
上海锦勤高级楼宇管理有限公司	查以勤	23113699	二级
上海锦日物业管理有限公司	毛利茂	64641535	二级
上海锦润物业管理有限公司	朱文俊	62525447	二级
上海警虹物业管理有限公司	陈道明	56661611	二级
上海景鸿物业管理有限公司	张企龙	64685151*0	二级
上海建盛物业服务中心	郑军	68490115	二级
上海建纬置业发展有限公司	郭永富	62980572	二级
上海建跃物业管理有限公司	张国仁	50211087	二级
上海建玮物业管理有限公司	葛克申	52923318	二级
上海江湾物业管理有限公司	李煜	65310797	二级
上海捷艾尔物业管理有限公司	施兴翔	63273826	二级
上海金晨物业经营管理有限公司	盛正廷	50551220	二级
上海金地物业服务有限公司	白玉臣	69919999	二级
上海金光外滩置地有限公司		63350000*191	二级
上海金辉物业有限公司	章国强	63054316	二级
上海金加园物业管理有限公司	潘建中	58999625	二级
上海金茂英泰设施管理有限公司	何操	50475588*3012	二级
上海金桥物业有限公司	吴志明	68506016	二级
上海吉兴物业管理有限公司	邵海生	63743492	二级
上海家宝物业管理有限公司	袁敏芬	52411471	二级
上海华谊集团置业有限公司	章志德	62037207	二级
上海华园物业管理有限公司	沈定生	54032060	二级
上海化学工业区物业管理有限公司	张明芳	67120025	二级
上海汇成物业有限公司	蔡则杰	64335028	二级
上海汇佳物业管理有限公司	贺正安	63341188	二级
上海吉晨卫生后勤服务管理有限公司	黄晨	64438260	二级
上海华东房产物业有限公司	唐树德	63516701	二级
上海华联物业管理有限公司	胡振豪	58303000	二级
上海华敏物业管理有限公司	罗晓怡	52380808*386	二级
上海华仕物业管理有限公司	张关根	58208888	二级
上海恒豪基业物业服务有限公司	陈万钧	63273413	二级
上海恒联物业有限公司	李连强	66525881	二级
上海虹康物业管理有限公司	金亮	52205619	二级
上海虹桥临空经济园区物业管理有限公司	荣曾稀	52185641	二级
上海宏苑物业管理经营有限公司	王培华	65261756	二级
上海海鸿福船物业管理有限公司	陆伟	65703734	二级
上海海运物业管理有限公司	崔巍	58353257	二级
上海航天物业管理有限公司	刘建军	64701016	二级
上海航新物业管理有限公司	陈素珍	64568899	二级
上海禾和物业管理有限公司	黎辉	63900248	二级
上海合生物业管理有限公司	贺大川	65808387	二级
上海合众企业发展有限公司	周金妙	63525170	二级
上海公益物业管理有限公司	乔星红	50717224	二级
上海共贺物业管理有限公司	黄淳	66522786	二级
上海古北房产租赁有限公司	俞仲根	62788116	二级
上海古北物业管理有限公司	俞仲根	62756281	二级
上海谷海物业管理有限公司	杨仓兵	51159999*6802	二级
上海光大会展中心有限公司	李学明	64845830	二级
上海广电物业发展有限公司	吴利亚	64187091	二级
上海广汇物业管理服务有限公司	金为贤	62588888	二级
上海广同物业有限公司	张一泓	55390718	二级
上海广厦物业管理有限公司	章建平	59984838	二级
上海国光物业管理有限责任公司	韩瑾	56610528	二级
上海国际汽车城物业管理有限公司	何智奇	61231810	二级

单位名称	法人	电话	资质
上海国寿物业管理有限公司	钱新荣	63671270	二级
上海富锦物业管理有限公司	须福根	56046856	二级
上海高建物业有限公司	胡永年	64181358	二级
上海高境物业管理有限公司	路治华	66150067	二级
上海高力国际物业服务有限公司	LINA LYNNE WONG	61413688	二级
上海高桥石化物业管理有限公司	徐志刚	13391396579	二级
上海东昱物业管理有限公司	邵东明	67738411	二级
上海方达物业经营公司	邢志浩	65560427	二级
上海房地大厦物业管理有限公司	邵祝庆	58822918	二级
上海风华物业管理有限公司	张永德	66367658	二级
上海奉房置业有限公司	夏平	67187483	二级
上海电力物业管理有限公司	蔡志伟	62713502	二级
上海鼎高物业管理有限公司	顾新荣	64530987	二级
上海东方大学城物业管理有限公司	周强	65343501	二级
上海东方物产物业管理有限公司	李志平	68407003*13 或 14	二级
上海东慧庄原物业管理有限公司	侯新娟	64128265	二级
上海外高桥保税物流园区物业管理有限公司	邢慷弟	38751112	二级

部分物业管理企业（三级资质）

单位名称	电话	资质
阿琪玛斯物业管理（上海）有限公司	62781840	三级
百特豪世房地产咨询（上海）有限公司	54045318	三级
大峰物业管理（上海）有限公司	58306685	三级
大联诚（上海）房地产开发有限公司	55090106	三级
大上海时代广场物业管理（上海）有限公司	63910691*859	三级
第一太平戴维斯通顺物业管理有限公司	64677777	三级
鼎邦置地（上海）有限公司	62620025	三级
顿肯物业管理（上海）有限公司	62785333*813	三级
奉浦物业管理有限公司	67100258	三级
奉贤供销社物业管理有限公司	67190462	三级
奉贤泰日物业管理有限公司	57584005	三级
奉贤县育秀物业管理有限公司	57181957	三级
高纬物业咨询（上海）有限公司	63608300*143	三级
冠生园（集团）物业管理有限公司	62105063	三级
汉中皇国际物业管理有限公司	62130909	三级
豪嘉国际（上海）房地产有限公司	64063106	三级
豪景物业管理（上海）有限公司	63226588	三级
宏润建设集团上海置业有限公司	64081888*1193	三级
弘进物业管理（上海）有限公司	62495075	三级
华东师大房屋经营管理所	62232860	三级
华基美信（上海）物业管理有限公司	13122859379	三级
华胜国际置业开发（上海）有限公司	54355106	三级
嘉里建设管理（上海）有限公司	63178008	三级
健沛房地产（上海）有限公司	62110088*5627	三级
江苏大厦经营管理处	68868888*8980	三级
金马酒店公寓管理（上海）有限公司	58995621	三级
精英物业管理（上海）有限公司	58990011	三级
凯德（上海）商用房产管理咨询有限公司	13439768299	三级
坤阳房地产发展（上海）有限公司	64738807	三级
联怡物业管理（上海）有限公司	68547660	三级
罗恒房产经营有限公司	68532087	三级
美沪物业管理有限公司	62564937	三级
美伦物业管理（上海）有限公司	64021977	三级
美施威尔（上海）有限公司	13501601796	三级
美怡物业管理（上海）有限公司	62955638	三级
浦东新区凌桥物业管理部	52643612	三级
千翔物业管理（上海）有限公司	51528688	三级
上海阿波罗大厦有限公司	62486288	三级
上海埃力生物业管理服务有限公司	51118840	三级
上海爱城物业管理有限公司	63218514	三级
上海爱德华物业管理有限公司	58526339	三级
上海爱迪特设施管理有限公司	50790270*19	三级
上海爱迪物业管理有限公司	56698232	三级
上海爱峰物业管理有限公司	68133129	三级
上海爱和置业发展有限公司	56911862	三级
上海爱基建筑工程服务有限公司	65746598	三级
上海爱立诚物业管理有限公司	51385352	三级
上海爱侨物业管理有限公司	62496568;62496569	三级
上海爱心经济发展有限公司	50705374	三级
上海爱心物业有限公司	64478330;64478440	三级
上海安和物业管理有限公司	51075055	三级
上海安宏物业管理有限公司	55530370	三级
上海安洁物业管理中心	57620969	三级
上海安盛物业有限公司	59885206*213	三级
上海安信房地产开发有限公司	62375000	三级

单位名称	电话	资质
上海安业物业发展有限公司	52799398	三级
上海安意物业管理有限公司	54044251	三级
上海安源物业有限公司	63171686	三级
上海安远物业管理有限公司	63507176	三级
上海安馨物业管理有限公司	52813134	三级
上海安怡物业管理有限公司	62267623	三级
上海安鑫物业管理有限公司	53827129	三级
上海翱飒物业管理有限公司	65392539*0	三级
上海傲邑物业管理有限公司	58966971	三级
上海奥菲思房产经营管理有限公司	64396460*3113	三级
上海奥力孚利华商务有限公司	62499999	三级
上海奥斯卡物业管理有限公司	62746905	三级
上海澳森普瑞特物业管理有限公司	62881522	三级
上海八方物业管理有限公司	58529027	三级
上海八仙物业管理有限公司	63226754	三级
上海巴毅物业管理部	65540055	三级
上海柏泽房地产咨询有限公司	52360178	三级
上海百邦物业管理有限公司	59147473	三级
上海百达物业管理有限公司	52704833	三级
上海百花物业管理有限公司	66680807	三级
上海百嘉物业管理有限公司	62801643；62781200	三级
上海百康金璟物业管理有限公司	52372566	三级
上海百利达物业发展有限公司	65089291	三级
上海百勤劳动服务有限公司	33850968	三级
上海百瑞杰物业管理有限公司	13501695560	三级
上海百士威物业有限公司	64465057	三级
上海百特物业管理有限公司	13901866720	三级
上海百旺物业管理有限公司	65579825	三级
上海百益物业管理有限公司	62816007	三级
上海百有物业管理有限公司	59157608	三级
上海佰宝物业管理有限公司	64051418	三级
上海佰事德物业管理有限公司	59201113	三级
上海半球物业管理有限公司	58447959	三级
上海邦手物业管理有限公司	33796954	三级
上海保利第一太平戴维斯物业管理有限公司	68801600	三级
上海宝安物业管理有限公司	68754870	三级
上海宝城物业管理有限公司	62172172	三级
上海宝大祥青少年儿童购物中心	63223765	三级
上海宝岛明珠物业管理有限公司	69672091	三级
上海宝德威物业管理有限公司	13801787022；62520000	三级
上海宝鼎物业管理有限公司	52930642	三级
上海宝房（集团）有限公司	56672386	三级
上海宝房海滨物业管理有限公司	56173839	三级
上海宝房集团大楼物业管理有限公司	56784542	三级
上海宝房通河物业管理有限公司	56993027	三级
上海宝房吴淞物业管理有限公司	56678907	三级
上海宝房物业服务有限公司	56785041	三级
上海宝房月浦物业管理有限公司	56930548	三级
上海宝房泗塘物业管理有限公司	56995485	三级
上海宝丰联（集团）有限公司	56889739	三级
上海宝恒物流经济发展有限公司	56117000	三级
上海宝驹置业有限公司	64022922	三级
上海宝灵物业管理有限公司	56108943	三级
上海宝隆物业管理有限公司	64780425	三级
上海宝明物业管理有限公司	56154768	三级

单位名称	电话	资质
上海宝启物业管理有限公司	56492099	三级
上海宝通房产经营开发公司	62445325	三级
上海宝通物业管理有限公司	56909615	三级
上海宝翔物业有限公司	62495843	三级
上海宝冶物业有限公司	13331905655	三级
上海宝业集团馨康物业管理有限公司	56471358	三级
上海宝业物业管理有限公司	56488920	三级
上海宝艺物业有限公司	56108657	三级
上海宝园物业管理有限公司	66044206	三级
上海宝鑫物业管理有限公司	3623007	三级
上海北方企业（集团）有限公司	63539800	三级
上海北方物业管理有限公司	66613229	三级
上海北徽物业管理有限公司	65280510	三级
上海北康物业管理有限公司	56482528	三级
上海北科置业有限公司	61131300*810	三级
上海北联综合服务有限公司	58670561*270	三级
上海北门物业管理有限公司	63262355	三级
上海北圣投资管理有限公司	50588288*213	三级
上海北翼集团物业管理有限公司	65302937	三级
上海贝成物业管理有限公司	59926686	三级
上海贝律物业管理有限公司	64682641	三级
上海倍趣物业服务发展有限公司	57856618	三级
上海奔月工贸发展有限公司	59763951	三级
上海斌斌物业管理有限公司	59192769	三级
上海滨杰物业管理有限公司	37761112	三级
上海宾电物业管理有限公司	54752658	三级
上海宾泉物业管理有限公司	64176013	三级
上海博嘉物业管理有限公司	62918299	三级
上海博莱捷物业管理有限公司	67352711	三级
上海博蓝房屋资产管理有限公司	59903963	三级
上海博时瑞物业管理有限公司	13801798021	三级
上海博威物业管理有限公司	51702020-222	三级
上海博雅物业管理有限公司	64137438	三级
上海博渊物业管理有限公司	56624993	三级
上海不凡物业管理有限公司	62286377	三级
上海不夜城全兴物业管理有限公司	56974829	三级
上海财富康盛物业管理有限公司	37837777*89	三级
上海彩虹房屋物业管理有限公司	58005975	三级
上海沧达投资经济发展有限公司	62338961	三级
上海沧信实业有限公司	63231649	三级
上海曹安国际商城有限公司	69195599	三级
上海曹路物业有限公司	38860678	三级
上海层峰物业管理有限公司	58051609	三级
上海查华物业管理有限公司	58771602	三级
上海昌安物业管理有限公司	59890717	三级
上海昌里花园物业发展有限公司	68630824	三级
上海昌兴物业管理有限公司	56768094	三级
上海常得物业管理有限公司	58174888	三级
上海长安物业管理有限公司	64220000-2905	三级
上海长发物业管理有限公司	62955616	三级
上海长丰物业有限公司	62729657	三级
上海长峰物业管理有限公司	62409125	三级
上海长佳物业管理有限公司	64371303	三级
上海长江口经营管理有限公司	56679130	三级
上海长宁商业网点置业有限公司	62344803	三级

单位名称	电话	资质
上海长瑞物业管理有限公司	62782455	三级
上海长泰物业管理有限公司	64760933	三级
上海长银物业发展有限公司	58531900	三级
上海长悦物业管理有限公司	62135528	三级
上海长征城乡建设开发有限公司	62060084	三级
上海长中物业管理经营部	52761480	三级
上海超新经济发展有限公司	59181225、13611808811	三级
上海朝腾物业管理有限公司	55057001	三级
上海朝旭物业管理有限公司	13816567665	三级
上海潮河物业管理有限公司	58934999	三级
上海车墩物业管理有限公司	57600546	三级
上海辰邦物业管理有限公司	54422399	三级
上海辰凯物业管理有限公司	57961137	三级
上海辰星物业管理中心	64747008	三级
上海辰展物业管理有限公司	13601827408	三级
上海晨长物业管理有限公司	13003111143	三级
上海晨宏物业管理有限公司	38930081	三级
上海晨辉物业管理有限公司	64122690	三级
上海晨莲物业管理有限公司	56101109	三级
上海晨兴房产开发有限公司	52081667	三级
上海晨瑶物业管理有限公司	13122545735	三级
上海城房置业有限公司	65373617-14	三级
上海城凯物业有限公司	57820252	三级
上海城乐物业有限公司	67261313	三级
上海城信物业管理有限公司	58827210*2001	三级
上海城炫物业管理有限公司	59781313	三级
上海乘龙物业管理有限公司	56627984	三级
上海程华物业管理有限公司	62402601	三级
上海程物实业发展有限公司	62436096	三级
上海诚安物业管理有限公司	65026586	三级
上海诚淳物业管理有限公司	65430255	三级
上海诚立物业服务有限公司	62301127	三级
上海诚泰物业有限公司	55087123	三级
上海诚希物业管理有限公司	59895058	三级
上海诚信国际经贸有限公司	58661586	三级
上海诚意物业管理有限公司	65600088	三级
上海诚悦物业管理有限公司	68316381	三级
上海诚忠物业管理有限公司	55061240	三级
上海诚曜物业服务有限公司	64083510	三级
上海承铭物业管理有限公司	55051725	三级
上海驰振物业管理有限公司	68610384	三级
上海楚文物业管理有限公司	52893150	三级
上海川城物业管理有限公司	58987146	三级
上海创方物业管理有限公司	62496896；13854293111	三级
上海创华物业管理有限公司	69187770	三级
上海创环物业管理有限公司	55666125	三级
上海创勤物业管理有限公司	54485556	三级
上海创特物业管理有限公司	58811936	三级
上海春申江大厦物业管理中心	6319216	三级
上海春升物业管理有限公司	13701628357	三级
上海春之声物业管理有限公司	64692619	三级
上海春晖物业管理有限公司	64217836	三级
上海春钰园物业管理有限公司	64954096	三级
上海磁华物业管理有限公司	50426120	三级
上海翠生物业管理有限公司	56942048	三级

单位名称	电话	资质
上海村竹物业管理有限公司	57647809	三级
上海达灵物业管理有限公司	66403119	三级
上海达通机电工程有限公司	64084657	三级
上海达苑物业管理有限公司	62038189	三级
上海达孚洛物业有限公司	13003157308	三级
上海大安房地产发展有限公司	63879057	三级
上海大慈物业管理有限公司	57270674	三级
上海大德物业管理有限公司	65452615	三级
上海大飞物业管理有限公司	13917354504	三级
上海大公物业有限公司	65228493	三级
上海大管家物业管理有限公司	64450786*801	三级
上海大豪物业管理有限公司	59890000	三级
上海大华物业管理有限公司	13601899275	三级
上海大家物业管理有限公司	66116182	三级
上海大剧院演艺中心	63868686*2632	三级
上海大康物业管理有限公司	56410099	三级
上海大唐物业管理有限公司	62904238	三级
上海大为物业管理有限公司	65584626	三级
上海大众河滨酒店经营管理有限责任公司	62329600	三级
上海大众绿奕物业管理有限公司	59590671	三级
上海丹桂物业管理有限公司	13916143847	三级
上海丹意物业管理有限公司	68030488*8003	三级
上海德城物业管理有限公司	58457581	三级
上海德浩物业管理有限公司	59505171；59988140	三级
上海德佳房屋维修有限公司	58837368	三级
上海德凯物业管理有限公司	54147503	三级
上海德康物业管理有限公司	62894835	三级
上海德英物业管理有限公司	34060061	三级
上海德缘居物业管理有限公司	13816386918	三级
上海德鑫物业管理有限公司	62256911	三级
上海德麟物业管理有限公司	58828899*220	三级
上海登峰物业管理有限公司	57354777	三级
上海迪美行物业管理有限公司	27592098	三级
上海迪帕特物业管理有限公司	63608890*322	三级
上海迪颖物业有限公司	66186629	三级
上海地福物业管理有限公司	13901602171	三级
上海地久房地产发展有限公司	64734212	三级
上海地铁房地产经营开发有限公司	64474054	三级
上海地下商城有限公司	63917770	三级
上海地益物业管理有限公司	63172363	三级
上海第一太平戴维斯通顺物业管理有限公司	52394206	三级
上海典辉物业管理有限公司	51538500	三级
上海电气集团房地产有限公司	62671188	三级
上海电苑物业管理部	65430410*213	三级
上海甸华物业管理有限公司	23015808	三级
上海鼎升物业有限责任公司	62573710	三级
上海鼎欣物业管理有限公司	64666848	三级
上海鼎源投资管理有限公司	62223553	三级
上海东川物业管理有限公司	63090305；63090307	三级
上海东渡物业管理有限责任公司	53082021	三级
上海东方陆家嘴物业服务有限公司	68871188；13564756192	三级
上海东方明珠物产管理有限公司	58751516；58739120	三级
上海东方汽配城有限公司	59185860；59183480	三级
上海东方物业有限公司	63223207	三级
上海东方众鑫大厦物业管理有限公司	52288652	三级

单位名称	电话	资质
上海东方徕仿物业顾问有限公司	53080047*104	三级
上海东房物业管理公司	56913858	三级
上海东广物业有限公司	63019778	三级
上海东海别墅物业管理有限公司	59129721	三级
上海东杭物业有限公司	57501104	三级
上海东湖名邸物业管理有限公司	59885688	三级
上海东华展晶物业经营服务有限公司	62174893	三级
上海东郊皇庭物业管理有限公司	58982815*129	三级
上海东街物业管理有限公司	33910685	三级
上海东津多物业管理有限公司	13601608236	三级
上海东开置业有限公司	57741852	三级
上海东莲物业管理有限公司	68925844	三级
上海东隆商务中心有限公司	62470022	三级
上海东尼物业管理有限公司	58085566	三级
上海东宁物业经营管理有限公司	58501728	三级
上海东仁物业管理有限公司	63223207	三级
上海东盛物业管理有限公司	62828518	三级
上海东滩物业管理有限公司	69477186	三级
上海东体物业管理服务部	63263097	三级
上海东原房地产有限公司	59736888*868	三级
上海东缘置业有限公司	58120753	三级
上海东运物业管理有限公司	65661255	三级
上海东昊物业管理有限公司	62730825	三级
上海东晟物业管理有限公司	63232172	三级
上海冬迩物业管理有限公司	65692077	三级
上海都佳物业管理有限公司	62136081	三级
上海杜美物业管理有限公司	64640952	三级
上海杜行物业管理有限公司	64299057	三级
上海渡边国际商务有限公司	65070299	三级
上海端正物业有限公司	63608329	三级
上海多伦文化旅游开发管理有限公司	56661161	三级
上海多元物业有限公司	62984954	三级
上海鄂尔多斯置业经营管理有限公司	63110391	三级
上海二耐物业管理有限公司	65266276	三级
上海二医物业管理有限公司	53827428	三级
上海繁华物业管理有限公司	56057391	三级
上海繁江物业经营部	65432323	三级
上海凡可泛物业管有限公司	28276914	三级
上海泛太平洋物业管理有限公司	62522218*138	三级
上海芳沁物业管理有限公司	13501666305	三级
上海方大物业管理有限公司	62093711	三级
上海方泰物业管理有限公司	59504685	三级
上海方翔置业有限公司	59182049	三级
上海方正置业有限公司	63638298	三级
上海纺原物业有限公司	56811641	三级
上海飞翔物业管理有限公司	62910512	三级
上海沸顺物业管理有限公司	52664012	三级
上海丰恩物业管理有限公司	56320500	三级
上海丰林商务咨询有限公司	56057029	三级
上海丰能物业管理有限公司	69188111	三级
上海丰年物业管理有限公司	66502306	三级
上海丰西置业有限公司	59160833	三级
上海丰业物业管理有限公司	54244744	三级
上海封浜物业管理有限公司	59135229	三级
上海枫丹白露物业有限公司	68014074	三级

单位名称	电话	资质
上海枫蓝物业顾问有限公司	52288652	三级
上海枫宇物业管理有限公司	13901621853	三级
上海枫泾商城绿馨物业管理有限公司	57351876	三级
上海峰盛物业管理有限公司	59666431	三级
上海峰亿物业管理有限公司	54429102；54424817	三级
上海缝建物业有限公司	64574637	三级
上海奉城镇物业管理有限公司	57522784	三级
上海奉工物业管理有限公司	67193910	三级
上海奉均物业管理有限公司	57433741	三级
上海奉桥建筑物业有限公司	57405568	三级
上海奉贤胡桥物业管理有限公司	57493552	三级
上海奉贤双建置业有限公司	57105253	三级
上海奉贤四新物业管理有限公司	57534117	三级
上海奉贤塘外物业管理有限公司	57172230	三级
上海奉贤西渡物业管理有限公司	57152223	三级
上海奉贤现代农业园区物业管理有限公司	37195433	三级
上海奉苑物业管理有限公司	67182287	三级
上海凤梧物业管理有限公司	13311618516	三级
上海凤中物业管理有限公司	56855756	三级
上海福德物业管理经营有限公司	63090920	三级
上海福高物业管理有限公司	637562198	三级
上海福华物业发展有限公司	64431270	三级
上海福聚商业经营管理有限公司	13601973747	三级
上海福民街小商品市场经营管理有限公司	63300071*8302	三级
上海福诺物业管理有限公司	58540638	三级
上海福浦物业管理有限公司	63561585	三级
上海福仕源地物业管理有限公司	55030197	三级
上海福佑门物业管理有限公司	63265658	三级
上海福源商厦物业管理有限公司	63735125	三级
上海复电商务咨询服务有限公司	67742727	三级
上海复虹物业管理有限公司	62625618	三级
上海复乐物业管理有限公司	65642974	三级
上海复兴城物业管理有限公司	53075078	三级
上海富昌物业管理有限公司	62733036	三级
上海富朝投资有限公司	13621999993	三级
上海富迪电信通信服务有限公司	66058465	三级
上海富迪电信通信服务有限公司松江分公司	67812481	三级
上海富衡物业管理有限公司	50273368*202	三级
上海富汇物业管理有限公司	64646529	三级
上海富杰物业管理有限公司	65454273；13916593799	三级
上海富康投资有限公司	64224077	三级
上海富隆物业有限公司	59589813	三级
上海富宁物业管理有限公司	63541388	三级
上海富盛经济开发区物业管理中心	59689666	三级
上海富苑物业管理有限公司	65506190	三级
上海干巷物业发展有限公司	57201246	三级
上海港高阳港务公司	65952431	三级
上海高安物业管理有限公司	61204050；61204016	三级
上海高博物业管理有限公司	50415900*801	三级
上海高城建设有限公司	63368802	三级
上海高成物业管理有限公司	62104022	三级
上海高地商务楼物业管理有限公司	52908930	三级
上海高顿物业有限公司	64012215	三级
上海高基物业服务有限公司	65193048	三级
上海高热实业有限公司	13386290505*57447	三级

单位名称	电话	资质
上海高新技术成果转化基地开发有限公司	69212102	三级
上海高信物业管理有限公司	58682545	三级
上海高行物业管理有限公司	50410466	三级
上海高雅置业有限公司	63321839	三级
上海格多物业管理有限公司	13061610903	三级
上海格威物业管理有限公司	63229580	三级
上海功成物业管理有限公司	68888341	三级
上海功达物业管理有限公司	63876224	三级
上海恭房物业管理有限公司	62717472	三级
上海公共交通物业公司	63841141	三级
上海公交控股物业有限公司	63863740	三级
上海公兴物业保洁有限公司	62036262	三级
上海公宇物业管理有限公司	62127998	三级
上海宫宵物业管理有限公司	57710600	三级
上海共茂物业管理有限公司	65039171	三级
上海谷翠实业有限公司	56093297	三级
上海顾村物业管理有限公司	56045479	三级
上海冠安物业管理有限公司	64474496	三级
上海冠诚物业管理有限公司	58117788	三级
上海冠好佳物业管理服务有限公司	65926131	三级
上海光大置业发展有限公司	64085858	三级
上海光海物业有限公司	64361339	三级
上海光逸物业管理有限公司	66524503	三级
上海广播电视国际新闻交流中心	62583871	三级
上海广电物业经营管理有限公司		三级
上海广佳物业管理有限公司	64553923	三级
上海广建物业管理有限公司	65047949	三级
上海广控物业管理有限公司	63901211	三级
上海广林物业管理有限公司	65590818	三级
上海广隆置业发展有限公司	63273826	三级
上海广欣物业管理有限公司	66302801	三级
上海广鹰物业管理有限公司	63678109	三级
上海广跃物业管理有限公司	13801885241	三级
上海规华物业管理有限公司	62792239	三级
上海规星物业管理有限公司	62792239	三级
上海桂康物业管理有限公司	64941265	三级
上海贵龙物业管理有限公司	58895500	三级
上海国傲物业管理有限公司	13814796666	三级
上海国楚房地产开发有限公司	59212926	三级
上海国都物业管理有限公司	62670688*115	三级
上海国际港务（集团）股份有限公司海湾分公司	63060668	三级
上海国际汽配贸易有限公司	69573033	三级
上海国际网球中心有限公司	64155588*3289	三级
上海国利物业管理有限公司	64881969	三级
上海国顺物业管理有限公司	67635700	三级
上海国贤物业管理有限公司	57143330	三级
上海国耀房地产开发有限公司	62197113	三级
上海国昕物业管理有限公司	61001900	三级
上海海沧物业管理公司	56631324	三级
上海海城物业有限公司	63861469	三级
上海海慈投资经营有限公司	63868738	三级
上海海存物业管理有限公司	13501842596	三级
上海海顿物业管理有限公司	62254130	三级
上海海港新城房地产有限公司	68283911	三级
上海海和物业发展有限公司	64574650	三级

单位名称	电话	资质
上海海恒物业管理有限公司	13801794222	三级
上海海华企业发展有限公司	62333144；56668927	三级
上海海辉物业管理有限公司	54179622	三级
上海海佳物业管理中心	64685151	三级
上海海仑建设发展有限公司	63517450	三级
上海海平物业有限公司	62650659	三级
上海海勤物业管理有限公司	63158777	三级
上海海森建筑劳务有限公司	57262125	三级
上海海上明珠物业管理有限公司	58600537	三级
上海海尚物业管理有限公司	66763308-109	三级
上海海泰物业管理有限公司	62538916	三级
上海海湾大厦管理有限公司	53930008*80078	三级
上海海文物业管理有限公司	63459826	三级
上海海欣物业管理有限公司	57698677	三级
上海海信物业管理有限公司	62258219	三级
上海海杨物业管理有限公司	65357444	三级
上海海盈物业管理有限公司	32080093	三级
上海海友物业管理有限公司	62214218	三级
上海海月物业管理有限公司	65382222	三级
上海海珠物业管理有限公司	13901804939	三级
上海海泓物业有限公司	65966336	三级
上海海迩斯物业管理有限公司	68975930；51316121	三级
上海海晖物业管理有限公司	64430671	三级
上海海鑫房地产发展有限公司	13916540597	三级
上海汉联物业有限公司	63173440	三级
上海汉堂物业管理有限公司	13801725249	三级
上海汉亚物业管理有限公司	64004331	三级
上海航帆物业管理有限公司	58224242	三级
上海航宁物业管理部		三级
上海豪都房地产开发经营有限公司	64152046	三级
上海豪都物业管理有限公司	69767888	三级
上海豪杰物业发展有限公司	65222766	三级
上海豪门物业管理有限公司	63137050；13301626735	三级
上海豪浦企业管理有限公司	63099060	三级
上海豪仁物业管理有限公司	62838966	三级
上海豪斯物业管理有限公司	66167391	三级
上海好管佳物业管理有限公司	66501661；65501652	三级
上海浩谦实业发展有限公司	66799018*8011	三级
上海禾丰物业管理有限公司	37727368	三级
上海禾泰物业管理有限公司	13002158321	三级
上海和诚物业管理有限公司	56624882	三级
上海和平饭店有限公司	63230636	三级
上海和泰花园物业管理有限公司	66613804	三级
上海和田房产物业公司	56431235	三级
上海和为实业有限公司	64646482	三级
上海和迅物业管理有限公司	54435188*203	三级
上海和中物业管理有限公司	64705551	三级
上海合博物业管理有限公司	13564859591	三级
上海合蔡物业管理有限公司	58974201	三级
上海合东物业管理有限公司	68758886	三级
上海合生怡景物业管理有限公司	13817666316	三级
上海合泰物业管理有限公司	13818888681；58369611*25	三级
上海亨纳斯物业管理有限公司	65629999*8127	三级
上海衡昌物业有限公司	58731098	三级
上海衡利物业管理有限公司	64646386	三级

单位名称	电话	资质
上海衡源物业管理有限公司	65157054	三级
上海恒安物业有限公司	64683463	三级
上海恒安置业发展有限公司	643873；1964380790	三级
上海恒邦房地产开发有限公司	32104566	三级
上海恒晨置业有限责任公司	63649239	三级
上海恒达旅游实业发展有限公司	63855549	三级
上海恒达物业管理有限公司	62275398	三级
上海恒发物业管理有限公司	65495394	三级
上海恒福物业管理有限公司	62105239	三级
上海恒华电力物业管理有限公司	59421073	三级
上海恒久物业管理有限公司	64129600	三级
上海恒力物业管理有限公司	62587618	三级
上海恒茂物业管理有限公司	62270764	三级
上海恒润物业管理有限公司	65083091	三级
上海恒升半岛国际酒店有限公司	61205088	三级
上海恒盛物业管理有限公司	63534866	三级
上海恒宇房地产开发经营有限公司	63801600	三级
上海恒臻物业管理有限公司	54793966	三级
上海恒笙物业管理有限公司	62723671	三级
上海虹港物业管理有限公司	58583872	三级
上海虹海物业管理有限公司	65267346	三级
上海虹锦物业管理有限公司	62091326	三级
上海虹梅物业管理有限公司	64598298	三级
上海虹桥机场物业有限公司	68347033	三级
上海虹山半岛物业管理有限公司	64976849	三级
上海虹霞物业管理公司	64658696	三级
上海虹翔物业有限公司	58333117	三级
上海虹叶物业管理有限公司	56717504	三级
上海虹宇物业管理有限公司	13601819289	三级
上海虹韵物业管理有限公司	51053377	三级
上海鸿达物业管理有限公司	13701702800	三级
上海鸿鼎物业管理有限公司	2154773557	三级
上海鸿茂物业有限公司	58351797	三级
上海鸿乾实业有限公司	65632737	三级
上海鸿日物业发展有限公司	62828177	三级
上海鸿禧物业管理有限公司	64216393	三级
上海宏安物业管理有限公司	62892488	三级
上海宏城物业有限公司	54258647	三级
上海宏成物业有限公司	62484565	三级
上海宏道物业管理有限公司	54356355	三级
上海宏发物业管理有限公司	59415581	三级
上海宏冠物业管理有限公司	62995200	三级
上海宏厚物业管理有限公司	13801704004	三级
上海宏华物业管理有限公司	13809068195	三级
上海宏基物业管理有限公司	50819230	三级
上海宏久物业管理有限公司	65211017	三级
上海宏亮房地产开发经营公司	63243322*120	三级
上海宏亮物业管理有限公司	65259369	三级
上海宏仑物业管理有限公司	62553772	三级
上海宏胜物业有限公司	58338334	三级
上海宏图物业管理有限公司	34060545；64728567	三级
上海宏祥物业管理有限公司	65549555	三级
上海宏伊物业管理有限公司	13321862380	三级
上海宏源物业发展有限公司	64038702	三级
上海宏允物业管理有限公司	62886630	三级

单位名称	电话	资质
上海弘昌晟置业有限公司	62881199*321	三级
上海弘辉房地产开发有限公司	51019160	三级
上海弘基物业管理有限公司	13301842159	三级
上海弘鹏物业管理服务有限公司	13386014707	三级
上海弘如物业管理有限公司	65604775	三级
上海弘森物业管理有限公司	65573038	三级
上海红友物业管理有限公司	63011366	三级
上海沪东金融大厦物业管理有限公司	55971716	三级
上海沪客隆招商市场有限公司	56673958	三级
上海沪陵物业管理部	55885930	三级
上海沪萌物业管理有限公司	58987911	三级
上海沪松五金建材市场经营管理有限公司	37831013	三级
上海沪通物业管理有限公司	58714863	三级
上海沪西物业有限公司	62050200	三级
上海沪中房地产联合发展总公司	62716039	三级
上海沪中物业管理有限公司	54888410	三级
上海沪总送变电房地产经营公司	62819985	三级
上海沪嵊物业管理服务部	63307718	三级
上海花城物业发展有限公司	58431599	三级
上海花旗集团大厦物业管理有限公司	68886119	三级
上海花苑物业管理有限公司	64175588	三级
上海华傲物业管理有限公司	66226736	三级
上海华灿房地产有限公司	64756206	三级
上海华城物业有限公司	64450092	三级
上海华城物业有限公司	64311658	三级
上海华春物业有限公司	64102956	三级
上海华高物业有限公司	68972933	三级
上海华江物业发展有限公司	64142218	三级
上海华久物业管理有限责任公司	65200927	三级
上海华凯物业管理有限公司	64526520	三级
上海华理置业有限公司	64252096；13052080000	三级
上海华龙企业集团物业有限公司	58897147	三级
上海华龙物业公司	64573550*410	三级
上海华露置业发展有限公司	58024250；68001316	三级
上海华贸物业管理公司	58406362	三级
上海华南物业管理有限公司	63788568	三级
上海华能企业发展有限公司	2168812800	三级
上海华平物业管理有限公司	64762118	三级
上海华轻投资管理有限公司	64739899；13601920000	三级
上海华庆物业有限公司	62561618	三级
上海华泉物业管理有限公司	59797811	三级
上海华仁物业管理有限公司	65667887	三级
上海华社置业有限公司	64313833	三级
上海华盛投资有限公司	62840954*304；13916750955	三级
上海华胜物业管理有限公司	64740293	三级
上海华圣物业管理有限公司	13761955301	三级
上海华舒物业有限公司	62202836	三级
上海华顺物业发展有限公司	62127157	三级
上海华泰大厦物业管理有限公司	64012760	三级
上海华泰房产发展有限公司	64159958	三级
上海华太物业管理有限公司	54258847	三级
上海华天物业管理有限公司	62370018	三级
上海华通置业有限公司	62151867	三级
上海华卫装潢公司服务部	64252550	三级
上海华夏宾馆	64362194	三级

单位名称	电话	资质
上海华夏物业有限公司	63136401	三级
上海华晓物业管理有限公司	56378354	三级
上海华欣物业管理公司	56404835	三级
上海华幸物业管理有限公司	55061397	三级
上海华旭物业管理有限公司	66361226	三级
上海华衍投资管理有限公司	13311958970	三级
上海华谊集团建设有限公司	63181134	三级
上海华英物业管理有限公司	63059671	三级
上海华鹰物业管理有限公司	62812755	三级
上海华宇物业有限公司	66374380	三级
上海华正置业有限公司	64641617	三级
上海华置物业有限公司	64025052	三级
上海华中房地产开发有限公司	64264535	三级
上海华中实业集团物业有限公司	69168959	三级
上海华舟物业管理有限公司	56557049	三级
上海华莺物业管理有限公司	13901851323	三级
上海华菁物业管理有限公司	58379741	三级
上海华奕物业管理服务有限公司	53079009	三级
上海华寰物业有限公司	65070610	三级
上海华榭物业管理有限公司	57327497	三级
上海华铁工贸有限公司	56142800	三级
上海化学工业区奉贤分区物业管理有限公司	57442071	三级
上海淮海商业集团置业发展有限公司	53510221	三级
上海环海实业公司	58853482	三级
上海环连物业管理有限公司	54243281	三级
上海环中商厦有限公司	64722600	三级
上海黄圃科技实业有限公司	63275286	三级
上海黄山物业管理有限公司	58469768	三级
上海辉天物业管理有限公司	57966098	三级
上海慧一物业管理有限公司	64072921	三级
上海惠德物业管理有限公司	33180231	三级
上海惠科物业管理有限公司	65792553	三级
上海汇德丰国际金融中心房地产有限公司	63245991	三级
上海汇方物业管理有限公司	13524202942	三级
上海汇虹物业管理有限公司	64879497	三级
上海汇华物业管理有限公司	68115558	三级
上海汇金物业管理有限公司	64269888	三级
上海汇隆物业管理有限公司	57481626	三级
上海汇美房产有限公司	64271033	三级
上海汇人物业管理有限公司	50890326	三级
上海汇贤物业管理有限公司	58124438	三级
上海汇新实业有限公司	62730838	三级
上海机场快通物业管理有限公司	68341910	三级
上海吉爱物业管理服务有限公司	64438151	三级
上海吉波物业管理有限公司	35080221	三级
上海吉登物业管理有限公司	64088305	三级
上海吉利物业管理有限公司	13321993365	三级
上海吉力置业有限公司	63526605	三级
上海吉沙物业管理有限公司	59913268	三级
上海吉事达物业管理有限公司	51056122；65391423	三级
上海吉松物业管理中心	58910196	三级
上海吉优境物业管理有限公司	59116911	三级
上海吉雨物业管理有限公司	65157055	三级
上海冀兴物业管理有限公司	58525632	三级
上海际明物业管理有限公司	63604749	三级

单位名称	电话	资质
上海继发物业公司	56147275	三级
上海纪联物业管理有限公司	63070592	三级
上海嘉安物业管理有限公司	62994192；13321860102	三级
上海嘉宝物业管理有限公司	59196108	三级
上海嘉曹物业管理中心	59533931	三级
上海嘉定国信企业管理咨询有限公司	59520448	三级
上海嘉定黄渡物业管理有限公司	59595168；69580703	三级
上海嘉定商晟房产经营有限公司	59529096	三级
上海嘉尔登物业管理有限公司	62879978	三级
上海嘉福悦物业管理有限公司	56716186	三级
上海嘉惠工贸有限公司	65288948	三级
上海嘉科物业管理有限公司	69524530	三级
上海嘉乐物业管理有限公司	52391739	三级
上海嘉年物业管理有限公司	64062500	三级
上海嘉荣物业管理有限公司	62746713	三级
上海嘉盛物业管理有限公司	52793864	三级
上海嘉仕德物业管理有限公司	65407307	三级
上海嘉屯物业管理有限公司	68467120	三级
上海嘉轩物业管理有限公司	62168517	三级
上海嘉伊房产物业有限公司	59170070	三级
上海嘉怡置业有限公司	56322837	三级
上海佳安物业管理有限责任公司	64274782	三级
上海佳驰物业管理有限公司		三级
上海佳管物业管理有限公司	56776222	三级
上海佳虹物业管理有限公司	66788122	三级
上海佳华房地产有限公司	58607533；58601188*320	三级
上海佳家物业发展有限公司	52201053	三级
上海佳居达物业管理有限公司	56691596；56783241	三级
上海佳具物业有限责任公司	56558935	三级
上海佳灵杰物业管理有限公司	55152282	三级
上海佳龙物业管理中心	58905031	三级
上海佳通物业管理有限公司	59568005	三级
上海佳信物业管理有限公司	64284748*15	三级
上海佳毅物业管理有限公司	63070560；63070561*102	三级
上海佳园物业管理有限公司	62558152	三级
上海佳缘物业管理有限公司	13381683810	三级
上海佳知真投资管理有限公司	54892676	三级
上海家必安物业管理有限公司	13311678382	三级
上海家诚实业有限公司	62537251	三级
上海家华物业管理有限公司	63186914；55675066	三级
上海家化物业管理有限公司	53540073	三级
上海家佳物业有限公司	58522617	三级
上海家康物业管理有限公司	64381616	三级
上海家饰佳物业管理有限公司	50316611*302	三级
上海家新物业管理有限公司	56306328	三级
上海加东物业经营管理有限公司	58915950	三级
上海加州酒店管理有限公司	13361950800	三级
上海见畅物业有限公司	57260560	三级
上海健文房屋经纪有限公司	63930995	三级
上海建达物业有限公司	50689919	三级
上海建都物业管理有限公司	57104108	三级
上海建发物业有限公司	63020786	三级
上海建华物业管理有限公司	63214970	三级
上海建科物业管理有限公司	64390809*225	三级
上海建强物业管理有限公司	65078155	三级

单位名称	电话	资质
上海建四实业有限公司	56036417	三级
上海建廷物业管理有限公司	63011836	三级
上海建唯物业管理有限公司	64496623	三级
上海建益物业管理有限公司	63293865	三级
上海建裕房地产开发有限公司	64649359	三级
上海建众物业发展有限公司	64689149	三级
上海建鑫物业管理有限公司	55082237	三级
上海江宁物业管理有限公司	62766922	三级
上海江桥物业管理有限公司	59146989	三级
上海江森自控有限公司	23076382	三级
上海江硕物业管理有限公司	62789936	三级
上海交达德律风物业有限公司	64040415	三级
上海交大达通实业有限公司	62823274	三级
上海交住物业管理有限公司	65449056	三级
上海杰安物业管理有限公司	62987980	三级
上海杰辰商务管理有限公司	58966971	三级
上海杰灵华物业管理有限公司	66347989	三级
上海杰人物业管理有限公司	62582418	三级
上海捷岛物业管理有限公司	59443689	三级
上海捷森物业服务发展有限公司	13311915863	三级
上海解放日报物业管理有限公司	63528213	三级
上海巾帼园物业管理有限公司	64330001*2004	三级
上海金榜物业有限公司	54715701	三级
上海金汇物业有限公司	64021496	三级
上海金汇置业发展有限公司	63166688	三级
上海金集房产有限公司	62995913	三级
上海金箭物业管理有限公司	65343754	三级
上海金江房产物业公司	56901126	三级
上海金居物业管理有限公司	54785456	三级
上海金林房地产物业有限责任公司	54031972	三级
上海金鹿物业管理有限公司	52196532	三级
上海金洛物业咨询代理有限公司	64077000	三级
上海金马新城房地产有限公司	58812274	三级
上海金明房地产物业管理有限公司	36150095	三级
上海金牛物业管理有限公司	64867058	三级
上海金苹果物业管理有限公司	28812876；13661930000	三级
上海金平嘉实业有限公司	65325977	三级
上海金平物业管理有限公司	65082810	三级
上海金蔷物业管理所	64973428	三级
上海金桥大厦	58994903	三级
上海金山亿丰中合建材市场经营管理有限公司	51360000*810	三级
上海金泰桥梓湾物业管理有限公司	59717009	三级
上海金桃物业管理有限公司	62849561	三级
上海金威物业有限公司	62587967	三级
上海金维邦物业管理有限公司	57106731	三级
上海金文物业管理有限公司	65651120	三级
上海金欣联合发展有限公司	63225858*8016	三级
上海金轩物业管理有限公司	64682222*2804	三级
上海金雁物业管理有限公司	63868128	三级
上海金阳物业管理有限公司	62442589	三级
上海金银岛建材有限公司	54252275	三级
上海金樱房地产发展有限公司	34083267	三级
上海金鹰物业管理有限公司	62883208	三级
上海金玉兰物业管理有限公司	53961403	三级
上海金峪物业发展有限公司	63083968	三级

单位名称	电话	资质
上海金原物业管理有限公司	56940381	三级
上海金苑物业管理公司	58991227	三级
上海金耘物业管理有限公司	58365530；1362167246	三级
上海金中苑物业有限公司	63147664	三级
上海金舟物业管理有限公司	65604901	三级
上海金综物业管理有限公司	67260905	三级
上海金邸物业管理有限公司	65923119	三级
上海金晔物业管理有限公司	57744178	三级
上海今达物业管理有限公司	58319877	三级
上海今欧物业管理有限公司	57967620	三级
上海锦北物业管理有限公司	56330278	三级
上海锦驰物业管理有限公司	52398286	三级
上海锦房物业有限公司	64387239	三级
上海锦环物业管理有限公司	62304347	三级
上海锦佳物业管理有限公司	56695266	三级
上海锦江国际购物中心	53060876	三级
上海锦杰物业管理有限公司	62718066；62711550	三级
上海锦久物业管理有限公司	62722752	三级
上海锦凯房地产有限公司	63166688	三级
上海锦茂物业有限公司	64721008	三级
上海锦南物业经营有限公司	63457711	三级
上海锦茸物业管理有限公司	67620088	三级
上海锦顺物业管理有限公司	62989757	三级
上海锦欣物业有限公司	58334824	三级
上海锦义商贸有限责任公司	63570806	三级
上海锦之嘉酒店管理有限公司	58420522	三级
上海晋申物业管理有限公司	64694321	三级
上海晋同物业管理有限公司	54703787	三级
上海晶辉物业管理有限公司	52287070	三级
上海晶曼物业管理有限公司	63304363	三级
上海京达物业管理有限公司	62883555	三级
上海京伟物业管理有限公司	54772934	三级
上海京邸物业管理有限公司	65262104	三级
上海精达物业管理有限公司	56702651	三级
上海精联物业管理有限公司	66951680	三级
上海精美物业管理有限公司	64699593	三级
上海精舍物业管理有限公司	53827129	三级
上海精文物业管理有限公司	54774322	三级
上海经华物业管理有限公司	63689748	三级
上海经天物业管理有限公司	65625269	三级
上海井田和物业管理有限公司	62790879；13501990000	三级
上海景得物业管理有限公司	64428209	三级
上海景丰物业管理合作公司	65587255	三级
上海景冠物业管理有限公司	67732255	三级
上海景洪物业管理有限公司	64971365	三级
上海景敏物业有限公司	13918072992	三级
上海景盈物业管理有限公司	59766474	三级
上海景珠物业管理经营有限公司	59528228	三级
上海静安城建投资物业有限公司	51501650	三级
上海静安地产集团建设有限公司	62171732	三级
上海静安华庭物业管理有限公司	62721186	三级
上海静安新成物业有限公司	54787053	三级
上海静城物业管理有限公司	54787053	三级
上海敬公物业管理有限公司	57960014	三级
上海敬业房地产有限公司	65797291	三级

单位名称	电话	资质
上海镜苑物业管理有限公司	57202255	三级
上海竞成物业管理有限公司	62750096*5188	三级
上海竞力物业管理有限公司	65524878	三级
上海久博物业有限公司	68328671	三级
上海久发物业管理有限公司	13310039799	三级
上海久富物业管理有限公司	62435501	三级
上海久久物业有限公司	56036118	三级
上海久乐物业管理有限公司	56524211	三级
上海久立物业有限公司	65026332	三级
上海久良物业管理有限公司	52620360	三级
上海久实物业有限公司	62324088	三级
上海久兴物业管理有限公司	56624716	三级
上海久业企业管理有限公司	56702506	三级
上海久裕物业管理有限公司	63726345	三级
上海久远物业有限公司	62155809	三级
上海久怡物业管理有限公司	59880268	三级
上海九峰物业管理有限公司	57764568	三级
上海九硕物业管理公司	59491818	三级
上海居上物业管理有限公司	67185933	三级
上海居逸源恒物业管理有限公司	67244960	三级
上海菊泉物业有限公司	66045552	三级
上海菊苑物业管理有限公司	69903553	三级
上海聚星物业管理有限公司	63236518	三级
上海聚缘物业管理有限公司	68406275	三级
上海巨垄物业管理有限公司	67647008	三级
上海军盛物业管理有限公司	65252388	三级
上海君得莉置业有限公司	69125212	三级
上海君磊物业管理有限公司	51016737	三级
上海君仕物业管理有限公司	64587799	三级
上海君子兰物业有限公司	56902710	三级
上海君晟物业管理有限公司	65424534	三级
上海俊成物业管理有限公司	62781884	三级
上海俊虹物业管理有限公司	59881801*11	三级
上海骏利集团共江物业管理有限公司	66128088	三级
上海骏利物业管理有限公司	56743341	三级
上海卡乐物业管理有限公司	64717712	三级
上海卡园物业管理有限公司	50271598	三级
上海开城物业管理有限公司	53068956	三级
上海开乐物业管理有限公司	56630453	三级
上海开泰物业管理有限公司	13701702800	三级
上海开祥物业管理有限公司	27701928	三级
上海开元企业经营管理有限公司	37668127	三级
上海凯博物业管理有限公司	52161647	三级
上海凯昌物业公司	62391887	三级
上海凯达物业有限公司	54103221	三级
上海凯得物业管理发展有限公司	52856015	三级
上海凯迪克大厦有限公司	52895003	三级
上海凯尔物业管理有限公司	62801395	三级
上海凯杰物业管理有限公司	64101778	三级
上海凯露房地产发展有限公司	55393480	三级
上海凯兴物业管理有限公司	56620785	三级
上海凯寓物业管理有限公司	62807149	三级
上海凯源物业管理有限公司	56624111	三级
上海凯玮物业管理有限公司	13901933338	三级
上海康定物业管理有限公司	62158312	三级

单位名称	电话	资质
上海康茂物业管理有限公司	68407232	三级
上海康人物业管理有限公司	62475852	三级
上海康世黄浦房地产开发有限公司	62475266	三级
上海康顺物业管理有限公司	59196602	三级
上海康翔投资管理有限公司	65851658	三级
上海康勇物业管理有限公司	64798272	三级
上海康苑物业管理有限公司	62538953	三级
上海康巽物业管理有限公司	13391148520	三级
上海康邸物业管理有限公司	54160160	三级
上海科技大厦置业有限公司	64955488	三级
上海科技京城管理发展有限公司	53080880*7367	三级
上海科技开发实业有限公司	64643291	三级
上海科生物业管理中心	54920037 54920333	三级
上海昆建物业管理有限公司	52790391	三级
上海昆泰实业有限公司	-	三级
上海括振物业管理有限公司	57815275	三级
上海莱克商务有限公司	65014212	三级
上海莱利物业管理有限公司	57663155	三级
上海来利实业有限公司	63132477	三级
上海蓝尔物业管理有限公司	68927147	三级
上海蓝色物业管理有限公司	63506050	三级
上海蓝申物业管理有限公司	57747555	三级
上海兰生物业管理有限公司	63190000	三级
上海兰逸物业管理有限责任公司	52717288	三级
上海廊下物业管理有限公司	57391295	三级
上海朗泰物业管理有限公司	52581051	三级
上海朗悦酒店物业管理有限公司	61397091	三级
上海乐洁物业管理有限公司	59771000	三级
上海乐居物业管理有限公司	57318233；27339778	三级
上海乐凯物业管理有限公司	58880492	三级
上海乐信物业管理有限公司	63238566	三级
上海乐益物业有限公司	56982285	三级
上海磊成物业管理有限公司	59528358	三级
上海黎安房产物业有限公司	64147558	三级
上海黎达物业发展有限公司	64732156	三级
上海黎平置业有限公司	65660878	三级
上海理家物业管理有限公司	58606600	三级
上海里港物业管理有限公司	56077130	三级
上海丽家物业管理发展有限公司	27349256	三级
上海丽晶物业管理有限公司	62304604	三级
上海丽茵物业服务有限公司	57619216	三级
上海丽远物业管理有限公司	68135826	三级
上海丽鑫物业管理有限公司	13801801896	三级
上海励德物业管理有限公司	13341728130	三级
上海利峰乐置业有限公司	69210147	三级
上海利马物业管理有限公司	54429150	三级
上海利勤行酒店管理有限公司	54046599	三级
上海利荣物业管理有限责任公司	53866928	三级
上海立大物业管理有限公司	54483768	三级
上海力敦行房地产经纪有限公司	63225858*8016	三级
上海力高物业管理有限公司	13004147983	三级
上海联臣物业管理有限公司	65159848	三级
上海联大向峰物业管理有限公司	51113888	三级
上海联丰物业管理有限公司	68321932	三级
上海联工实业有限公司	64304568	三级

单位名称	电话	资质
上海联汇商务有限公司	63186296	三级
上海联捷物业管理有限公司	13818072255	三级
上海联匡物业管理有限公司	55965098	三级
上海联琼物业管理有限责任公司	64313915	三级
上海联兴工贸实业公司	62678028	三级
上海莲城物业管理有限公司	64553528	三级
上海莲溪物业管理有限公司	58430968	三级
上海莲阳物业管理有限公司	54389702	三级
上海连庄物业管理有限公司	59185808	三级
上海廉宇物业管理有限公司	13901837919	三级
上海良迪物业管理有限公司	56747124	三级
上海良丰置业发展有限公司	58886660	三级
上海良启物业管理有限公司	50456428	三级
上海良效物业管理部	65171687	三级
上海良友物业管理有限公司	37188449	三级
上海亮东物业管理有限公司	65255449	三级
上海辽河企业发展有限公司	32120563	三级
上海林厦物业管理有限公司	65638054	三级
上海临港房地产有限公司	58231764	三级
上海临港商务管理服务有限公司	68037500	三级
上海临江物业管理有限公司	53590434	三级
上海临南物业经营管理有限公司	57934613	三级
上海菱建物业管理有限公司	64861745	三级
上海凌宇物业管理有限公司	55077497	三级
上海凌云物业有限公司	64845756	三级
上海灵广物业有限责任公司	56402236	三级
上海灵吉物业管理有限公司	65175320	三级
上海留芳置业发展有限公司	13916316628	三级
上海留水园物业管理有限公司	69203031	三级
上海留溪物业发展有限公司	57215979	三级
上海留苑实业有限公司	62706587	三级
上海柳鹤物业管理有限公司	64985469	三级
上海六福物业管理有限公司	63603839	三级
上海六角物业管理有限公司	63452620	三级
上海龙城物业管理有限公司	64563675	三级
上海龙都物业管理有限公司	64490288	三级
上海龙峰物业管理有限公司	52583500；52583501	三级
上海龙进物业管理有限公司	62775604	三级
上海龙胜物业管理有限公司	56679013	三级
上海龙潭物业管理有限公司	66391455	三级
上海龙源物业管理有限公司	68008089	三级
上海龙泽物业管理有限公司	37111409	三级
上海龙邸物业管理有限公司	56665197	三级
上海龙鑫物业有限公司	64542974	三级
上海隆安置业发展有限公司	62584811	三级
上海隆特物业有限公司	64194629	三级
上海隆祥物业管理有限公司	32060077	三级
上海陇晟物业管理有限公司	64108044	三级
上海鲁汇物业管理有限公司	64910808	三级
上海鲁能物流有限公司	58660350；13764142308	三级
上海路利物业管理有限公司	27606708	三级
上海鹿鼎物业管理有限公司	63163851	三级
上海鹿兴物业管理有限公司	13061648343	三级
上海陆峰物业管理有限公司	58300900	三级
上海陆家嘴骏合物业管理有限公司	13916308095	三级

单位名称	电话	资质
上海陆洋物业管理有限公司	58339998	三级
上海绿成房产有限责任公司	63306614	三级
上海绿春物业管理有限公司	66953936	三级
上海绿岛物业发展有限公司	55894321	三级
上海绿地商业（集团）有限公司	52417000	三级
上海绿虹物业管理有限公司	67642690	三级
上海绿庭物业管理有限公司	67734263	三级
上海绿雅物业有限公司	62645369	三级
上海绿宇物业管理有限公司	50596911	三级
上海绿苗物业管理有限公司	13701787601	三级
上海绿奕物业管理有限公司	69580171	三级
上海绿岚物业管理有限公司	13916173103	三级
上海罗店物业管理有限公司	56862989	三级
上海罗南物业管理有限公司	56010785	三级
上海马桥物业管理有限公司	64637500	三级
上海马兴物业管理有限公司	64091285	三级
上海麦仕物业管理有限公司	52389777	三级
上海茂丰物业管理有限公司	65352542	三级
上海茂申物业管理有限公司	62441665	三级
上海茂欣物业管理有限公司	58129671	三级
上海梅龙镇广场有限公司	62181003	三级
上海梅陇物业管理有限公司	64763955	三级
上海煤科机电技贸有限公司	64382344*3106	三级
上海美达物业管理有限公司	59578833	三级
上海美华物业公司	63522201	三级
上海美捷物业经营管理有限公司	64266103	三级
上海美丽华集团物业管理有限公司	56965794	三级
上海美丽华物业管理有限公司	62753999	三级
上海美联房产开发经营公司物业管理部	62304869	三级
上海美麓置地有限公司	50303355	三级
上海美罗物业管理有限公司	64271033	三级
上海美通物业管理有限公司	54110279	三级
上海美装物业管理有限公司	021-65042196	三级
上海梦天苑物业管理有限公司	57346476	三级
上海庙行物业总公司	56401448	三级
上海民达物业管理有限公司	56719206	三级
上海民惠物业管理有限公司	56891996	三级
上海民聚置业有限公司	64170995	三级
上海民凯物业管理有限公司	57961919	三级
上海民强物业管理有限公司	56727898*29	三级
上海民申物业管理有限公司	54259219	三级
上海民伟物业管理有限公司	64310880*6938	三级
上海民兴物业管理有限公司	57808474	三级
上海明达物业服务有限公司	59538229	三级
上海明圭企业发展有限公司	62714355	三级
上海明湖物业管理有限公司	57617893	三级
上海明华五联物业有限公司	55960977	三级
上海明汇物业管理有限公司	63160845	三级
上海明嘉物业管理有限公司	54827171	三级
上海明联物业管理有限公司	65600848	三级
上海明申物业管理有限公司	51114588*720	三级
上海明天物业管理有限公司	63606868	三级
上海明旺物业管理有限公司	64682025	三级
上海明新物业管理有限公司	65408710	三级
上海明业物业管理有限公司	63331688*212	三级

单位名称	电话	资质
上海明园物业管理有限公司	64733108	三级
上海明越物业管理有限公司	57934613	三级
上海明悦物业管理有限公司	62076433	三级
上海明怡物业管理有限公司	13311860307	三级
上海明淼物业管理有限公司	57502876	三级
上海鸣仓实业有限公司	13311839933	三级
上海铭弘经济发展有限公司	24028287	三级
上海名驰物业管理有限公司	64891642	三级
上海名居物业有限公司	67702088	三级
上海名宸物业管理有限公司	65753012	三级
上海南产物业管理有限公司	57195157	三级
上海南城经济联合发展有限公司	58701406	三级
上海南都白马物业管理有限公司	57682889	三级
上海南航物业管理有限公司	13818554488	三级
上海南辉物业管理有限公司	62253189	三级
上海南汇县祝桥物业管理有限公司	58107329	三级
上海南汇振源物业管理有限公司	62043229*8018	三级
上海南江物业管理有限公司	50781124	三级
上海南开物业管理有限公司	63779858	三级
上海南平物业管理中心	50830276	三级
上海南山物业管理有限公司	59888777	三级
上海南申物业管理有限公司	13916772622	三级
上海南顺物业管理有限公司	58835032	三级
上海南外滩物业管理有限公司	63773946	三级
上海南希物业管理有限公司	64033339	三级
上海南翔物业有限公司	59126060	三级
上海南杨物业有限公司	58915460	三级
上海南洋物业有限公司	62588670	三级
上海南园物业发展有限公司	58004040	三级
上海宁安物业管理有限公司	62287580	三级
上海宁洲物业管理有限公司	52398286	三级
上海诺欣物业管理有限公司	62539812	三级
上海诺亚置业有限公司		三级
上海欧鼎物业管理有限公司	57354106	三级
上海欧霖物业服务有限公司	50273891	三级
上海派瑞物业管理有限公司	51155687	三级
上海培花物业管理有限公司	63781083	三级
上海沛申物业管理有限公司	68671498	三级
上海彭浦物业管理公司	56418850	三级
上海鹏越物业管理有限公司	56419366	三级
上海飘鹰物业管理有限公司	65224074	三级
上海平安物业管理有限公司	32034600*1812	三级
上海平高房产开发有限公司平高物业管理分公司	57820879	三级
上海平江物业有限公司	33134520	三级
上海平康物业管理有限公司	54663333	三级
上海普达物业管理有限公司	65795402	三级
上海普海物业管理有限公司	58872999	三级
上海普瑞物业管理有限公司	51107051	三级
上海浦东爱洁物业管理有限公司	68957240	三级
上海浦东安厦物业管理经营服务部	58570815	三级
上海浦东华夏实业总公司物业管理公司	58377631	三级
上海浦东捷达物业有限公司	58566104	三级
上海浦东乐业物业管理有限公司	58611270	三级
上海浦东妙城物业管理有限公司	58984151	三级
上海浦东天乐物业管理有限公司	58909348	三级

单位名称	电话	资质
上海浦东新区蔡路物业有限公司	68909786	三级
上海浦东新区晨阳物业管理有限公司	68781537	三级
上海浦东新区东波物业管理有限公司	68467483	三级
上海浦东新区东沟物业有限公司	68463762	三级
上海浦东新区潼港物业管理部	58678635	三级
上海浦东中核大厦房地产开发有限公司	68547660；13918476790	三级
上海浦东鑫悦金厦物业有限公司	13611671571	三级
上海浦发物业经营公司	65367056	三级
上海浦江工业园区综合管理服务中心	64119355	三级
上海浦南物业管理有限公司	57104211	三级
上海浦项房地产开发有限公司	68759999	三级
上海浦欣物业管理有限责任公司	56650909	三级
上海浦原科技园区管理有限公司	64709856	三级
上海浦罡物业管理有限公司	65186107*808	三级
上海期交物业管理有限公司	68400083	三级
上海栖格麦物业管理有限公司	59700233	三级
上海七建物业管理有限公司	64397383	三级
上海其昌物业管理有限公司	65186349	三级
上海其士物业管理有限公司	54037172	三级
上海奇芯实业发展有限公司	13651855472	三级
上海齐佳物业管理有限公司	63747973	三级
上海齐锦物业有限公司	50776195	三级
上海齐来工业发展有限公司	64854680	三级
上海齐新物业管理有限公司	68310042	三级
上海齐云物业管理有限公司	62678899	三级
上海企点物业管理有限公司	63096633	三级
上海启恒物业管理有限公司	53835858	三级
上海启华物业管理有限公司	53071036	三级
上海启胜物业管理服务有限公司	63731111	三级
上海启秀物业管理有限公司	64670835	三级
上海汽车工业物业有限公司	64031735	三级
上海千思物业管理有限公司	63368558	三级
上海千雅物业管理有限公司	58431786	三级
上海千亿物业有限公司	67101192	三级
上海仟盟物业管理有限公司	63307108	三级
上海乾辰物业管理有限公司	64480066	三级
上海乾强物业管理有限公司	55132857	三级
上海乾溪物业管理有限公司	56517159	三级
上海前诚物业管理有限公司	50651095	三级
上海前进投资有限公司	64694128	三级
上海前盛物业管理有限公司	58376946	三级
上海强丰物业管理有限公司	57260149	三级
上海桥苑物业管理有限公司	63458857	三级
上海侨乐物业服务有限公司	63876213*16	三级
上海侨浦房产物业有限公司	57643388	三级
上海勤乐物业管理有限公司	68453535	三级
上海勤联物业管理有限公司	62304869	三级
上海勤涛物业管理有限公司	54583597	三级
上海勤业排水服务有限公司	56085444	三级
上海沁青物业管理有限公司	56651116	三级
上海青弘物业管理有限公司	57568574	三级
上海青井泽物业管理有限公司	38810239	三级
上海青蓝物业管理咨询有限公司	64738508	三级
上海青浦大盈梦盈物业管理所	59220657	三级
上海青浦工业园区物业管理有限公司	69212638	三级

单位名称	电话	资质
上海青浦鹤翔物业管理有限公司	59747151	三级
上海青浦嘉憬物业管理有限公司	69720752	三级
上海青浦建产物业管理有限公司	39711113	三级
上海青浦商城物业管理有限公司	59732467	三级
上海青浦现代创置物业公司	59726541	三级
上海青浦徐泾房产物业管理有限公司	59760886	三级
上海青山物业管理有限公司	51022382	三级
上海青原物业管理有限公司	65119458	三级
上海青住物业管理公司	59204596	三级
上海轻包物业管理部	62712769	三级
上海轻玻物业管理有限公司	63271344	三级
上海轻工业研究所有限公司	64372070	三级
上海轻工置业有限公司	64733619	三级
上海轻机益厦物业管理有限公司	62560463	三级
上海轻机置业有限公司	62560000*152	三级
上海清枫物业管理有限公司	64046727	三级
上海庆隆物业管理有限公司	62727537	三级
上海求实物业有限公司	57967148	三级
上海渠晨房地产开发有限公司	65162056	三级
上海全立物业管理有限公司	62896729	三级
上海全信物业管理有限公司	57466296	三级
上海仁保物业管理有限公司	64285323	三级
上海仁宝物业管理有限责任公司	33767840	三级
上海仁德物业管理有限公司	65861276	三级
上海仁和物业管理有限公司	68560090	三级
上海仁联物业管理有限公司	55961119	三级
上海仁信物业管理有限公司	58415933	三级
上海仁宇物业管理有限公司	58444447	三级
上海日丰物业咨询有限公司	62733409	三级
上海日月星辰物业管理有限公司	62984439	三级
上海日之星投资管理有限公司	58345553*210	三级
上海日晟物业管理有限公司	62814062	三级
上海茸工物业发展有限公司	57816033	三级
上海荣苍物业管理有限公司	58605050	三级
上海荣程物业管理有限公司	62474167	三级
上海荣广商务中心有限公司	62083590	三级
上海荣欢申物业管理有限公司	57684726	三级
上海荣锦物业管理有限公司	66583878	三级
上海荣联物业管理有限公司	62279611	三级
上海荣申物业发展有限公司	55080930	三级
上海荣顺物业管理有限公司	62783035	三级
上海荣唐物业管理有限公司	50921675	三级
上海荣远房地产开发经营有限公司	62083590	三级
上海荣正物业管理有限公司	65304567	三级
上海如一物业管理有限公司	52536161	三级
上海瑞丰商务服务有限公司	62119576	三级
上海瑞海房屋管理有限公司	64669809	三级
上海瑞金大厦有限公司	64722800	三级
上海瑞斯邦物业管理有限公司	52308067；13817030000	三级
上海瑞星物业管理有限公司	52681858	三级
上海瑞运物业管理有限公司	52684440	三级
上海瑞舟房地产发展有限公司	58791106	三级
上海瑞孚物业发展有限公司	59191389	三级
上海润凯物业服务有限公司	13901734398	三级
上海润苑物业管理合作公司	65369966	三级

单位名称	电话	资质
上海润鑫物业管理有限公司	66215178	三级
上海赛福莱物业发展有限公司	62476210	三级
上海赛文物业管理有限公司		三级
上海三村物业管理有限公司	69119656	三级
上海三钢物业管理有限公司	58325745	三级
上海三航企业发展有限公司	64039550	三级
上海三和实业发展有限公司	62462006-302	三级
上海三凌物业管理公司	58413366	三级
上海三幸美建物业服务有限公司	62125546	三级
上海三原物业有限公司	58317663	三级
上海三泷房地产开发有限公司	58306996	三级
上海森飞物业管理有限公司	58485187	三级
上海森林湾物业管理有限公司	63061799	三级
上海森厦物业有限公司	65458052	三级
上海森洋美房地产投资发展有限公司物业管理分公司	57632428	三级
上海森悦物业管理有限公司	65608008	三级
上海沙枫物业管理有限公司	13801609838	三级
上海沙林物业管理有限公司	64154263	三级
上海沙田物业管理有限公司	62322058	三级
上海杉联房地产开发有限公司	63276575	三级
上海山山物业管理有限公司	64728551	三级
上海山石物业管理有限公司	2157938867	三级
上海商务中心物业管理有限公司	65535829	三级
上海商欣建筑房产实业公司	59281245	三级
上海上电物业有限公司	52066266	三级
上海上服永胜物业管理有限公司	64381331	三级
上海上工物业发展有限公司	13901976780	三级
上海上航实业有限公司	63536111	三级
上海上青物业管理有限公司	62985426	三级
上海上轻物业有限公司	64696482	三级
上海上实金马物业管理有限公司	56700501	三级
上海上影物业管理有限公司	64647672	三级
上海上远物业管理有限公司	65701888-5161	三级
上海尚诚物业管理有限公司	58857837	三级
上海尚品物业管理有限公司	62128899	三级
上海尚图物业管理有限公司	64333581	三级
上海尚文物业管理有限公司	63677514	三级
上海尚谊物业管理有限公司	55213369	三级
上海韶光物业有限公司	021-62261934	三级
上海舍维司物业服务有限公司	65617839	三级
上海申安物业管理有限公司	62137533	三级
上海申畅物业管理有限公司	13817076056	三级
上海申诚物业管理有限公司	64922895	三级
上海申甸物业管理有限公司	63210466	三级
上海申福物业发展有限公司	021-52681451	三级
上海申公物业有限公司	62534061	三级
上海申冠物业管理有限公司	62820000--6506	三级
上海申航物业发展公司	64871163	三级
上海申虹物业有限公司	64690081	三级
上海申华物业有限公司	64985068	三级
上海申纪物业管理有限公司	62515653	三级
上海申佳物业管理有限公司	65879333	三级
上海申科物业管理有限公司	54475845	三级
上海申力房产开发经营公司	63052099	三级
上海申联物业管理有限公司	64122350	三级

单位名称	电话	资质
上海申岭物业管理有限公司	64513288	三级
上海申茂物业管理有限公司	52178736	三级
上海申能置地物业管理有限公司	63513828×6558	三级
上海申鹏物业管理有限公司	54668225	三级
上海申圃房产开发经营有限公司	64835548	三级
上海申浦物业管理有限公司	28282930	三级
上海申勤物业管理有限公司	69710005	三级
上海申松物业管理有限公司	67819040	三级
上海申泰物业管理有限公司	53082040	三级
上海申威物业管理有限公司	62164489	三级
上海申源物业管理公司	64460310	三级
上海申昊物业管理有限公司	58525044	三级
上海申鹭物业管理有限公司	66600952	三级
上海申鑫物业管理有限公司	54169614	三级
上海慎佳物业管理有限公司	52604610	三级
上海慎业房屋管理有限公司	57621073	三级
上海生源物业有限公司	59655055	三级
上海升星物业管理有限公司	55238815	三级
上海升杨物业管理有限公司	54650283-607	三级
上海升阳物业管理有限公司	58991665	三级
上海盛安物业管理有限公司	65367072	三级
上海盛地家居有限公司	64285009	三级
上海盛民物业管理有限公司	13916576296	三级
上海盛侨物业管理发展有限公司	57646680	三级
上海盛唐物业管理有限公司	50592342	三级
上海盛图实业公司	65492450	三级
上海盛祥物业管理有限公司	65560700	三级
上海盛源物业有限公司	622110494	三级
上海盛苑物业管理有限公司	62220590	三级
上海盛宅物业管理有限公司	56042653	三级
上海胜达利物业管理有限公司	59791205	三级
上海圣波特物业管理公司	63933433	三级
上海圣陶沙物业管理有限公司	64125069	三级
上海圣舟物业管理有限公司	62167882	三级
上海圣骊物业管理有限公司	64828764	三级
上海圣昊物业管理有限公司	021-65352441	三级
上海师惠教育联合发展有限公司	65866273	三级
上海施泽物业有限责任公司	64105356	三级
上海石湖荡物业管理有限公司	57752245	三级
上海石油科技工程有限公司	63210839	三级
上海时代房产发展有限公司	65211088	三级
上海实诚物业管理有限公司	51098949	三级
上海士林置业有限公司	63777730	三级
上海世邦魏理仕物业顾问有限公司	24011200	三级
上海世浩物业管理有限公司	67822433	三级
上海世纪商务大厦物业管理有限公司	62998978	三级
上海世茂第一太平物业管理有限公司	68888918	三级
上海市崇明东门物业管理公司	69610401	三级
上海市崇明县堡镇物业管理公司	59421012	三级
上海市崇明县云峰物业管理公司	59622546	三级
上海市崇明县云海物业管理公司	59612839	三级
上海市虹口区公房资产经营有限公司	65122220	三级
上海市黄浦建设物业有限公司	58319877	三级
上海市黄浦区新丰物业管理所	63278779	三级
上海市嘉定区安亭物业有限责任公司	59577524	三级

单位名称	电话	资质
上海市建发物业有限公司	63047848	三级
上海市建宁物业管理有限公司	66117378	三级
上海市教寓物业有限公司	53073464	三级
上海市金山区红枫物业有限公司	57355736	三级
上海市居佳物业管理有限公司	63772078	三级
上海市卢湾区房产经营有限公司	64660985	三级
上海市农工商物业总公司	62429955	三级
上海市浦东新区丰联物业经营部	13501773976	三级
上海市浦东新区公房资产经营管理公司	68671152	三级
上海市侨基物业管理有限公司	58889877	三级
上海市三浦物业管理有限公司	13061721086	三级
上海市思逸物业管理有限公司	62623116	三级
上海市松江工业区物业管理公司	57746624	三级
上海市外事用房经营公司	64377421	三级
上海市信和物业管理有限公司	58541210	三级
上海市裕明物业管理有限公司	13311786553	三级
上海市总统房地产发展有限公司	62121060	三级
上海舒适物业管理有限公司	67251179	三级
上海舒兴物业管理有限公司	62119618	三级
上海舒馨物业管理有限公司	66052197	三级
上海舒怡物业管理有限公司	69626480-307	三级
上海书香名第物业管理有限公司	62600010	三级
上海曙光物业管理有限公司	57523838	三级
上海树昕物业管理有限公司	67261271	三级
上海数娱产业管理有限公司	51702382*808	三级
上海双爱物业管理有限公司	62154936	三级
上海双柏物业管理有限公司	64503308	三级
上海双朝物业管理有限公司	62267676	三级
上海双鸽大厦物业管理有限公司	51172511	三级
上海双乐物业管理有限公司	68452377	三级
上海双力物业管理有限公司	64736073	三级
上海双民物业管理有限公司	13901881401	三级
上海双泉物业管理有限公司	13916366158	三级
上海双焰物业管理有限公司	51019111	三级
上海水岸物业管理有限公司	57153808	三级
上海顺安物业管理有限公司	13301783536	三级
上海顺风物业管理有限责任公司	63020683	三级
上海顺基现代家政物业有限公司	63849306	三级
上海顺理物业管理有限公司	65801977	三级
上海顺启物业管理有限公司	58548100	三级
上海顺顺物业有限公司	63842421	三级
上海顺意物业有限公司	62563228	三级
上海舜得物业管理有限公司	13341679081	三级
上海舜苑华物业管理有限公司	69212477	三级
上海硕雅物业管理发展有限公司	57621705	三级
上海硕业物业管理有限公司	28639885	三级
上海斯美物业管理有限公司	51298151	三级
上海思清物业管理有限公司	28030685	三级
上海思致物业管理有限公司	56176298	三级
上海司力物业有限公司	62284342*12	三级
上海四高物业管理有限公司	62308879	三级
上海四和物业管理有限公司	62173812	三级
上海四季海螺置业有限公司	34061116*1015	三级
上海四金物业管理有限公司	63053537	三级
上海四菱物业管理服务有限公司	65413912	三级

单位名称	电话	资质
上海四汽公共交通公司	62758552	三级
上海四强物业管理有限公司	62404088	三级
上海四维物业有限公司	62709294	三级
上海松江仓桥物业管理有限公司	67726958	三级
上海松江新城建设工程服务有限公司	37720753	三级
上海松盛物业管理有限公司	57831223	三级
上海松云物业管理有限公司	67801710；57716536	三级
上海隧峰房地产开发公司	021-64221000	三级
上海泰城物业管理发展有限公司	65408710	三级
上海泰发物业管理有限公司	66042309	三级
上海泰景物业管理有限公司	65391144	三级
上海泰顺物业管理有限公司	64828181	三级
上海泰欣置业有限公司	52233577-19	三级
上海泰宇物业管理有限公司	62839285	三级
上海泰源物业管理发展有限公司	65617796	三级
上海太安物业有限公司	58797588	三级
上海太湖世家物业管理有限公司	68542121*8306	三级
上海太联百福物业管理有限公司	54814672	三级
上海太实物业管理有限公司	65619510	三级
上海谈家港物业管理有限公司	64117712	三级
上海坦直企业管理咨询有限公司	13901964349	三级
上海唐盛物业管理有限公司	56147718	三级
上海桃成物业管理所	65626290	三级
上海桃浦物业有限公司	62509988	三级
上海桃源房产物业管理有限公司	57702113	三级
上海陶然居物业管理有限公司	66403180	三级
上海天傲物业管理有限公司	56955702	三级
上海天呈物业管理有限公司	64975677	三级
上海天鸿第一太平物业管理有限公司	13501622683	三级
上海天吉物业管理有限公司	56041439	三级
上海天可华物业管理有限公司	63366655	三级
上海天力物业管理服务部	64375550-8085	三级
上海天梭房地产投资咨询有限公司	68751300*816	三级
上海天梭物业管理有限公司	64399075	三级
上海天台物业管理有限公司	62913888	三级
上海天信物业管理有限公司	66779900-8036	三级
上海天颐物业管理有限公司	68877564；58206552	三级
上海天育实业发展有限公司	64674113	三级
上海天洲物业管理有限公司	56978234	三级
上海天馨物业管理服务有限公司	56803275	三级
上海天宸物业管理有限公司	68457271	三级
上海添丰物业管理有限公司	13801787022	三级
上海田丰物业管理有限公司	50865044	三级
上海田园物业公司	64894072	三级
上海铁程物业有限公司	56310746	三级
上海铁贸物业管理有限责任公司	51220197	三级
上海亭汇物业管理有限公司	57637516	三级
上海亭新物业发展有限公司	67230258	三级
上海通昌物业有限公司	50386336	三级
上海通达物业有限公司	58769887	三级
上海通房物业有限公司	54871235	三级
上海通力物业管理有限公司	58714357	三级
上海通翼物业有限公司	64953327	三级
上海通用物业管理有限公司	66086344	三级
上海同达创业物业管理有限公司	52531589	三级

单位名称	电话	资质
上海同丰物业有限公司	57120847	三级
上海同海物业管理有限公司	58741282	三级
上海同科舟济物业管理有限公司	55883681	三级
上海同乐坊物业管理有限公司	52132083	三级
上海同南物业管理有限公司	68003135	三级
上海同盛实业有限公司	58077839	三级
上海同寅物业管理有限公司	51156831-8005	三级
上海统帅物业管理有限公司	58474844	三级
上海投琼物业管理有限公司	65074967	三级
上海外高桥保税区宾馆有限公司	58620000-516	三级
上海外劳物业管理服务有限公司	56967700-125	三级
上海外滩东展物业管理有限公司	33130381-185	三级
上海丸内物业管理有限公司	64475915	三级
上海万邦物业管理有限公司	68921291	三级
上海万达商业广场管理有限公司	65657069	三级
上海万登置业管理有限公司	65415387	三级
上海万福长今物业管理有限公司	33862255	三级
上海万国物业发展公司	52930642	三级
上海万欢物业服务有限公司	64198919*206	三级
上海万居德实业有限公司	57681806	三级
上海万陵物业有限公司	57432123	三级
上海万南物业管理有限公司	63084911	三级
上海万平物业管理有限公司	64973487	三级
上海万泉酒店管理有限公司	58788000-6303	三级
上海万润物业管理有限公司	53029939*8011	三级
上海万泰物业管理有限公司	64591985	三级
上海万特园置业有限公司	62192178	三级
上海万亚物业管理有限公司	62661283	三级
上海万悦物业管理有限公司	52388686*105	三级
上海万志物业有限公司	66105421	三级
上海万涓物业有限公司	59988644	三级
上海旺凯物业管理有限公司	13816688948	三级
上海旺利物业管理有限公司	13818768174	三级
上海望江苑物业管理有限公司	63131082	三级
上海望源物业管理有限公司	56067333	三级
上海望族城物业管理有限公司	64760606	三级
上海望族园物业管理有限公司	34133253	三级
上海威格斯齐恒物业管理有限公司	57688282	三级
上海威宏物业管理有限公司	57728728	三级
上海威坪企业管理有限公司	50316118	三级
上海威狮堡物业管理有限公司	64273369	三级
上海威亚物业管理有限公司	62805555---828	三级
上海为众房产物业有限公司	56032414	三级
上海维灵物业管理有限公司	63133844	三级
上海维欣物业管理有限公司	27511102	三级
上海伟栋物业管理服务有限公司	57742124	三级
上海伟发物业有限公司	58992189	三级
上海伟佳物业管理有限公司	68325542	三级
上海伟康卫生后勤服务有限公司	58928829	三级
上海伟莱物业有限公司	68500881	三级
上海伟龙物业管理有限责任公司	52689164	三级
上海伟民物业管理有限公司	57632428	三级
上海伟裕物业有限公司	68711587	三级
上海未来岛企业管理有限公司	13774285238	三级
上海温润物业管理有限公司	13917477107	三级

单位名称	电话	资质
上海温馨港湾物业管理有限公司	58573903	三级
上海文翠行物业管理有限公司		三级
上海文汇新民物业管理有限公司	52921234*636093	三级
上海文洁物业管理有限公司	63176823	三级
上海文怡物业管理有限公司	57159375	三级
上海沃和物业管理有限公司	52891306	三级
上海吴电物业发展有限公司	64500150-4896	三级
上海吴淞住宅建设开发有限公司宝淞物业分公司	66594680	三级
上海武兴物业发展公司	62181250	三级
上海五爱物业管理有限公司	62859663	三级
上海五钢物业有限公司	56842050	三级
上海五高物业管理有限公司	58682772	三级
上海五月天物业管理有限公司	52855559	三级
上海物贸大厦物业管理有限公司	62578058	三级
上海西房物业管理有限公司	021-67820764-802	三级
上海西郊北干山物业管理有限公司	69756028	三级
上海西郊庄园物业管理有限公司	52260878	三级
上海西乐物业管理有限公司	67150890	三级
上海西派埃实业有限责任公司	64364706	三级
上海霞悦物业管理有限公司	13381625397	三级
上海夏都物业有限公司	62622020	三级
上海夏卫物业管理有限公司	57622603	三级
上海夏阳物业管理有限公司	59781770	三级
上海夏州花园物业管理有限公司	57631361	三级
上海仙玛泰物业管理有限公司	13717507540	三级
上海现代时尚商业管理有限公司	58755274	三级
上海现代通信电器交易市场大厦有限公司	58993741	三级
上海香港广场物业管理有限公司	63863500	三级
上海香梅物业管理有限公司	50590358	三级
上海湘汇物业管理有限公司	62781567-2002	三级
上海湘鑫实业有限公司	56827718	三级
上海翔房物业管理有限公司	59121663	三级
上海翔和物业发展有限公司	57630567	三级
上海翔实物业管理有限公司	13916890769、62253137	三级
上海翔巍物业管理有限公司	13817176877	三级
上海祥昌物业管理有限公司	63139924	三级
上海祥和物业管理有限公司	0	三级
上海祥茂物业管理有限公司	64920262	三级
上海向民物业管理有限公司	55915680	三级
上海小草物业管理有限公司	50315660	三级
上海小蒸房地产开发有限公司	59250819	三级
上海肖房物业管理有限公司	57434303	三级
上海协泰物业管理有限公司	62750710	三级
上海协众物业管理有限公司	56710955	三级
上海斜土物业有限公司	64170516	三级
上海谐扬物业管理有限公司	57690398	三级
上海欣晨物业管理有限公司	65891278	三级
上海欣纪物业管理有限公司	57646109	三级
上海欣江物业管理有限公司	62104000	三级
上海欣捷物业管理有限公司	58513399	三级
上海欣玲物业管理有限公司	62715320	三级
上海欣桥物业管理有限公司	67642147	三级
上海欣荣房地产开发有限公司	54039110	三级
上海欣赛物业管理服务有限公司	54169849	三级
上海欣盛物业管理有限公司	65184110	三级

单位名称	电话	资质
上海欣天物业管理有限公司	13601965211 57652370	三级
上海欣兴劳动力资源服务有限公司	021-37740136	三级
上海欣页物业管理有限公司	32100182	三级
上海欣逸房地产发展有限公司	55393480	三级
上海欣悦物业管理有限公司	63138451	三级
上海欣周物业管理有限公司	58112663	三级
上海新宝山郁金香物业管理中心	26645463	三级
上海新北方物业管理有限公司	63035581-2105	三级
上海新曹杨集团物业管理有限公司	52810707	三级
上海新昌瑞安杨浦物业管理有限公司	6,511,681,163,906,170	三级
上海新昌物业服务有限公司	65070499	三级
上海新长宁集团建筑材料实业有限公司	62741317	三级
上海新长宁集团遵义物业有限公司	62420534	三级
上海新长征物业管理有限公司	52803242	三级
上海新城市不动产管理有限公司	64580208	三级
上海新城万嘉物业管理有限公司	021-69901411	三级
上海新城物业有限公司	62047791-13	三级
上海新创物业管理有限公司	64336688*101	三级
上海新大物业管理有限公司	64829390	三级
上海新大洲物业管理有限公司	59796305	三级
上海新纺物业经营管理有限公司	62996346	三级
上海新丰立业物业管理有限公司	63277609	三级
上海新富物业发展有限公司	64153381	三级
上海新钢物业管理有限公司	65624675	三级
上海新高房地产有限公司	68671362	三级
上海新古北物业管理有限公司	32304874	三级
上海新果物业管理有限公司	65446743	三级
上海新海物业管理有限公司	65608073	三级
上海新吉物业管理有限公司	67635072	三级
上海新家园物业管理有限公司	62085152	三级
上海新凯物业管理公司	52181923	三级
上海新联纺物业管理发展有限公司	62408521	三级
上海新梅双塔物业管理有限公司	51341061	三级
上海新梅物业管理有限公司	66310116	三级
上海新明星物业管理有限公司	64214219	三级
上海新南开物业管理有限公司	63774041	三级
上海新鹏物业管理有限公司	58737004	三级
上海新七浦服装市场有限公司	63571060	三级
上海新桥物业管理有限公司	57643381	三级
上海新轻物业管理有限责任公司	64318863 — 318	三级
上海新茸惠民物业有限公司	57750111	三级
上海新申汇物业管理有限公司	64336036	三级
上海新师物业管理合作公司	65283519	三级
上海新时代物业管理有限公司	62464410	三级
上海新世界休闲娱乐有限公司	63525541	三级
上海新太阳物业管理有限公司	021-63748888	三级
上海新塘桥生活广场物业管理有限公司	50948191	三级
上海新腾飞物业管理有限公司	65529545	三级
上海新旺物业发展有限公司	64380837	三级
上海新厦建设发展有限公司	63585721	三级
上海新夏都物业有限公司	62622020	三级
上海新巷物业发展有限公司	57371558	三级
上海新星实业总公司物业管理公司	56752813	三级
上海新秀物业管理有限公司	13917370953	三级
上海新亚集团房地产经营公司	63214309	三级

单位名称	电话	资质
上海新亚集团房地产经营开发公司物业管理分公司	63241702	三级
上海新亚丽景大厦有限公司	63320160	三级
上海新阳物业发展有限公司	57241292	三级
上海新谊纺织有限公司	63028573	三级
上海新园物业有限责任公司	68482637	三级
上海新源房地产开发有限公司	56613210	三级
上海新源广场物业管理有限公司		三级
上海新闸物业管理有限责任公司	56311255	三级
上海新展物业管理有限公司	57419933	三级
上海新张江物业管理有限公司	68795879	三级
上海新竹物业管理有限公司	56926758	三级
上海新泾物业发展有限公司	57317308	三级
上海新虬江电子市场经营管理有限公司物业分公司	63075060*802	三级
上海心意物业管理部	56683051	三级
上海心怡物业管理有限公司	64781636	三级
上海信大物业有限公司	62960230	三级
上海信居物业管理有限公司	68391257	三级
上海信宁物业管理有限公司	62884861	三级
上海信泰酒店经营管理有限公司	58855858×22	三级
上海信息大厦物业管理有限公司	68542251	三级
上海信欣房地产开发有限公司物业管理分公司	69615656	三级
上海信谊物业经营管理有限公司	63572104 手机：138017	三级
上海信缘物业管理有限公司	27212018	三级
上海星际物业管理有限公司	50327300 50303958	三级
上海星久物业管理有限公司	64704501	三级
上海星乐物业管理有限公司	57106520	三级
上海星灵物业管理有限公司	58891206	三级
上海星隆房产物业公司	54955668	三级
上海星泰物业管理有限公司	63572258	三级
上海星育物业管理有限公司	65507734	三级
上海星远物业有限公司	64704501	三级
上海星悦物业管理有限公司	57855588-216	三级
上海兴昌物业管理有限公司	56148746	三级
上海兴东物业有限公司	58982771	三级
上海兴高物业发展有限公司	58676531	三级
上海兴虹物业管理有限公司	65921625	三级
上海兴华物业管理有限公司	64737505	三级
上海兴路物业服务中心	66532123	三级
上海兴茂物业管理有限公司	65125380	三级
上海兴南房地产发展有限公司物业管理公司	64167009	三级
上海兴盛物业有限公司	64148880	三级
上海兴塔物业管理有限公司	57361642	三级
上海兴天物业管理有限公司	021-62943882	三级
上海兴现房地产有限公司	64731888*353	三级
上海兴杨物业管理经营有限公司	65452417	三级
上海兴耀物业管理有限公司	62188035	三级
上海兴业房产物业管理有限公司	63679463	三级
上海兴宇物业管理有限公司	65485268	三级
上海兴苑物业管理有限公司	64921246	三级
上海兴兆物业公司	56446771	三级
上海兴祝物业管理有限公司	58109573	三级
上海兴晖物业管理有限公司	50790525	三级
上海雄华置业有限公司		三级
上海秀民物业管理有限公司	68138922	三级
上海徐房房屋维急修中心	64474807	三级

单位名称	电话	资质
上海徐虎东部物业管理有限公司	65162658；65171410	三级
上海旭鼎实业有限公司	57941567--2547	三级
上海旭华物业管理有限公司	56633950	三级
上海轩乾物业管理有限公司	13386083578	三级
上海轩宇物业管理有限公司	61393618	三级
上海旬阳物业管理有限公司	62044356	三级
上海迅梅物业管理有限公司	64559473	三级
上海雅诚物业管理有限公司	57970198	三级
上海雅锦酒店管理有限公司	13501821792	三级
上海雅斯酒店物业管理有限公司	52288818	三级
上海雅苑物业管理有限公司	59321253	三级
上海亚都物业管理有限公司	54249153	三级
上海亚房物业管理有限公司	36120177*83	三级
上海亚海物业管理有限公司	52700171	三级
上海亚平宁物业管理有限公司	28130091	三级
上海亚太盛汇休闲购物有限公司	021-68542190	三级
上海亚正物业管理有限公司	62300672	三级
上海延宏房地产经营有限公司	62992635	三级
上海延江物业管理有限公司	62523664	三级
上海延平物业管理有限公司	62710343	三级
上海延中物业管理有限公司	021-62473411	三级
上海燕山物业管理有限公司	62777047	三级
上海彦超物业管理有限公司	13611671571	三级
上海杨高物业管理有限公司	50860437	三级
上海杨浦海阳卫生管理服务有限公司	53085505	三级
上海杨浦区市政建设物业有限公司	65183604	三级
上海杨行物业管理有限公司	36020304	三级
上海阳光工联物业管理有限公司	54936148	三级
上海阳广物业管理有限公司	65919506	三级
上海遥瞻物业管理有限公司	54792934	三级
上海药谷商务管理有限公司	58952471、13916966901	三级
上海耀港物业管理有限公司	63298585	三级
上海耀江物业管理有限公司	13671512002	三级
上海耀庆物业管理有限公司	64672091	三级
上海椰岛人居物业管理有限公司	2128682648	三级
上海椰卫物业管理有限公司	57943100*411	三级
上海野桥物业管理有限公司	56471690	三级
上海冶金物业管理有限公司	63749485	三级
上海业成物业管理有限公司	54484680	三级
上海业清物业管理有限公司	021 — 69726029	三级
上海叶城物业管理有限公司	59162729	三级
上海叶通物业管理有限公司	65205764	三级
上海一百第一太平物业管理有限公司	63610596	三级
上海一百东浩物业管理有限公司	68759564	三级
上海一方物业管理有限公司	0	三级
上海一商物业管理有限公司	64039172	三级
上海一叶物业管理有限公司	51110980	三级
上海医大物业管理有限公司	54237126	三级
上海伊露房地产开发有限公司	59761688-8019	三级
上海颐高物业管理有限公司	55661095	三级
上海颐人物业管理有限公司	50458626	三级
上海宜嘉物业管理有限公司	61044800	三级
上海宜凝物业管理有限公司	58424459	三级
上海易达物业管理有限公司	54476417	三级
上海易住物业管理有限公司	2168250166	三级

单位名称	电话	资质
上海意佳物业管理有限公司	65057276	三级
上海忆健物业管理有限公司	64053678	三级
上海益广物业管理有限公司	65084324	三级
上海益海物业管理有限公司	65181885	三级
上海益华物业有限公司	56778699	三级
上海益家物业管理有限公司	64805086	三级
上海益康物业管理有限公司	56338794	三级
上海益镇物业管理有限公司	66240615	三级
上海益中亘泰物业管理有限公司	021-63090963-806	三级
上海益众物业有限公司	65700301	三级
上海益鑫商务有限公司	65312831	三级
上海溢盈物业管理有限公司	13816682492	三级
上海谊都物业管理有限公司	51513600	三级
上海谊威物业管理有限公司	62290164*22	三级
上海谊友物业管理有限公司	62097102	三级
上海谊众物业管理有限公司	65221471	三级
上海殷润物业管理有限公司	67246098	三级
上海殷行物业管理有限公司	65325977	三级
上海银安物业管理有限公司	51330603	三级
上海银程物业管理有限公司	65430775	三级
上海银大物业管理有限公司	021-58495053	三级
上海银顶峰物业管理有限公司	58377192	三级
上海银都物业管理有限公司	65606135	三级
上海银格物业管理有限公司	69125978	三级
上海银海物业管理有限公司	58215821-60101	三级
上海银浩物业管理有限公司	64836993	三级
上海银晋物业管理有限公司	65757196	三级
上海银凯商业房产经营有限公司	69124649	三级
上海银利物业管理有限公司	63370356	三级
上海银良物业有限公司	68452719	三级
上海银茂物业管理有限公司	65147737*8028	三级
上海银涛高尔夫有限公司	69762222	三级
上海银协物业管理有限公司	62477193	三级
上海银彦物业管理有限公司	55052728	三级
上海银垅鑫实业有限公司	52308200	三级
上海英达方张江物业有限公司	50506488×107	三级
上海英利物业管理有限公司	27302395	三级
上海英伦物业服务有限公司	51291700	三级
上海英美景记皇宫康乐总汇有限公司	53063748	三级
上海樱之杰物业管理有限公司	50653289	三级
上海樱子物业发展有限公司	63742378	三级
上海鹰征物业发展有限公司	56530252	三级
上海应是综合服务部	53968188	三级
上海营巢物业管理有限公司	67108060	三级
上海盈多利物业管理有限公司	62481025	三级
上海盈嘉物业管理有限公司	64583583	三级
上海永和房地产有限责任公司	54262308	三级
上海永恒物业管理有限公司	58670192	三级
上海永基物业有限公司	63360446	三级
上海永嘉置业管理有限公司	53069289	三级
上海永佳物业管理有限责任公司	57426286-102	三级
上海永开置业有限公司	57813362	三级
上海永理置业管理有限公司	64665598	三级
上海永立房屋设备有限公司	54110279	三级
上海永联物业管理有限公司	62700369	三级

单位名称	电话	资质
上海永灵物业管理部	56372259	三级
上海永民置业管理有限公司	63260842	三级
上海永瑞实业发展有限公司	64312284	三级
上海永升物业管理有限公司	32500022	三级
上海永通物业管理有限公司	021-63042784	三级
上海永祥物业管理有限公司	62961021	三级
上海永协物业管理有限公司	53078090	三级
上海永琰实业有限公司	22019029；13901980000	三级
上海永铮物业管理有限公司	54147320	三级
上海勇博物业管理有限公司	54071777	三级
上海优帕克投资管理有限公司	38870905*110	三级
上海优斯物业管理有限公司	69502318	三级
上海优塘物业管理有限公司	50829390	三级
上海优为华房地产开发有限公司	22010666-8254	三级
上海优孚酒店管理有限公司	57798268	三级
上海优皓物业管理有限公司	13301658282	三级
上海由由国际广场有限公司	50393388	三级
上海邮通物业管理有限公司	64751915	三级
上海友浦房地产开发有限公司	63192011	三级
上海友全物业管理有限公司	68507425	三级
上海友祥物业公司	55211839	三级
上海禹罡环保科技发展有限公司	65886177 或 13386293056*8025	三级
上海宇政物业管理有限公司	64223846	三级
上海玉顺物业管理有限公司	65442230	三级
上海玉星物业管理有限公司	50389996	三级
上海玉宇房地产开发有限公司	69391096	三级
上海御庭房产管理有限公司	52413111	三级
上海育盛物业管理有限公司	63509402	三级
上海誉德物业服务有限公司	60958109	三级
上海裕安大厦管理有限公司	58201531	三级
上海裕都物业管理有限公司	64811115	三级
上海裕强物业管理有限公司	56338649	三级
上海豫园物业管理有限公司	63281132	三级
上海元芳物业管理有限公司	63527406	三级
上海元福物业管理有限责任公司	64868221	三级
上海元嘉物业管理有限公司	52393019	三级
上海元骏物业管理有限公司	65535436	三级
上海元立房地产发展有限公司	69830888	三级
上海元隆物业管理有限公司	62726722	三级
上海原申物业管理有限公司	64426500	三级
上海圆外物业管理有限公司	37727070	三级
上海源合物业管理有限公司	63696535	三级
上海源华物业管理有限公司	54715852	三级
上海源亿房地产物业经营管理有限公司		三级
上海源恺物业管理有限公司	52795220	三级
上海远帆物业管理有限公司	13817359728	三级
上海远虹实业有限公司	65352188	三级
上海远力物业管理公司	68550486	三级
上海远鹏物业管理有限公司	65208877	三级
上海远兴物业管理有限公司	021-58401333	三级
上海苑联物业管理有限责任公司	54776857	三级
上海苑诺物业管理有限公司	59840579	三级
上海苑盛物业管理有限公司	62540705	三级
上海跃进物业管理有限公司	62470502	三级
上海悦港物业管理有限公司	54253453	三级

单位名称	电话	资质
上海悦和物业管理有限公司	61229008*7041	三级
上海耘成物业管理有限公司	64589258	三级
上海云嘉物业管理有限公司	58819028	三级
上海云居物业管理有限公司	57330368	三级
上海云厦物业管理有限公司	63576879	三级
上海云轩物业管理有限公司	57689527	三级
上海云中物业管理有限公司	65164976	三级
上海运达物业管理有限公司	62984871-808	三级
上海运事吉物业管理有限公司	63452098	三级
上海运泰物业管理有限公司	62686562	三级
上海赞丰房地产开发有限公司	61117919	三级
上海增泽商务娱乐有限公司	62808675	三级
上海闸电物业管理有限公司	65057001-2351	三级
上海闸林物业管理有限公司	13501609257	三级
上海闸银房产物业管理有限责任公司	56408340	三级
上海展大物业管理有限公司	65913422	三级
上海展新物业有限公司	62946026	三级
上海展讯物业管理有限公司	58968775-117	三级
上海彰祥物业管理有限公司	56531146	三级
上海张江物业设施管理有限公司	50275068*162	三级
上海张堰物业发展有限公司	57213183	三级
上海张宅物业有限公司	62675690	三级
上海掌心物业管理有限公司	59857480	三级
上海赵巷物业管理有限公司	69750328	三级
上海兆安物业管理有限公司	63547382，63535988 转	三级
上海兆丰多媒体生活广场发展有限公司	62408041	三级
上海兆丰物业管理有限公司	62523381	三级
上海浙霸物业管理有限公司	51356188	三级
上海真中物业管理有限公司	62607498	三级
上海震业物业管理有限公司	13701683031	三级
上海振群物业有限公司	58379042	三级
上海振翔物业管理有限公司	65928795	三级
上海振新物业管理公司	65375551	三级
上海振鹊物业管理有限公司	68121131	三级
上海正福物业管理有限公司	68126261	三级
上海正南住宅建设有限公司	56629128	三级
上海正阳圣维仕物业管理有限公司	68120226	三级
上海芝巷物业管理有限公司	52802368	三级
上海志力物业管理有限公司	69196882	三级
上海志望物业管理有限公司	021-54435885	三级
上海至信物业管理有限公司	54991400	三级
上海置沪物业管理有限公司	66786230	三级
上海智春物业管理有限公司	67961100	三级
上海智强物业管理有限公司	65841646	三级
上海智旺物业管理有限公司	58865698	三级
上海中波物业管理有限公司	64711515	三级
上海中诚物业有限公司	62409828	三级
上海中创大厦物业管理有限公司	62150808	三级
上海中达广场物业管理有限公司	68769934	三级
上海中凡置业有限公司	64311183	三级
上海中房恒谊物业管理有限公司	13801989111	三级
上海中纺物业管理有限公司	59724100	三级
上海中福酒店公寓经营管理有限公司	53594908	三级
上海中福物业管理有限公司	64681688-2004	三级
上海中汇物业管理有限公司	58023444	三级

单位名称	电话	资质
上海中货航物业有限公司	62689252-809.810	三级
上海中洁物业管理有限公司	57270919	三级
上海中科物业管理有限公司	64374023	三级
上海中丽物业管理有限公司	62496233	三级
上海中龙物业管理有限公司	54934395	三级
上海中麦物业管理有限公司	64372942	三级
上海中南行物业管理有限公司	62834644	三级
上海中乾物业管理有限公司	13818908359	三级
上海中青酒店物业管理有限公司	64877285	三级
上海中区物业管理有限公司	63595557	三级
上海中融物业管理有限公司	38834888	三级
上海中山万博物业管理有限公司	021-52723031	三级
上海中申实业有限公司	58691930	三级
上海中盛物业管理有限公司	52413803	三级
上海中丝房地产有限公司	63749020	三级
上海中隧物业管理有限公司	62509950	三级
上海中体奥林匹克花园物业管理有限公司	021 — 67637987	三级
上海中星（集团）良城物业有限公司	65323403	三级
上海中星集团梧城实业有限公司	56482195	三级
上海中业物业管理有限公司	62409255	三级
上海中移物业管理有限公司	66521399	三级
上海中宜物业有限公司	64380560	三级
上海中鹰物业管理有限公司	52388258	三级
上海中油物业管理有限公司	64645024-118	三级
上海中振房产物业管理公司	63305777	三级
上海中祺物业管理有限公司	54810734	三级
上海中鑫物业管理有限公司	62306809	三级
上海仲盛物业有限公司	68784350	三级
上海众达物业有限公司	59579481	三级
上海众家物业有限公司	64172241	三级
上海众厦物业管理有限公司	13801798941	三级
上海众祥物业有限公司	62443582	三级
上海众晓企业服务有限公司	67737002	三级
上海众众实业发展有限公司	64130296	三级
上海舟基物业管理有限公司	53858929	三级
上海洲际房地产发展有限公司	62268888*33	三级
上海洲建物业服务有限公司	58120855。13127580077	三级
上海朱行物业发展有限公司	57270973	三级
上海住安物业管理有限公司	65162389	三级
上海住友物业有限公司	62818891	三级
上海专诚物业管理有限公司	13311658308	三级
上海卓康物业管理有限公司	59569000	三级
上海卓置物业管理有限公司	13856454138	三级
上海紫和物业管理有限公司	62339980	三级
上海紫华物业管理合作公司	63278944	三级
上海紫嘉物业管理有限公司	62715430	三级
上海紫金物业管理有限公司	67629086	三级
上海紫泰物业管理有限公司	62622386	三级
上海紫缘物业管理有限公司	64733020*86	三级
上海棕榈湾物业管理有限公司	67960826	三级
上海纵骋物业管理有限公司	69222592	三级
上海祖海物业管理有限公司	13801798021	三级
上海依佳物业有限公司	50758083	三级
上海佘山国家旅游度假区物业管理有限公司	13501729511	三级
上海馨蔷物业管理有限公司	68557994	三级

单位名称	电话	资质
上海荟萃物业管理有限公司	57469879	三级
上海莘城物业管理有限公司	54152815	三级
上海莘纪苑物业管理有限公司	64981404	三级
上海莘森物业管理有限公司	54159270	三级
上海莘松物业公司	64534979	三级
上海莘闵物业发展有限公司	64129769	三级
上海菁泓实业有限公司	13916584018	三级
上海嵩鑫园物业管理有限公司	33703207；33703217	三级
上海怡德物业经营管理有限公司	68588866	三级
上海怡丰文化商娱中心有限公司	64731163	三级
上海怡居物业管理有限公司	52728801	三级
上海怡林物业管理有限公司	58396887；68641090	三级
上海怡美物业管理有限公司	68533336	三级
上海怡南置业管理有限公司	64841206	三级
上海怡朋物业管理有限公司	54036363	三级
上海闵富物业管理有限公司	64885198*811	三级
上海闵行陈行物业管理有限公司	64293140	三级
上海闵行淮海商厦有限公司	64589654	三级
上海泗房物业发展有限公司	57612407	三级
上海泖港物业管理有限公司	57864886；13916345657	三级
上海泓山物业管理有限公司	63815100	三级
上海泓倩房地产开发有限公司	59186996	三级
上海泾阳物业管理有限公司	52692001	三级
上海泾竹物业管理有限公司	69917204	三级
上海淞滨物业有限公司	56679874	三级
上海淞园物业管理有限公司	63157099	三级
上海漕河泾开发区新经济园发展有限公司		三级
上海漕住物业管理有限公司	67251001	三级
上海漕泾物业发展有限公司	57251102	三级
上海澍骏物业管理有限公司	68185021	三级
上海瀛发午夜管理有限公司	69693297	三级
上海瀛通物业管理有限公司	69616451	三级
上海灏泓物业管理有限公司	58593588；13162962333	三级
上海宸都物业管理有限公司	13601855508	三级
上海宸瑞物业管理有限公司	13817655116	三级
上海宸宇物业管理发展有限公司	59906032	三级
上海琪辉物业管理有限公司	58908660	三级
上海璞鸿物业管理有限公司	65554925	三级
上海璞金物业管理有限公司	56118124	三级
上海璞邸精品酒店管理有限公司	63272702	三级
上海楠林企业管理有限公司	52662877	三级
上海昊盾物业管理有限公司	64594764	三级
上海昊铺物业管理有限公司	63784232	三级
上海昕隆物业管理有限公司	54425012	三级
上海昕茹物业有限公司	58324525	三级
上海昶城物业管理有限公司	57120980	三级
上海昶洋物业管理有限公司	63045457	三级
上海晟隆商务管理有限公司	65460143	三级
上海晟隆物业管理有限公司	65729803	三级
上海晟新实业有限公司	62178855	三级
上海晖高物业管理有限公司	58673972；50401025	三级
上海炜欣物业管理有限公司	62669996	三级
上海铵铭物业管理有限公司	13321838136	三级
上海笙杨物业管理有限公司	54650273	三级
上海鑫宝物业管理有限公司	56127799	三级

单位名称	电话	资质
上海鑫昌物业管理有限公司	65447391*17	三级
上海鑫枫物业管理有限公司	13311669851	三级
上海鑫峰物业管理有限公司	62423221；13816005913	三级
上海鑫坤物业管理有限公司	65922705	三级
上海鑫立物业管理有限公司	64795496	三级
上海鑫隆物业管理有限公司	68754771	三级
上海鑫荣房地产综合开发有限公司	68455050	三级
上海鑫盛物业有限公司	62573747	三级
上海鑫通实业有限公司	58010182	三级
上海鑫通物业管理有限公司	58010182	三级
上海鑫欣物业管理有限公司	57673110	三级
上海鑫苑实业发展有限公司	68760648	三级
上海鑫中物业管理有限公司	62321105	三级
尚明居物业管理（上海）有限公司	51758626	三级
苏州嘉实物业管理有限公司上海分公司	69589518-207	三级
苏州荣盛物业管理有限公司上海分公司	13916179780	三级
索迪斯（上海）管理服务有限公司	62096008-256	三级
万丽酒店物业管理（上海）有限公司	62785150-103	三级
威格斯物业顾问（上海）有限公司	61469288	三级
伟恒通（上海）有限公司	64400233	三级
厦门恒佳鑫物业管理有限公司	66148103	三级
显高物业服务（上海）有限公司	62182668	三级
现代智能物业管理（上海）有限公司	61235887	三级
新长宁集团建筑装饰实业有限公司		三级
新大陆发展（上海）有限公司	58365805	三级
新计实业有限公司		三级
新中南方物业管理（上海）有限公司	38824500-9812	三级
依摩比利亚投资管理（上海）有限公司	64150799	三级
伊顿物业管理（上海）有限公司	58826508	三级
逸佳实业发展有限公司	62178957	三级
盈标置业（上海）有限公司	58540721	三级
兆丰国际（上海）有限公司	63611688	三级
浙江久华物业管理有限公司上海分公司	67820316	三级
正大置地有限公司	63352797-8138	三级
正格物业管理（上海）有限公司	56985414	三级
中保大厦有限公司	58787819-1106	三级
中银万泰物业管理（上海）有限公司	62279035	三级
怡禾行物业服务（上海）有限公司	13817993267	三级

第二十四章 部分房屋拆迁企业名录

单位名称	办公地址	法人代表	联系电话
上海浦东房地产集团房屋动拆迁有限公司	南泉路 1327 号	叶国良	58730824
上海千众房屋动拆迁有限公司	浦东川沙镇益民路 20 号	高惠明	58981548
上海金宇房屋拆迁有限公司	合庆环庆中路 57 弄 35 号	孔令梁	51358288
上海浦东城厢房屋拆迁有限公司	浦东栖山路 129 号 3 楼	马永江	58215779
上海诚信房屋拆迁有限公司	浦东川沙镇益民路 20 号	张国权	58926634
上海外联发城市建设服务有限公司	秋霞路 321 号	陈衡	58627094
上海陆家嘴动拆迁有限责任公司	东宁路 360 号	杨传才	58878888
上海浦东新区城市建设动拆迁有限公司	高科西路 1663 号	王文喜	50895040
上海齐力动拆迁实业有限公司	董家渡路 115 号	陈建鸣	63081596
上海市南房屋动拆迁有限公司	河南南路 737 号 3 楼	陆纪刚	33051769
上海锦南房屋动拆迁有限公司	大林路 8 号	章煜荣	63454612
上海南外滩集团房产前期开发有限公司	油车码头街 1218 号北三楼	郛超弟	33761443
上海黄浦房地产前期开发有限公司	复兴东路 858 号	陈杏园	63674303
上海新贸动拆迁有限公司	新闸路 200 号 213 室	张行浩	63597525
上海新鑫动拆迁有限公司	河南中路 658 号	庄立新	63217378
上海新都市动拆迁有限公司	瞿溪路 510 号 218 室	孟胜利	63185375
上海安佳房地产动拆迁有限公司	重庆南路 254 号	沈伊行	64150869
上海中城房产动拆迁公司	复兴中路 529 号 3 楼	梁国华	64730820
上海卢湾区房屋动拆迁有限公司	重庆南路 185 号 12 室	姜荣兴	63283991
上海东坛动拆迁有限公司	马当路 357 弄 1 号裙房 3 楼	王西门	63264008
上海五心房地产动迁有限公司	复兴中路 369 号 15 楼	袁德炯	63261232
上海汇成动拆迁有限公司	零陵路 342 号南楼	邹子英	64439954
上海光启动拆迁安置有限公司	宛平南路 1528 号一 8	李忠辉	64578330
上海徐房住宅安置有限公司	肇嘉浜路 269 弄 1 号 103 室	丁曙	64431625
上海中誉市政开发有限公司	中山南二路 295 号	徐建国	64044151
上海安兴动拆迁有限公司	康定路 285 号	费树林	52130206
上海创家房屋拆迁有限公司	胶州路 149 弄 4 号	周钢	62532120
上海静安市政建设动拆迁有限公司	万航渡路 483 号 202 室	姚方敏	62497908
上海静安地产集团房屋拆迁有限公司	延安中路 300 号	戎忠义	62171815
上海新长宁集团拆迁置业有限公司	虹桥路 996 弄 67 号	王秀英	32099502
上海新泾房屋动拆迁有限公司	协和路 185 号	王桂忠	62395777
上海中山动拆迁有限公司	紫云路 409 号	黄志源	52720104
上海宝房拆迁有限公司	海滨二村 66 号 201 室	郑弘	56585966
上海宝建集团宝山市政建设有限公司	淞滨支路 140 号	孙玮	56840021
上海市宝山区建设用地事务所	牡丹江路 1398 号 B308 室	吴其兵	56118837
上海西部企业（集团）动拆迁置业有限公司	常德路 1168 号 4 楼	陆汉晋	62769140
上海中盛房屋动迁有限责任公司	大渡河路 1970 号	丰云龙	52800414
上海振沪房屋拆迁有限公司	沪太路 110 号 4 楼	钟文虎	56972585
上海申兴房屋拆迁有限公司	中兴路 401 弄 2 号 201 室	何国桢	56701840
上海闸北动拆迁实业有限公司	乌镇路 80 号 3 号楼	陈陈	63819278
上海凯成动拆迁有限公司	共和新路 820 号	张冬平	56983300
上海新虹动拆迁有限公司	天宝路 9 号	钱元凤	65796919
上海中虹（集团）动拆迁实业有限公司	玉田路 222 号 3 楼	陈重五	65554596
上海虹口动拆迁实业有限公司	物华路 58 号 7 楼	李鹏	65376600
上海中房拆迁有限公司	溧阳路 651 号	许培林	63078665
上海百群拆迁服务有限公司	宁国路 129 号 7 楼	杨勇甫	55809278
上海杨房拆迁综合服务有限公司	内江二村 9 号	薛小弟	65673153
上海桥盛拆迁有限公司	宁国路 129 号 601 室	倪丽娟	65722268
上海鑫马城市建设服务有限公司	宁国路 26 号底楼	郑金梁	65204331
上海闵行闵一房屋拆迁有限公司	闵行区航中路 367 号	张福霖	52274259

单位名称	办公地址	法人代表	联系电话
上海闵行闵二房屋拆迁有限公司	闵行区浦江镇陈行公路3155号	张海德	54338392
上海闵行闵三房屋拆迁有限公司	闵行区莲花南路955号	谈国庆	54998979
上海梁德房屋拆迁服务有限公司	浦东栖山路465弄16号604室	杨根伯	68559807
上海两港房屋拆迁有限公司	惠南镇拱极路2375号	叶彬	58005140
上海周康拆迁有限公司	康桥镇沪南公路2502号	夏多	58121887
上海奉安拆迁置业有限公司	南桥镇环城东路2096号	薛世才	67117463
上海奉浦房屋动迁有限公司	南桥镇沪杭公路1699号	钟洪葵	67105025
上海市金山区建设用地事务所	朱泾镇人民路310号	陈瑜英	57317578
上海金山房屋拆迁有限公司	仓桥街101弄10号	李文龙	57320075
上海力卫房屋拆迁有限公司	石化松卫南路龙源路1888号	姜国良	57281752
上海市松江区建设用地事务所	松江区中山中路38号	刘建东	37736219
上海松江茸城拆迁有限公司	松江区荣乐中路73号	孙一平	57712200
上海青浦新城区房屋拆迁置换有限公司	青浦外青松公路5754号	谢顺林	59732322
上海青浦工业园区房屋动拆迁有限公司	青浦工业园区崧泽大道9388号	蒋卫新	69213122
上海市青浦区建设用地事务所	青浦县青安路25号	沈建平	59208327
上海市房产经济学会咨询服务部	四川中路126弄24号	赵才娣	63291339
上海嘉储拆迁服务有限公司	仓场路349号	赵伟刚	59989257
上海好锦房屋拆迁有限公司	城桥镇育麟桥路371号	杨彪	69620843
上海博建房屋拆迁有限公司	城桥镇新东门路435号3楼	陈向东	69612980
上海荣基动拆迁有限公司	欧阳路677弄1号103室	刘平	65077974

第二十五章 部分房地产中介机构名录

机构名称	机构地址	机构法人	交易套数	交易面积（m2）
上海中原物业代理有限公司	长宁区延安西路 889 号 23F	陆成	499	53813.72
上海力江房地产经纪有限公司	潍坊路 131 弄 1 号西南底层	季殿宝	263	18572
上海中原物业顾问有限公司	延安西路 889 号 23F	陆成	242	22912.46
上海地田房产经纪有限公司	淮海东路 99 号 1701、1715B、1716 室	王国富	156	16843.62
上海立超房屋经纪有限公司	广东路 689 号 1703 室	周文娟	155	16016.47
上海智恒加诚房地产经纪有限公司	平江路 139 号 9 楼	黄建明	155	11431.49
上海禄烨房地产咨询有限公司	嘉定区嘉定镇塔城路 470 弄 23 号 -2	吴奇奇	148	12381.67
上海住商房地产经纪有限公司	零陵路 899 号 20F 室		122	12801.04
上海远见房地产经纪有限公司	华山路 1682 号	洪文颜	99	10700.66
上海新澳投资咨询有限公司	浦东新区张杨路 3078 号	姚柯敏	94	5582.78
上海先原房地产经纪有限公司	武夷路 311 弄 15 号	常文道	93	9740.1
上海晟佑房地产经纪事务所	梅川路 1518 号 601 室	陆毅林	93	10151.72
上海斯菲科房屋置换有限公司	制造局路 523 号底层	蔡静明	71	4281.21
上海鼎铭房地产经纪有限公司	上海市打浦路 8 号 110 室	张志远	70	7450.8
上海百扬房地产经纪有限公司	新村路 328 号	郑瑾	64	3170.92
上海金哲房地产经纪有限公司	嘉定区福海路 258-3 号	金国友	63	5201.38
上海炬通房地产经纪事务所	嘉定区安亭镇昌吉路 256 号	陆康群	63	5106.23
上海全程房地产经纪有限公司	嘉定区博乐路 236 号	李秋贵	61	5679.87
上海德佑房地产经纪有限公司	新闸路 888 弄 39 号 202	邵非	59	6684.1
上海易成房地产经纪有限公司	清峪路 549 号	孙禧安	59	3122.71
上海世安房地产经纪事务所	嘉定区安亭镇墨玉路 168 号	吴维定	59	4751.56
上海琦伟房地产经纪有限公司	嘉定区新成街道仓场路 2895 号	沈磊	56	4685.28
上海轩诚房产经纪有限公司	长宁路 1792 号 2F	金国祖	52	5479.16
上海晟曜行房地产咨询有限公司	浦东大道 1089 号启泰搁 23F	曹阳	49	5548.53
上海合富置业顾问有限公司	金陵东路 2 号 13 楼	黄建邦	46	4573.09
美联物业顾问（上海）有限公司	广东路 689 号 701 单元	郭应龙	45	5005.06
上海仁丰房地产经纪有限公司	古北路 308 号	蔡隆丰	45	3621.41
上海天竹居房地产经纪事务所	曹杨路 2267 号	徐旭炯	45	4536.75
上海汇方房地产经纪有限公司	广中路广中一村 42 号 103-104 室	吴建中	44	2330.16
上海鑫玛房产经纪有限公司	延长西路 350 号底层西 1 室	林崎	43	2656.85
上海南宏房地产服务有限公司	松江区中山中路 494 号	候建华	42	3576.29
上海 ?F 明房地产经纪事务所	凉城路 251 号底层	徐理富	40	3042.05
上海超超房地产经纪事务所	武定路 595 号 1 号楼 206 室	王明超	39	3842.02
上海世丰房地产发展有限公司	赤峰路 511 号	邵振国	39	2148.73
上海超人房产经纪有限公司	梅川路 109 号底层 2 室	陈珊鸣	39	2412.12
上海德峰房地产经纪事务所	友谊路 145 号	费红妹	38	1910.83
上海紫云房地产经纪事务所	青浦三元路 2 号	张仁芳	36	2608.5
上海诚益房地产经纪有限公司	上海市卢湾区瑞金南路 1 号海兴广场 16 楼 C 座	王勇平	35	4409.36
上海志阳房产经纪有限公司	嘉定工业区福海路 50 号	朱庆林	35	2885.75
上海洪峰房地产经纪有限公司	上中路 221 号	梁兰英	33	2048.71
上海双牛房地产置换有限公司	延长西路 159 号	姜秀云	33	1408.9
上海兴荣企业有限公司	中山南一路 1065 号 210 室	李爱玲	32	4294.3
上海家诚房地产经纪有限公司	徐家汇路 558 弄 1 号楼 11B	桑玫	31	4122.6
上海乐居房地产经纪有限公司	冠生园路 224 号	阳建生	31	2374.28
上海居雅房产置换有限公司	中山北路 2930 号二楼 19 席位	唐雅秋	31	1987.93
上海可信房地产经纪有限公司	浙江南路 58 号 709 室 D 座	张卫东	31	3104.49
上海安廷房地产经纪事务所	漕溪北路 749 号	季金虎	30	2196.17
上海易捷房地产经纪有限公司	中山西路 933 号 2901 室	徐立群	30	3669.06
上海精一房地产经纪有限公司	临平路 294 号丙室	柳涛	30	2935.89
上海歌丰房地产经纪事务所	密云路 471 弄 36 号 103 室	陈国民	28	1458.47

机构名称	机构地址	机构法人	交易套数	交易面积（m2）
上海广威房地产经纪有限公司	石泉路 95 号	吴国桢	28	1570.12
上海美墅房地产经纪有限公司	松江区三新北路 900 弄 856 号一层、地下一层	濮裕炜	28	4510.18
上海哈克房地产经纪有限公司	栖霞路 43 号	赵岳	28	2911.03
上海汇成房产置换有限公司	清真路 50 号	沈培云	26	1616.46
上海万创房地产咨询有限公司	浦东南路 1085 号 604 室	陈蓓蕾	25	1503.35
上海银居房地产经纪有限公司	康桥路 1100 号	郎伟民	25	1141.07
上海虹民房地产经纪有限公司	天山路 640 弄 1 号 106 室	姚建华	24	1401.03
上海房屋权证代理有限公司	北京西路 1828 号 402 室	姚建华	23	1590.05
上海世鑫房地产经纪有限公司	嘉定区博乐路 256 号	姜建新	23	2011.5
上海天地行房地产营销有限公司	汉口路 398 号 20 楼	王凌中	23	6280.04
上海特原房地产经纪有限公司	黄浦区陆家浜路 1295 号 806 室	花培顺	23	1212.55
上海聚光房地产经纪事务所	零陵路 663 号 104 室	沈伟平	22	1218.38
上海星旺房地产经纪有限公司	普陀区宜川路 408 弄 3 号东 1 室	周荣杨	22	1405.54
上海高陵房地产经纪事务所	铜川路 1999 号	闵霞	21	1515.06
上海蓝臣房地产经纪有限公司	白玉路 150 号 103 室	印明兰	21	1821.55
上海涌流房地产经纪事务所	松江区中山二路 30 号甲	吴婉华	21	1706.34
上海洪连房地产经纪合作公司	水电路 1013 弄 4 号	张一泓	21	1029.66
上海扬程房产咨询有限公司	徐汇区龙漕路 51 弄 1 号 102 室	张一岚	20	1320.12
上海贵国房地产经纪有限公司	周家嘴路 460 号 102 室	王莉萍	19	2116.91
上海劲升房屋咨询有限公司	欧阳路 331 号 105 室	杨慧贞	19	1108.42
上海三千石房地产经纪有限公司	上海长宁区水城南路 37 号 502 室	蔡建斌	19	3208.24
上海越真房地产经纪事务所	盘古路宝钢六村 91 号 101 室	周月珍	19	875.66
上海信义房屋中介咨询有限公司	静安区北京西路 669 号 5 楼	周王美文	19	2559.93
上海我爱我家房屋租赁置换有限公司	大木桥路 184-188 号	刘田	19	1137.82
上海双缘房地产经纪服务部	崇明北门路 155 号 1 室	陆志忠	19	1585.83
上海虹福房地产经纪有限公司	嘉定区温宿路 41 号 101 室	蒋福明	19	1305.68
上海标高房地产经纪有限公司	武定路 1155 号底店	袁世彪	18	2276.14
上海控江房地产经纪有限公司	周家嘴路 368 号	陈国雄	18	1021.4
上海粤辽房地产经纪事务所	共和新路 958 号 203A 室	杨威	18	1715.6
上海正品房地产咨询有限公司	柳州路 181 弄 7 号 701 室	丁大为	18	2012.12
上海明盟房地产经纪事务所	西康路 884 号	叶忠	18	1093.41
上海信丹房地产经纪有限公司	长宁路 398 号	刘训华	18	1305.13
上海松江觅巢房产经纪事务所	松江区谷阳北路 255 号	李珍秀	18	1408.11
上海神舟房地产咨询有限公司	定西路 1277 号 2708 室	李新平	18	1640.54
上海如日房地产经纪事务所	和田路 434 号 105 室	徐卫军	18	1134.25
上海金舍房地产经纪有限公司	凉城路 831 号底层	徐桔姣	18	934.06
上海东鹰房地产经纪有限公司	运光路 60 弄 2 号 102 室门面	袁鹰	17	1212.56
上海都灵房地产经纪有限公司	中山北路 2668 号 2109 室	陈利伟	17	1696.77
上海尚海房地产经纪有限公司	淮海中路 1556 号	樊诚俊	17	1750.75
上海成凯房地产咨询有限公司	蒙自路 393 号	张建明	16	704.46
上海建阳房地产经纪有限公司	上海闵行区畹町路 500 弄 116 号	袁建荣	16	1096.04
上海金溪房地产经纪有限公司	陕西南路 313 号	潘汉良	16	2098.05
上海天景房产经纪有限公司	长寿路 393 号 911 室	谷习宝	16	1339.68
上海之大房地产咨询有限公司	陆家嘴东路 161 号 2515 室	赵蔚	16	1791.16
上海以琳房地产经纪有限公司	闸北区大统路 943 号	张凌	16	1317.11
上海联安房地产经纪有限公司	潍坊西路 80 号	陈祥	16	2337.95
上海利光房地产经纪事务所	龙漕路 217 号	王利民	16	1484.52
上海宝山房屋置换有限公司	淞滨路 373 号	赵桂兴	15	843.51
上海枫林房地产经纪有限分司	斜土路 1628 号	司海涛	15	1135.51
上海仁家房地产咨询有限公司	临平路 88 号 16C 座	许长仁	15	1972.18
上海宜中房地产经纪有限公司	宜山路 619 号	陈伟民	15	954.98
上海姑苏园房产中介服务部	崇明北门路 215 号	施标	15	1203.64
上海佳初房地产经纪事务所	洛川中路 532 号 101 室	王佳唯	15	788.87
上海春豪房地产经纪事务所	崇明堡镇中路 352 号	刘志红	14	847.39
上海方琳房地产经纪事务所	松江区中山二路 42 号	徐佩方	14	1135.98

机构名称	机构地址	机构法人	交易套数	交易面积（m2）
上海悦亮房地产经纪事务所	友谊支路 209 号	汤盛梅	14	959.76
上海日虹房地产经纪有限公司	江苏路 276 弄 7 号	石绍军	14	1191.79
上海乐意房地产咨询部	北石路 208 号	归林华	14	636.95
上海慧豪房地产咨询有限公司	新闸路 878 号	杨毅俊	14	1354.39
上海范澍诚房地产经纪有限公司	漕东支路 1 弄 5 号	陆鹰琦	14	781.01
上海澳微房地产经纪事务所	梅川路 48 号	梅川路 48 号	13	771.54
上海托尼房地产经纪有限公司	大连路 1174 号 2-3	何惠莉	13	1113.4
上海水乡房产经纪事务所	松江区中山二路 38 号	吴金泉	13	1244.19
上海十八居咨询有限公司	宛平南路 227 号	戴源浩	13	1474.62
上海桑城房地产经纪有限公司	嘉定区安亭镇昌吉路 205 号	杨梅兴	13	1108.35
上海仁智房屋置换有限公司	南泉路 1249 号	钱勇民	13	951.76
上海千叶房地产经纪有限公司	中山北路 2037 路	吴俊	13	1410.06
上海鹏运房地产投资咨询有限公司	蒲汇塘路 50 号 4 号楼南	倪坚	13	1146.71
上海美和房地产咨询有限公司	兰溪路 145 号	白立荣	13	789.18
上海立秦行房产经纪有限公司	松江区泗泾镇江川北路 141 号	沈滨	13	1131.74
上海臣信房地产经纪有限公司	宣化路 299 弄 5 号 3 楼	周忻	13	1556.37
上海宝柯房地产经纪事务所	淞宝集贸市场 29 号	龚敏	12	781.49
上海德必房地产经纪有限公司	上海市徐家汇漕宝路 61 号	陈红	12	1271.11
上海都利房地产经纪事务所	松江区中山二路 91 号	王志根	12	1037.38
上海宏森行房地产经纪有限公司	曲阳路 165 号	徐凌	12	994.87
上海名鑫房地产经纪有限公司	嘉定区嘉定镇南大街 168 弄 172 号	王敏如	12	945.36
上海跬步房地产经纪事务所	鞍山路 40 号甲	王宇烽	12	819.07
上海知房云房地产经纪事务所	宜昌路 405 号 104 室	李清芸	12	944.16
上海祥天房地产经纪事务所	中山二路 69 号	庄品忠	12	1207.84
上海祥福房地产经纪事务所	中山二路 71 号	俞凤娟	12	1002.97
上海万忻房屋置换有限公司	普陀区宜川二村 94 号 103 室	吴京生	12	649.91
上海天杰房地产经纪事务所	临汾路 1054 号	庞华祥	12	613.47
上海盛家房地产服务有限公司	延平路 121 号三和大厦 4A、B 座	冯盛	12	751.07
上海绿春房产咨询有限公司	雪松路 328 号	沈根原	12	762.97
上海君都房地产经纪事务所	嘉定区梅园路 75 号	李葵	12	822.21
上海居高房地产经纪事务所	松江区中山二路 12 号	蔡全国	12	815.22
上海高山房地产经纪事务所	镇坪路 21 号 A 室	王清	12	599.43
上海承衡房地产经纪有限公司	吴兴路 277 号	何琦	12	980.59
上海创林房地产经纪有限公司	岳州路 335 弄 26 号 1 层	李靖	11	607.46
上海房产之窗房地产经纪有限公司	华山路 2 号 1610 中华企业大厦 1610 室	黄炜炜	11	653.91
上海房屋置换股份有限公司	北京西路 1828 号 5-6 楼	奚智祥	11	655.2
上海嵇光房地产经纪有限公司	海宁路 606 号	嵇秀英	11	644.57
上海真光房地产经纪有限公司	真光路 1724 号	刘伟新	11	732.89
上海祥益房地产咨询有限公司	石泉路 130 弄 7 号 103 室	厉伟明	11	557.82
上海喜润房地产经纪事务所	潍坊路 357 号甲室	焦士强	11	626.64
上海旺运房地产经纪有限公司	桂林路 50 号 -5	吕天莺	11	662
上海天盟房地产经纪有限公司	杨浦区平凉路 1550 弄 1 号楼 203 室	徐达明	11	733.65
上海灵泽房地产经纪事务所	宝山区新沪路 642 号	王月琴	11	734.32
上海静安置业延中房屋置换有限公司	华山路 303/10	徐普生	11	911.1
上海东里房屋置换有限公司	龙漕路一弄八号底楼	许浒	11	912.48
上海创诺房地产经纪事务所	张杨路 1629 号	龚庆	11	1141.13
上海福门房产经纪事务所	松江区中山二路 74 号	夏杰	10	749.93
上海高乐房产经纪有限公司	玉屏南路 324 号	陆菊华	10	499.58
上海弘乾房地产经纪事务所	志丹路 77 号丙	洪声	10	889.01
上海金管家房产经纪有限公司	中山北路 2000 号 701 室	洪圣文	10	911.26
上海昱诚房地产经纪有限公司	凌云路 409 号	吴月英	10	574.83
上海湟中房地产经纪有限公司	东汉阳路 351 号甲	孙国林	10	1069.26
上海智迅房地产经济有限公司	上海零陵路 301 号	林艳	10	712.58
上海招发房地产经纪服务部	崇明北门路 373 号	顾金娣	10	834.68

机构名称	机构地址	机构法人	交易套数	交易面积（m2）
上海阳申房地产经纪事务所	曹杨路621号	杨维	10	857.49
上海卫百辛房地产经纪有限公司	周家嘴路3215号	郁品兰	10	742.07
上海天田房地产经纪有限公司	长宁区娄山关路83号604A	骆秋英	10	1806.38
上海太平洋房屋服务有限公司	零陵路585号28楼	章启光	10	892.08
上海秋霞房地产经纪有限公司	芝川路32号	葛桂兰	10	850.55
上海欧伦房产经纪事务所	罗秀路400号	赵国平	10	574.71
上海静安置业张宅房屋置换有限公司	北京西路707弄62号	张春华	10	3914.9
上海金墅房地产经纪有限公司	浦东大道2557号	赵迪	10	929.79
上海吉伴房地产经纪服务部	城桥镇北门路18号105室	袁忠	10	723.35
上海鸿正房地产经营有限公司	玉屏南路345弄19号	李贵兰	10	456.44
上海恒祥房地产经纪有限公司	中山北路2930号2楼12号席位	胡惠兰	10	736.27
上海艾家房产经纪事务所	嘉定区仓场路2670号	毛建萍	9	655.58
上海虹德房地产经纪事务所	松江区谷阳北路30号	高红	9	572.29
上海鸿途房产中介服务部	崇明县城桥镇北门二村14号102室	徐晓鸿	9	554.07
上海张东房地产经纪事务所	伊敏河路131号	蒋张东	9	517.11
上海永金房地产经纪有限公司	上海市蒙自路85号	潘云飞	9	394.44
上海伊琼房地产经纪事务所	赤峰路404弄3号102室	翁慧琼	9	480.91
上海信侣房产经纪事务所	松江区中山二路28号	盛国良	9	1025.33
上海万建房产经纪事务所	宝山区淞宝集市32号房	须建强	9	604.79
上海同新房地产经纪有限公司	双阳路181号东大楼107室	段学庆	9	607.19
上海同泰房地产经纪有限公司	开鲁路324号	陈丽娟	9	544.79
上海台庆房地产经纪有限公司	徐汇区肇嘉浜路1033号10楼	孙庆余	9	968.15
上海赛久不动产经纪有限公司	闵行区莲花路394号	王军	9	569.68
上海锦绣房地产经纪事务所	泰和西路3493弄6号商101室	秦剑	9	620.93
上海沪瀛房地产经纪服务部	城桥镇北门一村4号105室	孙琴	9	488.27
上海宏野房地产经纪事务所	嘉定区南翔镇民主街42号	倪素萍	9	626.47
上海鸿沁房地产经纪有限公司	四平路775弄2号705室	陈鸿定	9	945.26
上海崇林房地产经纪事务所	南丹路148号1层0148室	魏欣	9	868.24
上海德蓉房地产经纪有限公司	回城南路1128号D203-205	赵慧	8	671.12
上海普杨房地产经纪有限公司	曹杨一村4号乙	竹奇平	8	363.13
上海荣森房地产咨询服务有限公司	嘉定区嘉定镇博乐路250号	彭涛	8	666.67
上海鑫尚房地产经纪事务所	钦州南路732号东	季芳	8	613.4
上海智恒房地产置换有限公司	平江路139号	黄建明	8	503.68
上海义德房地产经纪有限公司	松江区中山东路66号5室	刑跃进	8	322.13
上海易莹房地产经纪事务所	新村路121号	刘敏琍	8	395.35
上海雄伟房地产经纪服务部	城桥镇人民路159号108-1室	徐玉妹	8	503.96
上海天逸房地产咨询有限公司	环镇南路88弄59号704室	万里鹏	8	1679.39
上海泰昆房地产经纪有限公司	鲁班路168弄5号101室	周智勇	8	596.02
上海世高房地产经纪事务所	虬江路1506号101室	张赟	8	972.99
上海全佳房地产经纪有限公司	淮海东路99号18楼J座	端恒	8	1622.96
上海旷怡房地产经济事务所	八一路579号	徐燕	8	497.28
上海丰裕房地产经纪事务所	中山二路62号	瞿华东	8	674.59
上海恒雄房地产经纪有限公司	顺义路18号903室	王惠铭	8	364.58
上海克勤房地产经纪事务所	共富路390号	黄克凤	8	601.04
上海格瑞德房地产经纪事务所	陆家嘴环路958号华能联合大厦2108室	孟繁强	8	1060.45
上海东钰房地产经纪事务所	淞兴路163号西D047	林钰秀	8	456.12
上海超峰房产经纪事务所	芝川路57号	杨文超	7	577.21
上海余闲房地产经纪事务所	嘉定区梅园路1-2号	金海燕	7	614.06
上海亦和房地产咨询事务所	大木桥路433号	朱静	7	396.05
上海亿达房地产经纪有限公司	长宁路320号606室	杨春妮	7	628.93
上海万科房产经纪有限公司	七莘路3333号8区1号101室	徐金明	7	658.26
上海天芸房地产经纪事务所	新村路133号	陈丽芸	7	379.61
上海上上房地产经纪事务所	龙华西路603号	张春妍	7	617.95
上海荣华房地产经纪有限公司	上海市漕宝路87号	蒋雁	7	724.95
上海明明房产经纪有限公司	隆昌路182号	薛超	7	433.94

机构名称	机构地址	机构法人	交易套数	交易面积（m2）
上海民邦房地产经纪事务所	万航渡路 731 号 1 号底层	张伟忠	7	436.25
上海柯宇房地产经纪事务所	曹杨路 287 号	罗军	7	391.07
上海康缨房地产经纪事务所	江安路 58 号	胡建芬	7	342.62
上海静安置业华园房屋置换有限公司	乌鲁木齐北路 131 号	沈定生	7	681.22
上海星源房地产经纪事务有限公司	凤城五村 80 号 1 室	郑永传	7	573.41
上海晓东房地产经纪事务所	东林路 166 号	汪晓敏	7	386.98
上海文骏房地产经纪有限公司	江西南路 20 号 309 室	周骏	7	568.92
上海锦丰房地产经纪事务所	松江区中山东路 139 号	唐秋丰	7	472.19
上海汇谷房地产经纪有限公司	冠生园路 240 号	虞雪平	7	774.48
第一太平戴维斯物业顾问（上海）有限公司	淮海中路 381 号中环广场 20 楼	Randall Patrick Hall	6	1334.73
上海创源房地产经纪事务所	梅岭北路 78 号 7 室	顾颖烨	6	266.06
上海长萍房地产经纪事务所	嘉定区南翔镇民主街 6 号底东一间	王长盛	6	453.06
上海国璀房地产经纪有限公司	松江区九亭镇沪松公路 1484 号	范义	6	737.53
上海嘉诚房屋置换有限公司	陕西南路 598 号	谢筱珍	6	280
上海锦康房屋置换部	宝山区永乐路 423 号	苏锦康	6	595.27
上海鑫镇房地产经纪有限公司	宝山区上大路 1323 号	徐玉光	6	374.33
上海馨居房地产经纪有限公司	中山南一路 202 号	徐琛	6	275.71
上海中岸房地产经纪有限公司	利津路 729 弄 25 号 901 室	施忠兰	6	303.05
上海永康房地产经纪事务所	冠生园路 235 弄 7 号	周雪芳	6	370.08
上海叶云房地产经纪事务所	松江区西林南路 100 弄 67 号	陆水莲	6	519.04
上海燕归房产咨询有限公司	双峰路 198 号	王秀英	6	229.59
上海欣久房地产经纪事务所	中山北路 2930 号二楼	郭洁华	6	539.94
上海蔚宇房地产经纪有限公司	永清路 380 号	罗蔚斌	6	349.17
上海万乾房屋置换经纪有限公司	江苏路 470 号	周朱明	6	313.16
上海思文房地产经纪有限公司	四川北路 1774 弄 108 号后门全幢	董学干	6	1440.82
上海舒恒房地产经纪有限公司	宛平南路 193 号	胡多子	6	660.75
上海三得房地产经纪事务所	张杨路 1361 号	吴丽霞	6	760
上海久顺房产置换有限公司	中山北路 2930 号二楼 8 座	夏健	6	467.3
上海静安置业宝翔房屋置换有限公司	万航渡路 605 号	杨少良	6	2294.72
上海佳歆房地产咨询有限公司	余姚路 412 号	张启胜	6	480.74
上海佳兴房地产经纪事务所	漕溪路 280 号	卢春生	6	532.24
上海华大房地产经纪部	中山北路 3663 号 343 幢 1 层	曹敏	6	291.91
上海好年华房地产经纪有限公司	安龙路 700 号	孙学余	6	341.01
上海宝宝房地产经纪事务所	松江区其昌南路 436 号	夏菊萍	5	568.09
上海大夏房地产经纪有限公司	中山北路 3671 弄 182 号	郭万生	5	335.13
上海栋泰房产经纪事务所	松江区松汇中路 461 号	顾齐鸣	5	464.37
上海港鑫房地产经纪事务所	松江区中山二路 18 号	杨伟平	5	339.58
上海申琳房产经纪有限公司	嘉定区丰庄西路 555 号	李小琳	5	289.27
上海色柯拉房产代理有限公司	石门二路 333 弄 3 号 18A	奚子龙	5	212.43
上海全兴房地产咨询有限公司	康定路 770 号乙室	方国权	5	164.5
上海龙航房地产经纪有限公司	龙华西路 1 号	戴兴社	5	645.17
上海灵灵房产经纪事务所	松江区岳阳街道中山二路 16 号	夏良	5	456.31
上海兰泉房地产咨询有限公司	梅岭北路 1172 号	张兰生	5	255.13
上海伙伴房地产经纪有限公司	南京西路 1129 弄 88 号	石亚非	5	962.44
上海沪申房屋置换有限公司	枣阳路 239 号	周家华	5	287.08
上海鸿鹄房地产经纪事务所	密山路 101 号	杨蕴锋	5	246.89
上海祺家房产经纪有限公司	中山北二路 1121 号 401 室	胡洁清	5	809.04
上海中铁房地产经纪事务所	永嘉路 43 号底层	项铁	5	469.24
上海正伶房产经纪事务所	新沪路 48 号	宋毅毅	5	327.83
上海易得舍居房地产经纪有限公司	双阳路 301 号 4128 室	钱祖龙	5	320.66
上海洋君房地产经纪有限公司	万航渡路 158 号 205	林国海	5	449.68
上海兴居房产经纪有限公司	福州路 567 号 6 层 612 室	顾秀娟	5	588.5
上海小梁房地产经纪事务所	友谊路 48 号	陈倩	5	307.3
上海晓星房产经纪事务所	海江路 290 号	徐惠芳	5	360.73

机构名称	机构地址	机构法人	交易套数	交易面积（m2）
上海晓励房地产经纪有限公司	武威路 789 号西大楼 224 室	王利华	5	372.35
上海祥泰咨询服务有限公司	乌鲁木齐南路 128 号	樊国安	5	552.3
上海闻名房地产经纪事务所	长江南路 500 号乙	徐文扬	5	382.92
上海未来之城房地产经纪有限公司	斜土路 67 号	裔晓亮	5	530.3
上海添家房地产经纪服务部	城桥镇北门二村 14 号楼 104 室	黄莉萍	5	336.51
上海天卓房地产经纪有限公司	国权路 18-20 号	易凡	5	510.3
上海泰峰房地产经纪有限公司	江宁路 518 号	张素娥	5	1631
上海圣赐房地产经纪事务所	石泉路 95 号第 6 幢第 7、8 间	王建群	5	242.47
上海广生房地产投资咨询有限公司	杨泰路 330 号	江冬云	5	402.97
上海方志房产经纪事务所	闵行区莘西南路 159 号 -52 号	张新宝	5	331.12
上海稻麦房地产经纪事务所	青浦城中东路 215 号	陈凉娟	5	509.04
上海纯时房地产经纪有限公司	陕西南路 327 号	杜桃珍	5	564.24
上海晨涌房地产经纪有限公司	永兴路 37 弄 8 号 102 室	李可平	5	262.33
上海城弈房地产经纪有限公司	上海市蒙自路 397 号	陈振华	5	195.63
上海博纳房地产经纪事务所	梅川路 1373 号	张文杨	5	463.51
上海百德房产经纪事务所	松江区中山中路 36 号	俞敏	4	279.67
上诲致祥房地产经纪事务所	平顺路 222 号乙	刘进超	4	184.67
上海黄浦房地产经纪人事务所	新昌路 247 号	林海潮	4	80.7
上海华粤房产经纪有限公司	本溪路 171 号	本溪路 171 号	4	368
上海华旗房地产经纪有限公司	宁夏路 245 号 1 楼 B 座	周荣华	4	346.75
上海吾家房地产经纪事务所	梧州路 127 号	朱景森	4	243.72
上海顺中房地产经纪事务所	东体育会路 309 弄门卫	满顺中	4	215.73
上海普源房地产经纪有限公司	保德路 1128 号	徐志麟	4	351.83
上海年顺房地产咨询有限公司	漕溪北路玉兰花苑 4 号 101 室	谢柏林	4	330.53
上海明栋房地产咨询有限公司	杨泰路杨泰三村市场 838 号	范莉娜	4	419.36
上海凌鹏房地产经纪有限公司	安福路 322 号	谷鹏君	4	226.37
上海海的房地产经纪事务所	漕溪路 123 弄 15 号乙	姚玲珍	4	169.25
上海富民房地产经纪事务所	眉州路 894 号	黄富民	4	328.74
上海复家房地产经纪事务所	运光路 86 号	张勇	4	249.52
上海福祥房地产经纪事务所	大连西路 74 号 102 室	鲁邦福	4	198.46
上海福而伟物业管理有限公司	娄山关路 55 号 1210 室	鞠应忠	4	1164.17
上海德诚行房地产经纪有限公司	宝山区爱晖路 1 号	刘玮	4	381.02
上海晨佳房屋置换有限公司	百色路 962 号	颜士宾	4	217.88
上海阿慧房产经纪事务所	国和路 985 号	李慧芳	3	252.24
上海家宇房地产经纪有限公司	国和路 1037 号 -1	李龙娣	3	190.68
上海佳明房地产经纪事务所	凉城路 1402 号	胡家鸣	3	186.56
上海汇聚房地产经纪有限公司	栖霞路 93 号	叶炯初	3	97.06
上海华顺房地产经纪事务所	汾西路 864 弄 3 号 103 室	王支华	3	225.34
上海华恒房产置换服务有限公司	上海市江苏路 744 弄 4 号	孙敏	3	158.24
上海沪联房地产经纪事务所	龙漕路 60 号	胡忠文	3	157.93
上海鸿兴房地产经纪有限公司	复兴中路 468 号	任文玲	3	243.35
上海虹博房地产经纪事务所	白兰路 135 弄 1 号底层	刘金妹	3	134.37
上海和兴房地产经纪事务所	梅川路 1103 号底层丙	蒋春明	3	134.32
上海诺曼房地产经纪有限公司	闵行区青杉路 169 弄 11 号 102 室	庞君	3	252.56
上海明星房地产经纪有限公司	天平路 304 号	应晓燕	3	101.41
上海满意房屋经纪服务部	城桥镇北门一村 8 号 110 室	钱洪飞	3	213.92
上海磊达房地产置换部	天通庵路 489 号甲	童建伟	3	129.98
上海居杰房地产经纪事务所	松江区中山二路 110 号	沈小毛	3	241.95
上海居岛房地产经纪服务部	崇明县城桥镇北门二村 8 号 110 室	龚学贤	3	134.1
上海静安置业申明房屋置换有限公司	南京西路 1025 弄 71 号 207 室	陈列	3	246.75
上海晶乐房产经纪事务所	石泉路 434 号	牛长志	3	215.26
上海锦湖房地产经纪有限公司	人民路 885 号 1712 室	钱琦	3	715.38
新一代房地产咨询（上海）有限公司	福州路 318 号 202 室	CHUA WAH ENG HARRY	3	319.05

机构名称	机构地址	机构法人	交易套数	交易面积（m2）
上海鑫慧房地产经纪有限公司	上海市建国东路 162 号	华怡	3	69.05
上海众恒房屋置换经纪有限公司	中山北路 1496 弄 4 号 303 室	韩琴芳	3	162.62
上海中星集团中星房地产经纪有限公司	中山北路 2020 号 6 楼	是飞舟	3	157.63
上海中房不动产代理有限公司	衡山路 20 号 4 楼	屠天琳	3	182.31
上海正天房地产经纪有限公司	中山南二路 1007 号 1705 室	刘亚卿	3	329.27
上海择家房产经纪公司	安顺路 332 号	戴海平	3	317.17
上海友谊房地产经纪有限公司	南京东路 353 号 811 室	金国良	3	290.46
上海阳旭房地产经纪事务所	运光路 11 号	黄新东	3	160.17
上海星尊房地产经纪有限公司	场中路 7 号 209 室	何星平	3	162.2
上海效源房地产经纪事务所	松江区九亭镇涞亭南路 888 弄 91 号	李娜	3	281.19
上海世投房地产经纪事务所	浦东新区张江镇紫薇路 230 号乙	张力军	3	408.11
上海史丹福房地产经纪有限公司	上海市静安区华山路 639 号	赵灵方	3	469.06
上海升置房地产经纪事务所	广元路 204 号	张蔚文	3	232.59
上海荣吉房地产经纪有限公司	欧阳路 677 弄 1 号 104 室	刘平	3	207.87
上海日丰物业咨询有限公司	紫云西路 90 号	李燕冰	3	405.68
上海仁明房产经纪事务所	浦东峨山路 613 号 139 室	任奇	3	257.46
上海青山建设咨询有限公司	岚皋路 230 弄 4 号 301 室	喻海	3	130.47
上海侨爱房地产经纪事务所	中原路 20 号甲底楼	黄珍	3	283.89
上海仟居房地产经纪有限公司	上南路 2779 号 309 室	瞿盛	3	285.65
上海晓晓房产经纪部	奉贤区南桥镇人民南路 197 号	朱小芳	3	291.88
上海向前房地产经纪事务所	场中路 3121 号乙 -1	向海珍	3	168.92
上海先卓房地产经纪有限公司	伊犁南路 24 弄 18 号 101 室	戎伟宏	3	240.29
上海夏天房地产经纪有限公司	医学院路 86 号	夏建超	3	146.5
上海西部企业（集团）房地产置换有限公司	上海市普陀区长寿路 767 号 611 室	蔡光中	3	148.83
上海万坤房地产经纪事务所	新村路 93 号	黄兆荣	3	118.17
上海颂芳房地产经纪事务所	龙江路 362 号	陆颂芳	3	149.5
上海成梁房地产经纪事务所	保德路 911 号	刘成梁	3	177.74
上海好加好房地产经纪事务所	锦西路 101 号	郭镇远	3	115.14
上海丰惠房地产投资咨询有限公司	江宁路 420 号 25A	黄琦	3	170.29
金马房产服务（上海）有限公司	向城路 29 号 1 楼 A 座	郑蓝波	2	188.68
上海安桥房地产经纪有限公司	打浦路 8 号 119 室	陈光乐	2	237.66
上海百家汇康健房地产经纪有限公司	华山路 2088 号南 2301 室	俞斌	2	143.32
上海创加房地产经纪有限公司	友谊路 140 号 102 室	周震	2	335.47
上海道阳房地产经纪有限公司	余姚路 184 号	马文俊	2	537.87
上海虹桥经济技术开发区物业经营管理有限公司	仙霞路 320 号	应祖同	2	116.54
上海恒盟房地产经纪事务所	桃浦路 592 号	刘军	2	86.27
上海合正房地产经纪有限公司	金工路 133 弄 6 号 902 室	张齐法	2	51.7
上海浩坤房地产经纪有限公司	东方路 818 号 5 楼 C 室	钟原	2	365.02
上海好邻居房产经纪有限公司	上海市辽源四村 1 号 101 室	陆美华	2	105.18
上海汉华房地产经纪事务所	光启路 80 号	王汉华	2	21.3
上海海园房地产经纪有限公司	浦东大道 1476 号 412 室	汤卓荣	2	186.12
上海海尚房地产经纪事务所	淮海西路 618 弄 55 号 125 室	张世立	2	99.13
上海富瑞房地产咨询有限公司	华山路 1336 号 11 楼 H 座	顾琼	2	365.74
上海阜盛房地产经纪事务所	志丹路 77 号甲	夏敏	2	220.97
上海福友房地产经纪有限公司	桂平路 11 号	吴晓	2	115.91
上海凡达房地产经纪行	松江区谷阳北路 36 号底楼	姚冰玉	2	210.78
上海东亿房产咨询有限公司	淮海中路 1390 弄 2 号	桂志民	2	250.28
上海东柯房屋置换有限公司	密云路 471 弄 38 号 102 室	陈勇	2	131.94
上海鹏晟房地产经纪事务所	东长治路 319 弄 25 号底层	邹小鹏	2	83.51
上海南房房地产经纪有限公司	黄浦区徽宁路 159 号	王德泰	2	219.26
上海明择房地产经纪有限公司	茅台路 348 号（地址错误）	黄汉明	2	166.88
上海美圣房地产咨询有限公司	海市闵行区航东路 486 号	顾婧以	2	189.77
上海林卓房产经纪事务所	青浦区浦仓路 253 号	浦小康	2	138.84

机构名称	机构地址	机构法人	交易套数	交易面积（m2）
上海亮亮房地产经纪事务所	青浦区浦仓路676号	叶建明	2	234.63
上海良诚房地产经纪事务所	青浦区浦仓路316号	祝海强	2	96.68
上海乐苑房地产经纪有限公司	凉城路465号甲	王培华	2	127.6
上海劳旺房地产经纪事务所	马当路450号	邵爱琴	2	17.6
上海鑫晟房地产经纪事务所	吉安路278号底层前、后客堂	刘韧	2	146.58
上海懋益房地产经纪事务所	齐河路60号	朱蔓莉	2	128.96
上海闵行区房屋置换服务有限公司	闵行区雅致路215号4楼	郎权鸣	2	152.6
上海中舟房地产经纪事务所	延平路128号C座506室	忻蔚	2	337.04
上海永烨房地产经纪有限公司	复兴中路382号	张建华	2	43.99
上海伊欣房地产经纪有限公司	双阳路288号	张庆生	2	92.04
上海杨浦房地产咨询服务所	周家嘴路3215号A（1）	张晓蓉	2	128.05
上海徐申房地产经纪有限公司	罗秀三村108号101室	戴光法	2	126.97
上海雄诺房地产经纪有限公司	上海市打浦路8号112室	李雄	2	297.68
上海新灵达房地产置换有限公司	汾西路840号	陈解琴	2	110.61
上海新长宁房产销售有限公司	天山路600弄4号4C	周焕兴	2	142.29
上海新澳房地产经纪有限公司	张杨路3078号底层	姚柯敏	2	80.27
上海松江房屋收购置换有限公司	松江区谷阳北路155号	沈卫	2	173.88
上海中企房地产经纪有限公司	建国东路479号	陈淦强	2	77.29
上海置强房地产经纪有限公司	宜山路520号608室中华门大厦	阮国强	2	284.54
上海正门房地产经纪有限公司	东湖路17号3幢502室	顾烨	2	446.44
上海振康房地产咨询中介服务有限公司	天目中路114号	倪秉康	2	242.61
上海云琳房地产经纪事务所	宝山区场联路75号	朱琳	2	135.19
上海越顺房产经纪事务所	黄陵路275号B2-甲	丁玉英	2	58.22
上海越衡房产经纪行	柳州路630号	胡志耀	2	166.98
上海友安房地产经纪事务所	凤城三村4号104室	毛鹏林	2	83.93
上海顺丽房地产经纪事务所	武定西路1196号	刘炎培	2	106.26
上海世邦魏理仕物业顾问有限公司	南京西路1010号嘉里中心3201、3203-3206室	BRETT ALAN SAINT	2	56421.9
上海实发房产咨询有限公司	漕溪北路38号1C	李培荣	2	214.03
上海神园房地产经纪事务所	宝山区同济支路50号	阮挺松	2	107.87
上海申诏房地产投资咨询有限公司	泰和西路3493弄102号101室	余荷云	2	229.62
上海绍鑫房地产经纪有限公司	中山南一路1065号1601室	徐鑫祥	2	22.06
上海上汽房屋置换有限公司	康定路1201弄1号底楼	龚理纹	2	152.48
上海山叶房地产经纪有限公司	中山北路2668号1006室	万明	2	333.35
上海文翔房地产经纪事务所	松江区谷阳北路156号	姜维	2	156.31
上海威望房地产中介事务所	宝山区海江路396号	董淑君	2	182.44
上海天晟企业发展有限公司	延安西路2201号703室	孙军	2	35623.28
上海天蓬房地产投资咨询有限公司	康定东路91号	周伟庆	2	185
上海唐欣房地产经纪事务所	唐镇新雅路122号底层	顾明德	2	183.26
上海山盟房地产经纪服务部	崇明八一路562号	王永娟	2	150.89
上海三和房地产经纪有限公司	延平路121号502	龚向东	2	311.76
上海勤奋房地产经纪有限公司	芷江西路336号	蒋建芳	2	77.1
上海乾景房地产经纪有限公司	密云路284号	吴畏	2	88.51
上海谦和房地产经纪有限公司	宜山北路49号	宋建妹	2	117.66
上海浦嘉房地产经纪有限公司	长阳路1945号	安自嘉	2	168.62
上海普立房地产经纪有限责任公司	曹杨路793号	陆玉萍	2	153.57
上海品福房地产经纪有限公司	田林东路388号	应嘉麟	2	82.33
上海来格房地产经纪事务所	金汤路150号底层东间	徐捷	2	152.72
上海巨兴房地产经纪有限公司	锦西路101号	贾兴全	2	85.07
上海锦彪房地产经纪事务所	延长西路155号	许锦民	2	90.65
上海金手指房地产经纪事务所	敦化路181号5室	陆新林	2	63.01
上海金惠房地产经纪服务部	崇明县城桥镇北门一村18号111室	陈志香	2	134
上海杰思房屋置换有限公司	飞腾路8号	韩刚	2	211.5
上海家旺房产经纪事务所	南汇区惠南镇南港公路A17	严俊勇	2	232.59
上海积居房地产经纪事务所	闵行区颛兴路337号	朱向东	2	132.63

机构名称	机构地址	机构法人	交易套数	交易面积（m2）
上海春鑫房地产经纪事务所	城桥镇北门一村2号104室	何怀春	2	90.3
上海城开房地产经纪有限公司	肇嘉浜路333号803室	周忻	2	174.23
上海超华房地产经纪事务所	茶陵路223号	蔡玉华	2	68.54
上海博宜房地产经纪有限公司	雪松路461号	蔡晓庆	2	107.7
上海百姓房地产经纪有限公司	上海市南汇区惠南镇城基路222号	陈懿	2	165.95
上海巴士电车房地产经纪有限公司	海防路198号	王玉龙	2	189.81
上海爱三博房地产经纪有限公司	长宁区虹井路888弄2号202	陈斌	1	106.2

第二十六章 部分房地产评估企业名录

具有拆迁评估资格的房地产估价机构

企业名称	法人代表	资质等级
北京仁达房地产评估有限公司上海分公司	阎旭东	一级
北京永利行房地产评估顾问有限公司上海公司	刘诗韵	一级
上海安大华永房地产估价咨询有限公司	赵登科	一级
上海八达房地产估价有限公司	张晓实	一级
上海百盛房地产估价有限责任公司	丁光华	一级
上海财瑞房地产估价有限公司	崔冰	一级
上海城市房地产估价有限公司	袁东华	一级
上海大雄房地产估价有限公司	胡耀清	一级
上海东洲房地产估价有限公司	周佩祥	一级
上海房地产估价师事务所有限公司	杨国诚	一级
上海富申房地产估价有限公司	蔡燕雯	一级
上海光华房地产估价有限公司	王晓春	一级
上海国城房地产估价有限公司	吴冠乐	一级
上海国衡房地产估价有限公司	高幸奇	一级
上海沪港房地产估价有限公司	李军	一级
上海建欣房地产估价有限公司	涂群	一级
上海金虹房地产估价有限公司	何宝良	一级
上海立公信房地产估价有限公司	谢岭	一级
上海上资房地产估价有限公司	张新杰	一级
上海申房房地产估价有限公司	朱石敏	一级
上海申价房地产评估有限公司	姚树德	一级
上海申杨房地产估价有限责任公司	李锋	一级
上海万隆房地产估价有限公司	俞玮	一级
上海万千房地产估价有限公司	刘卫国	一级
上海信衡房地产估价有限公司	朱雯	一级
上海友达土地房地产评估有限公司	杨子江	一级
上海仲衡信银房地产评估有限公司	吴海星	一级
深圳市世联土地房地产评估有限公司上海分公司	梁兴安	一级
上海彬诚房地产评估咨询有限公司	李彬	二级
上海长信房地产估价有限公司	王雷鸣	二级
上海城乡房地产估价有限公司	曹同日	二级
上海诚谊房地产评估有限公司	张公望	二级
上海达亚沪中房地产估价有限公司	葛家方	二级
上海东方房地产估价有限公司	倪军	二级
上海港城房地产评估事务所有限公司	徐亚平	二级
上海国众联土地房地产咨询估价有限公司	陆克龙	二级
上海宏大房地产估价有限公司	朱宁宇	二级
上海沪博房地产估价有限公司	陈义	二级
上海建经房地产估价咨询有限公司	王建忠	二级
上海科东房地产估价有限公司	孙东海	二级
上海上审房地产估价有限公司	陈霞玲	二级
上海上咨资联房地产估价有限公司	陆永喜	二级
上海盛北房地产估价有限公司	陆琼	二级
上海天月行房地产估价有限公司	程鹏	二级
上海耀华房地产估价有限公司	占迎喜	二级
上海涌力房地产估价有限公司	陈勇	二级
上海中企华诚信房地产估价有限公司	李永昌	二级
上海众华房地产估价有限公司	戴和平	二级
上海闵恒房地产估价有限公司	陆丽华	二级

企业名称	法人代表	资质等级
上海达智房地产估价有限公司	魏国忠	三级
上海大儒房地产估价有限公司	沈芳	三级
上海方圆房地产估价有限公司	伍伟斌	三级
上海公允房地产估价有限公司	刘渊	三级
上海华审房地产估价有限公司	史艳琼	三级
上海经隆房地产估价有限公司	朱明	三级
上海美联房地产估价有限公司	缪姝颖	三级
上海瑞汇房地产估价有限公司	沈红卫	三级
上海申宁房地产评估有限公司	李德富	三级
上海同信房地产估价有限公司	王印	三级
上海新智房地产估价有限责任公司	宋梁	三级
上海银信汇业房地产估价有限公司	王雄	三级
上海忠诚万业房地产估价有限公司	王雨亮	三级
上海众佳房地产估价有限公司	龚展翼	三级
上海持信房地产估价有限公司	宋梁	暂定
上海大成房地产估价有限公司	季新军	暂定
上海国瑞量行房地产评估事务所有限公司	李旭	暂定
上海科瑞特房地产估价有限公司	俞逸飞	暂定